李大钊传

郭德宏　张明林　著

红旗出版社

图书在版编目（CIP）数据

李大钊传/郭德宏，张明林主编.
—北京：红旗出版社，2014.5
ISBN 978－7－5051－3333－4

Ⅰ.①李… Ⅱ.①郭…②张… Ⅲ.①李大钊（1889－1927）—传记 Ⅳ.①K827＝6

中国版本图书馆 CIP 数据核字（2014）第 287245 号

书　　名	李大钊传		
主　　编	郭德宏　张明林		
出 品 人	唐中祥	责任编辑	于鹏飞
总 监 制	褚定华	封面设计	愚　是
出版发行	红旗出版社	地　　址	北京市沙滩北街 2 号
邮政编码	100727	编辑部	010－57274597
E－mail	hongqi1608@126.com		
发 行 部	010－57270296		
印　　刷	三河市东方印刷有限公司		
开　　本	710 毫米×1000 毫米	1/16	
字　　数	1000 千字	印　张	23
版　　次	2014 年 7 月北京第 1 版	2020 年 4 月北京第 2 次印刷	
ISBN 978－7－5051－3333－4		定　价	42.00 元

欢迎品牌畅销图书项目合作　联系电话：010－57270270
凡购本书，如有缺页、倒页、脱页，本社发行部负责调换

前　言

　　李大钊同志是中国共产主义的先驱，伟大的马克思主义者、杰出的无产阶级革命家、中国共产党的主要创始人之一，他不仅是我党早期卓越的领导人，而且是学识渊博、勇于开拓的著名学者，在中国共产主义运动和民族解放事业中，占有崇高的历史地位。

　　俄国十月社会主义革命的胜利极大地鼓舞和启发了李大钊，他先后发表了《法俄革命之比较观》《庶民的胜利》和《布尔什维主义的胜利》等文章和演说。他宣称："试看将来的环球，必是赤旗的世界！"1919年，他又发表了《新纪元》《我的马克思主义观》《再论问题与主义》等几十篇宣传马克思主义的文章。

　　1920年3月，李大钊在北京大学发起组织马克思学说研究会。10月，在李大钊发起下，北京共产主义小组建立。1921年中国共产党成立后，李大钊代表党中央指导北方的工作。在党的二大、三大和四大，他都当选为中央委员。

　　1926年3月，李大钊领导并亲自参加了北京人民反对日、英帝国主义和反对军阀张作霖、吴佩孚的斗争。北洋军阀段祺瑞执政府制造了三一八惨案，北京一片白色恐怖。李大钊在极端危险和困难的情况下，继续领导党的北方组织坚持革命斗争。1927年4月6日，奉系军阀张作霖勾结帝国主义，闯进苏联大使馆驻地，

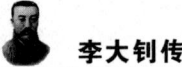 李大钊传

逮捕了李大钊等80余人。李大钊备受酷刑，在监狱中，在法庭上，始终大义凛然，坚贞不屈。4月28日，军阀不顾广大人民群众和社会舆论的强烈反对和谴责，悍然将李大钊等20位革命者绞杀在西交民巷京师看守所内。李大钊第一个走上绞架，从容就义，时年38岁。

李大钊身上体现出的时刻牵挂国家兴亡、时刻不忘人民疾苦并为之奋斗的精神和风范，永远值得我们敬仰和提倡。李大钊同志对信仰和真理矢志不移，为传播和实践马克思主义而英勇献身，真正做到了自己所说的"勇往奋进以赴之""瘅精瘁力以成之""断头流血以从之"。李大钊先生注重理论联系实际，紧跟时代潮流，当之无愧地成为把马克思主义运用于中国实际的先驱。李大钊先生的道德和操守非常崇高。在他身上，凝结着中华民族传统美德，体现着中国知识分子的优秀品格。他作风质朴，不驰于空想，不骛于虚声。他坚持真理，待人宽厚，团结同志，一生俭朴清廉，淡泊名利。李大钊同志用自己短暂的生命，在中国革命史上谱写了壮丽的篇章。在李大钊同志等革命先烈为之献身的道路上，中国共产党领导中国人民勇往直前，历经八十多年的艰苦奋斗，创造了亘古未有的历史伟业。李大钊同志是一位真正的革命者，他的伟大人格和崇高风范，将永载中国共产党和中国人民革命斗争的史册。作为中国人民的优秀儿子和伟大的无产阶级革命家，大钊同志的业绩将永远受到中国人民的追怀和崇敬。

本书对革命先驱李大钊的一生进行了较为客观、翔实的评述，作者掌握了大量第一手资料，对李大钊的家庭状况、亲属关系及青少年时期的情况叙述的尤为详尽。本书是进行革命传统教育和共产党员先进性教育的有益读物。

目　　录

第一章　命运坎坷悲壮　自幼志向不凡 ……………………… (1)

　　光绪十五年十月初六（1889 年 10 月 29 日），在大黑坨村东街李家宅院中院东厢房李任荣生前与妻子居住的北屋里，一个男婴呱呱坠地。这个婴孩就是后来成为中国共产主义运动的先驱、伟大的马克思主义者、中国共产党主要创始人之一的李大钊。

　　襁褓失怙　命运多舛 ……………………………………… (1)
　　束发受书　天资不凡 ……………………………………… (7)

第二章　探索救国良策　追求民主共和 ……………………… (11)

　　永平中学求学，让李大钊眼界大开，深感"国势之危迫"，求学津门，深研政理，使李大钊政治上逐步走向成熟。北洋法政六年，李大钊创办《言志》，撰写诗文，鼓吹共和，激励民众。因其文章雄厚磅礴，时人将之与白坚武、郁嶷并称为"北洋三杰"。

　　永平中学　拓宽视野 ……………………………………… (11)
　　求学津门　改名励志 ……………………………………… (20)
　　誓死请愿　立宪救国 ……………………………………… (24)
　　拼死抗争　义无反顾 ……………………………………… (27)
　　初发政见　观点鲜明 ……………………………………… (30)
　　苦苦求索　探寻乱因 ……………………………………… (42)

热爱民族　崇尚先贤 …………………………………………… (49)

编译书刊　创办《言治》 ………………………………………… (53)

结识陈翼龙　加入社会党 ………………………………………… (56)

第三章　渴求获取新知　东渡日本留学 …………………………… (63)

  在中国先进知识分子向西方寻求真理的热潮中，李大钊东渡日本留学。李大钊身居海外，不忘忧国忧民，组织留日学生，成立"留日学生总会"，发表宣言，他编印了《国耻纪念录》，撰写了《国民之薪胆》《警告全国父老书》等反日讨袁檄文，公开竖起反日反袁的大旗。

喜获资助　出国成行 ……………………………………………… (63)

恪尽职守　不负所托 ……………………………………………… (66)

纵论《风俗》　加盟《甲寅》 …………………………………… (71)

政尚"有容" ……………………………………………………… (76)

撰《国情》雄文　驳"客卿"论国 ……………………………… (89)

抱救中华之志　入早稻田大学 ………………………………… (93)

留日学子　反袁先锋 ……………………………………………… (96)

直面社会弊端　弘扬爱国精神 ………………………………… (104)

投入反袁运动 …………………………………………………… (117)

以文会友　广交志士 …………………………………………… (124)

第四章　唤起民族自觉　再造"青春中华" ……………………… (126)

  李大钊留学三年，"益感再造中国之不可缓"，毅然放弃唾手可得的学位，返回饱经磨难的祖国。1916年7月，李大钊出任《晨钟报》编辑部主任，并撰写发刊辞，激励青年"人人奋青春之元气，发

— 2 —

新中华青春中应发之曙光",意在振此"晨钟",唤起"吾民族之自觉的觉悟",担当起"青春中华之创造"的使命。

主编《晨钟》 激扬《青春》 ………………………………… (126)

协办《宪法公言》 期冀"再造中国" ………………………… (131)

主笔《甲寅》 宣传民主 ………………………………………… (140)

受聘北图 殚精竭虑 …………………………………………… (150)

热心公益 响应"进德" ………………………………………… (157)

带头索薪 声望日隆 …………………………………………… (160)

主讲政史 声名鹊起 …………………………………………… (166)

第五章 撒播马列火种 成为革命先驱 ………………… (170)

李大钊是中国最早研究马克思主义理论的先驱之一。五四前后他的传播工作在中国近代政治史和思想史上具有伟大的开创性意义。在他的指导和带领下,中国最早的一批共产主义者成长起来,科学社会主义最终战胜了其他各种社会思潮,确立了在中国思想界的主导地位,并且日益与中国工农革命运动的实际相结合,实现了精神变物质的历史性飞跃。

指导社团活动 培养革命骨干 ………………………………… (170)

慷慨解囊 自助青年 …………………………………………… (174)

创办《每周评论》 立足批评现实 …………………………… (176)

发表《我的马克思主义观》 …………………………………… (178)

领导五四运动 推动反帝斗争 ………………………………… (180)

坚持"主义" 论战胡适 ………………………………………… (185)

第六章 南陈北李 相约建党 ………………………………… (189)

1920年初,李大钊与陈独秀相约,在北京和上海分别活动,筹

李大钊传

建中国共产党。还多次会见共产国际代表，商讨筹建中国共产党。同年秋，他又领导建立了北京的共产党早期组织和北京社会主义青年团，并与在上海的陈独秀遥相呼应，积极活动，扩大宣传，发展组织，积极推动建立全国范围的共产党组织。"南陈北李，相约建党"，成为中国革命史上的一段佳话。

加深理论学习　奠定建党基础 ………………………… (189)

积极联络全国　建立早期组织 ………………………… (195)

注重革命实际　开拓工人运动 ………………………… (202)

呼吁创建政党　推动建党进程 ………………………… (210)

不负党的重托　领导北京地委 ………………………… (211)

创建北方组织　壮大党的力量 ………………………… (213)

第七章　领导工人运动　掀起革命高潮 ……………… (219)

在那风雨如磐的岁月，李大钊敏锐地感受到时代潮流的变化，铁肩担道义，挥笔写下一篇篇欢呼俄国十月革命和介绍马克思主义的文字，宛如一位撞钟人撞响了中国共产主义运动的晨钟。这位中国共产党主要创始人之一，关注工人，重视工人运动，积极推动马克思主义与中国工人运动相结合，使中国工人阶级发展成为用马克思主义武装起来的自为阶级。

领导五一运动　树立巍巍丰碑 ………………………… (219)

加强理论宣传　配合工人运动 ………………………… (226)

利用军阀矛盾　争取斗争条件 ………………………… (227)

领导北方工人罢工 ……………………………………… (231)

领导社会各界　反对封建军阀 ………………………… (238)

— 4 —

目 录

第八章　坚持统一战线　推动国共合作 ·················· (242)

　　李大钊是中国共产党最早提出和阐述建立革命统一战线策略的领导人之一。为建立革命统一战线呕心沥血，做了大量工作。1922年到1924年初，李大钊频繁地奔走于大江南北。四跨长江、三赴上海、二下广州，不仅参与了党的国共合作政策的制定，而且帮助孙中山改组国民党，直接促成国共第一次合作，成为革命统一战线诞生的助产士。

　　探索统战理论　倡导国共合作 ···················· (242)
　　参加西湖会议　确立合作政策 ···················· (245)
　　帮助孙中山　改组国民党 ························· (249)
　　坚持党的原则　维护合作大局 ···················· (252)

第九章　沟通共产国际　争取更多支持 ·················· (257)

　　与共产国际密切联系，是李大钊一生中所从事的伟大事业的一个重要方面。李大钊同共产国际密切联系，对于中国革命和世界革命都具有伟大的历史意义。他的努力推动了中国革命高潮的到来，同时，也使苏联、共产国际在东方找到了朋友和支持力量，所以，这对于苏联、国际共产主义运动支持中国革命和中国革命支持苏联、国际共产主义运动，都具有重要作用。

　　艰难的旅程　丰富的收获 ························· (257)
　　关注国内形势　宣传中国革命 ···················· (262)

第十章　领导北方革命　建立不朽功勋 ·················· (269)

　　1924年12月至1925年1月，李大钊任中共中央北方局书记。

— 5 —

并于1924年1月、1926年1月在国民党一大、二大上,当选为中央执行委员,被委任为国民党北京执行部组织部长,担负国共两党在北方地区的实际领导工作。经过李大钊等共产党人的艰辛开拓,恢复北方工运、巩固发展党的队伍、声援五卅运动、争取关税自主等方面都取得了令人瞩目的成绩。

恢复北方工运　开展对敌斗争 …………………………………（269）

发动群众运动　巩固党的队伍 …………………………………（274）

开展国民会议运动 ………………………………………………（278）

争取冯玉祥　改组国民军 ………………………………………（283）

声援五卅斗争　掀起反帝风暴 …………………………………（290）

从关税自主运动到"首都革命" …………………………………（295）

开展武装斗争　领导"首都革命" ………………………………（300）

"反日讨张"　勇往直前 …………………………………………（303）

第十一章　献身革命　视死如归 …………………………（308）

1927年4月28日,奉系军阀不顾社会舆论的强烈反对,秘密进行军法会审,以所谓"宣传赤化""意图扰乱公安""颠覆政府"的罪名,悍然对李大钊等20人宣判死刑。李大钊视死如归,首登刑架,神色不变,从容就义,时年38岁。对于李大钊的殉难,曾在他的领导下工作过的陈毅后来写诗缅怀称颂:"先驱好肝胆,松柏耐岁寒。"

虎穴狼窝　坚持斗争 ……………………………………………（308）

敌人抓捕　临危不惧 ……………………………………………（311）

严刑拷打　坚贞不屈 ……………………………………………（314）

视死如归　大义凛然 ……………………………………………（321）

目 录

第十二章 斯人已去 精神永存 …………………………………（324）

  李大钊同志书写的"铁肩担道义,妙手著文章"这副对联,是他光辉一生的真实写照。在他身上,凝结着中华民族传统美德,体现着中国知识分子的优秀品格。他的高尚风范和革命精神必将与山河同在、与日月齐辉。

北大十载 众望所归 …………………………………………（324）
探索新生活 谋求大幸福 ……………………………………（328）
"平民主义" "工人政治" ………………………………………（338）
宣传妇女解放 呼吁男女平等 ………………………………（346）
斯人已去 精神永存 …………………………………………（352）

第一章　命运坎坷悲壮　自幼志向不凡

光绪十五年十月初六（1889年10月29日），在大黑坨村东街李家宅院中院东厢房李任荣生前与妻子居住的北屋里，一个男婴呱呱坠地。这个婴孩就是后来成为中国共产主义运动的先驱、伟大的马克思主义者、中国共产党主要创始人之一的李大钊。

襁褓失怙　命运多舛

1889年，清光绪十五年，是一个不平常的年头。这年2月26日（阴历正月二十七日）是已垂帘听政28年的慈禧太后预定的皇帝亲政的日子。

这一天，紫禁城内悬灯结彩，锣鼓喧天，王公大臣齐集太和殿。刚于正月里举行过大婚的光绪皇帝满面春风地坐在大殿正中的黄缎宝座上。俯视脚下跪拜着的文武群臣，听着响彻大殿的山呼万岁的声音。这位4岁承继大统，如今尚不满19岁的大清国皇帝心中的自得之感是可以想见的。

好像上天有意在光绪大喜和最得意的日子里给他悲剧的一生降下一些预兆：在他亲政典礼的几个月前，太和门突遭大火，大婚前不久，靖远、皋兰发生地震；他亲政后半年，天坛祈年殿又遭火灾。也就在那几年，各地水灾、旱灾、地震、河道决口、瘟疫等事不断发生。

灾害对于住在北京城里的统治者来说，仅仅是添一点烦恼或费神之劳。耗资颇大的颐和园停建几天无伤大雅；御旨令拨的有限的赈灾粮银通过各层官僚的盘剥，送到灾民手里，只不过是杯水车薪。对于普通老百姓，灾害意味着财产的损失和疾病、痛苦，乃至生命的丧失。

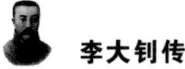 李大钊传

1888年6月从华北到东北一带发生的大地震，对居住于直隶省永平府乐亭县大黑坨村的青年农民李任荣来说，就是一场灾难。

李大钊故居

乐亭县紧靠渤海湾东北海岸，南临渤海，地处唐山市东南部，环抱京塘港，毗邻唐山曹妃甸，全县陆地面积1308平方公里，潮间带面积310平方公里，浅海面积1808平方公里，海岸线长124.9公里，是河北第一沿海大县。地势平坦，水源丰富，但在当时肥沃之地不多。清顺治年间，较好的土地大多被旗人圈占，剩下的水洼沙滩之地，虽勤劳耕作，"亩获不过斗余"。农民多要靠租种旗地，丰年交租外勉强糊口，灾荒之年，所收不够交租。由于不讲水利，靠天吃饭，雨季常有水灾，大旱之年有时又闹蝗虫，加上地主利用"压租""借租"名义提前收租，农民生活困苦不堪。为了谋生，农闲之时，不少人家女纺男织，因而土布成为本县特产，自用以外，十之八九卖到外地，特别是卖到东北一带，换回粮食以补贴生活。一来二去，乐亭的经商之风渐盛。乾隆朝以后，到东北经商的人愈来愈多，有人竟由此发达起来。

大黑坨村地处乐亭县东北境，靠近东滦河的西南岸。这里西距县城不

第一章 命运坎坷悲壮 自幼志向不凡

到 15 公里,东南距海岸 10 公里。村庄建于明永乐"靖难之役"之后,到光绪年间,经过四五百年的繁衍生息,已成为一个大村子。李家是当年由外地奉召迁来的老住户,村里的五大姓之一。

李任荣的祖父李为模(1801—1872 年)青年时就是家族里的主事之人。他曾倡议序列族谱、修建祖茔、添置祭田,重兴祖祭。他有三个儿子,老大如珍,老二如珠,老三如璧。任荣是李如珠的次子,因大伯家没有男孩,过继为子。

李如珍一心想把任荣培养成知书达理的人。任荣读书非常刻苦,写得一手漂亮字。他 15 岁时娶了外村姑娘周氏为妻。周氏比任荣大两岁。她孝敬公婆、知情达理、心灵手巧、体贴丈夫。夫妻俩相敬如宾,恩恩爱爱。美中不足的是任荣身体不好,患有肺病。当时的医疗条件差,肺病又被称作"富贵病",无药可治,只能靠调养,不能劳累,还要营养保障。

在任荣 21 岁时,家乡发生地震灾害。这次地震波及京师、山东、奉天(辽宁)大片地区,震中距乐亭不远。传说当时"地全震裂了,顺着地缝往上翻黑水,翻了黑水又冒白沙……许多房屋都坍塌了"。

地震发生当晚,从睡梦里惊醒的李任荣想起自己亲生母亲可能有危险,急忙奔出门外,一口气跑回家,把母亲背出屋门,没想到他自己连劳累带惊吓,加重了病情。第二年,正是在光绪帝亲政大典后的一个月里,这位年仅 22 岁的青年竟与世长辞了。

悲痛欲绝的周氏在丈夫病逝时已身怀有孕。受封建礼教的影响,不敢怨天尤人,只能暗自哀叹自己和腹中小生命的命运不好。在痛苦与伤感中好不容易熬过了剩余 7 个月的妊娠期。这年十月初六(1889 年 10 月 29 日),在大黑坨村李家东厢房,李任荣生前与妻子居住的北屋里,一个男婴呱呱坠地。

这个婴孩就是 30 年后在北京大学红楼撞响中国共产主义运动晨钟的李大钊。

命运之神对于那些非凡人物的一生往往十分苛刻。故而两千多年以前

— 3 —

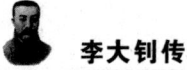

孟夫子就说出那句两千多年来不知鼓舞过多少命运多舛的仁人志士的名言：

天将降大任于斯人也，必先苦其心志，劳其筋骨，饿其体肤，空乏其身，行拂乱其所为，所以动心忍性，曾益其所不能。

望着哇哇啼哭的婴儿，母亲的心中悲喜交集。悲的是，孩子刚刚出生，和他早逝的父亲便已生死两界，喜的是自己终于为李家留下了一棵根苗，一个可以承继香火的后代。

此时哇哇啼哭的婴儿当然不会知道母亲心中的苦痛，更不可能想到，仅仅一年多后，他的这位苦命母亲也不堪精神重负而去世。没有亲生父母的那种痛苦感受只有到他童年时期寻求父母之爱时，才能强烈地产生。

小孙子的诞生冲淡了儿子逝去的伤感。年已60多岁的李如珍爱不释手地抱着婴儿，用他那饱经风霜的脸庞亲着孩子的小脸蛋，轻轻地叫了一声："憨头！"于是，孩子有了自己第一个名字。

李大钊的祖父李如珍，字怀瑾，生于道光七年（1827年），逝于光绪三十三年（1907年）。他抚养李大钊18年之久，对李大钊幼年时期性格的形成、兴趣与求知欲，以及人生观、道德观、价值观的初步确立等都产生了重要影响。

李如珍是兄弟3个中最有能耐的人。青年时期，他曾同本乡不甘窘困于贫瘠土地上的人一样，外出"闯关东"，到长春、万宝山一带经商。

那时，乐亭县外出跑买卖的人大体分为两种："出口贸易挟赀营运谓之财主，代人持筹谓之伙计。"李如珍既不像财主，也不像伙计，他开了一个杂货铺，赚了一些钱，后来年纪渐长，担心遭"胡子"（东北对土匪的称谓）抢劫，便回到家乡。

农民有了钱，第一件事就是买地造房。李如珍陆续购置了90多亩地，并将老屋拆掉，另建了一套漂亮的宅院。

这套新宅院南北长50多米，东西宽18米，总面积1000平方米有余。宅院四周是一丈高的青砖墙。院门口是高高的台阶。高大宽敞的黑漆大门

第一章　命运坎坷悲壮　自幼志向不凡

旁边立着一个拴马石桩。前后三进院落，共有房屋 21 间。房屋全部为砖木结构，比起周围人家的房子都要高。据说全院布局由李如珍一手设计。他没有照本地旧式房屋的规矩格式，而是设计成门与门错落有致，东西厢房各具风格，门窗的"上亮"形状样式各异。

他给自己的屋子起了个"怀德堂"的堂号，又把宅院叫作"鸳鸯宅"。这一对庄重别致名字的结合，以及那既古朴又新颖的样式别具匠心，反映了隐隐变化着的时代和吸收了商业气息的农民的审美意识。

同自己的父亲李为模一样，李如珍也是一个急公好义之人。

大黑坨村的农民为了求神保佑风调雨顺，烧香拜佛之外，每年夏天都要搭台唱戏。但是，一直找不到一个宽敞的场所。李如珍决定为村里解决这一困难。他用了六七年时间，先后募集铜钱 1200 余吊，自家捐献 460 余吊，分数次将本村华严寺门前 10 亩左右的土地买下来，作为"香火地"献给村民。

光绪十三年（1887 年），李如珍终于完成了这桩心事。由昌黎县增广生赵辉斗撰文，当时尚在世的李任荣书写，一块"华严寺前置买香火地基碑"树在了华严寺前那块"福地"上。

成童之后的李大钊不止一次地跟着祖父来到这块"福地"，观看他那从未见过面的父亲的隽秀笔迹，同时从碑文落款最上面"督办人从九品李如珍"一行字里体会着祖父在村人心目中的重要地位。

"从九品"，是清代官僚 18 等品级中最低的一等，大抵相当于乡官。

皇权时代的国家，皇帝"奉天承运"、大权独揽、发号施令。从中央到地方一大群官僚利用威权实现皇朝意志，收敛赋税，既是压迫者，又是社会秩序的维护者、国家法律的代言人、公众事业的组织者。

官职、官品是权力和社会地位的象征。谁想有所作为，无论为国效力、为民谋福，还是谋求显位、光宗耀祖，或者二者兼而有之，都必须要做官。

普通人想做官须经读书科考获取功名，或以功德得到选拔。在清朝末

年，也有不少花钱捐得功名官品的。李如珍的"从九品"官衔是经科考还是举拔，抑或是捐取，尚无充分的材料说明。但得到并且重视这一官衔这件事情本身足以证明，他的价值观念仍在传统之中，经商赚钱并没有使他认定可以商业传家。正由于这个原因，他要自己的儿子，儿子死后又要孙子发愤读书，力图走上仕途之路。

李如珍一生活了80岁，这在同一时代是少有的高寿。他的两个弟弟一个早于他18年病故，一个早于他10年病故。能活到这么大年龄，除多年奔波给了他一副健康的体魄外，心胸开阔，热心公益事业，留心周围的大小事情，热衷为他人排忧解难，对生活的积极态度和进取意识等，都是其原因。

在小孙子的眼里，祖父是一个四方大脸、膀大腰圆、结结实实的老头。他直爽好客，爱说话，爱管闲事，街坊邻里有了纠纷，他去调解；谁做了坏事，他毫不留情地数落。他说起话来头头是道，因此村里人叫他"李铁嘴"。他勤劳节俭，会算账，家中里里外外安排花销都由他筹划。他有时看上去脾气暴躁，但对自己的孙子除了在学习上严厉督促外，总是既慈祥，又耐心。

没有父母的孤儿在孩子堆里常受欺负，经常被嘲笑或侮辱。李大钊是遗腹子，更少不了遇到这类事情。同时出于对孙子接触外面"邪恶"的担心，祖父尽可能不让孙子一个人跑到外面去玩。为了使他不感孤单，老人在后院种了许多花草树木，还喂养了猫和狗陪他玩耍。

祖父的这些慈爱举动，一方面给孙子童年的生活增添了乐趣，另一方面也造成了孩子早熟和因缺少与同龄孩子正常交往形成的"交往性紧张"心理。这种心理由于持续较久的成才和道德教育引导，逐渐形成较强烈的道德自律感和知识超越欲；同时，它也不可避免地造成某种矛盾的性格倾向，比如，内心的外向冲动和外表的内向压抑；刚强的进取意识和慎重的稳健态度等。这些对李大钊成年之后思想性格的形成，都产生了不容忽视的影响。

第一章 命运坎坷悲壮 自幼志向不凡

李如珍的老伴是一个"为人憨傻，心地又狭窄"的人。她不喜欢自己的过继孙子，担心他将来同自己的亲生女儿争夺家产。出于同样的原因，她的女儿、女婿当然更不会喜欢他们这个过继的侄儿。这使李如珍老人愈发感到教育和保护孙子责任的重大。他平时除必要的劳动和处理家务之外尽可能和孙子待在一起。祖孙的感情由此深深地建立起来。30多年后，李大钊回顾"襁褓之中，即失怙恃，既无兄弟，又鲜姊妹"的凄惨境遇时，对祖父的养育之恩记忆犹新。

束发受书　天资不凡

李如珍读过书，喜欢看《三国演义》一类小说，有能力承担起孙子的识字启蒙。

乐亭县自古有良好的读书传统，历年参加科举考试的人很多。仅自康熙四十五年（1706年）到光绪二年（1876年）170年间，全县就出过16名进士、142名举人和226名贡生。一般士子"雅重读书"，以至"村氓衣食稍足，亦必令子弟就塾"。在这样的社会环境中，找几本流行的《三字经》《百家姓》《千字文》之类蒙学读本不会是困难的事情。李大钊最初的文字知识启蒙就是从读写这些东西开始的。

到李大钊6岁时，祖父把他送进本村谷家私塾。

这一年是1895年，维新风潮已经兴起。两年后，上海南洋公学刚刚成立的师范专科开始编辑中国人自编的第一部有着近代科学文化内容的《蒙学课本》；6年后，清政府下令全国将旧式书院改为学堂，并要求各地多设小学堂。然而，直到1905年进入永平府中学前，李大钊一直没有进过正式的学堂。他在旧式的私塾整整学习了10年。

私塾的先生大多是乡村里读过书的人。他们中有的参加过县一级学校的入学考试，有的考取过秀才，这些人通常有在县学、府学中学习的经历，还有的曾进入国家最高学府国子监学习过。总之，各人的学历、学识

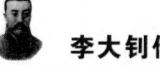 李大钊传

不等,名气有大有小。

对于李如珍老人来说,为了孙子学业有成,选择塾师是必要的。

谷家私塾的塾师单子鳌,是个诚实和善解人意的人。他给李大钊起了个学名"耆年",又按名以表字的习惯,起了字号"寿昌",希望他避开自己父母早逝的命运而长寿。他同耆年建立了很好的感情。三年后,他坦率地向李如珍老人提出,自己已不能胜任耆年的教师。

李如珍为孙子选择的第二位老师是他曾请来为自己督办华严寺"香火田"撰写碑文的赵辉斗先生。

青少年时期的李大钊

赵先生此时在离大黑坨村1公里远的小黑坨村张家专馆教书。他曾是昌黎县学的"增广生",学问、名气都在单先生之上。但两年之后,出于更高的要求,李如珍为孙子换了第三位老师。这位老师是在距大黑坨村10多公里的乐亭城北井家坨村宋举人家教书的黄宝林先生。宋举人曾在山东任过候补知县,黄先生则是曾到北京国子监读过书的"优贡",名气、学识又较赵先生为高。有了先前祖父的启蒙,特别是在祖父督促下养成的刻苦努力习惯,耆年在私塾进步很快,成绩优异。这为他增加了自信心。

清朝废除科举制度以前,学校的基本职责是为科举考试培养人才。科考内容大体是固定的,从国子监到府、州、县学,乃至乡间私塾的教学也大体围绕这些内容。

第一章　命运坎坷悲壮　自幼志向不凡

乾隆年间规定的，一直沿用到清末学制改革前的地方官学所用教材为"四子书""五经"、《性理大全》《资治通鉴纲目》《大学衍义》等。

其中"四子书"即"四书"，是元、明、清三朝科举考试的主要参考书。在此期间历届的科举考试几乎都从"四书"的范围出题，所有科举考生都要把"四书"背得滚瓜烂熟。那些落第的文人再去设塾教书，也还是要让弟子学习这一套知识。单子鳌、赵辉斗、黄宝林几位先生当然不例外。

"四书"内容丰富，体现了儒家对人生道德伦理的看法和修身齐家治国的理想原则。如《大学》讲："大学之道在明明德，在亲（新）民，在止于至善。"意思是学做圣贤的道理，就是使人内心中本有的光明道德得以显现出来，每日更新进取，达于至善之境。要做到这一步，需要从最基本的"格物"，即充分研究了解宇宙世间万事万物之"理"开始。"格物"目的是达到对万事万物的"知"；有了充分的"知"，就会有一心向善而不自欺的"诚意"；由此端正内心，不被愤怒、恐瞑、狂喜、忧患牵制；做到心有爱戴、厌恶、敬畏、怜悯、鄙视之时不致偏颇，"好而知其恶，恶而知其美"，达到最好的修养境界；由此可以管理好自己的家庭、家族，使子弟知孝悌慈仁；由此可以为邦国作表率，以絜矩之道，即"己所不欲，勿施于人"的忠恕之道、仁义之德治理国家天下。

《中庸》讲天、性、道、教的统一；讲喜怒哀乐都有节制，符合一定场合个人身份角色应有的合宜要求；以此"中"为人之言行准则，众人之"中和"为人群社会理想之状态。譬如舜有大智，在于他好问好思索身旁人说的话，不好的不管它，好的就接受发扬，把各种意见的两极观点折中，用于指导民众。

以当时人的知识，理解四书的语言，应当和我们今天用白话译过的原文一样容易明白表面之意，但系统深入的理解，尤其是联系国家社会为政道德心性之类的内容，不要说对一个孩子，就是对一个一般的乡间塾师也未见得说得透彻明白。

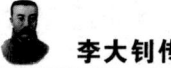李大钊传

但是，处在求知欲望极强烈而记忆力极好的年龄，为了应考而必须背诵原文和"破讲"重要段落的意思，甚至还要在老师的指导下，结合其他经典和史籍的学习，边扩充知识，边加深对儒家思想精义的理解，这便使儒家经书中的若干思想内容给少年时期的李大钊留下了深刻的印象，从而对于他思想意识和行为习惯的形成产生了不容忽视的影响。

第二章　探索救国良策　追求民主共和

永平中学求学，让李大钊眼界大开，深感"国势之危迫"，求学津门，深研政理，使李大钊政治上逐步走向成熟。北洋法政六年，李大钊创办《言志》，撰写诗文，鼓吹共和，激励民众。因其文章雄厚磅礴，时人将之与白坚武、郁嶷并称为"北洋三杰"。

永平中学　拓宽视野

1905年，16岁的李大钊到永平府参加科举考试。其间，府里接到清政府取消科举入仕制度的谕旨。他和参加考试的部分生员一起转入永平府中学。

永平府中学建于1902年，校所设在"敬胜书院"院内。李大钊入学前这里已招收两届学生，共4个班，约有一百六七十人。学生多来自本府各县，住宿由学堂安排。

李大钊进入永平府中学堂学习，是他整个人生道路的第一次重大转折，使他迅速成为开始具有现代爱国救国抱负的有志青年。

永平府，即今之卢龙县，在大黑坨村之西北，相距50多公里。元代称永平路，明代洪武四年（1372年），改称永平府。永乐十九年（1421年），明成祖迁都北京后，永平府直隶京师，成为畿辅之区。清代仍之。由于清王朝本来自关外，清帝要去关外祭祖谒陵，这里就成为通往奉天的必经之路，在这里设有行宫。永平府在军事上也有重要地位，1911年还在这里举行秋操。

永平府地处山区,府城依山势而建,20世纪初,这里人口约有3000人。知府大堂建于城内最高处的平山。永平府中学堂坐落于府城的西南的平山南麓。它的前身永平府敬胜书院,创建于清乾隆十二年(1747年)。清末推行新政后,光绪二十八年(1902年)"奉诏改称永平府校士馆",进而又改为永平府中学堂。

永平府中学堂牌匾

20世纪初,创办新学堂伊始,像永平府中学堂的条件还是比较好的。人们远远望去,可以首先看见庄严的学校大门。正门东西两侧,各有一尊石狮,便门两侧,各镶有一块石碑,分别镌有"整齐""严肃"四个颜体大字,显示其该校的校风和首重德育的束身要求。学校前院建有一座高大雄伟的殿宇,被称为"龙厅",原是迎接和供奉朝廷"圣旨"之所。"龙厅"后,是教室和宿舍。李大钊被编入一年级第二班。在这里,无论是与张家学馆相比还是与宋家学馆相比,都是完全不同的新天地,从此在学习上迅速进入了一个新境界。

第二章　探索救国良策　追求民主共和

（一）开始较系统地接受现代文化

按照清廷规定，中国国学分量仍然很重，要求中学堂仍"宜注重读经，以存圣教"。其时间安排是："每星期以六点钟读经，以三点钟挑背讲解，计每日读经一点钟，间日挑背讲解一点钟，每星期治经九点钟。"这是正课。另每日尚需"温经"半点钟，归入自习课，"不占讲堂时间"。"计中学堂毕业，皆已读过《孝经》《四书》《易》《书》《诗》《左传》及《礼记》《周礼》《仪礼》节本，共计读过十经"。而且，要习"中国各体文辞"，包括"诗辞赋"等。

清廷所规定的这些旧学课程，对于李大钊并不在话下，因为其中很多内容，他早已熟悉，只需再进一步提高。在这里，更重要的是他开始接受新学，主要是英语、数学和西方的政治、历史和地理等方面的知识。这方面的课程，每周约 25 节。这些新学的课程，在教材与教师方面，虽然尚不可能达到正规，但李大钊终究从此冲破旧学一统天下的藩篱，开始获得现代的知识视野。

（二）从历史遗迹中，受到中国传统文化的特殊熏陶

对于李大钊精神品格的形成，课堂、书本的教育固然重要，但书本以外的历史遗迹、社会文化氛围以及师友间的交流，也同样很重要。李大钊在课堂以外所受的重要影响之一，就是夷齐故里的古文化氛围对他的熏陶。

李大钊早就读过《史记》，对《伯夷列传》当然很熟悉。太史公曰："伯夷、叔齐，孤竹君之二子也。父欲立叔齐，及父卒，叔齐让伯夷。伯夷曰：'父命也。'遂逃去。叔齐亦不肯立而逃之。国人立其中子。"兄弟俩因为让权让国而致逃走去国，这在中国历史上实在是太罕见的。更罕见的是，这兄弟俩不仅让国，而且还敢于去阻拦东征伐纣的武王的军车，并敢于以仁孝之义痛责之。

《伯夷列传》说："于是伯夷、叔齐闻西伯昌善养老，盍往归焉。及

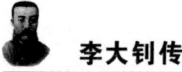

至，两伯卒。武王载木主，号为文王，东伐纣。伯夷、叔齐叩马而谏曰：'父死不葬，爰及干戈，可谓孝乎？以臣弑君，可谓仁乎？'左右欲兵之。太公曰：'此义人也。'扶而去之。"这是多么气壮山河而又冒险的举动！如果不是军师姜子牙赶快上前，喝令那些大兵们"住手"，其后果肯定是不堪设想。作为军师即总参谋长的姜太公，不但毫不计较这两位老人拦军车、辱统帅的极其严重的举动，反而称他们为"义人"，并且恭恭敬敬地扶起他们，劝他们离开。中国传统文化的这一光辉篇章，从来都为人们所传颂。

伯夷兄弟劝阻武王无效，虽然回到武王之父文王下令所设的"养老院"，但武王伐纣当中血流漂杵的暴烈举动，越来越使这两位老人不能再容忍。从而，最后的悲剧终于发生。"武王已平殷乱，天下宗周，而伯夷、叔齐耻之，义不食周粟，隐于首阳山，采薇而食之。及饿且死，作歌。"他们直到饿得将死的时候，仍然作歌明志，不改其观念主张。其辞曰："登彼西山兮，采其薇矣。以暴易暴兮，不知其非矣。神农、虞、夏忽焉没兮，我安适归矣？吁嗟徂兮，命之衰矣！"这兄弟俩就这样，"遂饿死于首阳山"。真是太惨了！

伯夷、叔齐的事迹、意义，凡是接受科举教育的人，是没有不熟悉的。对于这两位以死殉名的人，《论语》提到有4次，《孟子》提到有10次，《尚书》提到有2次。孔子与孟子，都称他们是"古之贤人"。孔子称他们在大权威、大一统面前，也敢"不降其志，不辱其身"；称他们虽"饿于首阳之下，民到于今称之"；而"有马千驷"的权贵齐景公，"死之日，民无德而称焉"；中国历史上的这种大权威，其实也都是一种可怜虫！而伯夷、叔齐，则是"求仁而得仁，又何怨？"并称他们是："不念旧恶，怨是用希。"等等。所以，凡是苦读《四书》《五经》的学子们，肯定对伯夷、叔齐的事迹，都有感于心。但是，书本上的了解和处于历史遗迹和一定的文化氛围当中的感受与领悟，却终究是很不一样的。

唐代学者张守节在《史记正义》中早已注明："孤竹古城在卢龙县南

第二章 探索救国良策 追求民主共和

十二里,殷时诸侯孤竹国也。"当代史家,对此又作了更深入细致的研究。孤竹国都城约在卢龙县城南或城西南某地。"孤竹"二字,在甲骨文、金文中,也已出现。这个小诸侯国,"国君和辅佐国君的少数人来自中原,而其辖区内的多数居民为长期生活在当地的土著民族"。它的范围"不限于都城及其邻近地区,至少包括今卢龙、昌黎、抚宁等县境域"。

在卢龙县城及其附近,当时古文化气氛是比较浓厚的。在城外有相传的首阳山,也就是夷齐饿死之处,供人们在这里凭吊。另外,远处还有书院山(原属昌黎),山的石屏下,在一洞井之旁,石壁上镌着"夷齐读书处"。这也使后人肃然起敬,并起着立身劝学的作用。这些对善于感应历史社会和文化气氛的李大钊,也都是生动的具有感染力的教材。到了这里,他对于孔子所赞夷齐的"不降其志,不辱其身"等语,自然地更会有一番新的体悟。

1913年秋,李大钊赴日留学之前曾游碣石山,在游记中说:"倦游归去,长歌采薇,悄然有慕古之思矣。"伯夷叔齐临死之前所作的歌,历来被称作《采薇》歌。"长歌采薇",也就是与同游人一起高唱"登彼西山兮,采其薇矣。以暴易暴兮,不知其非矣。……"这里所谓"慕古之思",也就是慕伯夷叔齐的高风亮节。由此也可见,李大钊在永平府中学堂所受的历史遗迹影响之一斑。

(三)结交志士良友蒋卫平

李大钊结交志士良友蒋卫平,是他在永平府中学堂学习期间的又一大收获。

蒋卫平(1882—1910年),字大同,是永平府的蒋家庄(今属滦县)人,比李大钊大7岁。他"少有大志,慕班超、马志尼之为人,顾念时艰,慨然以天民先觉为己任"。他"常谈黄梨洲、顾亭林、王船山诸人之学说",因"极慕谭嗣同之为人,改号慕谭"。他与李大钊友情很深。为了进行革命活动,蒋卫平中途辍学离校。1910年8月,到黑龙江国境一带考

— 15 —

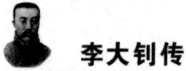

察，以备抗俄，不幸被沙俄军队杀害，尸体被抛入江水中。

蒋卫平遇难，对李大钊是一个极大的刺激。他非常悲痛，深切地怀念这位志士好友。在李大钊现存的19首旧体诗词中，就有5首是悼念这位友人而写的，可见他们之间的情谊之深。

在1911年写的《哭蒋卫平》的两首七律中，有一首写道：

国殇满地都堪哭，泪眼乾坤涕未收。
半世英灵沈漠北，经年骸骨冷江头。
辽东化鹤归来日，燕市屠牛漂泊秋。
万里招魂竟何处？断肠风雨上高楼。

李大钊这首诗，热烈地赞颂蒋卫平的爱国报国行动，称颂他的死是"国殇"，是为国而捐躯的。诗中对这位英才的不幸遇难深为惋惜，而对其身后的被冷落更为痛心。由于对亡友的思念情深，想象着有一天这位壮士能够成仙，从辽东乘鹤归来，继续能够在燕赵一带过着革命者的豪放生活。不过，这一切只能是想象。即使是万里招魂也找不到魂在何处。所以，作者只能忍受着断肠般的痛苦，在凄风苦雨中独自登上高楼，默默地眺望着死者殉国的远方。

在《题蒋卫平遗像》的五律中，李大钊又写道：

斯人气尚雄，江流自千古。
碧血几春花，零落一抔土。
不闻叱咤声，但听呜咽水。
夜夜空江头，似有蛟龙起。

前两首诗，注明是写于辛亥，即1911年。这一首诗，发表于1913年6月，是在前两首之后。诗中说"碧血几春花"，即是说，这位青年爱国志士，离开人间已有好几个春天了。但是，对于李大钊来说，这位英雄的浩气却和江流一样，永存千古。英雄叱咤强敌之声，人们再也听不到了，但

第二章 探索救国良策 追求民主共和

江水呜咽之声，却永远泣悼着这位祖国的好男儿。就在那祖国的边疆国境，夜夜都好像有蛟龙般的人物，在守卫、在奋起。

李大钊悼蒋卫平的诗，是李大钊本人思想、志趣、品格、情怀的真实写照，反映着这位伟人成长过程中一段重要的心灵历程。其实，李大钊与蒋卫平相处时间并不长。李大钊在永平府中学堂读书只有两年，而蒋卫平又是从永平府师范学堂中途转学过来的。因此，他们在一起大约只有半年上下的时间。可是，李大钊对于这位青年志士的认识和感情如此之深，这主要是因为他们在志趣品格上的一致性，蒋卫平的精神品格，实质上也就是李大钊的精神品格。祖国的盛衰安危，正是他们所共同关心的。蒋卫平是为保卫祖国和抵抗侵略而死的，所以，李大钊在另一首七律中写道："千载胥灵应有恨，不教胡马渡江来。"——这应是生者与死者的共同心愿。中华男儿，绝不许侵略者的铁蹄踏上中国的领土！

李大钊一生崇尚英雄，学习英雄。凡是历史的现实的英雄人物，无论古今中外，他都从中汲取精神营养。他也善于学习书本以外有价值的东西，从多方面丰富与锤炼自己。他与蒋卫平的友情与精神联系，就是一个突出的例子。

到1907年夏，李大钊已经在中学生活了两年有余，时间虽然不长，但旺盛的爱国热忱，推动他如饥似渴地吮吸当时所能得到的思想营养，而且学堂地处永平府治所重地，也易于接触各种社会见闻，开阔眼界。加之他自幼生长在农村，对广大农民的悲惨生活和精神愚昧都有切身的体会，因而改造社会的思想日趋加深，救国救民的认识发生了飞跃，他"感于国势之危迫，急思深研政理，求得挽救民族、振奋国群之良策"。他认识到只有潜心研究政治才是追求真理和实现伟大抱负的根本途径。

按照清政府的规定，中学堂修业为5年。凭他的优秀学业，如果随班提升，可以有一条顺达的仕途。而事实上，第二班除有五名学生留校重读外，其余全部都升入了保定高等学堂。但李大钊已经不满足于中学堂的教育，为了实现自己"再造中华"的远大理想，决计另辟蹊径，以求深造。

李大钊传

为此，李大钊曾写信给伯父李任元，说明自己的志向和想法。伯父十分赞同并鼓励他："你要上山就要上高山，你要游水就要游大海。应该继续深造。"

于是，李大钊不等毕业，便在1907年的暑假期间，和几个同学一起去天津投考新的学校。他们了解到当时天津有三个学校正在招生：北洋军医学堂、长芦银行专修所和北洋法政专门学堂（辛亥革命后改学堂为学校）。李大钊对学医不感兴趣，最想学的是法政，因为那里可以满足他"深研政理"的需要。但为把握起见，他同时也报考了银行专修所。结果两考皆中。他如愿以偿，进入了法政学堂。

从私塾到永平府学堂，在这长达12年的学习生涯中，李大钊不仅学有所成，而且思想上也有了巨大的变化。从精心准备参加科举考试，到最终放弃顺达的仕途，而选择赴天津投考新的学校，这是李大钊人生中的又一次重大转折，从而使他进入了一生的关键时期——求学北洋法政专门学堂。

由天津考学归来，他和几个同学都分外高兴，在昌黎火车站下车后，一同结伴冒着小雨，到昌黎县城北云雾缭绕的碣石山中游览了一番。

昌黎碣石山

李大钊自幼就非常神往朝夕可以遥望的碣石山群峰，总想一登古老而

第二章 探索救国良策 追求民主共和

神奇的碣石山绝顶，回望家乡的一马平川，尽情地俯瞰曹操诗中所描绘的"水何澹澹，山岛竦峙"的大海的万千风光。这次他借道昌黎去登碣石山，以了却自己多年的心愿。可惜，他们在昌黎下火车后，天公并不作美，恰赶上阴雨天气。他们只好放弃了登上碣石山主峰仙台顶"一览众山小"的打算，在当地人的指点下，冒雨去了一趟在仙台顶东边的五峰山。没想到的是，他们竟在那里的半山腰修筑的韩文公祠找到了一个"人间奇境"。

韩文公祠，又名韩昌黎祠，为纪念在宋朝时被封为"昌黎伯"的唐朝著名文学家、思想家韩愈而建立的祠堂。韩愈为河南孟州人，取古昌黎（今辽宁省义县）为郡望，今昌黎（得名于金大定二十九年，即1189年）于明朝洪武四年（1371年）在县城建有一座韩文公祠，至崇祯十四年（1641年）驻守山海关的山石道范志完以五峰山"天成文笔峰"，在半山腰坝台上又主持修建了一座韩文公祠。李大钊第一次游览碣石山，登临的为五峰山韩文公祠。关于此次游览的情景，李大钊在数年后1913年秋天写的《游碣石山杂记》中，记述得非常清晰：

予家渤海之滨，北望辄见碣石，高峰隐峙天际，盖相越仅八十里许。予性乐山，遇崇丘峻岭，每流连弗忍去。而对童年昕夕遥见之碣石，尤为神往。

曩者与二三友辈归自津门，卸装昌黎，游兴勃发，时适溽夏，虽盛炎不以尼斯志，相率竟至西五峰山韩文公祠一憩。是日零雨不止，山中浓雾荡胸，途次所经半石径，崎岖不易行，惟奇花异卉，铺地参天，骤见惊为天外桃源，故不以为苦。犹忆五峰前马家山湾，树林蓊郁接云际，层层碧叶，青透重霄，虽暴雨行其下而不知也。初入山，不识路径，牧童樵子，又以雨不出，陟一峰巅，徘徊不知何往，乃于无意中大呼："何处为五峰？"而云树缥渺间，竟有声应者曰："此处即是五峰。"遂欣然往，相讶为人间奇境。至则守祠人欢迎于门外。延入祠，则用松枝烹茶，更为煮米粥以进，食之别有清味，大异人间烟火气。守祠者刘姓。此为予与碣石山初度之缘，生平此游最乐，故今犹忆之。

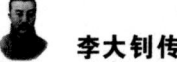 李大钊传

李大钊没有想到，他与碣石山结下的初度之缘，会是这么动人心弦、引人入胜。多年神往，一朝成行，竟然一下欣逢如此神美的意境，这使碣石山的深山古祠蕴藏的自然美几乎在顷刻之间就摄住了他的全部魂魄，给他留下了不可磨灭的印象。此后，尽管他一步步远离了家乡，却与这离家乡不算很远的"人间奇境"结下了不解之缘。到天津上学，走上新的征程以后，只要一有机会，他就到这里游览、休憩，并在他人生最重要的阶段，几度到这里度假、避难，吟诗著文，进行马克思主义在中国传播的拓荒、播种等重要工作，以致这里几乎成了他的"第二故乡"。

求学津门　改名励志

北洋法政专门学堂是直隶总督兼北洋大臣袁世凯授命创办的，建成于1907年4月，同年7月开始招生。按计划当年招收专科和简易两科学生。简易科分职班和绅班两个班，各150人，分别学习司法和行政，培养审判人员、律师和地方自治的行政管理人员，学制较短（实际读了一年半）。专科200人（入校后分英文、法文、德文3个班），"以造就法政通才为主"，先学3年预科，转为正科后再学3年，共6年毕业。凡毕业的学生由学校"拟请照分科大学堂或高等学堂奖给出身，其成绩优者，并可遣赴东西各国留学"。专科招生是面向全国各省的，考试较为严格，要考两场：第一场国文、出经义、史论题各一道；第二场外语和算学。每场考试早晨7点入场，下午5点交卷，长达10个小时。考生要带食物，很像以往的科举考试。李大钊有幸被录取，在永平府中学学了两年英文和自然科学课程给他帮了大忙。

在法政学堂就读费用是较高的：每月学费3元，膳费5元，此外操衣（体育课和做操时用的统一服装）、纸笔及其他零用钱概归自备。算起来，一年至少120元以上。李大钊读中学时，家中负担膳宿费已感勉强。在他考入法政学堂前后，祖父不幸去世，家中剩余的一点积蓄大半被老人的女

第二章　探索救国良策　追求民主共和

儿、女婿"'踢荡'干净了",上学的费用成了问题。多亏妻子想方设法,典当挪借,使他免于辍学。就这样,1907年9月2日,李大钊开始了6年的法政学习之旅。

北洋法政专门学堂

作为国内第一所正式法政专门学校,又膺有直隶总督兼北洋大臣之命,学堂各项工作都较正规。课程是比照京师大学堂设置的,既有大清会典、大清律例等清代法律典章内容,更多则是政治学、政治学史、经济学史、比较宪法、比较行政法、地方自治论、中国法制史、选举制论、警察学、商业通论、民法要义、外交通义、外国贸易论、刑法总论、财政学、经济学原理、应用经济学、货币论、银行论、外交史、最近世界政治史、社会学、中外通商史、国际公法、国际私法统计学等近现代社会科学科目。外语教学也很受重视。李大钊除继续学习英语外,开始学日语。每周上36节课。有的课由外籍教师直接用外语讲。因此,学习十分紧张,负担相当沉重。

李大钊在这个时期改用"钊"(勉励之意)作自己的名字,以及他后来的学识与文章表明他在学习上是十分勤奋刻苦的。众多新学科、新知识,对于他这个求知欲极强的青年来说,不但不成其为负担,相反,还常常给他带来兴奋和快乐。

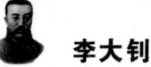 **李大钊传**

他给同学的印象是穿着朴素、品行高尚,富于侠义之气,而且见识卓拔、学问充实、能文善诗。尤其文章行文豪放、感慨淋漓,"明可以薄汉霄(接近极高的天顶),幽可以泣鬼神,坚可以铄金石;悲歌激昂,摧山岳而震鲲鹏"。在大家的心目中,他正是著名的唐代文学家、思想家韩愈说的那种燕赵感慨悲歌之士。

然而,此时李大钊心底里还有着同学们难以觉察的苦闷。18年来抚养、疼爱自己的祖父去世给他带来极大悲伤。祖父身后家务纠纷引起的烦恼,妻子生活陷入困难使他产生的惦念,或许还有对出生不久即夭折的女儿的痛惜……这一切,使他时时感到心情沉重。而这种个人不幸又同当时边警不断、国势衰颓、危机四伏、民生凋敝的社会现实给他人的忧虑交织一起。他内心长期处在压抑之下。

入校后第二年,他写下了这样的诗句:

荆天棘地寄蜉蝣,
青鬓无端欲白头。
扪髀未提三尺剑,
逃形思放五湖舟。
久居燕市伤屠狗,
数觅郑商学贩牛。
一事无成嗟半老,
沈沈梦里度春秋。
感慨韶华似水流,
湖山对我不胜愁。
惊闻北塞驰胡马,
空著南冠泣楚囚。
家国十年多隐恨,
英雄千载几荒丘。
海天寥落闲云去,

第二章　探索救国良策　追求民主共和

泪洒西风独依楼。

他觉得自己好比布满荆棘土地上生命短暂的蜉蝣虫，虽当青年之时，头发却要斑白了；遗憾自己没有像蒋卫平那样下决心去军事学校，以便将来挥剑跃马，疆场杀敌，反而同春秋时越国大夫范蠡那样放舟五湖，远离政事。

他又把自己比作战国时期志不得申，流落燕国与屠狗者为伍时心怀感伤的义士荆轲，为了探讨救国之道，曾多次寻找巧退秦师的爱国商人弦高那样的志同道合者，却不能得；如今事无一成，人似半老，如在梦中，昏昏沉沉地度日。

他感慨韶华似水，面对湖光山色只觉不尽忧愁。虽然听说北国发生了令人震惊的边患，却也只能像做了郑、晋两国囚徒的楚臣钟仪一样，仅仅以不摘掉楚国的帽子来尽爱国之心。想到国家多年来屡屡受辱，仇恨累积，几千年雄踞东方的祖国如今几乎成为荒原土丘；望着海面天空慢慢飘去的云朵，感到一丝悲凉的西风吹过，小楼里面孤独的他不禁潸然泪下。

悲凉的诗篇诉说了李大钊深深的忧国之情和壮志未酬的遗憾。他把自己的书斋命名为"筑声剑影楼"。

所谓"筑声"，取意荆轲的好友高渐离击筑的乐声。高曾在荆轲流落燕市时为其击筑排遣烦恼，在其行刺秦王出发时为其击筑壮行，后又用筑声吸引秦王，用筑击杀秦王，以至被杀，成为同荆轲齐名的义士。"剑影"之剑即宝剑之剑，亦可喻荆轲刺秦王的"匕首"——短剑之剑。

"筑声剑影"隐意可有数层：

其一，自己未能从军征战杀敌报国，只是在书斋里似闻筑声，似见剑影，以荆轲、高渐离志不得申时的境地自比；其二，以荆轲和高渐离诸义士为理想的人格榜样，每向往之；其三，以学文为习武，把精研法理比作击筑舞剑，为将来报国杀敌而学习本领。

李大钊就是在这种心境下，在这座"筑声剑影楼"内整整奋斗了6年。

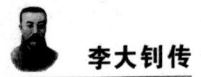 李大钊传

誓死请愿　立宪救国

　　清朝末年的天津是直隶省一府，下辖1州6县。由于西距京师不远，东临渤海湾，是运河北端重要口岸，附近又有清政府重要食盐产地——长芦盐场，军事、经济地位都很重要。这里早在雍正时期就置水师营。咸丰年间海禁初开之时，一度置三口通商大臣。同治以后，天津渐成洋务运动重镇。洋务派首领李鸿章先后在这里设立开平矿务局、电报总局和机器局。1888年，和唐胥至开平铁路相接的津沽铁路修竣；1897年津卢（天津至卢沟桥）铁路开通，同年该路通至京城右安门外。

　　同一时期，为培养各方面人才，洋务派在这里陆续建立水师、武备、师范等学堂。

　　1895年，袁世凯奉命到天津小站练兵，先后练成6镇新军，共7.8万人，形成北洋陆军的骨干。他接替李鸿章担任直隶总督兼北洋大臣之后，在天津建有衙门。按清政府规定，他每年要从保定"移节"此地，住上半年。

　　天津也是戊戌时期维新思潮的发源地之一。1895年，正当康有为、梁启超在北京借"公车上书"声势，开强学会、办《中外纪闻》，进行维新动员准备之时，担任天津北洋水师学堂总教习的严复在天津《直报》发表了影响颇大的《辟韩》《原强》《救亡决论》《论世变之亟》等一系列文章；不久，又在《国闻报》连载轰动一时的《天演论》。这些文章和译著按语，抨击皇权制度和专制思想，指出中国有被列强瓜分的危险，号召国人变法图强。介绍了物竞天择、适者生存、优胜劣汰的观念；提出"鼓民力、开民智、新民德"的救亡主张。随后，严复陆续翻译亚当·斯密、孟德斯鸠、斯宾塞、约翰·密尔等西方近代著名思想家有关经济学、政治学、逻辑学等方面的经典著作。这些书大部分成为后来包括李大钊在内的一大批法政学生、学者必读的、重要的教科书或参考书。

第二章 探索救国良策 追求民主共和

1898年光绪皇帝在维新派支持下实行的新政虽然仅仅持续了103天，但它的影响是巨大且深远的。它的主要领导人之一梁启超成为其后启蒙运动和立宪运动中的重要人物；它的失败使一部分知识分子对清政府失去信心，走上革命道路。而谭嗣同等"六君子"为中国政治改革流血，则给了蒋卫平、李大钊以及许许多多爱国志士极大的激励。

李大钊进入北洋法政专门学堂之时，革命和立宪两股思潮都在发展。不过对于他所居住的北方来说，立宪思潮的影响更大一些。

早在1901年，清政府为应付内外压力，宣布实行新政，陆续颁布了诸如调整官制、改定法律、编练新军、奖励实业、废除科举兴办学校等措施，但数年间收效不大。1905年，在一些驻外使臣、督抚和朝廷中其他一些官僚多次奏请下，慈禧太后派出端方等5位大臣分别出访欧美、日本等国考察宪政。次年9月，军机处以皇帝"上谕"名义转发太后根据五大臣报告发布的《宣示预备立宪先行厘定官制》"懿旨"，其中说道：西方之国所以富强，"实由于实行宪法，取决公论，君民一体，呼吸相通，博采众长，明定权限，以及筹备财用，经画政务，无不公之于黎庶。又兼各国相师，变通尽利，政通民和有由基础"。

清政府这一举动受到戊戌以来一直主张改良的那些官僚士大夫欢迎。以创办通州大生纱厂、师范学校、博物苑等实业和教育、文化事业闻名遐迩的光绪朝状元南通人张謇等率先在上海发起成立了预备立宪公会。随后，戊戌变法失败后逃亡海外从事保皇活动的康有为把他的保皇会改为国民宪政会；留学日本的中国学生中颇有影响的湖南人杨度等成立了宪政讲习所、宪政公会，并联络时任翰林院编修的谭延闿组成湖南宪政公会；梁启超等人亦在日本组成拥护立宪的政闻社，并于不久后将该社迁回上海……

与此同时，国内外华文报刊出现愈来愈多宣传、讨论宪政的文章。杨度等向清政府提出召开国会的请求。一场大规模的立宪运动由此轰轰烈烈开展起来。

在清政府实行新政运动和筹备立宪过程中，袁世凯也很积极。他作为新政督办政务处的参赞之一，参与了包括请求废除科举开办学堂、实行宪政等在内不少新政措施的奏议，同时还在他担任总督的直隶省天津府试办地方自治。

根据袁世凯给朝廷写的报告，地方自治的试行工作自1906年开始。首先设立自治局，选派"曾习法政熟谙土风之绅士为宣讲员，周历城乡宣讲自治利益，复编印法政官话报，分发津属州县以资传习，并将自治利益编成白话，张贴广告，以期家喻户晓"。接着设立自治研究所，培训乡绅，使之回到本地筹设自治学社。然后由自治局和乡绅、学会、商会代表组成的会议起草、议定自治章程。按章程选举地方议事会议员。此议事会就成为地方自治的实行机构。

到1907年夏季，试办工作结束。袁世凯准备以天津为样板，在3年内将地方自治推广于直隶全省。正是在这段时间里，为了推行新政和准备实行宪政，他命人筹建了天津北洋法政学堂。

袁世凯这些表现，很大程度是为自己谋取政治资本。他或许没有想到，继李鸿章、张之洞等人之后，他作为朝廷中权势显赫的汉族高级官员已经引起清朝皇族统治者的疑忌。

1908年光绪皇帝和慈禧太后相继"驾崩"后不久，他就被3岁登基的清代最后一位皇帝溥仪的父亲摄政王载沣削去权力，不得不回河南项城老家"养疴"。不过，他在当时的表现或许可以给本省的人们，尤其是那些像李大钊一样经验有限的青年学生留下一个赞助革新的印象。

袁世凯对新政和立宪的积极表现使直隶地区立宪派和立宪思潮得到较大发展。1910年，直隶省咨议局代表参与了十余省咨议局议员代表共同发起的三次要求清政府提前召集国会的请愿活动。天津北洋法政学堂学生和本府其他各校学生一道在第三次请愿之后，举行了全体罢课，投入了这一运动。

这年10月，根据清政府预备立宪程序安排设置的资政院在北京正式开

第二章 探索救国良策 追求民主共和

会。立宪派因先前分别于这年1月和6月进行的两次召集国会的请愿都被驳回，这一次发动了更大的攻势。他们一面向资政院递交请愿书，一面动员各地群众向当地督抚请愿。清政府迫于压力，答应缩短原定9年的预备立宪期，于宣统五年（1913年）召集国会。由于这个结果和请愿团提出的在第二年即1911年召集国会的要求仍有距离，一部分代表准备发起第四次请愿。

正当此时，东三省人民基于日本强施安奉铁路改建工程和俄国侵蚀边境，窥视蒙古造成的危机，组成了第四次请愿赴京代表团。代表团路过天津，受到学生热烈欢迎。天津学生当即组织"帝国学生同志会""全国学界请愿同志会"等团体，发动各校学生投入请愿运动。法政学堂的学生由于所学专业的关系，尤其活跃。在学校"大讲堂"举行的学生大会上，一个名叫秦广礼的同学慨然断指，在白布上用指血书写"立宪救国""速开国会""誓死请愿"等十几个大字，贴在墙壁上。另一名叫孙可的同学用刀刺破肘臂，血流不止。会场上同学相率痛哭，愤怒呼叫，声音震动大厅——13年后李大钊在该校纪念会上回顾当年的情景时说道："那种悲惨激昂的光景，我终身不能忘！"大家选出8名代表，李大钊是其中之一。当天，全校和其他各校学生一起罢了课。

拼死抗争　义无反顾

12月20日，是各校议定的集会日子。

一大早，李大钊和同学一起走出校门，先到天津公园和师范学堂、北洋大学堂、陆军军医学堂等校学生会齐，再一同前往预定开会地点——广东会馆。

当他们的队伍到广东会馆时，设在城南的海军军医学堂等校的学生已经先到了这里。几路学生会合，连同一些市民，总共达到2000多人。他们当即开会，决定三条办法："（1）誓死请愿，立宪救国，不达目的不止；

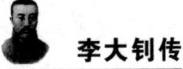

(2) 先向当地最高长官钦差北洋大臣直隶总督部堂衙门请愿，如无结果，即再以函电呼吁全国学生力争，以罢课为后盾，如再无效；(3) 即四出运动工商界，以罢市或效法外国罢工。"

会上推举爱国绅士，普育女学堂校长温世霖为请愿总代表，通过了请愿书。随后，全体学生向总督署进发。

此时，交通汽车已经停驶，学生们排着队走在街中央。忽然迎面驶来一辆带有玻璃窗车厢的马车，里面坐着一位候补道台。那道台见学生队伍拦住去路，竟不知趣地大声喝叫让路，结果被愤怒的学生揪出车来打了个半死。

时任直隶总督的陈夔龙见学生来势激烈，恐怕激起事端，采取了缓和态度，答应代学生上奏请愿书。各校学生于是整队回校。不料陈在上奏被驳回，复由各校监督对学生规劝恐吓均不奏效之后，竟调来军队、警察、督辕卫队，准备实行镇压。一些同学听到消息后产生恐惧。李大钊和本校另一名由学生选出的代表白坚武却相约拭目以待。后来经一些政府官员疏通，学生才免遭武力镇压。而在几次请愿中都表现积极的温世霖却被以"结会敛钱""妄图煽动"等罪名，发戍新疆。

清政府的倒行逆施使许多立宪派分子大失所望。1911年10月，武昌的革命派发动起义，辛亥革命爆发。各地立宪派或者依附革命派，或者独自打起独立旗帜。在此前后，京、津、保地区的革命者相继组织了共和会、铁血团、克复学会等革命团体，经与武汉方面派来的人员及同盟会在北方活动的部分会员联络，成立了北方革命协会。在该会的组织下，1912年年初，驻滦州的新军第二十镇部分官兵发动武装起义，于1月3日建立北方革命军政府。由原该镇第七十九标二营营长王金铭担任大都督，三营营长张建功为副都督，一营营长施从云为北方革命军总司令。清政府立即派出曹锟率新军第三镇会同镇守通永镇的王怀庆前往进剿。起义军英勇抵抗，但因寡不敌众，遭到失败。王金铭、施从云等惨遭杀害。

滦州起义组织者中有一重要人物白毓昆，曾是李大钊所在法政学堂的

第二章　探索救国良策　追求民主共和

直隶总督陈夔龙

地理教师。

　　白毓昆字雅雨,江苏通州人,祖父和父亲是读书人,家贫而有大志。他在执教法政学堂时,经常在课余讲演天下大势,很得学生信任。他已料到学生请愿召开国会是"与虎谋皮",劝大家"留热血以供后日用",自己则开始从事秘密革命活动。武昌起义后,他以"拿破仑谓'英雄字典中无难字'"之语鼓动同志发起响应。滦州起义时,他以赴汤蹈火之心前往参加,被任命为北方革命军政府的参谋部长。被捕后,他在敌人面前大义凛

— 29 —

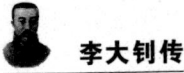 李大钊传

然:"吾既为我主义而来,吾自当为我主义而死。""此身可裂,此膝不可屈!"遂壮烈牺牲。

清廷宣布退位后,北洋法政学校(宣统三年八月改为此名)为白毓昆举行了追悼大会。他的事迹被刊登在法政学会的刊物《言治》月刊第 1 期上。作为北洋法政学会成员和编辑部部长之一的李大钊对白毓昆老师和滦州起义一事印象颇深。以后,每乘火车路过滦州,他都情不自禁想起当年起义时牺牲的烈士。他曾想:为后人纪念先烈事迹,"应于此处建一祠宇或数铜像以表彰之"。尽管这个愿望在他有生之年没能实现,但毫无疑问,白毓昆等烈士的壮烈形象在李大钊心底树起一座不朽的丰碑。

15 年之后,当李大钊从容面对北洋军阀的绞刑架时,谁能肯定他的心中除了对正在蓬勃发展的国民革命胜利的期望和对共产主义美好事业的憧憬之外,没有回顾那一幕幕难以忘怀的往事?他的脑海中没有浮现白毓昆老师那昂然挺立的身躯?他的耳际没有回响起白毓昆老师那"为我主义而来""为我主义而死"的豪言壮语呢?

初发政见 观点鲜明

1911 年和 1912 年是中国历史上又一个"改朝换代"的年代。

建立于 1644 年的清王朝,经历了"康乾盛世"的辉煌,到了嘉、道年间,开始走向衰落。鸦片战争后经过半个多世纪内外交困风风雨雨吹打,进入 20 世纪又经"国会请愿""保路"风潮冲击,早已千疮百孔,摇摇欲坠。

1911 年 10 月 10 日驻守武昌的新军工程第八营士兵程定国、熊炳坤打响了起义第一枪。到 11 月 9 日仅仅一个月,全国已有 13 个省及若干州县响应起义或宣布独立。惊慌失措的清政府不得不召请内外推重,"欲振国维,舍是莫属"的"强人"袁世凯复任,以挽颓局。老谋深算的袁世凯看到满清王朝气数已尽,一面索要重权,一面对革命党打压加谈判。企图一

第二章 探索救国良策 追求民主共和

箭双雕,既压服起义者,又迫清廷就范。

由于发动革命的同盟会组织涣散,领导人不成熟,起义军力量弱,由各省代表联合会选举,于1912年1月1日宣誓就职的南京临时政府大总统孙中山答应只要袁世凯赞成共和,迫使清室退位,就拥立他为中华民国大总统。

2月12日,在袁世凯部将段祺瑞等46人以兵相见威逼之下,清室接受了南京临时政府提出的"优待条例",宣布退位。15日,经孙中山推荐,南京政府临时参议院选举袁世凯为临时大总统。3月10日,袁世凯在北京举行就职仪式。孙中山则在公布《中华民国临时约法》之后,于4月1日解除了总统职务。

与历史上的改朝换代不同,辛亥革命要以民主共和的"民国"取代一家一姓的朝廷。这个转变是近代以来西方文明冲击中国古老文明的结果,是中国人在对西方强盛于中国的对比中认识到民主制度优越,又在清政府不能抵御外侮,迟滞和阻碍改革的情况下做出的选择。

民国代替皇朝,意味着中国传统的统治方式将全部至少大部不再适用,代之以西方现代政治原则和政府组织形式。其中主要内容是民选组织的国家政府代替封建朝廷,议会主权制取代皇帝主权制,平等选举代替皇位继承、实行现代官僚选拔任用制度,以宪法和法律为政治根本原则,法治取代人治,以立法、司法、行政权力的分立制衡,以及多党制、地方自治、结社自由和言论自由取代皇权一统,舆论一律的独裁专制。

在这旧制即废,新制初建之际,对于政治与法律理论及其实践的可行性论证的需求为学习法政的学生提供了英雄用武之地。由北洋法政专门学校学生组成的北洋法政学会应运而生。

北洋法政学会成立于1912年秋,先后加入该会的250余人。学会设立评议、调查、编辑、庶务4个部,其中编辑部人数最多,达52人。李大钊由于才思敏捷,文章出众,被推举同郁嶷一道担任编辑部长。

编辑部的责任是编辑会刊《言治》,1913年4月1日出版第一期,其后半年多时间里共出 6 期。杂志为大 32 开本,中设通论、专论、杂论、译述、纪事、谈丛、史传、文苑、法令等众多栏目。

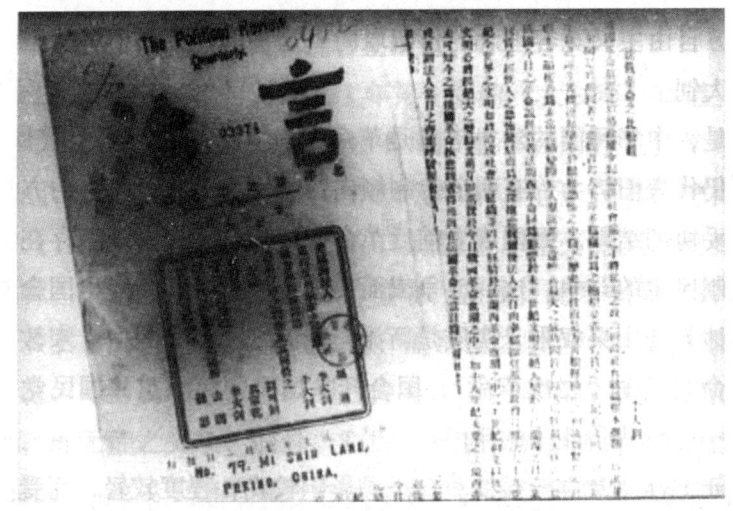

北洋法政学会会刊《言治》

郁嶷撰写的《言治宣言书》说:东西各国历史表明,一国学术、政术不发达,与该国政治的"统一"专制相关。然而,民国成立以来,共和政治已成时尚,而"政不加进,真理日晦",却是"政党之流毒"造成的。他认为政党是以党见号召天下的团体。应当说,不同政见互相论辩,取长补短,加以折中,正是国强民富所需。但是"党人"对自己所持的主义,"言其利而讳其弊……不惜强聒而诡护之,而真理之在天壤于是焉尽矣"。这样一来,过去由于君主专制,真理受到压抑而不能昌明,如今在共和制度的所谓"舆论政治"下,"党人类挟其自私,簧鼓天下",真理陷于混乱的程度,更严重数倍。要想改变这种状况,"其为不党乎"?

他说,北洋法政学会的组织只是为了"群居研学",而不是组党。《言治》月刊的宗旨也是如此。不持党见便不拘泥于成见。他人意见如有正确之处,不会因与己意不合而拒绝采纳。凡事"但取决于真理",除去感情束缚,根绝私人意气。"当仁不让,视敌如友。""凡所论列",一概是同人自由研究的结果。只要言之有理,"则兼收而并包",绝不排斥。

第二章 探索救国良策 追求民主共和

郁嶷这些话既表达了法政学会成员的基本政治观点——反对"党争"的同时,也反映了他们追求融会传统儒家仁爱、基督教爱人和19世纪西方自由主义宽容理念的价值取向。这种取向在很长时间里深深影响了李大钊。

但是,中华民国的建立毕竟是革命派、立宪派与表面上赞同共和,实质上仍代表旧势力,有明显专制倾向,习惯于旧式皇朝统治方式的袁世凯相妥协的结果。民国成立前后革命派与袁世凯之间始终存在争取民主与压制民主的斗争。这一斗争表面关乎建都地点、总统与国会、内阁权限、地方与中央权限,实质是新派与旧派之间权力之争。宋教仁被暗杀,革命派发动"二次革命",国会开除国民党籍议员,国民党被宣布为非法……反映了斗争的激烈。

由于北洋法政学校接受革命思潮影响较晚,程度较轻,而受立宪思潮影响大,并且它同颁令建校的袁世凯之间又有一层微妙的关系,这就决定了北洋法政学会不可能站在同盟会暨国民党立场,与袁世凯的专制倾向作斗争,而很大程度持维护中央政府即拥袁立场,替袁世凯"统一"国家作理论论证和舆论宣传。

正是在这样的背景下,李大钊开始发表政见。

李大钊最早写下的两篇分别以"隐忧"和"大哀"为标题的文章可以说是他的政见宣言书。他在脱稿于1912年6月的《隐忧篇》中写道:

国基未固,百制抢攘,自统一政府成立以迄今日,凡百士夫,心怀兢惕,殷殷冀当世贤豪,血心毅力,除意见,群策力,一力进于建设,隆我国运,俾巩固于金瓯,撼此大难,肩此巨艰,斯固未可以简易视之。而决未意其扶摇飘荡,如敝舟深泛溟洋,上有风雨之摧淋,下有狂涛之荡激,尺移寸度,原望其有彼岸之可达,乃迟迟数凡固犹在隍恐滩中也。

蒙藏离异,外敌伺隙,领土削蹙,立召瓜分,边患一也;军兴以来,广征厚募,集易解难。饷糈罔措,兵忧二也;雀罗鼠掘,财源既竭,外债危险,废食咽以,财困三也;连年水旱,江南河北,庚癸之呼,不绝于

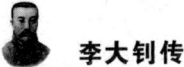 李大钊传

耳，食艰四也；工困于市，农叹于野，生之者敝，百业雕蹶，业敝五也；顽梗未净，政俗难革，事繁人乏，青黄不接，才难六也。凡此种种，足以牵滞民国建设之进行，矧在来兹，隐忧潜伏，创国伊始，不早为之所，其贻民国忧者正巨也。

他在发表于《言治》月刊第1年第1期的《大哀篇》写道：

嗟呼！斯民何辜！天胡厄之数千年而至今犹未苏也！暴秦以降，民贼迭起，虐焰日腾，陵轧黔首，残毁学术，范于一尊，护持元恶，抑塞士气，摧折人权，莫敢谁何！口谤腹非，诛夷立至，侧身天地，荆棘如林，以暴易暴，传袭至今。噫嘻！悲哉！此君祸也，吾言之有余痛矣。然自满清之际，仁人义士，痛吾民之憔悴于异族专制之下，相率奔驰，昭揭真理之帜，以号召俦类，言之者瘖口哓音，行之者断头绝脰，掷无量之头颅、骸骨、心思、脑血，夙兴夜寐，无时不与此贼民之徒，相激战于黯黯冤愁之天地中，以获今日之所谓共和者又何如也？吾殉国成仁杀身救民之先烈，所以舍生命以赴之者。亦曰："是固为斯民易共和幸福也。"吾民感先烈之义，诚铭骨镂心，志兹硕德，亦欣欣以祝之曰："是固为吾民易共和幸福也。"而骄横豪暴之流，乃拾先烈之血零肉屑，涂饰其面、傲岸自雄，不可一世，且悍然号于众曰："吾固为尔民造共和幸福也。"呜呼！吾先烈死矣！豪暴者亦得扬眉吐气，击柱论功于烂然国徽下矣。共和自共和，幸福何有于吾民也！

前一篇是为国家面临的困境而忧；后一篇是为人民大众痛苦的命运而哀。

同古往今来一代又一代有志知识分子一样，国事民瘼成为李大钊最为关心的问题；国家安宁和人民幸福，是他论政的出发点。这种爱国爱民精神，部分来自读史受到的一个个为国舍身、为民请命杰出志士形象的激励、鼓舞，部分来自"四书五经"中孔孟的齐家、治国和仁政、爱民、民本思想的启发和影响。

然而，生活在新的时代，受到新思潮影响，使他的爱国、爱民有新的

第二章　探索救国良策　追求民主共和

含义。

他痛斥秦始皇以来的君主为"民贼",认为其施暴政,压迫人民罢黜百家,以至于阻碍学术发展;独尊儒术,使其成为维护专制君主的恶政、压抑士人思想、破坏自由权利的工具,造成荆棘如林、文字狱盛行、人人自危的社会;而一代又一代君主以新的残暴代替旧的残暴,演为数千年专制的历史。

这种对封建时代社会政治和历史的观察,毫无疑问是接受了自严复、谭嗣同到梁启超,又到孙中山等资产阶级革命派宣传的民主观念的结果。

民主思想同儒家思想中的忠君观念是水火不相容的。有坚定的民主意识,忠君便成为耻辱。李大钊继承屈原、岳飞的爱国精神,却不像他们那样忠君。他所担忧的国家也已不是君主专制国家,而是人民的国家、民主的国家。

尽管他在这个时期还没有对人民与国家之间的关系作深入探讨,对国家的认识还有些抽象,有些朦胧,但他显然把人民幸福与痛苦作为衡量国家政治善恶良否的根本标准。他为国家担忧实质上是为人民的疾苦担忧,国家与人民在他的心目中成为不可分离的整体。

对他来说,不仅压迫人民的君主专制暴政可恶至极,即便推翻了君主,建立形式上的共和,国家不得安宁,反而陷入混乱和危险的境地,人民得不到渴望中的幸福,反而遭到更大痛苦,那也是不可容忍的。

在法政学会同人中,多数人著文"拘挛法理糟粕之学",唯有李大钊"振翰莘莘,发为感慨悲歌之篇,其造意树义,一以民生为念"。

对人民群众和国家命运的密切关注和不拘泥于"法理糟粕之学",反映了李大钊论政立意之高大、目光之宏远、眼界之开阔。正在这样的基点上,他尖锐指出了国家与社会当时存在的"边患""兵忧""财困""食艰""业敝""才难"(人才难得)6个问题。

然而,相对于"党争"和"省私"来说,其他只是次要枝节。

民主国家以多党制为其特征之一。辛亥革命后短时期内出现近200个

— 35 —

政党。其中规模较大的有章炳麟、张謇等组织的统一党,由统一党和民社(黎元洪、孙武等发起)、国民协进会(范源濂、籍忠寅等发起)、民国公会(陈敬第、黄群发起)、国民党同志会(潘昌煦、朱寿朋等发起)联合组成的共和党,由共和统一会(景耀月、陈其美等发起)、国民共进会(褚辅成、殷汝骊、沈钧儒等发起)、政治谈话会(刘彦发起)等联合组成的统一共和党,由国民协会(张嘉璈等发起)、共和建设讨论会(孙洪伊、汤化龙等发起)合并组成的民主党,以及同盟会改组之后,联合统一共和党、上海国民公党、国民共进会、共和实进会四团体成立的国民党等。

这些政党的成立无不是为争夺国会议席和政府官职,其实质是争夺政权。为达到争权目的,各政党不惜拉大旗做虎皮,虚张声势,互相攻击,甚至搞阴谋、造谣言……

应当说,这种现象是多党政治制度之下不可避免的,只不过在当时中国政党制初兴,有关法律尚不健全的情况下表现得尤为突出而已。

从书本和课堂上得来的西方近代政治发展历史常识告诉李大钊:政党是立宪政治的产物,体现立宪国的政治精神。因此,他也和郁嶷一样认为:政党竞争用之得当,不但无害于国家,反而有助于国之昌盛。同时,他看到当时的党争"争意见,不争政见","且多假军势以自固",尤其一些"骄横豪暴之流"借结社自由之便,"集乌合之众,各竖一帜,以涣汗人间,或则诩为稳健,或则夸为急进,或则矫其偏,而自矜为折中。要皆拥戴一二旧时党人、首义之士,标为自党历史之光荣。实则所谓稳健者,狡狯万恶之官僚也;急进者,蛮横躁妄之暴徒也;而折其衷者,则又将伺二者之隙以与鸡鹜争食者也"。

他也和郁嶷一样对当时政党竞争大生疑虑,认为这类政党,"以言党纲,有一主政,亦足以强吾国而福吾民。以言党德,有一得志,吾国必亡,吾民无噍类矣"。

他进一步揭露说,这些政党口口声声说为人民作代表,为人民解除痛苦,但他们华衣美食、花天酒地,坐拥千金,以贿买选票,挥霍的都是人

第二章 探索救国良策 追求民主共和

民膏血,故"今之所谓党者,敲吾骨吸吾髓耳"。他虽没有像郁嶷那样提出取消政党,然而这样的政党继续存在对于国家人民有害无益,其意不言自明。

所谓"省私",在李大钊的意思是各省都督称雄地方,以权谋私。

辛亥革命发生时,各省起义民军分别设立了军政府,推举都督总揽军政大权。南京临时政府曾考虑中央地方权力划分问题,拟议省级政府以都督主管官制行政,以省议会及省参事会主管自治行政,但未及实施。袁世凯任大总统后,为谋求所谓统一,将已称都督者加以正式任命,未改称都督的总督、巡抚一概改称为都督。但这一任命只是一种形式,"除一二省以外,(其他各省)依然沿袭其独立时代之状况"。其后,担任副总统的黎元洪提出"军民分治"建议,主张撤都督,改称都军,掌管军权,另由中央任命民政长主管民事。这个建议得到袁世凯同意,但遭到李烈钧、胡汉民等国民党派都督的反对。因此,到1913年春,都督问题暨地方与中央的权限问题始终没有解决。

李大钊认为,各省的土地、人民均属于国家,都督无权据为己有。现在各省都督划界为域,拥兵自重,"用人行政,省自为治",以"拥护民权"为借口抗拒中央,复以"尊重国法"为借口胁迫人民,实际是假手国法抑制民权,托词民权以抗国法。国法、民权不过为其个人目的服务而已。

他说都督将其控制的省权据为己有,就政治上而言,数年或数十年后,会出现分裂割据局面,"各省俨同异国,痛痒不关……至神州粉碎,同归于尽"。对于人民来说,由过去一个专制君主变成数十个专制都督,由以往受分散于各省的君主压迫变成受集中于本省的都督的压迫,其痛苦比起君主专制时代反而加重了。

基于以上考虑,他发表《裁都督横议》,提出裁撤都督的必要、时机、办法,并对废督后的善后工作发表了意见。

他说:都督产生于革命期间,在旧政府被推翻,新政府尚未建立之

— 37 —

时，为安定地方秩序，其存在是必要的。但是，都督的行为举措"往往轶乎法范，暴戾恣睢，飞扬跋扈，论功则拔剑击柱，拼命则叱咤狂呼"，有如盗贼，称雄地方；其阴谋在于窃取国权。如不妨祸于未然，很快会导致国家分崩离析。因此，"都督一日不裁，国权一日不振，民权一日不伸"。

他进而从"解除军法""拥护宪法""巩固国权""伸张民权""整顿吏治"五个方面论证都督不可不裁的理由。

对于裁督的时机，他主张"宪典昭示之日，正式政府成立之日，即都督罢权解职之时"。政府宜雷厉风行，采取"震雷劈空之举"。如有"怙恶逆命，抗不解兵，叛迹已著"者，"挞伐宜速"。否则，政潮兵争不止，宪法无尊严可言，国破民亡，天下一无宁日。

他提出裁撤都督应采取"根本解决"，不留后患的原则，以军政、民政分开，同时打破"军权上之地方区域"，军权收归中央。具体做法：

第一，由中央收回军政实权。

第二，由中央任命省尹。有关这一条，他特别提出：（1）凡担任过都督的，一律暂不授以省尹；（2）凡由都督设置的民政长应予调任。这样做的目的在于消除原有都督的影响——从此点出发，他甚至提出为了"拔本塞源，固统一之基"，不如废弃省制，仅存"道"一级地方政府。

第三，"依其形势施设之便"，而非以省行政区为据划分军区。各地驻军以内轻外重，即加强边防为原则，全国分"闽粤黔桂滇""沿江各省""南北满""内外蒙""前后藏"共5大军区。

第四，废除"都督"的名义。他还认为，裁督之后，为防备土匪作乱、妥善解决兵的质量、合理使用军费，必须做好善后工作。其做法一是整顿全国警察，使之成为维持治安的主要力量；二是整理军队，淘汰老弱，补充精干，杜绝"空额盗饷"现象。

李大钊申明：他提出的裁督方案，实为不得已之举。只是因为中央命令不能下达，地方混乱不能休止，人民幸福无从得到，财政紊乱无法理清，吏治颓废无以振作，"神州郁塞，憔悴斯民。其豆相煎，操戈同室"。

第二章　探索救国良策　追求民主共和

推原探本,无不是因都督从中作梗而来。

不仅如此,"方今国势之危,倍于前清……若犹各自雄长,不速筹共救之谋,近蹈巴尔干之覆辙,远步埃及之后尘",祖宗"辛艰缔造之河山"将"豆剖粉裂以去",四千年"声华明盛"之中华民族将"为波兰、为印度、为朝鲜……长为异族之奴"。

他切望曾为建国元勋的都督们认识到"中央非专制之局",从有利于国家的角度考虑,慷慨解除兵权,至天下太平。这样,都督自己既没有兔死狗烹之感,中央亦不必效宋太祖赵匡胤的"杯酒释兵权"故事。彼此"开诚布公,雍容揖让",而对于四亿同胞百姓却如有赦命之恩德。

李大钊发表上述见解时才24岁。多年蕴蓄的知识涵养,敏锐的政治目光,使他不仅把握了问题的关键,而且观察细致,论述周详,观点鲜明,语言犀利,字里行间洋溢咄咄逼人之气。

然而,毕竟是尚未迈出校门的学子,他似乎没有看到他所关注的两个问题表面下掩盖着的是革命者与野心家之间、民主与专制之间的斗争。

他在泛泛批评政党不利于国家的言行之时,更多的指责是针对手中掌握部分武力,试图用迁都、《临时约法》等要求或手段制约袁世凯,又在国会竞选中获得多数席位,对袁世凯的权势形成很大威胁的国民党的;他在泛论都督危害国家统一时,其主要矛头也是针对给袁世凯造成很大麻烦的由国民党人担任的皖、赣、湘、粤等省都督的。而他撰写《裁都督横议》一文之时,又正是袁世凯同其部将策划以武力讨伐南方数省国民党军事政治力量之时。

李大钊当然不可能知道袁世凯的阴谋,但他发表的文章却在一定程度上起到为袁世凯镇压革命力量进行舆论宣传的作用。

尽管如此,没有什么材料证明李大钊与袁世凯及拥袁的政治势力有什么联系。事实上,李大钊也一定程度地接受了当时对袁世凯的专制倾向有所疑虑的人们的看法。他对袁世凯有这样一番评论:

载余以还,大局寝于厝火积薪之安。险象环生,时虞粉裂。枭雄之

— 39 —

李大钊传

袁世凯

桀,习为掉弄风云。而自当其运遇之骄子,其举动巨有轶乎法范者。方风驰云扰之会,所以震伏群魔、收拾残局者,固不得不惟此枭雄是赖也。顾威势所播,疑忌斯起,而崎岖奔越,日向康衢泰运以陵进乎前辙。世之倚重于彼者,其效用乃随时势而有所蜕减,终且视为祸根,则疑而防之诚宜矣。

这里说的是民国成立一年多时间里,政局只是在已经点燃的薪柴之上表现出相对的安宁,险情不断,令人时时担忧统一之局会破裂粉碎。惯于拨弄风云的枭雄中的高超者当然是时逢世运的骄子,而其行事经常会超越

第二章 探索救国良策 追求民主共和

法律和道德规范。当各种势力蜂起之时,为了震慑压服四方的扰乱者,只有依靠此枭雄。但当此枭雄的声威势力传播开来时,对他的疑忌也就随之而起,而他的威势建立和发展虽然并不顺利,毕竟日日向前,超过以往。人们看重他,希望他发生的作用却愈来愈减小,最终人们将此枭雄视为(未来专制的)祸根,由疑忌进而采取防备之策,这确实是应当的。

此中的"枭雄之桀"即指袁世凯。

既然视袁世凯为"枭雄之桀",又认为对其"疑而防之诚宜矣"。这也就是说,在李大钊的心目中袁世凯也不是中华民国的理想总统。只不过在他看来,统治国家者势必掌握权力,夺去袁世凯的权力,削去他的威势,此权势必然要转移到别处,"则取而代之者,无论其为个人、为机关",其能否取信于民,为害于民比袁世凯轻些,都是很值得怀疑的。出于某种两害相权取其轻的考虑,他对袁世凯予以了容忍,既没有明确地表示对其支持,也没有明确地对其加以批评。

李大钊在《言治》月刊上发表的文章还涉及了一些政治法律的理论和实施问题。如针对"张方案"的弹劾问题,他考察了"弹劾"一语在近代民主政治产生之后的运用及国人引用过程中出现的混乱,主张明确此概念的使用界限,使之专用于法律。

关于国会的组织形式是采取一院制,还是二院制?他认为二院制在英国历史上曾流行一时,晚近已渐为形式,而法、美两国采取二院制则因其各有本国特殊国情与历史。中国的特殊国情适合于采行一院制。

关于宪法公布权的所属问题,他细致地辨别了宪法与法律之间、"造法"与立法之间、宪法团体与立法机关之间的区别。指出:宪法为根本大法,居至高无上的地位;宪法的制定和修正是基于国家主权的活动,此权力亦至高无上,不受其他任何机关束缚;宪法团体是根据国家总意而活动的,肩负着国家主权的组织;由此法理证明,宪法公布权不属于大总统,而属于宪法会议。

此外,他还结合这个问题介绍了日本、普鲁士、德意志及英、美、法等国在法律颁行程序同国家元首的关系上分别采取的"裁可权"（法律经立法机构制定之后，须经元首批准方可生效）、"批行权"（法律须经元首核查是否按宪法所定程序制定，而后加以签署方可生效）、"不裁可权"（否决权，元首认为立法机构通过的法律不适当，有权咨请该机构予以复议）的大体内容，并且介绍了各国选举制发展的趋势及一些国家的选举制概况，以及各国议员的报酬等。

李大钊讨论的这些问题是民国伊始国家政权建设中的一些具体问题。与对待党派、统一问题不同，在这些问题上，他采取了阐释学理，征寻实例，提出意见的方式和极其宽容的态度。

李大钊一生注重理事结合和坚持独立与容忍结合的思维习惯和行事原则，在对这些问题的探讨中即开始表现出来。

苦苦求索　探寻乱因

1913年3月20日夜，上海火车站发生了一起震动全国的刺杀案：国民党的重要领导人宋教仁遭歹徒枪击受重伤，两天后不治身亡。

宋教仁早年曾同黄兴、陈天华等一起发起组织反清革命团体华兴会，因发动起义失败流亡日本，不久加入中国同盟会。辛亥革命前夕，宋教仁回到国内，一面从事同盟会中部总会的筹建组织，一面担任《民立报》主笔，以"渔父"笔名著政论，声闻舆论界。他对腐朽反动的清政府所作的批判和对日本、俄国在东北、蒙古，以及英国在云南边境地区侵犯中国主权的行为及帝国主义瓜分中国野心的揭露给国人留下过深刻印象。在民初政治问题上，宋虽然也对袁世凯的专制抱有警惕，但为谋求国家安全，他主张维护统一，以政党内阁制来削弱总统权力，以防止专制局面。他一度担任北京政府第一任内阁的农林总长，同时奔走于同盟会改组工作，成为民国初年第一大党——国民党的代理事长。国民党在第一届国会竞选中获胜与他的努力密切相关。

第二章　探索救国良策　追求民主共和

　　李大钊对党争，尤其对国民党持强烈反对态度，但或许由于在统一御外问题上持相同观点，他对宋教仁独有一番好感。他称宋教仁为"天以大任责斯人，生民利赖，旷世难遇"的"当代贤豪"。宋教仁被刺后，李大钊写下《暗杀与群德》，表示哀悼和惋惜。

　　不过，李大钊的文章并非只为悼念宋教仁而发。确切说，他是借宋教仁遇刺一事来说明民国以降群德衰落的现象，呼吁制止暗杀之风。

宋教仁

　　一直崇尚侠义，以荆轲、高渐离为榜样的李大钊最初对暗杀并非十分厌恶。他盛赞荆轲、张良行刺秦始皇之举"流血五步，壮快千秋"，并认为他们的行为是当时"群德之昌"的表现。他同样肯定清末革命志士吴

槷、徐锡麟等刺杀清政府重臣为"开民国方兴之运"之举，是"群德将有复活之机"的表现。

在他看来，这些暗杀行为之所以可歌可泣，是因为行此暗杀之人是英雄，而非盗贼。英雄行暗杀是为"锄奸诛佞"，其结果"长义侠之风"，其功劳可"比于甘露杨枝"；盗贼行暗杀，其结果是"摧贤害能，启残忍之端，祸乃深于洪水猛兽"。

那么，行暗杀者到底是英雄还是盗贼？也就是说，某一时代暗杀行为究竟多出自英雄还是出自盗贼呢？他的答案是：此事"实其群德有以范成之"，即是那一时代群众道德熔铸的结果。

他认为，宋教仁之死是出自奸人的暗杀，"死之者武士英，所以死之者群德也"。

群德为何成为宋教仁被刺的原因？"群德之衰，武贼之流，乃敢出没于光天化日之下，以行其滔天之罪恶。群有巨憝而容之，群有彦俊而无以卫之，乃渔父之所以死耳！"

把暗杀行于盗贼归咎于民德衰落，这一看法大抵是受19世纪末20世纪初启蒙思想，特别是梁启超思想的影响。

按照传统儒家思想观念，社会上君子和小人之道互相消长，其原因在于君主是否以仁德齐家治国。所谓"一家仁，一国兴仁；一家让，一国兴让；一人贪戾，一国作乱"；"君仁莫不仁，君义莫不义。"当君主行仁政之时，有德之士为其所用，成为仁政的执行者和仁德的教化者，因此这部分知识分子也成为"君子道长"，"小人道消"的重要因素。而民众则始终被视为"可使由之，而不可使知之"的被动者。

对民德的认识同强调是从国人了解西方民主制度优越和国力强盛与人民的权利和素质之间密切关联开始的。严复首先从种族竞争、优胜劣败的角度提出民德、民智、民力对于富强国家的重要，从而坚持倡导教育救国。

梁启超进而从更新人民素质，造就新型国民的考虑出发，将培养"合

第二章 探索救国良策 追求民主共和

群之德"即"群德"或"公德"作为最要紧的工作。他指出,中国古代道德依君臣、父子、兄弟、夫妇、朋友的旧伦理,重"私德"而轻"公德",以"束身寡过主义"为"道德之中心点",其"谬种流传,而国民益不复知公德为何物也"。按照近代西方的"家族""社会""国家"新伦理,个人对社会和国家有不可不尽之责任和义务。他认为,这种新伦理是新型国民必须具备的人格要素。他还指出,一个人如果不对其生息于其中之群体尽责任义务,即便是做到了"束身寡过",他仍然是有害于其群体的蠹虫,原因是他从群体得到益处,却不给群体以报答。梁启超还把缺少公德看作国家衰落的重要原因:"今吾中国所以日即衰落者,岂有他哉,束身寡过之善士太多,享权利而不尽义务,人人视其所负于群者如无有焉,人虽多,曾不能为群之利,而反为群之累,夫安得不日蹙也。"

李大钊所说的"群德"虽然更近于一般意义的民德,而非梁启超强调的"合群之德",但从他所谓社会中容有大恶而不除,以致大德之人不能受到保护的说法来看,他说的群德之衰很大程度上正是人人缺乏责任心、义务感的表现。

群德衰落是导致暗杀多行于盗贼的原因,但却不是暗杀本身得以发生的原因。在几个月后因暗杀事件再度发生,自杀事件亦随之而起的进一步思考中,李大钊认同了暗杀"起于政治之不良"的说法。同时,他对民国政治是否比清政府时的政治更为不良这一点持保留态度,而做出了"暗杀之所以炽盛于今日者,不良政治之余波耳"的结论。他进而指出:"不良政治基于暴力,为世间一种罪恶;暗杀手段亦基于暴力,亦为世间一种罪恶,以暴力止暴力,以罪恶除罪恶,以毒攻毒之计也。"

他先前曾肯定这种以暴力止暴力,以罪恶止罪恶为不得已之举,此时则感到"依暴力求政治上之幸福者,其结果终于以暴易暴,真实幸福仍不可得也"。由此,他提出不仅暗杀应当制止,而且制止暗杀的方法亦不能采取由政府制定严刑峻法,用死刑来恐吓的方式。他认为只有采用"感之以至性,动之以至理,启其悔悟,辟其迷惑"的方式,"发挥正义,维护人道，昭示天地之常则，回复人类之本性，俾人人良心上皆爱平和，则平和自现，人人良心上皆恶暴力，则暴力自隐，良心上皆悔罪恶，则罪恶自除"。

他感叹道："人心一念之悔，万象昭苏之几也，凄怆愁苦冤仇恐怖之天地中，涌现光明和乐之域，即在俄顷，万种杀机，一切恶根，胥如春雪朝露，阳光一耀，倏焉销灭矣，是在吾人心造之耳。"意思是说，人心的悔悟是宇宙间一切景象好转的先兆或根因，黑暗立刻变为光明，罪恶像春雪晨露遇到阳光那样马上消逝，都是人心造就的结果。因此，行暗杀者在正义、人道的良心感召之下，就可能有"灵明一念"的转变之机；而那些对世道人心伤感绝望，想以自杀作为解脱的人以及所有忧国忧民的仁人志士亦应"各自忏悔，涤濯罪恶"，人生未来或才有重现光明的希望。

李大钊的这些看法使人不仅想到《大学》中的"明明德"、《孟子》中的"存其心，养其性"之说，而且想到陆九渊的"心即理""一是即皆是，一明即皆明"和王阳明提出的"知是心之本体""天地万物与人原是一体。其发窍之最精处，是人心一点灵明""一念发动处便即是行"，以及佛教禅宗的"顿悟"和基督教的"忏悔"观念。这些观念中的前几种当然都是中国传统的，而基督教的"忏悔"观念则来自俄国近代著名文学巨匠列夫·托尔斯泰。

正是在这段时间里，李大钊接触了托尔斯泰的思想。他翻译的日本人中里弥之助《托翁言行录》，简括了托尔斯泰对于"文明""革命""劳动"等问题的评论。托尔斯泰透过科学发达引起人类文明进步的表面看到少数人借助国家势力，控制科学，对多数下层阶级民众施以剥削压迫的事实，痛斥这种所谓文明其实是"少数阶级之淫乐与虚荣，几千万多数下层阶级穷且饿"的"虚伪之文明"，是国家"强人以杀人，而严罚其不从者"的"可怖之文明"。

他认为人生是不能忍受虚伪的，所以革命不得不发生。然而，他并不强调革命的暴力形式及其夺取政权，实行政治与社会变革的意义，而是把

第二章　探索救国良策　追求民主共和

形式的革命视为"人类共同之思想感情,遇真正觉醒之时机,而一念兴起,欲去旧恶就新善之心的变化,发现于外部"的表现,从而断言:"悔改一语外,断无可表示革命意义之语。"

他说:悔改是人"道"之门;悔改意即"就善"。

什么是善?善乃是"人间本然之理性与良心之权威"。怎样做才可为善?什么是最大的善?他认为劳动是"最大最初之善";"无劳动,则无人生……劳动为人生之最大义务,从而为最大善也。"人们应当首先尽人生之义务,然后才能认识人生之意义。离开劳动求"安心""悟道",只能陷入迷途。

他说:劳动本来是无痛苦的,劳动者之所以感到痛苦,是因为在国家制度之下,他们受到了他人掠夺的缘故。

他为人们设计了一个半工半读式的理想的"劳动国",在那里人人都是劳动者,用半日劳动,获取衣食住等保障物质生活的资料,而以另外半日从事"消遣于灵性之慰安与向上"的事情。

对于生活在动荡年代,渴求寻找救国救民真理的李大钊来说,上述简明扼要的语言所具有的影响力绝不亚于几十年后托尔斯泰的《战争与和平》《复活》《安娜·卡列尼娜》中那生动的人物形象、细腻的心理刻画及其展示的深刻的人生哲理,对于整整几代中国青年的影响力。托尔斯泰对于文明国家"杀人"本质的揭露,在李大钊对民初暗杀、自杀之风日益感到不安的心理上引起共鸣;托尔斯泰对革命所作的解释为正在革命推翻清政府的善与革命又"导至"民初政情紊乱的"恶"之间迷惘犹疑的李大钊指出了一条通向"光明"之路,而这条道路又是李大钊最为熟悉的,即由明理或"正心"以达于善的道路。托尔斯泰的"就善"恰如儒家"三纲领"中的"止于至善";他的"人间本然之理性与良心"又和《大学》的"明德"、《孟子》的"心、性""良知",以及陆王的"本心""灵明"何其相似;而他的"悔改"又恰恰是"明明德""正心""致良知",也恰恰是儒化的"顿悟"。甚至托尔斯泰对劳动的崇尚也在无形之中引起从小生活

— 47 —

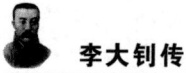 李大钊传

在乡间，熟悉下层劳动人民生活的李大钊的认同感。

实际上，恰恰是尊重劳动和下层人民这一点是中国传统正统思想所不具备的。

李大钊几乎是在树立作为传统儒家纲常礼教对立面的近代民主思想的同时认同接受托尔斯泰的"泛劳动主义"——亦即某种意义上的"民粹主义"，这使他的思想开始逸出传统思想的樊篱。

然而，李大钊与托尔斯泰共有的注重道德理性、强调心理意志力量的思维定式，又基本上是属于传统的思维方式的。它是李大钊容易认同托尔斯泰的原因，而且恰恰因为从异国名人中找到知己，他反而不容易因为民权思想的影响而丢弃这种思维方式。

耐人寻味的是，这样一种颇具特色的思想基础后来竟使李大钊不仅成为执着追求民主、深入探讨民主理论的学者，同时成为中国最早系统介绍并诚心接受马克思主义的学者和革命者。

另一方面，较为浓厚的儒家思想影响使李大钊在国家社会问题上比较注重追求统一、秩序、和谐，加之民初政局混乱带给他的忧虑，他一时还很难对托尔斯泰语录中的无政府主义信息发生兴趣。他此时考虑更多的还是暴力问题、统一问题，或者从根本上说，是民众的安宁幸福问题。

对于群德衰落的认识使李大钊找到了民初国家混乱的深层原因。这就是"民力"薄弱导致民权旁落。

他认为："权之为物，其本体原具有一种实力。"将它放到某处，某处必须有相应的力与之相称，"否则未有不颠堕者"。

民权之于民众之间的关系也是如此。民没有承受权力的能力，即使有人为其夺取权力，但却不能勉强将该权力附置于民众身上，那么，权力决不会被民众掌握，只不过如行云流水，石头瓦块存于空间，何况那些"黠诡武健之夫"奋力从"独夫一姓"的王朝手中夺下权力，不能不产生对权力的"涎羡觊觎"之心，图谋将其窃为己有，政争、兵争因之而起。这就是民国成立，非但人民没有享受民权的喜悦，民生反而"益沦为涂炭"的

第二章 探索救国良策 追求民主共和

根本原因。

如此说来，共和有什么罪过呢？"豪暴"亦无足忧虑，可哀可叹的不过是"民德之衰、民力之薄"而已。

李大钊写道："民力宿于民德，民权荷于民力，无德之民力于何有？无力之民权于何有？"由此说来，民权旁落的最终根源还是在于"民德"的衰落。

"民德"的改进只能靠教育、培养。于是，李大钊把国民教育看作是"所关至钜"的"培根固本之图"，呼吁那些他认为以往是革命分子，现在是"拔剑击柱""夸功"争权的人"奋其奔走革命之精神，出其争夺政权之魄力，以从事于国民教育"。

这里表达了他对反对袁世凯的国民党人的批评态度，也确实反映了他对当时救国道路的一种思考。

热爱民族　崇尚先贤

还是在1911年末或1912年初辛亥革命烽火燃遍全国，清政府即将寿终正寝之时，心怀喜悦的李大钊写下这样的诗句：

江山依旧是，风景已全非。

九世仇堪报，十年愿未违。

辽宫昔时燕，今向汉家飞。

何当驱漠北，遍树汉家旗。

诗中的"九世仇堪报"是借《史记》中齐襄公为其相隔九世的祖上哀公报仇，灭掉纪国的故事来比喻汉民族推翻清朝贵族统治。"十年愿未违"既可能是指《史记》中所载战国时期越王勾践"十年生聚，十年教训"故事，也可能是指十余年前戊戌维新志士的夙愿终于得以实现。"驱漠北"两句是针对当时沙俄政府鼓动外蒙古独立一事所发的感慨。可见李大钊热爱民族、热爱国家的深厚感情。

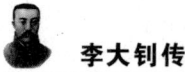 **李大钊传**

　　李大钊的民族意识最初大抵来自家乡人民对满洲贵族剥削压迫的不满。

　　光绪三年（1877年）修的《乐亭县志》中有这样一段话："（乐亭）邑东南近海，西北临河，膏腴之地可屈指计，入国朝顺治年间尽归旗圈田之属，民者不过十分之二，率皆水洼沙滩，农以勤力胜之，亩获不过斗余，所赖以养生者，惟在旗地，丰年偿租外聊以糊口，凶年则所入不供所偿，又有压租、借租等名，租已先交，而所收不给，坐此赔累者甚多……"

　　这里虽是记载历史地理事实，其流露出撰志人对清朝贵族的不满是十分明显的。

　　这种明显的对旗人大不敬，倘若是在雍正、乾隆时代文字狱盛行之时，很可能会招来杀头之祸。而作者却堂而皇之地写到书中，又由某称作"尊道书院"的处所刻印出版。由此可以推想，在清政府日益衰落的情况下，一部分对清廷统治怀有不满情绪的读书人可能已经感到不必要将这种不满隐藏太深了。或许正由于这个原因，李大钊的塾师黄宝林才可能在学生中间信口讲起太平天国洪秀全的故事。

　　也许由于平时听到不少对清政府不满的言语，年仅14岁的李大钊才可能发出长大要效法洪秀全的宏愿。后来，李大钊对自己"自束发受书，即矢志努力于民族解放之事业"的回顾说的也正是这一事实。

　　除此之外，李大钊还可能从儒家经书中得到有关"华夷之辨"的价值观念；从辛亥革命前十年间反清复汉思潮，特别是他在永平府中学的好友，既从事反抗沙俄活动，又加入过同盟会反清斗争的蒋卫平那里受到民族主义思想的影响。

　　李大钊的民族意识包括反对清政府统治和反抗外国帝国主义侵略两方面的内容。所以辛亥革命后，他一方面为"昔时辽宫燕，今向汉家飞"而欢欣鼓舞——尽管他很快就对民国政治感到失望，以致发出"稽神州四千余年历史，社会之黑暗，未有过于今日者"的悲叹，却从来没有对清政府的统治流露过一丝怀恋之情。

第二章 探索救国良策 追求民主共和

朱舜水纪念碑

李大钊热爱民族、热爱国家的情感也来自历史上爱国人物的影响。明末爱国志士朱舜水就是他十分敬仰的人物之一。

朱舜水,名之瑜,字鲁屿,舜水是他的号,浙江绍兴府余姚县人,生于明万历二十八年(1600年)。据说他少年时即"抱经世之志",因"政理废弛,国是日非",奸党当国,"绝志于仕进"。明亡之后,他誓不为清之臣民,流落到日本、越南等国,后几次返国进行反清活动,并曾应郑成功之邀,参加北伐。最后定居日本,从事讲学,"惟以邦仇未复为憾,切齿流涕,至老不衰",其思想、节操在日本留下很大影响。

1912年夏,日本举行了纪念朱舜水逝世230周年祭典。李大钊大抵在此之前听到过日籍教师吉野作造或今井嘉幸谈起朱舜水在日本的事迹,及至听到日本开会纪念朱舜水的消息,遂感到"欣痛交集",立即翻阅日文报刊,将有关逸事遗闻的记述译辑成文,以《朱舜水之海天鸿爪》为题,登在《言治》月刊上。随后,他又写下了《东瀛人士关于舜水事迹之争讼》一文。

李大钊从能得到的少量而又漫无系统的材料中,竟然了解到朱舜水的祖籍、早年经历、学问倾向、性格,以及在日本时的生活、交往、爱好等诸多概况，而使他感受最深的则是朱舜水的民族气节和与之相关的学术思想。

他在评论日本学者有关朱舜水的"尊王大义"和"勤王之精神"在日本到底有多大影响时写道：

嗟夫！舜水先生抱种族大痛，流离颠沛，而安南，而日本，投荒万里，泣血天涯，未尝一日忘中原之恢复也。旷世哲儒，天益于艰难险阻中成之，此其学为何如者，夫岂勤王一事，所足征其蕴而扬其光耶……吾人而笃念前哲者，则所以挽人心颓丧之风，励操心持节之气，其必在先生之学矣！对于日人争论中有谓朱舜水"归化"日本的说法，他力辨其诬：

先生不幸生遭国亡种夷之痛，乃转徙遐方，避地海外，以为卷土重来之计，间关万里，日向乡关泣血者，岂得已哉！而数百年后，人犹不谅其衷，反以归化诬之。使先生而归化也者，神州虽云沦陷，尚有汗颜苟活之地，则黄冠草履，遁迹深山，未尝不可以送此余年，满洲与日本奚择，而必越海以赴之哉？

从朱舜水那里，李大钊看到了无时不以恢复故国为念，"虽至势穷力尽，曾无灰心挫志，直到死而后已"的坚毅形象和"心悬落日，血溅鲸波"的伟大灵魂，感受到一颗孤独却不熄其火热，哀伤却不乏信念的悲壮之心。

他为先哲享誉他乡，反不为祖国同胞所识深感悲哀。

他在写给同样热心于朱舜水事迹的读者的信中说道："钊生当衰季之世，怆怀故国，倾心往哲，每有感触，辄复凄然。"

所以感到"凄然"，是因为"挽近士风偷惰，志节荡然"。这种"人心之颓丧"正是清朝贵族统治得以"苟延末运"近三百年的原因。

他对该读者来信中请求协助创立、发展舜水学社一事欣然应允，表示愿为其发展社员，宣传发扬朱舜水精神而尽力。

他后来亦时时以朱舜水的精神勉励自己。可以说，朱舜水的精神成为他一生矢志为民族解放事业奋斗，直至献出宝贵生命的一部分动力。

第二章　探索救国良策　追求民主共和

编译书刊　创办《言治》

1912年秋，李大钊参加了北洋法政学会，先后加入该会的有250余人。学会设立了评议、调查、编辑、庶务四个部，其中编辑部人数最多，达52人，李大钊由于才思敏捷，文章出众，被推举同郁嶷一道担任编辑部长。同年10月，狂热鼓吹对华侵略的日本人中岛端（署名"复堂学人"）所著《支那分割之运命》一书在东京出版。此书以歪曲捏造之实事、恶毒卑劣之语言，对中国、中国人民极尽谩骂之能事，并断言中国的命运，必然陷于万劫不复的被分割的悲惨境地。具有深厚爱国主义感情的李大钊等青年，读此书后，义愤填膺，"愤恨眦裂"。李大钊立即组织同学将该书翻译成中文，并逐段附加按语或眉批，据理驳斥，最后定名为《〈支那分割之运命〉驳议》于12月出版。全书以爱国主义、民族主义为主线，对中岛端的侵略谰言给予沉重而迅速的反击，"字字皆薪胆之血泪"，足为国人"当头之棒、警梦之钟"，"激发其复仇敌忾之心"。此书出版后，很快"风行全国"。

1912年冬天，李大钊为筹办法政学会刊物《言治》杂志去了北京。1913年4月1日，《言治》月刊在天津面世，实际主编人为学会的两个部长——郁嶷和李大钊。李大钊主编《言治》共6期，发表诗文共35篇（首），平均每期6篇（首）。《言治》是李大钊早期发表论文、诗作的园地，从这些诗文可以看出，李大钊不仅对刊物有很强的责任心，写作也非常勤奋。其中除古体诗12首，杂文、函扎、译文等六七篇外，涉及政治事件的政论文章约有十五六篇。通过这些诗文可以看出李大钊当时的政治态度和思想境界。

这个时期，李大钊发表了大量的政论性文章，如《大哀篇》《隐忧篇》《"弹劾"用语之解纷》《杂论暗杀与群德》《裁都督横议》《论民权之旁落》《原杀》《论官僚主义》《一院制与二院制》《政客之趣味》《是非篇》《论宪

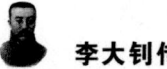 李大钊传

法公布权当属宪法会议》《法律颁行程序与元首》等。这些文章在不同程度上反映了李大钊大量阅读后的思考成果，集中反映了他的民主主义思想，标志着他在政治上逐步走向成熟。此外，李大钊还专门研究了明朝爱国志士朱舜水，先后发表了《朱舜水之海天鸿爪》《东瀛人士关于舜水事迹之争讼》《复景学铃君》三篇文章。

李大钊不单是搞学术研究，他是要唤醒和鼓舞人民，继承朱舜水的爱国精神，"扬先生之光烈者"，把列强赶出中国，争取民族独立，推翻反动政府，而与阴谋窃国者进行斗争。读书之余，李大钊还写下了《筑声剑影楼纪丛》《筑声剑影楼剩稿》《筑声剑影楼诗》等一系列诗文。在这些诗文中，李大钊泣血陈词，表达了满腔的悲愤，抒发了忧国忧民的志士情怀。因其文章雄厚磅礴为全校之冠，故时人将他与白坚武、郁嶷并称为"北洋三杰"。

李大钊发表的政论性文章《大哀篇》《隐忧篇》

1913年4月1日，李大钊在《言治》创刊号上发表了《大哀篇》，文中写道：

嗟呼！斯民何辜！天胡厄之数千年而至今犹未苏也！暴秦以降，民贼迭起，虐焰日腾，陵轧黔首，残毁学术，范于一尊，护持元恶，抑塞士

第二章 探索救国良策 追求民主共和

气,摧折人权,莫敢谁何!口谤腹非,诛夷立至,侧身天地,荆棘如林,以暴易暴,传袭至今。噫嘻!悲哉!此君祸也,吾言之有余痛矣。然自满清之际,仁人义士,痛吾民之憔悴于异族专制之下,相率奔驰,昭揭真理之帜,以号召俦类,言之者奕口哓音,行之者断头绝胫,掷无量之头颅、骸骨、心思、脑血,夙兴夜寐,无时不与此贼民之徒,相激战于黯黯冤愁之天地中,以获今日之所谓共和者又何如也?吾殉国成仁杀身救民之先烈,所以舍生命以赴之者,亦曰:"是固为斯民易共和幸福也。"吾民感先烈之义,诚铭骨镂心,志兹硕德,亦欣欣以祝之曰:"是固为吾民易共和幸福也。"而骄横豪暴之流,乃拾先烈之血零肉屑,涂饰其面,傲岸自雄,不可一世,且悍然号于众曰:"吾固为尔民造共和幸福也。"呜呼!吾先烈死矣!豪暴者亦得扬眉吐气,击柱论功于烂然国徽下矣。共和自共和,幸福何有于吾民也!

同年6月1日,他在《言治》第3期上又发表了《隐忧篇》,写道:

国基未固,百制抢攘,自统一政府成立以迄今日,凡百士夫,心怀兢惕,殷殷冀当世贤豪,血心毅力,除意见,群策力,一力进于建设,隆我国运,俾巩固于金瓯,撼此大难,肩此巨艰,斯固未可以简易视之。而决未意其扶摇飘荡,如敝舟深泛溟洋,上有风雨之摧淋,下有狂涛之荡激,尺移寸度,原望其有彼岸之可达,乃迟迟数月,固犹在惶恐滩中也。

蒙藏离异,外敌伺隙,领土削蹙,立召瓜分,边患一也;军兴以来,广征厚募,集易解难,饷糈罔措,兵忧二也;雀罗鼠掘,财源既竭,外债危险,废食咽以,财困三也;连年水旱,江南河北,庚癸之呼,不绝于耳,食艰四也;工困于市,农叹于野,生之者敝,百业凋蹶,业敝五也;顽梗未净,政俗难革,事繁人乏,青黄不接,才难六也。凡此种种,足以牵滞民国建设之进行,矧在来兹,隐忧潜伏,创国伊始,不早为之所,其贻民国忧者正巨也。

前一篇是为广大民众痛苦的生活和悲惨的命运而悲哀,后一篇是为国家民族面临的种种困境而担忧。这两篇文章可以说是他最初的"政见宣言书",反映了李大钊忧国忧民的意识。同古往今来一代又一代有志知识分子一样,国家安宁和人民幸福是他最为关心的问题,是他论政的出发点。这种爱国爱民精神,部分来自读史受到的为国舍身、为民请命的杰出志士的激励、鼓舞,部分来自四书五经中孔孟的齐家、治国和仁政、爱民、民本思想的启发和影响。

在北洋法政专门学堂时,李大钊曾名李钊。《言治》月刊之《北洋法政学会会员名单》《北洋法政学会第二期职员名册》《北洋法政学会特别捐名单》中均为李钊。

结识陈翼龙　加入社会党

《中庸》有这样一段话:"诚者,天之道也;诚之者,人之道也。诚者,不勉而中,不思而得,从容中道,圣人也。诚之者,择善而固执之也。博学之,审问之,慎思之,明辨之,笃行之。"意思是说,"诚"(真确信实地追求、遵循正道)是符合天意的道理,或说是天赋予人的道理;通往"诚"道路,是人应努力探索追求的。"诚"的表现是不用努力就可以不离开道,不用思考就明白道,从容自然地行道,这是圣人的境界。通向"诚"的路就是选择善而坚持不放弃。而要做到这一点,就要广泛地学习,详尽地探讨,慎重地思考,清楚地辨别,切实地去做。可见儒家先贤是把思想和实践,即知与行放到同等地位看待的。

不过,不同时代的不同学派或不同学者在如何认识二者关系上有着不完全相同的看法或表现出不同的倾向。

明朝末年的顾炎武提出"博学于文,行己有耻"和"经世致用"的口号,认为学问涉及从己身到天下国家的各种事务;要求讲大道理的人,首先要从自身的生活,特别是政治生活方面树立与所讲道理相一致的原则,并且应严格遵守,身体力行;还提出读经立该有补于生活、对国家有用,"其用之身,在出处辞受取与;其施于天下,在政令教化刑法;其著之书,

第二章 探索救国良策 追求民主共和

皆以为拨乱反正，转风易俗，而无益者不谈"。

同时代另一位学者黄宗羲针对明中叶一些人"高谈性命，束书不观"的现象，提倡"学必源本于经术，而后不为蹈虚；必证明于史籍，而后足以应务"。

顾、黄主张不以时兴的宋明学者解释或阐发儒家学说的著述为限，而要广泛阅读汉代儒家经典；不仅要读经，而且要读史，还要了解地理、民俗、兵农、财政、典章制度等；不仅要读书，而且要深入实际调查研究。

他们的这些主张对近代民族危机日趋加剧形势下"经世致用"思想和"今文经学"的复兴起到开先河的作用。

李大钊幼年所读的书既有四书，也包括史。他后来选择法政专业，并且一生中对历史有浓厚兴趣，在很大程度上是因为在他所处的时代，"博学于文""经世致用"一类的思想已经形成了社会风气。他在介绍朱舜水时，说到舜水论学："是非程、朱、陆、王而不失其衡，专贵有作用……其尚友古人，尤推重诸葛亮、陆贽"，说明他从朱舜水那里再次得到了学应以致用的思想。

不过，李大钊在分析暗杀和自杀原因，提出弭杀办法时所表达的"人人良心上皆爱平和，则平和自现，人人良心上皆恶暴力，则暴力自隐……万种杀机，一切恶根……是在吾人心造之耳"等认识，表明陆、王心学思想对他是有影响的。同时，他也接受了程、朱的万事万物莫不有理之说。

由此，他开始形成一方面依据"格物致知"的认识路线，力求探索事物之理，同时注重人心的改造在政治与社会改造中的重要作用；另一方面将寻理同关注国计民生的实际结合起来，而不空谈心性道德，把理论探索付诸实践，而不坐而论道的思维方式和价值取向。他在《言治》发表政见，是前者的反映；而他参加中国社会党，从事实际社会活动则是后者的反映。

1912年冬，李大钊为筹办《言治》月刊，前往北京找北洋法政学校的创办人之一、在国会请愿运动中几次担任各省咨议局领衔代表的孙洪伊帮忙。

在北京期间，李大钊见到中国社会党北京支部负责人陈翼龙，经过一夜畅谈，毅然加入了社会党。他作出这样的选择可能出于两方面原因：

一是他了解到陈翼龙是个有抱负、有思想的人。陈翼龙生于1886年，比李大钊大3岁，湖北罗田县人，"幼聪颖，有大志，年十五有澄清天下之愿，嗣奔走于湘、鄂、苏、赣各地，意在纠合同志，以图起义"。

1909年，陈翼龙在上海担任《神州日报》记者，宣传革命，认识了时在上海担任《民立报》主笔的宋教仁，经宋介绍接触了孙中山、黄兴等革命领导人物。但是他没有加入同盟会和国民党，而是于1911年11月，在苏州和江亢虎一起创立了中国社会党苏州支部。1912年8月他又同江亢虎一起在北京建立了中国社会党北京支部，担任了支部主任，很快发展了一批党员，并且开始积极筹建平民学校。同时，准备在天津建立支部。

陈翼龙显然没有投机钻营、谋取议席和官位的打算，这一点尤得学习法政却不思做官，痛恨利禄之徒、无耻政客的李大钊的心。

陈翼龙不久后的壮烈牺牲，证明李大钊没有看错人。

二是中国社会党的党纲内容和他的理想颇为接近。中国社会党是在江亢虎于辛亥革命前夕组织的社会主义研究会的基础上建立的，总部设在上海。该党宗旨是，在"不妨害国家存立范围内主张纯粹社会主义"。具体纲领8条：一、赞同共和；二、融化种界；三、改良法律，尊重个人；四、破除世袭遗产制度；五、组织公共机关，普及平民教育；六、振兴直接生利之事业，奖励劳动家；七、专征地税，罢免一切税；八、限制军备，并力军备以外之竞争。这些内容归纳起来就是：承认国家的统一和民主，主张改良而不是革命，赞成平等、自由，注重发展实业和教育，反对兵争或以兵为后盾的党争。

这些并非马克思科学社会主义的主张显然很符合这一时期李大钊的思想。或者可以反过来说：这些纲领对李大钊发生了很明显的影响。

在李大钊看起来，无论该党领导者陈翼龙个人言行，还是党的宗旨纲

第二章 探索救国良策 追求民主共和

领,都可以表明他们不是他曾经批评过的"荧惑诽谤,以泄其私举"、排挤倾轧正义之士,以其私心党见误国的"小人"之流或"奸党"团体。他或许认为可以在这样的党内宣传和维护正义、人道,树立真正的、体现民主立宪精神的政党。

1913年2月2日,中国社会党天津支部经过一番波折后正式召开成立大会,李大钊被推举为支部干事。然而,由于内务部迟迟不发批文,警察厅屡加干涉,支部工作一直无法开展。陈翼龙为此数次向内务部提出呈文,以"人道""公理""民权""法律"为武器质问当局,但毫无效果。

不仅如此,半年之后,陈翼龙因与国民党人联系,准备在北京发动反袁活动,被京师警察所侦缉队逮捕,于8月6日杀害于北京。次日,中国社会党被宣布为非法组织,勒令解散。

此时李大钊正在北京。

原来,一个月前,天津北洋法政专门学校已经举行了首届专科生的毕业典礼。李大钊和同年级的其他一百数十名同学结束6年的学习,离开法政学校。

同学之中有的到政府中谋职,有的进入北洋军官的营幕。李大钊既不想为官,也不想从军。有几个同学邀他到北京办《法言报》,他答应了,于是来到北京。

李大钊在北京期间,正是袁世凯政府准备以武力镇压南方国民党人的革命势力,以孙中山为首的国民党人则因查到宋教仁被刺案与袁的亲信、国务总理赵秉钧有牵连的证据,认清了袁世凯假行共和、真行专制的面目,酝酿发动"二次革命"之时。6月9日,袁世凯罢免江西都督李烈钧的职务;14日,撤销胡汉民广东都督的职务,任命胡为西藏宣抚使。面对袁世凯的步步紧逼,革命党人仓促应付,7月13日,李烈钧在湖口宣布独立,首先举起反袁旗帜。

也许由于长达6年的紧张学习结束后出现的一时间无所适从的心理,抑或是因为加入中国社会党,担任天津支部干事几个月来,工作一直没有开展起来。而社会党又被宣布非法，强行解散。总之，李大钊在北京期间，产生了羡慕"一种适于出世思想的净土社会生活"的心理。

这是一种对于真善美的向往和对假恶丑的厌恶情感的流露，是光明的美好的理想和黑暗的丑恶的现实生活感受之间的激烈冲突在李大钊思想上的反映。

李大钊从小生活在海边农村，喜爱大自然的恬静和优美。

他非常爱山，每到高山峻岭之地，常常流连忘返，尤其对小时候在家乡每当晴朗的早晨或傍晚向北眺望依稀可见的碣石山更为神往。他和同学一道游览过碣石山的西五峰，那"奇花异卉，铺地参天""层层碧叶，青透重霄"的景色有如世外桃源、人间奇境，同都城闹市的喧嚣形成鲜明的对比。他喜爱山中的幽静，以致产生过"安得黄金三百万，买尽香山净土，为朋辈招隐之所"的奇想。

少年时长期的传统式以道德理想为核心内容的教育奠定了李大钊追求善良的思想基础，而这种教育和单纯的学生经历又铸就了他追求真实的价值取向。

善良与真实的本质要求是明辨是非。时代给予他的价值尺度使他认识到几千年的封建专制社会是"是非颠淆"的社会，因为在封建政治制度下，"豪强霸世，扼抑真机，元恶首虐，僭据崇位"，"口诽腹谤，诛夷立至"。正直人慑于威权，不敢说真话。国家与社会的法律和道德原则遂为"曲学"者所创，"人心道术，为所柔敝"，有谁敢发本于良知，出自天性的正直之言，政治上的压迫和道德上的打击立将置其于死地。

李大钊向往共和民主，是因为共和民主将推倒"豪强""元恶"，实现平等，铲除社会是非不清的根源。谁知民国肇兴，政党林立，言论自由反而成为党派营私阿世、党同伐异的工具。以至于"言论庞而是非乱，言论伪而是非湮，是非由乱而湮，人心世道之真，遂以全失……真理大义，暗而不明，郁而不彰"，其结果是国祸民哀，"苍生水火，膏血横流"。

李大钊对此极度失望和忧虑。

第二章　探索救国良策　追求民主共和

　　小时候在祖父为村里华严寺筹办的香火田头无数次看到刻着父亲笔迹的石碑，可能朦胧地为李大钊留下了最初对佛的印象。这使他长大后在广泛涉猎知识过程中不能不有意无意地受到一些读物中带有的佛家意识或语言的影响。因此，和谭嗣同、康有为、梁启超等近代不少有名的学者一样，李大钊的思想中也渗入了一些佛家观念。

　　佛家用因缘和合的观点来解释世界万事万物的产生，认为事物的表象是一种虚相、"幻有""色空"。同时用"苦"概括人生的境遇，以悟道成佛作为人生的理想追求。

　　李大钊在谈及"世界观"时说道"吾人幻身于兹，假现世界，形躯虽间物我，精神则源于一"。意思是说，人好像一种"幻有"，借助现在的世界存在（或说虚假地存在于世界之上），从躯体上虽然同他人或物区别开，在精神上却有同一渊源。

　　在谈及人生时，他说道："人之生也，一切苦恼，环集厥躬，匆匆百年，黄粱梦冷，无强弱，无智愚，无贫富，无贵贱，无男女，生老病死，苦海沉沦，必至末日，忏悔始有解脱之期。"意思是人在一生中被苦恼包围着，即使寿至百年，也不过是匆匆而过，如同一场黄粱梦，无论谁都有生老病死之苦，一定要到死亡来临之时，才会觉悟忏悔。

　　然而，李大钊借助佛教的"幻有"观念也只是在某种意义上用来形容一下人存在于世界的形式，并不意味认同佛教的"色空"观。他认为在虚假的世界后面还有一个真实的世界在，故尔，"愁思郁结，哀感万端，悄然有厌倦浊世之思"的文章可以流露出"真实世界之光影"。

　　他认同佛教的人生苦难观，并不赞同"悟空"（认识到一切都是空的）而求解脱的方式。他曾奉劝过那些对世道人心厌倦绝望，期以自杀求得解脱的人，其中也包括那些"归隐林泉"的人，与其"求之荒渺，探之幽玄"，不如正视现实，"建天堂天国于人世，化荆棘为坦途，救人救世且以自救"。

　　实际上，这正是他自己怀悲世之心积极人世态度的表白。他游览五峰

— 61 —

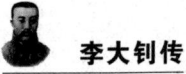

山时，对山中昌黎祠内树立配像、牌位，加以纪念的明末4位地方官作这样的评论："吾以为数子者，或握兵符，或膺疆寄，或职亲民，果于戎马倥偬之际，卧薪尝胆之秋，尚忍荒嬉林泉，流连风景，则明之亡，庸岂无故，而数子者，又乌容辞荒职误国之咎。"这种对他人批评实际是对自己的勉励。

他呼吁时贤在"民德沦丧，天理人纪，荡然无存，愤世者已极厌世之怀"之时，奋起"大声疾呼，以唤醒众生于罪恶迷梦之中"。

怀着屈原遭放逐而不忘忧国的热心，又如孔孟"知其不能而为之"的执着，李大钊引古今中外一批伤世忧民的"文豪"学者为知己，决心做一个"以全副血泪，倾注墨池，启发众生之天良，觉醒众生之忏悔，昭示人心来复之机"的有志之人。

这表明，尽管对民国的政局十分厌倦，对不顾道义、不问是非的党争政争几近深恶痛绝，以至于"久怀厌倦风尘之思"，他仍不想放弃对国家、社会的责任。

但同时，他也感到自己知识学问还有待于充实，打算进一步深入研究社会经济学，"研考民生凋敝之原，探所以抑强扶赢弱者"。幸运的是，这时他抓住了一个可以出国深造的机会。

第三章　渴求获取新知　东渡日本留学

在中国先进知识分子向西方寻求真理的热潮中，李大钊东渡日本留学。李大钊身居海外，不忘忧国忧民，组织留日学生，成立"留日学生总会"，发表宣言，他编印了《国耻纪念录》，撰写了《国民之薪胆》《警告全国父老书》等反日讨袁檄文，公开竖起反日反袁的大旗。

喜获资助　出国成行

1913年夏，李大钊在北京期间有一项重要的收获，就是得到孙洪伊、汤化龙在经济上支持他出国留学的允诺。

孙洪伊，字伯兰，直隶天津人，1909年39岁时被推举为直隶咨议局议员。同年和著名的实业家、立宪派领袖张謇等发起组织了国会请愿同志会，在后来三次大规模的国会请愿运动中连续担任领衔代表，从而成为有名的立宪派人物。

民国成立前后，孙洪伊先后参与组织了立宪团体宪友会、共和建设讨论会，以及共和统一党、民主党等，后加入进步党，成为有影响政党团体活动家。

他曾参与天津北洋法政专门学校的创办，对该校情况比较关心。李大钊因办《言治》月刊事到北京与他见面时可能就给他留下较为深刻的印象。月刊出版后，李大钊的文章不仅数量多，而且思想文字俱佳。国内各报转载《言治》的文章，李大钊的文字被转载的最多，他因此被誉为"北洋三杰"之一，从而更加受到孙洪伊的器重。

这次李大钊应同学之邀来京办报，和孙洪伊之间有了更多接触。孙洪伊介绍他同刚刚在中华民国第一届国会上当选为众议院议长的汤化龙相识。

汤化龙，字济武，时年39岁，是湖北蕲水人，曾留学日本，1909年担任湖北咨议局议长，参与组织过宪友会；武昌起义后，担任湖北军政府政事部长，后与梁启超等人组织民主党和进步党。

汤化龙和孙洪伊都是由立宪派转而成为民初政界重要人物的，政治思想和观点较为接近，关系亦较密切，对李大钊的才干当然也十分欣赏。当他们得知李大钊接到同学寄自日本的邀他前去留学的信，为经费无着而烦恼时，表示愿意给予资助。

8月间，为了躲避陈翼龙被害后政府对中国社会党成员的追查，同时也是因为须做些出国前准备工作，李大钊回到家乡乐亭。经过几个月的休整准备，他于同年冬季，启程前往日本

近代中国由于政治腐朽、经济落后，尤其是统治者的昏庸，在同外国的关系上形成了一种奇怪的逻辑：外国人侵略中国，中国人却要向外国学习。

这个逻辑说怪也不怪。中国有着辽阔的版图、众多的人口、悠久的历史，丰富灿烂的传统文化。这些成为民族的骄傲，也成为包袱。

明清长时期海禁锁国使统治者不了解世界的进步。天朝上国、中土老大的意识经久不变，当然想不到要向别人学习。只是到了古老的弓马刀枪抵御不住入侵者的"坚船利炮"，列强势力一步步侵入，国家主权一步步丧失之时，在一部分有识之士的反复倡导下，执掌政权的统治者，才慢慢感到有改革的必要，有向外国学习的必要，于是有选派留学生的政策。

这样看来，到侵略者的国家去学习——当然不是去学习侵略，而是去学习富强之策——既是被逼无奈的结果，也体现出中国人认识了世界，也认识了自己的一种进步。

第三章 渴求获取新知 东渡日本留学

经过1867年明治维新而迅速崛起的日本，是19世纪90年代以后对中国造成侵略危害最大的国家。由于它地理位置接近于中国，文化传统和语言文字与中国相近，因此也成为近代中国派出留学生最多的国家。在李大钊去日本前10余年间，每年到日本的中国留学生数以千计，最多时达到8000余人。到1914年这一年，中国留日学生的人数仍达到了五六千人。

汤化龙

在这些留学生中有不少人是为谋求个人生路而离乡背井的，也有相当一部分人是为挽救国家危亡而异地求法的爱国者。后面这部分人中间，出现不少从事新思想、新观念启蒙和宣传反满革命的社团和人物。他们中兴起过"拒俄运动"，产生过一批批民主革命者和一批批回国后在政治、军事、外交、实业、文化、教育等各界起骨干作用的人物。

和那些为寻求救国救民真理而前往日本的留学生一样，李大钊心底里也有着一种说不出的苦涩味道。

他了解日本侵略中国的历史，对于中岛端一类狂妄的侵略者抱有警惕。对于日本人利用不平等条约，进入中国领土，干涉中国内政，欺压同胞的行径极为愤慨。就在他出国前再一次到五峰山游览时，在他上下火车的昌黎车站还遇到一起日本驻屯军士兵枪杀5名中国警察的事件。

目睹寄放在地藏寺中的五口孤棺，李大钊的心情格外悲愤。在事后写

下的《游碣石山记》中,他特别记下了这件事,并且写道:

彼倭奴者,乃洋洋得意,昂头阔步于中华领土,以戕我国土,伤心之士,能无愤慨!自是昌黎遂为国仇纪念地,山盟海誓,愿中原健儿,勿忘此弥天之耻辱,所与倭奴不共戴天者,有如碣石。

他乘船航经黄海海面时,不由想起当年中日甲午战争情景。

站在甲板上,眼前"落日狂涛,一碧万顷"。当年清政府北洋水师"复师之陈迹,渺不可睹"。他却感到东流的海水"怒潮哀咽",好像其中埋藏着殉国亡灵的凄凄之恨。

李大钊正是怀着这样的心情,于1914年1月初踏上日本海岸。

恪尽职守　不负所托

东京早稻田大学,是日本著名大学之一。对于中国人,它的名气远在其他大学之上。这是因为,这所大学在培养中国留学生方面做了很多工作。中国近现代历史上不少名人曾到这所大学学习。1905年到1911年期间,每年有数百名(多时达七八百名)中国留学生来到这里。为适应日益增多的中国留学生管理需要,早稻田大学设立"清国留学生部"。6年中有4000多名中国留学生从这所大学毕业。

1906年,美国教会通过上海中华基督教青年协会,经美国驻日本大使的协助,在东京建立了中华留日基督教青年会。此会1910年在北神保町正式设立本部,随即取代了1902年建立的清国留日学生会馆,成为中国留日学生活动的大本营。

该会于1907年在早稻田大学设立了分会。早稻田大学留学生部停办之后,这里便成为留学早大的中国学生常常聚集的地方。

从早稻田大学向南步行大约500米,登上一座绿树成荫的小山坡,便可以望见一幢欧洲风格的教堂式建筑。这里是东京牛込区下户冢町520号,早稻田大学基督教青年会就设在这座三层小楼里。李大钊到了日本之后,

第三章 渴求获取新知 东渡日本留学

即由同学安排到这里暂住。

初到日本，既不熟悉环境，用日语会话还有一定障碍。几位同学忙于学业，平时难得相见，这使李大钊大有"问难无地，索居寡欢"的感觉。不久，他开始跟青年会的英文教师，一个叫瓦卡阿瑟·鲁宾逊的美国人学习英语。其间，用英文写的《我的自传》被这位美国教师精心保存起来。

20世纪初期的日本对于文化事业是十分重视的。东京设有电影院、展览馆一类场所。其中有不少令中国留学生感到新鲜有趣的东西。李大钊也曾去参观位于九段公园靖国神社附近的一家"游就馆"，不料里面陈列的展品有许多是从中国掠夺的所谓战利品。

这些掠夺品上面都贴有解释该物由来的说明，以表示国家的荣耀和骄傲。看到这些，李大钊心中不由涌起伤痛之感。

他后来写道：

鼎彝迁于异域，铜驼泣于海隅，睹物伤怀，徘徊不忍去。盖是馆者，人以纪其功，我以铭其耻；人以壮其气，我以痛其心。惟有背人咽泪，面壁吞声而已。

让李大钊感到欣慰的是，并非每一个日本人都是侵略主义者。他在天津北洋法政专门学校读书时的日本籍教师今井嘉幸就是一个正直的日本学者。

此时，今井先生已经履行完他同北洋法政学校的聘任合同，回到日本。李大钊前去拜访，正赶上今井嘉幸撰写完博士论文，准备申请博士学位。

今井长期以来关注中国和外国不平等条约中的领事裁判权问题。他告诉李大钊，他对中国国内由袁世凯支持，康有为为会长的孔教会掀起的尊孔复古潮流"滋抱悲观"，认为该事将为中国废除领事裁判权一事设置障碍。他把自己论文的原稿给李大钊看，其中专门论述了各国在中国的领事裁判权和"外国行政地域"。

李大钊感到，该文"详于外力侵入中国之迹，且足为吾国将来撤去外

— 67 —

国裁判权、收回外国行政地域之考镜"。不久后,他和一位同学将今井嘉幸在论文基础上写成的《中国国际法论》一书译成中文,由健行社出版。

在这段时间里,李大钊还受汤化龙委托,关照汤的儿子汤佩松的学习。

在李大钊到达日本后不久,汤化龙的妻子带着女儿和未满11岁的佩松来到东京,住到离早稻田大学七八里远的郊区。安顿下来之后,汤母送佩松上了目白中学,并打发女儿陪着佩松到青年会见李大钊。

李大钊也许早已从汤化龙那里知道了这位若干年后美国约翰·霍普金斯大学研究院的博士、中国科学院学部委员、国内著名的植物学家,在当时是一个对学习毫无兴趣,把打球、玩耍当成唯一爱好的公子哥。

他亲切地接待了小姐弟俩,答应为佩松找一位青年会的干事做他的英文教师。按照约定的时间,每个星期六的下午,汤佩松到青年会学习两小时,然后找李大钊汇报他一星期内的学习情况。

汤佩松后来回忆这段经历时写道:

在开始的一段时间里,李大钊先生对我并没有过高的要求,每周的学习汇报也容易敷衍过去。以后时间长了,李先生提的问题便越来越细致、越来越具体了。我感到有点难于招架,局面常常十分尴尬。李先生的不满情绪开始有所流露,不过,总的说来,他还是鼓励多于责备,热情多于严肃,我虽有畏惧心理,也还可以硬着头皮应付。可是,越往后去,李先生变得愈来愈严厉了。每周六的学习汇报,竟成了我身上的一种不胜重负的压力。到头来,终于导致了一次大爆发。

那照例是一个星期六的下午,我从英文老师那里出来,怀着一种战战兢兢的心情去见李大钊先生,履行每周一次的学习汇报。

李先生让我坐在他的对面,开始问起我学习英语的进展。

"一本书快学完了。"我简单地回答。

"我是问你学了些什么内容,有没有总结一下自己的收获。"

"没有总结,反正单词、语法什么的,我都学了。"

第三章　渴求获取新知　东渡日本留学

"讲得具体一点：学了多少单词，记住了多少？教过哪些语法，你理解了没有？"

"我记不得了。"

"那么，你说一说，今天老师教了些什么内容？"李先生显然不满意，说话的声调也提高了。我搔着头皮，冥思苦想了好一阵子，还是回答不上来："这……这……我记不清了，可能是……"

"'可能'什么？刚讲过的东西，你就还给老师了？"李先生激动地从座位上站了起来，"这说明你根本就没有好好听。既然如此，有什么必要浪费这个时间呢！"

我从来也没有受过这么严厉的责备。听了李先生的话，我简直感到如芒在背，浑身都不舒服。想辩，觉得理亏；想哭，又怕更加丢脸。我只好强忍泪水，待在那里一动不动。

哪知道李先生更加激动了，不，简直是愤怒了，话也越来越刺耳："你可知道，远渡重洋到日本来求学，一个人要花多少钱吗？你也许认为你家有钱，不在乎。不错，你家里是有钱，但有钱并不能给你增加光彩，也不能让你随便浪费。像你这个样子，钱等于扔到海里去了。"

这每一句话都像鞭子似的抽打在我身上。我终于忍不住了，哇哇地哭了起来。

"别哭了！"李先生走到我跟前，似乎在安慰我，可那话的分量丝毫没有减轻，"眼泪洗刷不了耻辱，唯一的办法是迷途知返，懂得发愤。你回去以后，可以好好想想我的这些话，择其善者而从之吗。"

我抹着眼泪走了出来，心里很不是滋味。过去的担忧全被证实了，我算是领略了李先生的厉害，现在该要想一个办法来对付了。向母亲诉说吧，肯定不会得到支持；不再学英语了吧，又难于向家里人交代。想来想去，终究没有一个好主意，唯一的办法，就是继续去学英语，而不再去向李大钊先生汇报。

对，就这样决定了。在下一次学过英语以后，我便从青年会的办公室

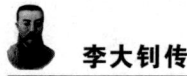

里溜了出来,悄悄地躲过了一场可能落到身上的责罚。

然而,这样做,心里总不十分踏实。当又一个星期六来临的时候,我来到青年会的大门前,心里不免紧张起来,既担心万一碰上了李先生,也担心李先生会对我的家长"告状"。

可怕的事情果然发生了。我刚进大门,见李先生正站在网球场的旁边。于是,我急中生智,连忙转过身去,打算快步穿过网球场。

"汤佩松,你过来一下。"我终于没有逃脱李先生的眼睛,被叫住了。

李先生走了过来,平静地说:"上个星期,你为什么没有到我这里来呀?今天,我特地到门口来堵你来了。"

我低着头,用脚尖踢着地上的草皮,一言不发,似乎在等待一场灾难的降临。

"你多大年纪了?"李先生还是用平静的口吻问道。

"10周岁。"我从喉咙里挤出一句话来。

"10岁不算太小了。"李先生大概是为了缓和眼前的紧张空气,半开玩笑半认真地说,"初唐四杰之一的杨炯,做校书郎的时候,只比你大两岁呢。"

听了这番话,我的心开始平静了。于是,我用忏悔的、低沉的声调说:"那天,我看电影去了,所以没有……"

李先生在我面前蹲了下来,态度仍然是那么平和:"看电影并不是不可以。不过,那只能偶尔为之。我们千里迢迢到日本来,毕竟不是为了看电影呀。临来之前,你父亲反复嘱托我,要我督促你学习。这对我来说,自然是应尽的责任;但我终究不能代替你,学好学坏,主要在你自己。"

网球场上的谈话就这样匆匆结束了。李先生看了看表,知道到了该学英语的时间,就对我说:"去吧,先去上课,然后再到我房间里来。"

我像遇到特赦一般,转身便跑。

两个小时后,我又拖着沉重的脚步来到了李大钊先生的门口。房门关着,屋子里甚为寂静,连李先生翻动书页的声音,我也听得清清楚楚。我

第三章　渴求获取新知　东渡日本留学

刚要伸手敲门，心却剧烈地跳动起来。我把手缩了回来，想让心绪平静一点后再进去。哪知道，那颗跳动的心却像一只野兔，完全控制不住了。我终于失去了敲门的勇气，静悄悄地从房门口溜了出来。

这段时隔73年的生动回忆虽然可能加上了一些修饰成分，但其中说到的李大钊的平静温和的表情，热情执着、偶然也流露出急躁的性格，以及为达目的而不厌其烦、极尽委婉的处事方式，不仅和其他一些接触过或熟悉李大钊的人回忆有颇多相似之处，而且其表现出的性格特征在李大钊的许多文章中也一再体现出来。

纵论《风俗》　加盟《甲寅》

初到日本，对李大钊最有意义的一件事是他见到景仰已久的著名学者、报人章士钊。

章士钊，字行严，湖南长沙人，生于1881年，早年担任过上海有名的进步报纸《苏报》的编辑，主编过《国民日日报》，又先后在日本、英国留学，熟悉近代西方国家的政治法律制度和政治思想。辛亥革命后，他一度担任同盟会机关报《民立报》的主笔，因其政治主张与同盟会不完全一致，受到指责，于是辞去编职，另办《独立周报》。

《独立周报》的宗旨按章士钊的解释是"袖手旁观""不偏不倚"，就是不参与实际政治的竞争，对竞争的各方无所偏袒，独立发表自己的政见。

该报批评包括国民党、进步党和共和党在内的民初各党，认为当时的党争"无所谓政见，无所谓党见，所闹者意见而已"；继续宣传章士钊在主撰《民立报》时提出的所谓解散现有各党，通过全国政治协商大会重新成立代表相反政见的两大政党的所谓"毁党造党"说。

该报重视"党德""民德"，有所谓"人心不革，则无论何种政治，不能救我中华"和"阐扬王学……从人欲横流中为世人拯出其本来灵明"等

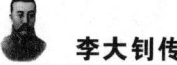 李大钊传

主张。

宋教仁被刺案发生后，章世钊转而投入反袁斗争，参加了"二次革命"。反袁革命失败后，他逃往日本，于1914年5月主编出版了《甲寅》月刊。

李大钊在国内时，十分爱读《独立周报》，对章士钊的主张颇表赞同，并担任了该报在天津的"代派人"。到日本之后，他在翻阅报刊时，忽然见到《甲寅》即将出版的广告。欣喜之余，他做了一篇题为《风俗》的文章，又写了一封信寄给了章士钊：

章士钊

记者足下：

仆向者喜读《独立周报》，因于足下及率群先生，敬慕之情，兼乎师友……

信中说的率群是另一位曾和章士钊一起执笔《民立报》和《独立周报》的康连甏。此人当时正在上海主编《雅言》杂志。

李大钊的信中谈到他在书摊买到《雅言》时的高兴心情，并陈述了他读康连甏《论吾国今日物价问题与货币之关系》一文产生的问题，向章士钊，并请通过《甲寅》的"通信栏"向康请教。

章士钊在来稿中读到署名"李守常"的《风俗》一文，"惊其温文醇懿，神似欧公"，立即询问朋友中有谁认识这位李守常。因为李大钊是第一次在自己的文章中署这个名字，当然没有人知道他是谁。章士钊按来稿的地址给李大钊写了封回信，约他前来会面。

第二天，李大钊按信上约定的地点到《甲寅》编辑处所在的东京小石

第三章 渴求获取新知 东渡日本留学

川林区的一间小屋子里,和章士钊见了面。两人14年的交谊从此开始。

多年之后,章世钊回忆他同李大钊的友谊时写道:

吾二人交谊,以士相见之礼意而开始,以迄守常见危致命于北京,亘十有四年,从无间断。两人政见,初若相合,卒乃相去弥远,而从不以公害私,始终情同昆季,递晚尤笃。盖守常乃一刚毅木讷人也,其生平才不如识,识不如德……

章士钊的意思不是说李大钊才识短浅,而是说他的见识比才学要高,而他的品德又比见识要高。这是从传统儒家的价值观出发,对一个人做出的相当高的评价。

章士钊将李大钊的《风俗》一文编排在同年8月10日出版的《甲寅》月刊第一卷第三号上特辟的"论坛"栏目中。

这是一篇论述风俗与国运关系的文章。文中引用顾炎武的"亡国""亡天下"之说来说明人心丧失,群德衰落的可怕后果:

哀莫大于心死,痛莫深于亡群。一群之人心死,则其群必亡。今人但惧亡国之祸至,而不知其群之已亡也。但知亡国之祸烈,而不知亡群之祸更烈于亡国也。群之既亡,国未亡而犹亡,将亡而必亡。亡国而不亡其群,国虽亡而未亡,暂亡而终不亡。

李大钊所说的亡国是说国家被外族侵略而失去主权,和顾炎武说的改姓易朝的"亡国"不同。他说的"亡群"则正是顾炎武所说的"仁义充塞而至于率兽食人,人人将相食"的"亡天下"。

今日之群象,人欲横于洪流,衣冠沦于禽兽,斯真所谓仁义充塞人将相食之时也,斯真亡群之日也。

李大钊根据自己了解的近代西方社会学理论,已经认识到群众不是单纯的人体的集合,而是具有同一思想的人群结合。这种群体内有着某种"暗示力"和不同层次的促进群体结合的因素。结合的范围愈广,"暗示力"就愈强。群体中的分子借助这种"暗示力"形成"共是之意志",此意志在群体中浓盛地表现出来就是风俗,形成法规就是制度。这二者"相维相系"构成群体结合的基础。群体与风俗的关系是形与神的关系、质与力的关系。风俗是迅速变化的，其变化是随人心而变化。"是故离于人心则无风俗，离于风俗则无群。"人心向道义，风俗便趋向纯洁；人心向势利，风俗便趋向衰败。

他指出：群体之中有"群枢"（群体的中心），其代表者就是那些以其思想行为影响群众的人物。"群枢"决定风俗的好坏，而"世运"的兴盛发达或停滞污浊则决定"群枢"所在何处。"世运"兴盛时，代表"群枢"的人物当政，权势与义结合，容易导致风俗向善；"世运"停滞时，代表"群枢"的人躲到学问中去，权势与利结合，而与义分离，要使风俗向善便很困难。作为一个仁人志士，不论世运盛衰、行事难易，也不论在朝在野、当政讲学，都应当在群体中认清并坚守自己的位置，努力尽其对于群体的责任。

李大钊认为，"群枢"离开政权，显要的可以号召群众的地位就必然被势利之徒僭居。那些势利之徒将"夺天下之视听，贼风俗之大本"，在这种情况下，如果不在别处建立"群枢"，暗中与僭居权位的势利之徒相抗衡，这些僭居者会利用权势、利禄诱惑，使群众一齐去追求不义的东西，"亡群之祸将无可幸免"。

他列举历史上许多正反例子，说明"风俗之厚薄，自乎一二人之心之所向"这一由曾国藩提出的看法是有其道理的，借此来鼓舞有志于另建"群枢"，为群体、国家尽责的人。

论到当时的政俗，李大钊痛苦地写道：

政如疾风，民如秋草，施其暴也；上之所好，下必有甚，逞其杀也。盈廷皆争权攘利之桀，承颜尽寡廉鲜耻之客，钩心斗角，诈变机谲。将军变色于庙堂，豺狼横行于道路；雄豪自专其政柄，强藩把持其兵权。论功闻击柱之声，思乱多满山之寇。勇不如郑伯，其民敢劫货杀人；信不如秦穆，有士皆鸡鸣狗盗。祭祷开淫祀之风，有类好巫；嘉禾锡聚敛之臣，庸知尚俭？仁暴不同，流风自异。与人以术不以诚，取士以才不以德。不仁

第三章 渴求获取新知 东渡日本留学

不孝，乃受崇奖；有气有节，则遭摈斥。意向既示，靡然向风。少年不以学问为本，士夫但以势利为荣。逸谄面谀，青蝇惑耳；直言谠论，寒蝉销声……

他感慨道：

汉室之倾，宋社之屋，尚有一二慷慨就义从容尽节之士，以徇其所忠。循是以往，任群德之沦丧，若江河之日下……国终于必亡，人尚希苟免。一旦天倾地折，神州陆沉，旌旗飘扬于海外，壶箪奉负于中原，将求一正邱首而死者，亦不可得，亡群之祸，于斯为痛已。

他说：群体与个人的关系互为因果，"有如何之人群，斯产如何之人物；有如何之人物，更造如何之人群"。

但他在二者之间何者为主的问题上却左右摇摆：他感到"亡群之罪"不一定全在于那些造成"亡群"结果的个人身上，"群之自身，亦实有自作之业"，即群体自身形成了幸而遇"光明之人物"则"世风可隆"，不幸而遇"桀黠之人物"，则"世风愈下"的条件。

然而，为什么当今的世风不能像历史上反复发生的那样重返于"纯良"呢？

他认为原因在于执政者没有用其掌握的政权阻止国家的混乱，反而对人民施以更严厉的压迫。这样说来，造成世道兴衰的主要因素，还是那些"执政之人物"。

在李大钊看来，不管怎么说，上述情况足以表明，当时的"群枢"已不在政权的位置上。

他根据《易经》中"剥上而复下"的道理，认为："群枢倾于朝，未必不能兴于野，风俗坏于政，未必不可正于学。"

然而，在他看来，抛开在朝的势利之臣不说，那些在野之士，不是以圣人自居的利禄之徒，便是以英雄自命的暴厉之子，前者得志，则欺世盗名，后者得志，则殃民乱国。至于一般士人，也都是些不依附于党势，便依附于人势，"发挥其才智聪明，尽量以行于恶"的鸡鸣狗盗者。

事情到了这样一种地步,还有什么办法可使风俗向善、亡国得免呢?李大钊的回答是既然"术不能制,力亦弗胜,谋遏洪涛,昌学而已"。

他相信,像屈原、颜之推那样去国犹望改俗,"仕人"尚知明耻的君子仁人总会存在。那些自命的"圣人既不足依,英雄亦莫可恃"倡学之责,就只能由"匹夫"承担了。

这里的匹夫还不是指没有文化的平民百姓,而是指不求权势利禄的所谓"知耻之士":"宇宙尚存,良心未泯,苟有好学知耻之士,以讲学明耻为天下倡,崇尚道义,砥砺廉节,播为风气……积为群力,蔚成国风",将会使"群枢潜树于野,风俗默成于学",大恶之人必然不敢在群体之中猖狂作孽。

可以看出,李大钊在这里提出的仍是一条带有宋明理学,特别是王学色彩的以改造人心、提高群德,来挽救国家的道路。

他明确指出"群枢"已经失于朝,而且对于当政者的批评不仅在其未能止乱,而且更在于其实行严厉的暴政,这意味着他已经开始把袁世凯政权与专制联系到一起。

与此同时,他一方面强调在"昌学"中知识分子的"群枢"角色和原动作用,另一方面认识到一旦向善的风俗形成,便可以制约"元恶大憝",这为他不久后提出"民彝"创造历史的观念提供了出发点。

政尚"有容"

与章士钊结交后,李大钊得以看到每一期《甲寅》杂志,了解章士钊等人在这一时期关注的问题和思考。

章士钊为《甲寅》提出这样的宗旨:

本志以条陈时弊,朴实说理为主旨。欲下论断,先事考求;与日主张,宁言商榷;既乏架空之论,尤无偏党之怀。惟以己之心,证天下人之心,确见心同理同,即本以立说。故本志一面为社会写实,一面为社会陈

第三章 渴求获取新知 东渡日本留学

情而已。

这种注重从实际中考求道理，立说有理有据的主张很得李大钊的心。

章士钊不仅是《甲寅》的创办人、主编，也是主要撰稿人。面对袁世凯镇压革命党，排斥异己势力，民国政治日益走向专制的现实，他的文章以维护民主为基调，多涉政理讨论。这当然也就成了《甲寅》杂志的内容取向。

章士钊主张以"有容"为政治的基本原则，他在该刊创刊号开篇《政本》一文开宗明义写道："为政有本，本何在？曰在有容。何谓有容？曰不好同恶异。"所谓"好同恶异"意思是说，人们只接受那些符合自己想法的意见，容纳那些和自己意见相同的人，反对那些与自己不同的意见和持反对自己意见的人。不仅如此，它还意味着以权势强迫别人服从自己，直至除掉与自己不同的意见和持不同意见的人。

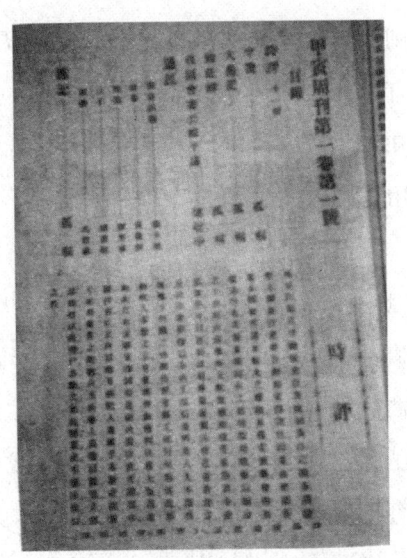

《甲寅》杂志

章士钊说这是一种兽性的表现，是未进入文明进步的社会和未开化人们的表现，是与中国历史并存数千年，因而导致国家政治与社会落后于西方的原因，也是民国以来政情混乱愈益严重的根本原因。

他认为政治是由人来实施的，人存政举，政治的得失无不视人才得失为比例。因此，为政根本在于用才，即"尽天下之才，随其偏正高下所宜无不各如其量以献于国"。君主制国家，人才使用是一人居高临下，以提拔或贬斥的手段来实施的，这样，人才能否被使用，取决于君主的见识、度量和好恶之心。以"有容"为原则的政治，是"国有一分之才，即当使之自觅其途以入于政"的政治。要做到这一步，就应当容纳各种人才，亦

— 77 —

即是容纳各种意见,"使异者各守其异之域,而不以力干涉之";进而是容纳各种势力,做到使"国中各方面之势力,最易寻其逻辑上之途径,充类至尽,以达于政治"。这才是真正的共和民主政治。

在同一号《甲寅》上,章世钊还谈到张东荪在《正谊杂志》发表的《正谊解》一文关于对抗力的观点。

张东荪说:"强有力者恒喜滥用其力。滥用而其锋若有所婴而顿焉,则知敛。敛则其滥用之一部,削灭以去,而力乃轨于正。"意思是说,强有力的人总是喜欢滥用他的强力,如果有一种东西抵抗其强力,该力就会知道收敛。这样,其滥用部分被抵消,这种力便可以被限制在其正当的使用范围内。

根据张东荪的这一见解,章士钊在"有容"思想的基础上进一步提出"政力向背"论。他引用布赖斯·詹姆斯运用牛顿的关于太阳系有向心力和离心力之说阐释政理的观点,指出,社会的维系亦应有相似的两种力来维系,"两力相排,大乱之道;两力相守,治平之原。""两力相守,于何守之?则'国宪'者……所以构成一社会而宰制之统合之者也。"从各国的经验教训来看,"政力之向背本无定形,而无论何种国家,两力又必同时共具,则欲保持向心力,使之足敷巩固国家之用,惟有详审当时所有离心力之量,挽而入之法律范围之中,以尽其相当应得之分而已。易词言之:使两力相剂,范成一定之轨道,同趋共守,而不至横决而已。"

这里的意思是说,一个国家在政治生活上大抵总要有代表两种倾向的意见或势力,一种是倾向于拥护中央统一的"向心"力量,一种是反对中央统一的"离心"力量。要想保持国家安定,不是排斥或消灭离心力量,而是在法律上给离心的力量以应有的地位。也就是说,要使法律允许不同的政见和政治势力存在,使代表两种力的意见或势力在法律范围内争论,形成大家共同遵守的方式和原则,避免闹成激烈的冲突。

章士钊的这些思想既符合李大钊本有的一些容纳心理、调和意向,同时,和他在《风俗》一文中提到的别建"群枢"以与专制政府抗衡的看法

— 78 —

第三章 渴求获取新知 东渡日本留学

颇有相似之处。于是李大钊本着"有容"和"政力向背"的理论，写出《政治对抗力之养成》一文，投给北京出版的《中华》杂志。

李大钊引用孟子的话：

以力服人者，非心服也。

对于力的思考，在一年多以前李大钊初论政时就已开始。他当时提到了两种"力"，一种"暴力"，一种"民力"。使用暴力者一为专制政府，一为革命者。对于前者，他始终深恶痛绝；对于后者，他赞扬以暴力推翻专制，又认为革命者运用在革命中掌握的军队和地方权力对抗中央、破坏统一、压迫人民，转变为新的专制者，从而感到"依暴力求政治上之幸福者，其结果终于以暴易暴，真实幸福仍不可得也"。他痛心的是"民力"不足。倡导"国民教育"，就希望借以扩充民力。

一年后他重提"力"的话题，认识有了若干变化。

他写道：以力"服人且不可，况治国乎？而今之为治者，辄欲滥施其力，以图苟安；受治者亦弗知求所以对抗，以维两力之平。"

这里的"为治者"毫无疑问是指袁世凯。仅仅一年多时间，袁世凯不仅镇压了"二次革命"，由临时大总统转而坐上正式大总统的宝座，而且为加强权力，寻找借口强行收缴国民党籍议员的国会证书、证章，以御用政治会议代替国会，废除《临时约法》，制定赋予总统大权的《中华民国约法》，下令解散省议会以下地方各级自治会，撤销国务院，在总统府内成立类似清廷内阁的政事堂，建立庞大的特务警察网，公布严格的《治安警察条例》和《报纸条例》等。国家表面似乎统一了，实际上形成新的专制。对此，连一度支持袁世凯反对国民党的进步党人也大感失望。李大钊认为这是"政力失其轨，专制炽其焰"。

这里的"受治者"既包括人民群众，更主要的是指受袁世凯政府冷落、排挤的进步党和其他知识分子。在李大钊看来，这些人不知道寻求某种可以用来与政府对抗的办法，因而无法形成离心力和向心力之间的平衡。

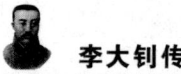李大钊传

李大钊认为,"有容"应当是以对抗为先决条件的,"抗既不能,容于何有?"

那么,在当时所能做的就只有"阐明政理",先弄清楚哪些地方应当"自敛"以相容,哪些地方应当"自进"以相抗,其目的无非是希望政治能保持平衡,勿脱离正轨,并借此促进各方有政治能力者本其良知,断然觉悟而已。

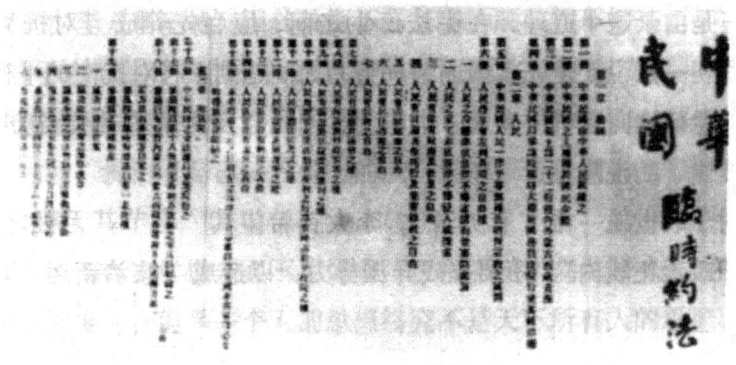

中华民国《临时约法》

章士钊所引布赖斯的"国宪者……所以构成一社会而宰制之统合之"的看法使李大钊进一步确认了他以往关于一部"广被无偏"宪法对于保障国家"治平"、人民幸福的重要性的认识。同时,"有容"与"有抗"的观念告诉他,宪法能否发挥这样的作用关键在于它是否能做到"有容",而其能否做到"有容",又在于"宪法构成之质得其衡平与否",即宪法的制定及其内容是否体现了各种对立意见或派别的平等参与和各方面的意见。这种"衡平"的获得则在于"有抗",即首先应使不同的意见、派别形成对立。

他指出:一部好的宪法,应当不受时间、地域的限制,亦不许某一派势力或某一团体专断。宪法容量的增加有两种情况:一是随时代的发展,社会生活及人们的观念发生变化,需要增加内容。这时只要精通宪法的专家根据法理和社会需要提出修订意见就可以了。二是社会某种势力根据自己需要要求扩充宪法内容。这就不是几个学者可以解决的事了。在这种情

第三章 渴求获取新知 东渡日本留学

况下,需要制定宪法者分为两派。这两派要形成"并持对抗"之势,但同时又"各知尊奉政理,容纳涵蓄,不敢妄冀专断"。

如此说来,"衡平之宪法,成于对抗之势力",没有两对抗势力相抵以达于平衡,决不会产生宪法。那种由一家意见或一派势力产生的所谓"宪法"只不过是"一势力之宣言",硬把它说成"宪法"罢了。这种由一种意见和一种势力产生的"宪法"是真正靠着"力"而产生的,"力存与存,力亡与亡",无所谓遵守,更谈不上为国家维持治安、给人民带来幸福了。

正是由于这个道理,在宪法产生之前,应当先养成"对抗势力",或者确切一点说,是先求国内各种势力之间达到一种对抗中的平衡。为此,他恳切地向袁世凯政府、进步党、国民党及所谓"社会各方人士"分别提出了劝说意见。

对于袁世凯一派"有力者",李大钊希望其"自节其无极之势力,容纳于政治正轨内",不要摧残异派势力,以造成"政治新运,斩绝中途"。

他指出:宇宙之中任何一种"动力",只要它发生了、存在着,无论用何种"权力策术"都不会让它消失,因此,智者总是对这种"动力"发生的原因"穷其究竟",并在宇宙间给它以相当的位置,使其不致冲决泛滥,对于政治势力尤其是这样。

然而,这方面相反的教训太多了,以国内言,清政府排斥革命势力,结果被革命所推翻;革命者中激进分子不讲"有容",结果导致国民党覆灭。现在政府又乘"凯旋之余威",为所欲为,倾注全力,以图彻底摧毁包括进步党在内的所有抵抗力。自以为这样能收长治久安之效,其实是厝火积薪,大乱不远。中国历史上秦始皇以其并六国之威,不惜用销毁兵器的办法消灭"抵抗力",结果秦至二世而亡。在俄国,沙皇有哥萨克铁骑镇压反抗,而无政府主义分子遍布全国。更有同中国情况相近的墨西哥,被排斥压制的势力屡起革命⋯⋯

所有这些,"皆由于一势力崛兴,不容他势力平和活动之余地,终至溃决狂奔,演成怵目惊心之惨剧",当政者难道不需要深思吗?

— 81 —

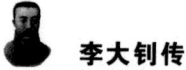 李大钊传

李大钊引述明代思想家李贽有关"君子之治""至人之治"之说写道：

昔李卓吾论政有曰："君子之治，本诸身者也，至人之治，因乎人者也。本诸身者，取必于己，因乎人者，恒顺乎民，其治效固已异矣。夫人之与己不相若也，有诸己矣，而望人之同有，无诸己矣，而望人之同无。此其心非不恕也，然此乃一身之有无也，而非通于天下之有无也。而欲为一切有无之法以整齐之，惑也。于是有条教之繁，有刑法之施，而民日以多事矣。其智而贤者，相率而归吾之教，而愚不肖则远矣。于是有旌别淑慝之令，而君子小人从此分矣。岂非别白太甚，而导之使争乎？至人则不然，因其政而不易其俗，顺其性不拂其能。"

"君子之治"是统治者按照自己的善恶利害原则施政的一种政治，在这种政治下，统治者自己以为是善的、有利的，希望别人和他一样认为是善和利；统治者自己认为是恶的或有害的，希望别人也和他一样认为是恶和害。

这类统治者这样做未必不按儒家"己所不欲，勿施于人"的"恕"的原则度己度人，但是一个人的思想终究不是天下所有人的思想，即使是良善的统治者，其个人的好恶也不能代表天下所有人的好恶。一定要以个人的好恶定之于法律，要大家来遵守，这是叫人很不能理解的事。这样做的结果是增加了实行统一教育和刑法的工作，而人民中间的违法乱纪之事反而会增多。

所谓贤者智者认同统治者的道德和法律原则，而所谓的愚与不肖者则由于不能认同或不去认同而与统治者愈来愈疏远，加上统治者又有表彰惩罚善恶的政令，人民由此分为君子小人两类，这不更导致纷争吗？

"至人之治"是一种"无为"政治。统治者并不以自己的好恶去统一天下人之心，而是沿用以往的政策法令，不改变人们的习俗，顺应人民的习性而不阻挡其能力的发挥，这样就会避免那种"有为"政治产生的弊害。

李贽这一明显是老子"无为"思想翻版的议论被李大钊看作是前人批

第三章 渴求获取新知 东渡日本留学

评好同恶异思想的绝好材料,也成为他后来提出"民彝"政治观念的重要思想来源和依据。

但是,主要受儒家思想影响,后来又同大多数进步知识分子一样接受进化论思想的李大钊,并不愿意连道家的因循甚至倒退的历史观一起接受过来。

他在引述李贽的话时,已经觉察到其中因循思想成分,因此,在引到"顺其性不拂其能"一句时戛然而止,省去了下面的"闻见熟矣,不欲求知新于耳目,恐其未寤而惊也"(叫百姓听他们熟悉的东西,不想要百姓接触以往不知道的新东西,以免他们在不理解的情况下产生波动)。尽管下面的"动止安矣,不欲重之以桎梏,恐其縶而颠且仆也"(行事以安定为原则,不想给百姓定过多的制度、法律,以致束缚过重,怕他们因束缚过重而受不了)一句的内容对他的论证亦有很大帮助。

为了避免断章取义嫌疑,同时也为表明自己在这个问题上的看法,李大钊在指出李贽的议论说明"好同恶异"不可取及"开明专制"不可行之后,特别针对袁世凯政府以大量清末旧官僚充任政治会议和政事堂成员一事提出批评,指出袁世凯的这种行为"亦萌于好同恶异之念",是不可取的。

他说:宇宙是进化的,"世运嬗进,即有大力,亦莫能抗。旧者日益衰落,不可淹留,新者遏其萌芽,勿使畅发,此自绝之道也"。

对于曾经依附袁世凯,以抵制革命势力的进步党,李大钊希望其"以极大之觉悟,应时势之要求",至少不要阻止正当异派势力的发生,进而应当振起独立之精神,"以指导专断和暴乱之势力,舍迷途而趋正轨"。

他说,历史上朋党之祸,大抵由于所谓君子不能和衷共济、牺牲意气,因而门户横分、自相水火,又被小人中伤,而引起的。近如戊戌维新运动中温和、激进两派本同为救国,却"忘提携之谊,开冰炭之局"。其后,革命、立宪"党派分流",所谋数年不成。而武昌起义之所以成功又正是两派同心协力的结果。

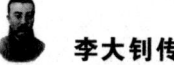

他对历史的回顾,目的在告诫进步党人在考虑与国民党或其他日后将要产生的政党之间关系时,要吸取教训,"不可互相水火,与人以渔夫之利"。

他并不认为进步党曾引袁世凯之势对于民初一度"势焰熏天"的国民党加以限制一事为不正确,但认为他们矫枉过正了,以至于"所矫之势已尽,不复为患,而所引之势,专恣自僭,亦复相同"。

在这种情况下,进步党应当反过来对于袁世凯政府"立于批评谏正之地位","力能矫则矫之,一如其初。力不能矫,则离以自树,待他势力崛起,相引而与此绝盛之势力抗,以遏抑其横暴"。

按照他在前边所说的一种力产生即不会被消灭的认识,他告诉进步党人在一种势力发生时,"当先察其动作,是否合于正轨,合则引为己友",若是一时不能确定其是否合于正轨,"亦当勿阻其势力之进行"。即便是该势力的行为不合于正轨,而"仍狂奔于迷而不复之域",那就更须"掬血诚披肝胆以相告诫"。这也就是说,再不能采取像对待国民党那样的过分态度了。

为解除进步党人在对袁世凯由以往支持转到对抗一方可能在道义上产生的顾虑,他指出:

盖政治之活动,殊无历史关系之足顾,更无恩怨之可言,或昔合而今离,或昨敌而今友,为引为抗,举不必有恋舍之顾虑、恩怨之痕蒂,丛杂于其间。政治界无上之大义,在权衡政治势力之轻重,畸于何方,然后以自挟之势力称之剂之,以保厥衡平。苟能剂政力于平,则毅然以临于离合引抗之间……径本政理,以为向背,此政治家自觉之道义,所当共矢者也。

这似乎是说,政治党派的正义行为是在政治势力的对抗之中起一种平衡调节作用,当甲派势弱,便要支持甲方,以与乙派抗衡;当乙派势弱,又应支持乙方,以与甲派抗衡。其目的就是维持政治上向背两力的对抗均势,避免因一派势力过盛而导致专制局面。至于某一党派怎样在处理不停

第三章 渴求获取新知 东渡日本留学

地变换"离合引抗"立场同坚持本党政见的关系,李大钊在这里没有向深处探讨。

说到"今也国会灭,政党涣,自治解",政治由一人专断,"环顾政局,更无毫末之力,足当遏制之任"的事实,他进一步敦促进步党人:想要保持政治平衡,只有遵循正轨"求抗",不要因为"幻云逝水之微嫌……而重贻政治前途以无穷之累也"。

李大钊没有因为袁世凯政府走向新的专制,而对反袁的国民党改变看法。他认为国民党以往"滥用其势力,致遭败覆",现在仍想"以零碎之血,快意气报恩仇",劝告他们"当以绝痛之忏悔,放下屠刀,立地成佛,赶快将自己的势力纳入正轨,不要去摧残国命、躬蹈自杀之路。

他觉得国民党人首先应认识到"善良之政治,非可以暴力求"的道理。为此,他不仅引述托尔斯泰"无抵抗主义"观念,要国民党人认识到"暴烈之革命既已过时……实际之自由,非能依巷战虐杀而获者,宁罢止服从一切人界之权威,始能获也",而且对自己一年前就提到的用暴力对付暴力,结果将是"以暴易暴"的命题作了进一步论证。他写道:

盖政权之起伏于暴力间者,恒奔驰于极端之域。彼以力据,此以力攻,力之所冲,反动必起。两力消长之际,强者居胜,同时反动之力,应强者之量而郁酝于无形。及其发也,亦必预蓄有较强之力,方能摧折其所向。于是复反动力又应之以起,其强又愈于其初。如是展转,互应不已。反动之力,愈激愈强,其力既足倾其所恶,而能自行,又安所惮而不自任以恣。愈激愈强之反动,将终不能潜消,其结果则以暴易暴而已。

这里说的暴力,在李大钊看来,与对抗力显然不是同一个概念。

首先,对抗力是在宪法允许的政治争论范围内不同意见或不同势力的和平对抗,暴力是被排斥于政治之外的或被压迫人们要用武力去夺取政权的一种行为表现。

其次,对抗力是两力相抗相抵以达于平衡,一方存在而另一方消失,对抗力便不复存在。暴力表现为一方以力据守(政权),另一方以力进攻

— 85 —

（争夺政权），两力不是对抗相抵，而是冲突，结果强的一方获胜，弱的一方被摧垮以至于销声匿迹；然而失败者既受强者压迫，其反抗的力量又会在无形中酝酿，直到强过对方，而又起来压倒对方；而被压倒者复再酝酿其办……如此展转往复。

最后，对抗力是对抗双方在一"广被无偏"宪法范围内彼此容忍对方存在的前提下才能发生。暴力的发生则来自两方面原因：一是有较强势力的，把持政权的一派不给另一派以政治上应有地位，甚至不容忍该派存在。二是施行暴力的派别不"自纳"于政治正轨，即不在宪法和法律允许的范围内用政治手段、争论方式与反对派对抗，而用非法手段，夺取政权，以至于将其反对者消灭。

李大钊认为国民党的错误正在"滥用势力，自轶于政治竞争之正轨"。他对国民党持批评态度，就是以此看法为据的。

他告诫国民党人，以暴力争夺政权的结果，将激起循环不已的暴力冲突，法国革命和葡萄牙革命的"杀人流血之惨"的历史殷鉴不远。第一次世界大战爆发，中国又将面临"危机存亡，千钧一发"的形势，李大钊提出了"兄弟阋于墙，外御其侮"的问题。况且既然以暴力压服反对派，也必然要用夺取的政权压服不同意见者，其结果共和民主和人民的幸福都无实现之期。

他希望国民党人"自纳其力于正轨，静待机势"，也就是说让国民党放弃革命手段，等国中专制势力衰弱下来，再和民间逐渐增长起来的"正当之势力"携手形成针对现政府"横决之势力"的对抗力。

在李大钊看来，袁世凯的暴政势力至少在相当程度上是由于国民党的"滥用势力"，及其坚持革命的行为激发起来的。一旦国民党放弃革命，政府没有了革命势力的威胁，其专制倾向就会减弱，政治上便会渐有可以形成民主争论的气氛，政治对抗的形势就有形成之机。

李大钊当时没有认识到，中国的历史和国情决定了没有先前同盟会发动革命，就没有清王朝垮台；没有随后护国战争和各方势力武力反袁，就

第三章　渴求获取新知　东渡日本留学

没有袁世凯取消帝制。袁世凯走向专制除与国民党争势这个因素外，还有其他原因。同时，国民党也决不会因李大钊这样的知识分子劝告就轻易放弃革命行动。

这样看起来，李大钊的上述想法就未免太"冬烘先生"气了。

李大钊接下来的呼吁对象是所谓"社会各方人士"。其中更多的也许是他一直抱有恶感的那些攀缘权贵、贪图利禄之士。他希望这些人认清正义所在，"勿受势位利禄权威之驱策，至为绝盛之势力所吸收，而盲心从同"。

为"绝盛势力"所吸收，是指归附袁世凯政府；"盲心从同"是指不加任何考虑而附和当权者。李大钊劝说这些人养成独立之人格，坚持独有的见解，特别是要他们认识到在当今时代，民众才是真正伟大的势力？他写道：

吾尝远绎历史之陈案，近窥世局之潮流，见夫兴亡倏忽，文运变迁，世主倾颓，宗教改革，而知凡百事件之因缘，罔弗基于人类思想之变化。思想之酝酿，遂为一时之势力。表示此势力者，无问其为一人物为一制度，均不过一时民众思想之代表而已。

显而易见，李大钊在几个月前写《风俗》时流露出的一旦民众风俗转而向善，便可制约"元恶大憝"的念头，在这里已明确成为民众思想决定人物、政治制度、社会思想，乃至世间一切变化的认识。

李大钊这一认识来自法国学者勒蓬和早已为他所熟悉的托尔斯泰启发。

从勒蓬那里，他得到"群众时代"的观念；从托尔斯泰那里，他得到历史事件由"势力"引发，"势力"是由一定人物代表的"群意志之累积"的观念。

他确认：随"世运之变"，帝王势力、宗教势力都已消逝而去，在其基础上兴起的"新势力"，即"群众势力，有如日中天之势，权威赫赫，无敢侮者"。

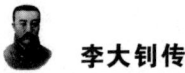

历史上人物之势力，莫非群众意志之累积，而群众意志，一旦既让诸其人，其人复得以斯势力范制群众，群众不悟其人物之势力，即群众意志之累积，其人物遂得久假不归。群众苟自觉悟，则其势力顿倾……足见人物之势亢非其固有之物，与夺之权，实操于群众之手也。

在他看来，一方面，人物若不代表群众意志，绝不能成就其功业。而"代表"常常是假借，即人物利用群众势力"以张一己之势力而已"。另一方面，古今雄桀要想号召群众，又必须用权术罗致人心，"荣之以势位，诱之以利禄，畏之以权威"即其权术手段。群众又可能"靡然成风，乐为所用"。于是，"专制之势成，对抗之力失"。

然而，群众是可以觉悟的。群众一旦觉悟，那"久假不归"的群众意志累积的势力就会恢复，而雄桀人物的专制之势则可以倾覆。

群众的觉悟靠什么？靠"道义中枢"的建立。

于是，李大钊仍回到《风俗》中的由匹夫昌学，建立群枢的话题。不过，这一次是希望"士夫之凡活动于社会中者"认清何为真正势力，不要"蔑却群众分子固有之权威"，"各宜自觉其固有之势力，自宅于独立之地位，自营不羁之生活……自葆其精神上之尊严，勿为物质上之挟制所屈，自重其主观之意志，勿为客观之情势所劫，而速至觉悟"。

这种独立的知识分子增加了，其各自之间"不集而自集，不合而自合"，"社会中枢于以确立，以昌学术，以明廉耻，以正人心，以厚风俗。流风所播，应求至普。人心有来复之机，世运即有回转之势，虽有权谋，莫能抗也"。

他认为，势力既然以人心为基础，如果人心能"卓自树立"，以往不能表示群众意志的所谓势力，则将驯伏于人心之下，不敢任意胡为。如果人们能认识到其自己思想所固有的权威，不甘为不能表示其意志者所利用，那么，即使有人想施加强暴，也会无从下手。——这当然仍旧是"王学"正心救世的路子，而且李大钊的群众对于人物的事业既可成之复可毁之的认识，和传统儒家的"民可以载舟，亦可以覆舟"的观念比起来似乎

第三章 渴求获取新知 东渡日本留学

也没有多少不同。

然而，近代的进化论学说使李大钊得以认识历史已由王权、神权时代进化到群众时代。近代民主思想和社会科学理论又使他能够从何者是推动历史发展的根本力量的意义看待群众势力。由此，他虽然仍视知识分子为"群枢"的中心，但已肯定知识分子只有在代表群众意志的前提下才堪称其职。这不仅是他继续坚持拥护民主，探索在中国实现民主之路的思想基础，而且为他以后接受马克思主义预备了最初的思想条件。

撰《国情》雄文 驳"客卿"论国

就在李大钊倡导改造人心以改造社会，劝告各方采取合作态度形成社会对抗力，以导政治进入健康的民主共和轨道之时，袁世凯政府却不断加快走向独裁专制的步伐。

1914年5月1日，中华民国《政府公报》发布的《大总统布告第一号》公布了袁世凯御用约法会议制定的《中华民国约法》。这部约法采取极端集权主义，否定由孙中山为首的南京临时政府制定的《临时约法》代表的民主精神，"通篇贯穿着封建专制'大一统'、'定于一'的皇权思想"。

这部约法的公布，是袁世凯政府走向专制的重要表现，既反映了袁世凯要求专制独裁的心理，也实现了东西方列强在中国的外交使团和袁世凯聘请的外国顾问的愿望。

在袁世凯的外国顾问中，美国人古德诺和日本人有贺长雄对于袁世凯帮助不小，古德诺因此获得了袁世凯颁发的二等嘉禾勋章。

古德诺曾在德国柏林大学就读，对德国法律有较深研究，兼其本人精于行政法，因此被袁世凯请来担任法律顾问。他认为，中国的国情不同于西方国家，不能马上实行西方式的民主共和政治。在袁世凯御用新约法公布前后，国内《亚细亚报》发表了他的一些言论，其中有这样两段：

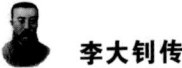 李大钊传

吾尝熟察中国今日情形，觉中国人民，别有一种特质。其人民大率致力农业，拥数亩之田以自活，其性情视家族为至重，一若对于家族以外，别无重大之义务者。至社会通力合作之义，则绝少经验。千百年以来，人民对于政治，于形式上或实际上，均无参与之权。一切政权，则由天子及其官吏操之而已。官吏之选举，专由考试。考试之题目，专在古书。故其人民习于古法，虽至微官薄爵，亦从无以选举充之者。若夫代表机关以及自治制度，十年以前，盖无人能言之。且其人民生计至艰，故虽偶有留心时务者，亦无参与政事之能力，但得苟全性命即已，无敢他求。其有时激成祸变者，则以官吏诛求过苛，民不堪命，故群起而抗之。然人民对于政治之权力，舍此固绝无他术也。

以上所述，皆中国历史上之习惯，至今犹未有以易也。夫其人民，既不习于代表之政治，而又有服从命令与夫反抗苛虐之积习。一旦取数千百年专制之政体，一变而为共和，既已晏然无事，苟非其政府实有维持秩序之能力，盖必不可得之数矣。是故今日切要之图，在建设一巩固有力之政府。而人民参与政事之权，犹在其次也。明乎此则宪法之制定，必先即人民之所素习者，而设一强固之行政机关。至于人民素所不习之参政权，固可留为缓图也。

上述意见概括起来，就是中国人民长期生活在农业社会和家族组织的环境中，没有民主的训练，没有参政知识，甚至没有参政要求，只有安心守法、反抗暴政的习惯，为了维持秩序，应该先建立强有力的政府，而不要急于仿效西方国家的民主参政制度。这是他提出以总统制取代内阁制，以至于后来竟提出实行君主制较共和制为优的依据。

显然，这种看法有利于袁世凯，而不可避免地引起从事民主斗争的革命者和要求民主、维护共和的知识分子的不满。正由于此，章士钊写了评论《古德诺与新宪法》，大段引录了古德诺的意见，进行批驳。

章士钊的意见可以归纳为五点：

其一，古德诺所说欧洲政俗重立法，中国政俗重行政，二者不可相比

第三章 渴求获取新知 东渡日本留学

拟,这一点不符合实情;

其二,宪法合乎国情与否应由真正代表民意的制法机关判定,而不由古德诺、大总统,乃至总统御用的约法会议来判定;

其三,参政权有"绝对之普通选举制"和"相对之限制选举制"之分,多数人因知识不足不能参政不代表少数有知识的人也没有能力参政;

其四,习惯可因制度变化而更改;

其五,反抗虐政之习正因政府权力过大造成,应建立"有民意入乎其中"的政府以消除,反之,政府之力愈强,反抗力愈大。

李大钊既在《甲寅》杂志上读到了章士钊的文章,又了解到北京出版的一些报纸刊载了古德诺《新宪法论》的内容,联系先前有贺长雄提倡总统内阁制的观点,他感到此二人论政不仅有悖于他所信守的民主观念,更主要的是它们会混淆视听,助长国内已经形成的专制倾向。因此,他写下《国情》一文,寄给了章士钊,后发表在《甲寅》月刊第4号上。

李大钊首先指出,"以客卿论国情"即使论者所见出自真诚,终因不能深入了解实际,因而无法得到真相,况且国家之间存有利害关系,所议更不值得确信,尤其是外人论中国国情必各受其本国观念影响:"古德诺氏之论国情也,必宗于美,否亦美洲人目中之中国国情,非吾之纯确国情也。有贺氏之论国情也,必比于日,否亦日本人目中之中国国情,亦非吾之纯确国情也"。加之时势潮流变化,群众暴乱的影响,个人专断的反复无常,即使请来列国博士讨论中国国情,也不会提出多少有价值的意见。

针对古德诺所说中国民俗重家族、淡于政治之说,他指出,古代中国"纯以放任为治,征赋折狱而外,人民几与国家无涉,国权之及于民也轻,故民意之向于政治也淡"。就此来说,古德诺的说法不能说没有贴近事实之处。但是,近代中国与世界各国"海通"以来,既由于国家政务日繁,财政用途加增,又因为政府在抵抗列强中屡屡失败,养兵赔款,大大加重了人民负担,于是,过去"国家权力之及于民者,微乎渺矣"的状况已经变成"民之一举一动,莫不与国家相接","于是'不出代议士,不纳租税'之声愈高,而争获参政之柄者,亦不惜牺牲性命以求之"。

以此来看,说中国人民不习于代议政治,而压抑他们,使之听命于统治者,显然是逆于中国国情之论。况且,正因民性有反抗虐政之习,国人谋代议政治,正为避免此乱,而古德诺之说则只能使中国人民除群起反抗而无他途。

其次,就生计影响参政能力和政府维持秩序的能力而言,生计艰难或富裕只是相对而言,中国国民的生活比不上欧美富,却不比日本差,为什么日本人有参政能力,而中国人就没有?至于维持秩序本为一切政府应有的职能,共和国家自不例外,而"共和国民之精神,不外服从法令与反抗苛虐二者",古德诺既说中国国民有服从命令和反抗虐政之习,为什么又担心其不能晏然于共和之下呢?

最后,就历史和现实之间的关系言,"昔日之国情,既今日之历史;来日之历史,既今日之国情",这也就是说,国情有历史上的国情,也有现实中的国情。从制定宪法角度来考虑,现实中的国情比历史的国情更为重要。

现实中国的国情是什么?是民主共和国刚刚代替专制王朝,"汉江之血潮未干,盟誓之墨痕宛在,共和政治之真义,尚未就湮,人且弃之若遗",亦就是民主方兴,专制又来。在这样的国情下,古德诺之论,无异于为专制招魂而已。

他提请人们注意:行前听有贺长雄之论时,大家已深感遗憾,但希望欧美有识之士能提出符合实际的好意见。现在,从古德诺的言论看来,欧美人的话"岂尽可恃哉"?如此看来,请外国人来帮助了解国情,中国人得到的只能是永久的遗憾。

李大钊的评论除吸收章士钊一些论点外,对舆论界有贡献的,同时在他自己思想发展中有意义的有三点:

其一,他注意到人民的经济生活与政治的关系,说明赋税的加重与人民参政要求的产生密切相关,虽然尚缺乏深入有力的论证,但其具有较强

第三章 渴求获取新知 东渡日本留学

说服力是显而易见的。这一点或许也成为他后来较容易接受马克思主义的思想因素。

其二，他强调外国人观察中国总要带有外国人的眼光，中国的问题还是应当依靠中国人自己解决，这对当时相当多的人迷信外国人是一服清醒剂。也使自己的民族自尊心得到又一次坚定。

其三，他引章士钊的观点时，对其同样有说服力的多数人没有知识不妨碍少数有知识的人参政，而且严格地说，"代议政体者，本为以少数人谋多数幸福之事，而非任多数人自谋幸福之事，号为多数政治，多数云者，特少数中之多数，而非全人民之多数"之说没有加以引用，这不是疏忽。反映了李大钊对章士钊这一观点持有保留意见。

在李大钊的意识中，担当"群枢"角色的知识分子是不能离开作为推动历史的伟大势力的民众的。两人的这一思想差别，是他们后来选择不同道路的重要因素。而在此时，《甲寅》杂志的编者则给了李大钊短文以"所含真理，历久不渝"的评价。

抱救中华之志　入早稻田大学

1914年9月8日，早稻田大学新学期开始之时，李大钊进入该校政治经济学本科一年级。

按早稻田大学规定，新生入学伊始，应当先读预科。预科期满通过考试后，才能进入本科。李大钊因为有在天津北洋法政专门学校6年专科学习的基础，经早稻田大学确定资格，免除了预科阶段，直接进入本科。

早稻田大学政治经济学科的师资力量十分雄厚，李大钊入学前一学年在该科任教的41名教师中，有教授32名，讲师9名，其中博士18名。

功课安排十分紧凑，李大钊在第一学年须修课程有国家学原理、帝国宪法、应用经济学、经济学原理、近代政治史、民法要论、刑法要论、政治经济学原著研究、古典经济学原著研究及英文练习、日语作文等10余

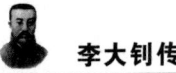

门。第二学年必修的课程有国法学、行政泛论、政治学史、社会政策、英文练习（社会学文献讲读）等。

给李大钊上课的教师，有几位是日本政治与学术界颇有影响的人物，如主讲国家学原理的教授浮田和民和担任过袁世凯的法律顾问，主讲国法学的教授有贺长雄等人曾作为助手，协助大隈重信重新担任内阁首相。主讲帝国宪法的美浓部达吉博士，后来成为日本宪法史上首先建立宪法学体系的人物。讲授都市问题的安部矶雄教授早年曾与幸德秋水、片山潜等创建社会民主党。

值得一提的是时任日本内阁首相的大隈重信，入阁前担任早稻田大学校长，而且是该大学前身东京专门学校的创办人。

大隈重信年轻时曾以佐贺藩士的身份参加过明治维新运动，并在明治初年政府中担任民部大辅、大藏大辅等职。在19世纪70—80年代日本的"自由民权运动"中，他组织了代表大资产阶级要求召开国会实行立宪愿望的立宪改进党，在政纲中提出实行英国式君主立宪政体，倡导"主权属于君民之间"的立宪论，同较为激进的自由党联合，与政府进行了斗争，并因此被解除了政府参议的职务。

"自由民权运动"的结果是迫使天皇政府于1889年颁布了日本历史上第一部宪法。尽管这部《大日本帝国宪法》仍规定国家的主权属于天皇，天皇拥有和议会共同执掌立法的权力、解散议会和任命贵族院成员的权力、直接领导军部及统率军队的权力等，但毕竟有了由贵族院与众议院组成的议会。而且规定了人民"在法律范围内""享有言论、通信、出版、集会和结社自由"。这为后来应日本国内新兴阶级斗争的要求，民主主义与包括无政府主义、社会改良主义在内的社会主义思想和运动的不断发生提供了一些有利条件，尽管这些"自由"常常被政府"依法"取消。而大隈重信本人也于1898年作为因反对增加地税而由自由党和进步党合并组成的宪政党首领，担任了日本最早的政党内阁的首相，但很快就被军方有影响的人物，前曾担任过首相的山县有朋的势力推翻。

第三章 渴求获取新知 东渡日本留学

应该说，大隈重信是一位具有资产阶级民主主义思想，一定程度地反对专制主义，在谋求立宪政治的过程中作出过贡献的人物。也许是由于这个缘故，与他关系密切的早稻田大学与"把政治学和国家权力紧密结合"的东京帝国大学不同，而倾向于"使政治学与国家权力分离成为一门独立学问"，以英国式立宪民主为理想。

在教员中间，虽然不能超出天皇制政府的限制范围，但一些不同的，带有一定进步意义的学术观点和思想也得以存在。如美浓部达吉在解释《大日本帝国宪法》的过程中提出了和大隈重信早年提出的"主权属于君民之间"的立宪论近似的"主权不在天皇，而在国家本身，天皇只不过是国家的最高机关"的"天皇机关"说。社会民主党的创始人，对社会问题进行过先驱性研究的安部矶雄可以在早稻田大学"以社会主义立场讲授经济学"。而在1916年由曾在天津法政专门学校任教的吉野作造等人掀起的"大正"民主主义和社会主义思潮中，"早稻田大学教员的讲义里，也倾注着民主主义和自由主义的思想"。

李大钊在早稻田大学一方面感受着在天皇政府专制压迫下，一些进步教师们为争取使日本向着英国式立宪民主方向发展的努力，而这也恰恰符合他从章士钊那里接受过来的思想；另一方面，也感受到社会主义的气息。

他在来日本之前，曾从中国社会党那里了解到幸德秋水其人及其思想梗概。但幸德秋水已于1911年被诬以图谋暗杀天皇的罪名，同其余11名社会主义、无政府主义领袖一同处死。此时，他接受社会主义主要是受到安部矶雄的影响。

安部矶雄是一个虔诚的基督教徒。1898年他同片山潜出自基督教人道主义，发起成立社会主义研究会，两年后发展为以社会主义运动为目标的社会主义协会。1901年，他又和幸德秋水等组织社会民主党。该党提出的斗争目标是"争取'社会主义和民主主义的实现'，以人类平等、为世界和平而废除军备、废除阶级、土地和资本的国有等为理想"；以"废除贵族院、废除《治安警察法》、缩减军备、实行普选、制定工会法和保障团结权、制定保护佃农法、废除童工和女工的夜班生产等"为实际运动纲领；以争取普选权的议会主义为斗争手段。因此它实际上是一个兼具社会主义、民主主义、无政府主义多种思想色彩的"急进的民主主义者的小集团"。这个在成立当天即被日本政府取缔的社会民主党的驳杂纲领反映了当时日本社会主义者思想的复杂性。

后来，片山潜坚持第二国际主张的议会主义道路，幸德秋水接受了美国的无政府主义，另一位社会主义运动领导人堺利彦组织了日本社会党（活动一年后也被取缔），而安部矶雄则在早稻田大学用社会主义观点讲授经济学。他的社会主义思想注重从精神方面理解社会主义，主张"以人类爱为中心，使宗教与社会主义在我的心中浑然融合一体"。

李大钊听过安部矶雄的选修课"都市问题"。安部的思想给他留下深刻印象，同他原已具有的带有王阳明"致良知"学说意味，又融合托尔斯泰"忏悔"意识的启发良心自觉的思想发生共鸣。他常到安部的住处请教。安部矶雄成为早稻田大学教师中对他影响较大的人。

留日学子　反袁先锋

李大钊在早稻田大学的读书生活并不平静。

1915 年 1 月，日本政府向中国政府提出了旨在从中国攫取巨大利益的"二十一条"要求。此时担任日本内阁首相的正是那位大隈重信。

事情并不奇怪：在 20 世纪初年的日本，除少数社会主义者拥护世界和平，既反对西方帝国主义者对东方国家的侵略，也反对日本军国主义者侵略其他弱小国家外，一般的民主主义者并不反对日本的对外扩张政策，何况内阁首相同样不能违背天皇及其支持者的意志。

早在 1914 年 8 月第一次世界大战刚刚爆发后不久，在元老井上馨、山县有朋的敦促下，大隈内阁就决定利用时机，积极参战，以提高日本的国

第三章 渴求获取新知 东渡日本留学

际地位，扩大在中国的权利。9月2日，日本政府借口对驻在中国山东境内的德军作战，不顾中国政府再三反对，强行在山东海岸登陆。不久后，日军攻占胶济铁路全线，控制青岛，将前由德国在山东攫取的势力范围全部夺为己有，并拒绝撤兵。1915年1月18日，驻华日本公使日置益通过非正常的外交途径，越过中国政府的外交部门，直接向总统袁世凯递交了包括5项共21条内容的处理山东及其他问题意见书，即所谓"二十一条"。

"二十一条"的主要内容是：中国政府承认日本接收德国在山东享有的一切权益；日本在中国"南满"和"蒙古东部"享有特殊权利；汉冶萍公司由中日合办；由中国方面答应所有中国沿海港湾和岛屿概不让与或租于他国；中国政府须聘任日本人担任政治、财政、军事等方面的顾问，给予中国内地日本开设的医院、寺院、学校等以土地所有权，中日合办警察、军械厂，将若干铁路建筑权给予日本，等等。

这些条款严重损害中国政府主权，以至于一直寻求列强支持而不惜牺牲国家利益的袁世凯也不敢贸然答应。为求得国民支援，以便向日本表示答应全部条件有困难，袁世凯命人向报界透露了日本提出交涉条件及"二十一条"的部分内容。同时，日本大阪的报纸也以所谓日、华新协约为题透露此事。上海、北京、天津等一些大城市，及在日本的中国留学生立即产生强烈反响。

2月11日下午，日本东京神田区基督教青年会所在地，3000余名留学生召开大会。由于警察干涉，原定于1点到5点的会议，不得不推迟到3点进行。与会者无不有亡国大痛之感，有人痛哭，有人慷慨激昂地讲演，有人提议对电劝政府接受日本条件的中国驻日公使陆宗舆"以老拳饷之"。

大家一致赞同大会筹备会提出的五条办法："（一）电政府立拒日人要求并请宣布该条件内容；（二）发布印刷物警告父老；（三）自国民立脚点，对于友邦发表国人所持之态度；（四）派遣代表回沪组织暂时机关，联海内外爱国之士，合筹对外办法；（五）筹备全体学生回国之事……"

会议之后成立了中国留日学生总会，派代表回上海敦促召开国民大

 李大钊传

会、抵制日货,并发布留日学生《泣告全国同胞书》。

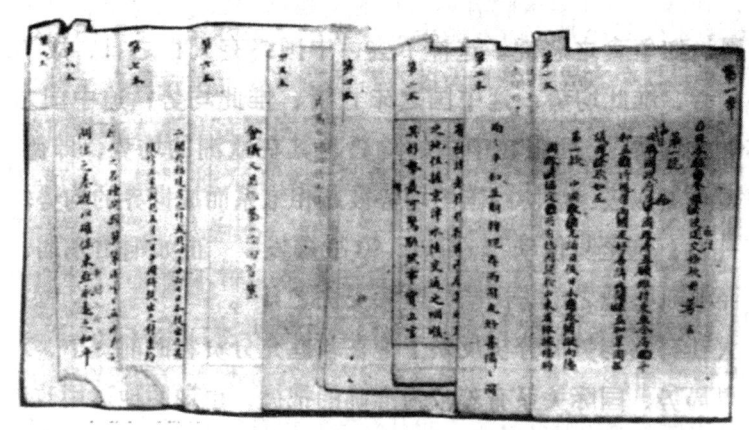

袁世凯手批的"二十一条约稿本"部分

李大钊参加了留学生的反对"二十一条"斗争,被推举撰写了《警告全国父老书》。

这篇很快被油印成册,在留学生中间散发,并被带往国内的呼吁书饱含民族主义感情,准确分析了有关历史与事实,有极为强烈的感染力和号召力。文中写道:

天发杀机,战云四飞,倭族乘机,逼我夏宇。我举国父老兄弟姐妹十余年来隐比惕栗,梦寐不忘的亡国惨祸,挟欧洲之弹烟血雨以俱来。噩耗既布,义电交驰。军士变色,学子愤慨,商人喧噪,农夫激怒。凡有血气,莫不痛心,忠义之民,愿为国死。留日学子,羁身异域,回望神州,仰天悲愤。既然到了国亡人死之际,已无投鼠忌器之顾虑,应有破釜沉舟之决心。万一横逆之来,迫我于绝境,则当率我四万万忠义勇健之同胞,出其丹心碧血,染吾黄帝以降列祖列宗光荣历史之末页。

李大钊回述甲午战争后20年间痛史,提出:中国"待亡"已很久了!所以没有马上亡国,原因在于列强在侵华过程中形成的"均势"。

他认为,这种均势的形成既有中国领土广大,无法为任何一国独吞的原因,尤其是列强竞相在中国租地攫利,各自垄断一块或几块势力范围内

第三章 渴求获取新知 东渡日本留学

的利权而形成的,因此,"均势之界愈明,瓜分之机愈迫"。虽因美国担心列强在华势力发展不利于中国,亦不利于美国,因此标举门户开放,机会均等主义,使均势得以维持,中国得以苟存,然而列强掠夺并未停止。民国成立后,政府大借外债,作茧自缚,列强在华经济势力更有发展,如争食之恶虎。这样下去,中国终有灭亡之日,故"致中国之将亡者,惟此均势;延中国之未亡者,惟此均势;迫中国之必亡者,亦惟此均势"。列强在中国的均势与其在欧洲的均势,即德、奥、意同盟国与英、法、俄协约国的均势彼此相维系而成世界的均势。此均势"牵一发,则全身俱动"。所以,欧战爆发,"正如铜山东崩,洛钟西应,而呱呱坠地之中华民国,遂无安枕之日"。

李大钊有关均势的分析反映了他在掌握充分资料的前提下,对于历史、世界局势、国际关系有着较为准确的把握,也说明他运用政治学理论分析现实政治已到了比较娴熟的地步。

不仅如此,他对日本政府的阴谋诡计洞若观火:日本"假日、英同盟之虚名,报还附辽东之旧怨,朝发通牒,夕令动员,师陈黄海之滨,炮击青岛之垒。夫青岛孤悬一隅,德人不过几千,兵舰不过数艘,仅足自卫,乌敢犯人。讵能扰乱东亚之平和,阻塞过商之要路,日本必欲取之者,非报德也,非助英也,盖欲伺瑕导隙,借以问鼎神州","乘欧人不暇东顾之时","作瓜分中国之戎首,逞吞并之野心"而已。

他提醒国人:"鲁之有胶、澳,辽之有旅顺,相犄角而镇渤海之门户。旅顺失则辽东不保,胶、澳失则齐鲁亦危。旅顺与胶、澳,尽为日本所据,则扼燕京之咽喉,撼中国之根本,而黄河流域,岌岌不守矣。"不但如此,日本兵"沿途淫掠,无所弗至,杀戮我人民,凌辱我官吏,霸占我电局,劫发我公库……犹不自足,更进而强劫胶济铁路,军士肆其横暴,意欲挑起衅端,思得口实,试其戈矛"。中国方面先是咽泪忍痛,一味屈从,以免生事,待日、德战罢,本固有的权力,宣告撤除交战区。不料,这竟引起日本盛怒,遂有强暴无理之条件提出。

— 99 —

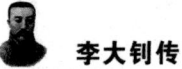 李大钊传

他将报刊上零散披露的日方条件整理为4项19条一一列出，指出：这些条款，答应其中任何一项，都将造成"国已不国"的局面，何况日本将其"全盘托出，咄咄逼人，迫之以秘密，胁之以出兵，强之以直接交涉"加之造谣、诬蔑、离间、收买……这就是日本乘机并吞中国之由来！这是中国人人所当镌骨铭心、永志不忘的深仇奇辱！

在李大钊的内心中，日本人同为亚洲人，日本侵略中国，中国人不甘亡国，双方必将决裂，西方列强则会趁机议和，回师东向，以日本为敌，以中国领土为战场，其结果不仅中国灭亡，日本也不会幸存。那样一来，将至"黄种沦于万劫之深渊，皙人独执世界之牛耳"。

然而日本人不计这样的后果，其阴谋欺骗、恃强胁迫中国，"大欲难填，野心不死"是为不义；破坏和平，酿世界大乱之祸，"戕贼人道，涂炭生灵"，是为不仁；启怨中国，树敌列强，致"同根自煎""唇亡齿寒"，是为不智；对德国首鼠两端，趁火打劫，行强盗不耻之事，是为不勇；在山东问题上言行不一，得陇望蜀，"国际宣言，弃若敝屣"，是为不信。"此不义、不仁、不智、不勇、不信之行为，于日本为自杀，于世界为蟊贼，于中国为吾四万万同胞不共戴天之仇雠"。对于此卑鄙、凶恶、贪婪、无耻的仇敌，中国人只能下决心与其拼杀到底。

写到这里，李大钊不禁再次想起《孟子》一书中那句"人必自侮，然后人侮之；家必自毁，而后人毁之；国必自伐，而后人伐之"的古训。

他指出：日本是一个小而穷的国家，其力量本不足以灭亡中国。国亡与否，关键在于中国人自己。"国人而不甘于亡，虽至今日，犹可不亡；国人而甘于亡，则实中国有以自亡耳。"

他希望同胞经此欺辱之后，"痛自振励"，把世界大战作为"睡狮决起之机"，"报累代之深仇"，"收已失之土地"。

他告诉人们，如果再不自觉急起，炎黄子孙将沦于永劫不复之地，亡国之痛将比于波兰灭于俄、印度灭于英、越南亡于法、朝鲜并于日，以至于天涯沦落没有国家的犹太民族。国民只有以"死中求活之心"，肩起救

第三章 渴求获取新知 东渡日本留学

国之责。

李大钊撰写《警告全国父老书》时,考虑到外侮当前,需要"举国一致,众志成城",因而对于政府外交采取了肯定态度,认为中国政府在欧战发生之时,做到了"体国民维持人道之众意",主动与日本、美国接触,试图"近维东亚之大局,远解西欧之惨变"。对于政府没有对侵入山东的日军采取有力措施一事,他未加指责;而对政府适时宣告撤销交战区一事,予以称赞。

然而,他对政府能否在对日交涉中坚持维护中国主权却怀有疑虑。

他告诫国民首先要认定"中国者为吾四万万国民之中国,苟吾四万万国民不甘于亡者,任何强敌,亦不能亡吾中国于吾四万万国民未死以前"。国民应"以敏锐之眼光,沉毅之实力",督策于政府之后,为其后盾,"决勿许外敌以虚喝之声,愚弄之策,诱迫我政府,以徇其请"。政府在此国家生死存亡的大事上,"实无权以命我国民屈顺于敌",应在国民督促下,"秉国民之公意,为最后之决行"。国民则当"竭其智""奋其勇""输其财",随时承担任何牺牲。

李大钊对政府的担心绝非多余。事实上袁世凯政府从一开始就没有打算完全拒绝"二十一条",只不过想借各方面压力向日本政府讨讨价而已。当他看到各地群众抗议运动超出预想程度,便赶紧通令国内禁止抵制日货,派人怂恿英人干涉留日学生的归国代表,同时命驻日公使陆宗舆解散留学生总会。

中日两国政府代表经过数月交涉,至1915年5月7日,日本政府突然提出最后通牒,宣称"二十一条"中除第五号各项允许以后再行协商外,其余各号限48小时内全部应允,否则,将采取必要手段。5月9日,中国政府外交部部长陆征祥和次长曹汝霖奉袁世凯之命,前往日本使馆递交了满足日本政府要求的复文。25日,"中日条约"和有关换文正式在北京签字。随后,各地民众抗议运动被镇压在中日交涉"二十一条"期间,李大钊和同学张润之等除翻译出版了今井嘉幸的《中华国际法论》并再版

 李大钊传

《（支那分割之命运）驳议》。他本打算在"交涉告急之顷"，记下中日双方谈判的概况，苦于缺乏翔实材料，不能成篇。到了6月，"二十一条"交涉结束，正式文件的签字也已完成。李大钊感到，败局虽无可挽回，而国耻不能不铭记。于是编印《国耻纪念录》，撰《国民之薪胆》一文。

李大钊很早就把战国时期越王勾践卧薪尝胆、"十年生聚，十年教训"作为鼓励自己和朋友的名言。他不止一次在诗文中写下"十年愿未违""十年之胆薪"之语。现在他愿重述日本侵华痛史，以"甲午"（中日战争）、"甲辰"（日、俄在中国国土上交战）、"甲寅"（"二十一条"交涉）三个年代日本侵略者给中国人带来的耻辱作国民"未来之胆薪"。

故此，他在详述日本阴谋侵入山东到中国政府被迫承认"二十一条"的事实过程后，指出：

吾人以为与之辩得失与事后，勿宁与之图挽救于方来。故对于政府，诚不愿加以厚责，但望政府之对于国民，亦勿庸其欺饰。盖时至今日，国亡家破，已迫眉睫，相谋救死之不遑，更何忍互为诿过，互相归咎，后此救亡之至计，端视政府与国民之协力。

显然，在李大钊看来，袁世凯政府承认"二十一条"，是日本政府强迫的结果，根本的原因则在国家实力软弱："弱国外交，断无不失败之理"。他不想加责于政府，仍希望政府与国民合作，共御外侮。

李大钊就"二十一条"将对中国发生的影响作了推断。

山东问题，他认为日本已将那里视为"第二之满洲"。中国既给日本以筑建铁路优先权，复开放沂州、济宁等11处为商埠，该地从此为日本人的天府，中国同胞将陷入痛苦之境。

他主张将山东问题放到欧战结束后再提出交涉，中国只需坚持将来加入会议的权利即可。这显然是一条明智的建议。

"南满"问题，他认为由于南满、安奉两条铁路租期延长至99年，吉长铁路亦归日人管理，此外，重要行政顾问权、借款优先权、矿山采掘权、杂居营业权、土地租借权、治外法权等一概涉及，那里便和割让领土

— 102 —

第三章 渴求获取新知 东渡日本留学

没什么差异了。

他接着写道:"东蒙"准日本与中国人合办事业,借款优先,开放新商埠,将使日本势力得以在京城附近重要地带扩展;汉冶萍公司为日本人垄断,将绝中国武器之渊源,断中国恢复之希望;福建沿海不准中国造船,将在断绝中国兵器之源后,更断海军发展生机。

至于第五项悬案各问题的解决,李大钊认为,可能取决于欧战的形势与进程。

总而言之,日本的目的,对于中国来说,是要"断绝根本复兴之生机";对于世界而言,"则阴削其极东之势力",以便得志称霸东方,不得志嫁祸于中国。欧战之后,西方列强必攘臂东来,始则形成一与瓜分相似的新均势,待各国实力稍强后,终将为争夺中国展开大战。

基于此看法,他再次向政府和国民进言,请政府觉悟其"复古"和"弃民"的错误,重新确定根本方针,"回复真正民意机关,普及国民教育,实行征兵制度",以求复仇;请国民立足本职,振作精神,平时为社会贡献才能知识,战时为国家流血牺牲;尤负重任的学生,则应以文学、思想助国民精神发展,以思考、钻研,谋军事工艺器械之发达。

他以中华民族四千余年在"天演"竞争中居于优越地位的历史、"精神具万能之势力"的信念和"多难兴邦,殷忧启圣"的辩证法鼓舞同胞:

勿灰心,勿短气,勿轻狂躁进,困心衡虑,蕴蓄其智勇深沉刚毅果敢之精神,磨炼其坚忍不拔百折不挠之志气……迈往向前,以应方来之世变。

《警告全国父老书》和《国民之薪胆》的写作与其说反映了李大钊的绝望,不如说表现出他对社会的负责和对中华民族绝不会亡国的信心。然而,除了希望政府改弦更张,人民在政府之下尽心为国作贡献之外,还想不出其他办法。

就在这段时间里,他对未来将和他一道开辟挽救民族国家新道路的陈独秀提出的爱国心和自觉心问题产生了兴趣。

 李大钊传

直面社会弊端　弘扬爱国精神

1914年11月在李大钊发表《国情》一文的同一期《甲寅》杂志上刊登了陈独秀的文章《爱国心与自觉心》。

陈独秀（1879—1942年），谱名庆同，官名乾生，字仲甫，安徽怀宁县人。早年主办过《安徽俗话报》等进步刊物，参与组织过传播新知，鼓吹革命的励志学会和以反抗清政府及外国侵略为目标的岳王会等革命团体。

武昌起义后，陈独秀参与安徽籍同盟会员的革命活动，并于安徽独立后担任了都督府秘书长。"二次革命"中，他协助原励志学社及岳王会同志，后加入同盟会的柏文蔚讨袁，失败后被捕，幸免于难。

陈独秀与章士钊早在1902年就结识，多有交往。1914年7月，他应章之邀，到东京协助编辑《甲寅》杂志。此后近一年时间里，李大钊和陈独秀同在东京，且都与章士钊有着联系，但二人几乎没有接触。

陈独秀的文章试图辨别什么是真正的爱国？什么是自觉？应当"爱国"，还是应当"自觉"？他以情与智为"人心"两大要素。认为过于重情，可能愚昧，过于重智，可能陷于虚无。屈原是过于重情的典型，由愤世忧国，至沉江自尽；老子是过于重智的典型，由洞悉天地，而退隐山林。这二人做法未免极端化。然而今日中国"人心散乱"，感情知识"两无可言"。无情则对公事毫不关心，而无爱国心；无智则不知事理，而无自觉心。

国人无爱国心者，其国恒亡。国人无自觉心者，其国亦殆。二者俱无，国必不国。

陈独秀承认，"爱国心为立国之要素"，但指出欧美人的"爱国"和中国古来的"忠君爱国"概念不同，因此在讲爱国时，首先应辨明什么是真正的爱国？

第三章 渴求获取新知 东渡日本留学

他认为：中国人历来把"社稷"看作国家。"社稷"是祖宗所创大业，传之子孙，即所谓"得天下"的东西。"得天下"当然是帝王之事，而人民"惟为缔造者供其牺牲，无丝毫自由权利与幸福焉"。反观欧美国家，乃"为国人共谋安宁幸福之团体"。中国从没有过这种概念。人民建设国家目的在保障权利、共谋幸福。而历史上数十次改朝换代，不但没给人民带来福利，反而形成危害。"凡百施政，皆以谋一姓之兴亡"。这样的国家"实无立国之必要，更无爱国之可言"。因此，过重感情，不理解国家为何物，"其爱之也愈殷，其愚也愈甚"。

这样看来，要使爱国心使用适度，应更重自觉心。那么，什么是真正的爱国？什么是自觉？

在陈独秀看来，爱国，是"爱其为保障吾人权利谋益吾人幸福之团体"。自觉，是"自觉其国家之目的与情势"。

不认识国家的目的，像德国、奥匈帝国、日本这样的"君主民奴"制度的帝国主义国家，侵略他国人民自由，驱使本国子弟流血牺牲，致本国人民憔悴于沉重的赋役之下。人民去爱它，只能为怀野心的君相利用。

不认识国家的情势，像朝鲜、土耳其、日本、墨西哥、中国这样的小国、弱国。人民不了解世界大势和本国在世界中的地位，不能正确处理国际关系，盲目与他国为敌，结果是"爱国适以误国"。

他认为，爱国心是一种特定理论，自觉心则是对一件件事实的"慎思明辨"。爱国心人人似乎都可以说一说，自觉心则鲜少有人具备。正因如此，自觉心为国人所亟须。

陈独秀当然不单是为在理论上说明上述问题。如果是那样的话，他的这篇文章也不会引起那么多人注意，当然也可能就不会有李大钊"帮助"他申论"言外之旨"。他要进一步告诉人们，用自觉心去思考有关国家"目的"和国家"情势"的一件件事实时，应当得到一些什么结论。

他认为，对于国势不但不参与政事的人民不了解，即使社会名流，也多持谬说。一些抱乐观者以为中国是泱泱大国，物阜民稠，只要治理得当，外患立刻就能停止。他大不以为然：中国若想独立，"税则法权"（大抵是指关税和治外法权问题）必须更改。要更改"税则法权"，就要做到战则能胜和平时有充分的物质储备。要做到"战备毕修"，则先要理好财政。说到财政，外债每年要耗去收入一半；继续借债以国税、铁路为抵押，瓜分之局由此而成。因此，外债不止，亡国之事终不可免。退一步说，如果真能做到"外不举债，内不摸金（无贪污之事），上下相和"，年收入加倍，每年再减少一些外债，用10年时间，使国家摆脱财政之累，然后再经10年发展教育、20年养蓄军力。40年之后，外患或许可以平息。如果想求速效，那就只能是残酷剥夺人民，以成"富强"假象，好比垂死病人饮鸩求乐。

另有一些抱悲观的人"怵瓜分之危，怀亡国之痛"，以为中国将下降到与印度、朝鲜同等的地位。陈独秀认为，这种人用心良苦，而其见解也未免太愚了。

在他看来，以中国的国势人心而言，"瓜分之局，何法可逃？亡国为奴，何事可怖（瓜分局面是没有办法逃避的，亡国为奴，有什么比此更可怕）"？列强分割中国的阴谋早已在进行了，中国只是形式上还没被分割而已，光想保留这种尚未分割的形式，既没有益处，也难以做到。更何况眼下的政治状况是"法日废""吏日贪""兵日乱""匪日众""财日竭""民日偷""群日溃"……即使换一批执政者，也不会有什么改变。恢复君主制也好，实行代议制也好，结果都是一样。因为中国的问题不只在政府，更在于国民的智力无以承担"建设国家于二十世纪"的大任。"立国既有所难能，亡国自在所不免。"

他说，在一些急进者看来，亡国瓜分并非可怕可悲之事，既然国家应当保障人民的权利，谋求增加人民的幸福。不以此为目的的国家，即使存在也没什么值得荣耀的，就是灭亡了也没有什么值得可惜的。像中国这样的国家，外不能御侮，内不能保民，不但不保民反而害民。"如此国家，一日不亡，外债一日不止；滥用国家威权，敛钱杀人，杀人敛钱"亦一日

第三章 渴求获取新知 东渡日本留学

不能停止。偏执"爱国"的浅见,保卫虐待人民的"国家","非愚即狂"。他认为这种想法并不奇怪。因为,保民的国家是应当爱的,残害人民的国家,有什么爱可言呢?

他又假设一种"恶国家胜于无国家"的说法,予以反驳说:在残害人民方面,恶国家比无国家来得更厉害。那些失去国家的人虽苦,"托庇于法治国主权之下",其权利虽不能和其"托庇国"的国民相等,但与挣扎于"乱国"的人民相比,也好像生活在天堂。

他说,那些想保存恶国家的人实际上是要保存恶政府,因而故意放出"勿为印度,勿为朝鲜"的"危言",以吓唬争自由的国民罢了。其实中国人民的痛苦程度,不仅为印度、朝鲜人所不及,甚至连亡国的犹太人也比中国人的状况好得多。就中国国内而言,广大的地域内,只有租界居民有安宁自由,所以"辛亥京津之变,癸丑南京之役"时,那里的人民以所居之地没有"化"为租界而遗憾。不是这些地方的人民没有爱国心,而是因为"国家实不能保民以致其爱,其爱国心遂为其自觉心所排而去尔"。

陈独秀在文章的最后写道:"呜呼!国家国家,尔行尔法!吾人诚无之不为忧,有之不为喜!吾人非咒尔亡,实不禁以此自觉也。"

这样,陈独秀以辨别爱国、自觉之义,最后将自觉归结为有国家不为喜,无国家不为忧的结论。

平心而论,陈独秀对"爱国""自觉"的辨析还是富有深意的。

首先,他对于情、智二者各有所蔽,趋于极端均为不当的认识,应该说是冷静的理性思考。

其次,他对中西国家不同性质的论断尽管是将西方国家社会政治现实理想化的产物,但这一方面说明在他的意识中,民主国家不仅在发达进步方面胜过专制国家,而且在道义上也优于专制国家;另一方面也说明他是站在人民立场看国家与爱国问题。正是从这两点出发,他产生了为人民谋幸福,为民族求富强,不仅要引入西方的政治制度,而且要用整个西方伦理取代中国传统伦理的意识。

此外，他对国家现实入木三分、鞭辟入里的揭露，是对袁世凯专制政府的有力批判，同时也是给予对袁世凯仍抱幻想的人一服清醒剂。

而他对国民智力不足以建国的认识，则成为他不久后创办《新青年》，发起新文化运动的直接契机。

然而，或许是由于过分悲观痛苦，也或许因为陈独秀的本意就在于用刺激的方式唤醒国人。总而言之，他并没有提出在当时的情况下，既不能像屈原那样为专制政府尽忠，若不像老子那样"骑牛而逝"，人们究竟应当怎么办？

毫无疑问，对于陈独秀本人来说，正是因为有了这种对"国家"的"悲观"认识和痛苦的"自觉"，才有向儒家传统纲常伦理制度和观念发动猛烈攻击的决心和勇气，也才有他后来把国家在内的一切权威都看成是一种偶像，启发人们打破一切偶像，实现自我觉醒的理性观念。然而，对于别人来说，读过他的文章，反应又会怎样呢？

李大钊的一位朋友对《爱国心与自觉心》全文的意思作了这样的概括："最初反问，我需国家，必有其的，苟中其的，则国家者，方为可爱。设与背驰，爱将何起？必欲爱之，非愚即妄。循是以进，自觉之境，诚为在迩。"

此人开始时不同意陈独秀的观点，认为陈教人"自堕于万劫不复之渊，而以亡国灭种之分为可安"，其"自觉心"是一种"亡国灭种之自觉心"。但当后来发生了日本强迫中国接受"二十一条"之事，此人回到北京，看到国内"一切颓丧枯亡之象"丝毫没因外国压迫的刺激和国内各界及在外留学生的爱国呼吁、救国斗争而有所改观，转而重新体味陈独秀文章之意，"不禁以其自觉心自觉矣"。

李大钊朋友的思想变化，代表了相当一部分人的心理。据章世钊说，陈独秀文章刚发表时，编辑部接到10余封来信，纷纷诘问斥责："不知爱国，宁复为人，何物狂徒，敢为是论？"但几个月后，由于袁世凯政府接受了"二十一条"，使国中"政象日梦，人心日死，偕亡之叹，闻诸道

第三章 渴求获取新知 东渡日本留学

途","青年之士,意志沮丧,莫知所届","爱国心之为物,不幸卒如独秀君所言,渐次为自觉心所排而去"。

在章世钊看来,这种现象未尝不是人们觉悟的表现。因此,他称赞陈独秀是"汝南晨鸡,先登坛唤"。

而在李大钊看起来,陈独秀的文章,却无异于助长了国内的悲观厌世之风。

陈独秀提出的看法与李大钊的见解显然有许多不一致之处。

李大钊认为,当国势衰落,世风日下之际,正赖屈原、朱舜水等"孤臣烈士"的精神鼓舞有志之士,作转移世风的动力。而陈独秀笔下,这些赤胆忠心之士却背上愚昧殉情之名。李大钊虽然并不十分信任政府,但认为在强敌逼迫之际不依靠政府和人民一致努力,就无法挽救危局。

他这种态度在陈独秀眼中却是不审国情的表现,且或有保恶国家、恶政府之嫌。然而,李大钊也感受到在对民主的向往,以及站在人民立场为人民疾苦而忧虑和把国家难以摆脱苦难的原因归结为人民能力不足等问题上,他和陈独秀的认识相同。同时,在他看来,陈独秀的愤激乃至厌世,不是因为对国家漠不关心,而正是出于对国家的挚爱。

由于这样一些原因,李大钊读过陈独秀文章后,虽不同意他的看法,却也能够理解他的心情。所以,当朋友初次来向他诉说对陈独秀文章不赞成的意见时,他提醒朋友,陈独秀的"牢骚抑郁之辞"之外显然还有爱国之意。但当这位朋友从北京返回日本,再次向他提起陈独秀的文章,对陈的"自觉"之意表示同感之时,李大钊却感到"二十一条"交涉失败给国人带来的绝望情绪是不能不认真对待的。于是,他提笔以《厌世心与自觉心》为题给章士钊写了一封信,通过对陈独秀文章加以辩驳的方式,呼吁人们不要放弃爱国信念。

这封信被刊登在1915年8月10日出版的《甲寅》第1卷第8号上。

李大钊首先对陈独秀《爱国心与自觉心》的"风诵回环,伤心无已"作了一番解释。他说:

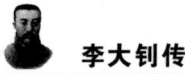

有国若此,深思挚爱之士,苟一自反,要无不情智俱穷,不为屈子之怀沙自沉,则为老子之骑牛而逝,厌世之怀,所由起也。

这样,他既承认了陈独秀的伤感起因于对国家不尽如人意状况的反思,又肯定了这种反思是一种对国家"深思挚爱"的表现,同时,也指出它毕竟是一种"厌世之怀"。

这种解释表现了李大钊一贯的宽容性格,而且应该说是符合实际的。

在接下来陈述自己意见的部分,李大钊选择了一个既不伤害陈独秀,又能引起读者注意的角度。他说,人们对于陈独秀的文章,不论是赞同还是反对,似乎都没有理解文章之意,这当然也是因为文章中厌世之词太多,自觉之意太少。"愚则自忘其无似,僭欲申独秀君言外之旨,稍进一解。"

之所以要进这一解,是因为政治的衰颓、人心的污浊已到极点,"伤时之士,默怀隐痛,不与独秀君同情者,宁复几人……欲寻自觉之关头,辄为厌世之云雾所迷,此际最为可怖"。

他所担心的是人们由伤时而厌世,认为在这种时候应当给人们一种向上的动力。

李大钊显然了解亚里士多德、柏拉图、黑格尔,以及自然法派、无政府主义者在国家善恶问题上的基本看法,但他认为陷入烦琐的哲理讨论,反而不容易说明问题。于是他径直从陈独秀提出的东西方国家的不同点说起。

李大钊没有反驳陈独秀所强调的东西方国家在目的上有"为民"和"为君"的不同这一观点,但他把问题转到东西方两种"政俗",即两种文化本相区别的方面,指出:东方文化的特质在于"自贬以奉人",西方文化的特质在于"自存以相安"。两种不同文化精神决定了东西方风俗名教的差异,也决定了东西方政治的差异。

他对这两种文化精神未加优劣可否的价值判断,而是认为:"东西文明之融合,政俗特质之变革,自赖先觉者之尽力,然非可期成功于旦夕也。"

这样，陈独秀提出的谈爱国首先应辨明"爱国心"有不同的含义，实质上是说明专制国家的人民无所谓爱国，也不必爱国的问题，在李大钊这里便成了中国应当吸收西方的文明成果，但由于政治、风俗、民族心理三者是密切相关的，因此，吸收和变革并不是一下子就能完成的事。那么，在这个吸收过程中国民应当怎么办和要不要爱国呢？

既然是申"言外之旨"，当然也就无所谓转移命题。不过，从不同角度看待问题确实表现出李大钊与陈独秀之间在对待袁世凯政府的态度上以及处理问题的方法，乃至性格上存在着差异。

从政治态度来看，陈独秀对袁世凯政府已经彻底失望，李大钊还对政府抱有希望。陈独秀的文章发表于中日"二十一条"交涉以前，李大钊的辩驳发表在"筹安会"成立之际。不能不说有着丰富政治斗争经历的陈独秀比起小于自己整整10岁，几乎是没有离开过学校大门的李大钊要敏感得多。在处理问题的方法上，李大钊注重调和，力求全面稳妥，陈独秀则喜欢辨别是非黑白，弃取分明，甚至爱走极端。在性格上，陈独秀激烈果断，李大钊平和温厚。

这些差别是他们在以后观察和处理问题时常常持有不同见解、不同主张的根源，但它们远未能抵消两人在追求人民幸福方面的一致性。

从不同的关注点，李大钊提出与陈独秀不同的"自觉"观念：

自觉之义，即在改进立国之精神，求一可爱之国家而爱之，不宜因其国家之不足爱，遂致断念于国家而不爱。更不宜以吾民从未享有可爱之国家，遂乃自暴自弃，以侪于无国之民，自居为无建可爱之国之能力者也。

与陈独秀认识到国家可有可无的"自觉"相比较，李大钊的认识给人一种向上的、锲而不舍、自强不息的力量。

这种意识不意味无视国家政治、社会的种种弊端，而恰恰是承认现有国家有诸多不尽如人意处，鼓舞人们改造国家，使其进步。而陈独秀的"自觉"观念，就其文章内容来说，则只能给人一种悲观的感觉。

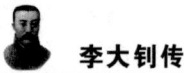 李大钊传

在李大钊看来,人生的价值在于有一种创造力。这种创造力也是作为主宰宇宙的独立的人必备的品质。人若是放弃创造力,就失去作为人的最可宝贵的价值。因此,别人能创造国家,我亦能创造国家?若不妄自菲薄,就应本其自觉力,向着自认为正确的目标不断奋进。

李大钊对于人的"创造力"的强调来自他后面提到的柏格森的"创造进化论"。

柏格森是19世纪末开始流行于西方的"生命哲学"和"非理性主义"的著名代表人物。他的生命哲学以"生命冲动"概念为核心。他所说的"生命"和通常理解的生命有所不同。它是一种所谓"纯情绪性的心理状态"和心理体验,也是一种不断变化着的运动状态,同时又是一种创造进化的自由意志。从它的延续性来看,人的生命有着与物质世界不同的"绵延"和"真正的时间"的体验。物质世界只有空间的变换,而无"真正的时间"体验。从它的运动性来看,它是不停顿、不断发展变化,亦即不断"创造"的。在这个创造变化过程中,人靠着记忆将过去的体验加进了现在的生活中,又将过去、现在的体验加进未来的生活中,这个过程是整体性的、不可分割的,因而也是不可计量的。

对于没有记忆的可分割、可计量的物质可以用科学来研究,而对于有记忆的不可分割、不可计量的人生体验则只能用置身于对象之中,或反求于内心的"直觉"才能把握。因此,任何建立在对事物的分割、静观基础上的感觉、知觉、观念、概念等不仅不能认识"生命冲动",反而压抑意识的直觉本能。正是由于这个原因,人应当有意志的绝对自由。柏格森还认为,"生命是运动,物质性是运动的逆转",但"人的生命可以克服其物质障碍而获得自由"。

李大钊之所以接受柏格森理论,是因为柏格森的思想和中国传统哲学有诸多相通之处。

中国哲学注重变化,运动。朱熹说:《周易》一书,"尽变化之道也"。

中国古代先哲把宇宙看作是生生不已,大化流行之物,认为与天相对

第三章　渴求获取新知　东渡日本留学

的有地，与日相对的有月，与男相对的有女……这就是有乾即有坤，有阳必有阴。阴阳亦即"两仪"产生于宇宙的本原"太极""道""气""理"，即所谓"万物之生，负阴而抱阳，莫不有太极，莫不有两仪，絪缊交感，变化不穷"。阳有动的特性，阳动阴随，二者交感而生春、夏、秋、冬四时（"四象"），再生天、地、风、雷、水、火、山、泽八种自然现象（"八卦"），万事万物由此化生。

人是宇宙大化的产物，因此，人类社会也是生生不已，变化无穷的。但人与其他事物不同，人中圣智者可以观象知天，明白变化之道，"以通天下之志，以定天下之业，以断天下之疑"。

人既知天，就当顺天。顺乎天既是不违天意，不违背自然和人类社会的运动变化规律，也是仿效宇宙运动的特性。此即所谓"天生神物，圣人则之，天地变化，圣人效之"；即所谓"尽人之性"，"尽物之性"，"赞天地之化育"，"与天地参"。

所以，人应当像宇宙那样，刚健有为，所谓"天行健，君子以自强不息"，"是以君子将有为也，将有行也"，这种"自强不息"和"有为"，以应变为睿智，以"日新"为圣德，虽然不能说就是柏格森的"生命冲动"，毕竟和"创造进化的自由意志"有某种相通之处。

在李大钊看来，中国历史上有许多在逆境中成就事业，为后世作出人格榜样有为之士，如周文王被囚，"乃演《周易》"；"左丘失明，乃传《春秋》"；屈原被谗，而作《离骚》《楚辞》；司马迁遭宫刑，遂成《史记》……未尝不是因为创造进化的自由意志在他们身上起了作用。

而他从《孟子》的言论和陆九渊、王阳明的思想中得来的，直到此时仍坚信不疑的心灵为决定宇宙变化之原的思想，则更容易与柏格森的"自由意志"合拍。

应当承认，《孟子》的"良知""良能""求则得之，舍则失之"的认识，和王阳明"致知格物""致良知"的学说主要倾向都是把人的意志自由导向主观道德修养方面。这种意志自由不是直接地诉诸外部世界，只是

113

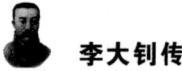 李大钊传

诉诸自身内心,通过人心道德的改造,间接达到社会安定,国家政权稳固的功利目的。与之相应的"有为""自强不息"也带有更多的道德意味。

然而,在近代相继兴起的经世致用和变革、革命思潮中,知识分子的"有为""自强"已经转向了直接的对外部世界的改造。而感受过康有为、梁启超变法思想影响,又经受了立宪、革命造成的社会变革的李大钊对于心灵作用的强调既有明显的道德意味——强调民德的提高,又已把它同理想中的新式社会政治制度的实现结合了起来——以国民教育做实现民主政治的基础或条件。这说明他思想上的"有为""自强"已经和民主的目标相连接。他虽然不赞成革命,却在主张改造民德,转移世风的同时,致力于为政治改造建言。因此,"有为""自强"在他这里显然已是外在的。可以说,李大钊在接受柏格森的"创造进化论"以前,已经具备了人的心灵力量可以改造外部世界的意识。这就是他接受柏格森哲学的思想基础。而柏格森的创造进化论则可能加强了他对"意志自由"和"创造进化"这两个新概念的认识。

基于对"意志自由"和"创造进化"的理解,李大钊明确提出:"国家之成,由人创造,宇宙之大,自我主宰。"他说:欧美的国家也并非天赐。任何国家都是人凭着爱国心造出来的。既然有其国家,这国家就有可爱之处,就应当去爱。这种爱就不是什么"妄"。

值得提出的是支持李大钊这一见解的还有"国之存亡,其于吾人,亦犹身之生死"的观念。既然国之存亡如身之生死,那么,爱国就等于爱自己之身,当然爱国就不会有愚妄可言了。

这一点和陈独秀要求辨别国家性质及人民与国家关系的思路相比,确实多了些"直觉"和执着。因此,李大钊几乎是用质问的口吻写道,如果像陈独秀说的那样,朝鲜可以并于日本,土耳其可以被别国分割,墨西哥可以归属于美国;以至于中国不是被甲国割去一块,就是被乙国割去一块。既然都一样,便坐以待亡,听人宰割,附俄也行,从日也行。这种事情"可乐",人间还有什么事情可怕呢?

第三章 渴求获取新知 东渡日本留学

对于陈独秀提出的恶政问题,李大钊认为正确的对付办法是"亟谋所以自救之道"。他认为把恶政看得比失国还残酷,是"悲观过激蔽于感情之辞"。他没有去论证为什么恶政之下比亡国惨劫要好些,而是举了某位西方文人 Souvestre 所著游巴黎笔录"An Attic Philosophel in Paris"(可译为《一位文雅循世者在巴黎》)中的一段记载来说明这个道理。

这位文人一天漫游巴黎街巷时,看到穷人生活痛苦,居处污臭不堪;又见有孤独者愁死于异乡,抛尸荒野,于是感叹人世悲苦,不如草木无知,鸟兽自得。后来他又看见屋梁上的母燕当雏燕能自飞时,便不再照顾,以至其中弱小者哀鸣僵死,于是猛然觉悟到,人间母子之爱胜过鸟兽不知有多少倍。这位文人后来记道:一时激于厌世之思,则以蛮貊人为幸运,认为人不如鸟自由自在,但一旦平静下来,慎重思考,马上就会明白那种想法是似是而非的。道理不难懂得:人有一种特性,即在善恶杂陈之间,因为善的量如此之大,以至于使人司空见惯而不加察觉,一旦感到一点恶,便以为一团漆黑。这是由于恶是与人们司空见惯的善不同的缘故。

李大钊说,那些"一时激于政治之恶潮,厌倦之极"的现象正和厌世者憎恶人世,以为不如无知鸟兽是同一道理。平心想想,国家残存,其足以保护人民,而为人们习而不察的善还是很多的,只是因为其恶为人们所不能容忍,且与习而不察的善不同,故人们容易察觉。一旦真的亡国,做了"楚囚",才会真正感到亡国之民的悲痛。他希望人们在厌倦之后,应当继之以觉悟。"纯正之自觉"便会在这时萌生。

谈到陈独秀提到的国家"情势"问题,李大钊认为,境遇固然制约着人的行为,但"人为"也可以改造境遇。所以,应奉行柏格森的"创造进化论","本自由意志之理,进而努力,发展向上",以改变环境,使其适合于人类理想。

那么具体应当怎么办呢?他指出:

吾民今日之责,一面宜自觉近世国家之真意义,而改进其本质,使之确足福民而不损民……一面宜自觉近世公民之新精神,勿谓所逢情势,绝

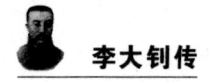

无可为。

他鼓励人们看到"乐利之境，陈于吾前，苟有为者，当能立致，惟奋其精诚之所至以求之，慎勿灰冷自放也"。

他又举日人中江兆民得不治之症，奋其余生著书之事，鼓舞国民精勤不懈，尽其天职，认为如果大家真能这样做，"前途当发曙光，导吾民于光华郅治之运"。

在文章结尾，李大钊郑重引录了他在国内时写的《原杀》一文中分析自杀发生原因的一段话，表现出对社会普遍出现厌世心理，自杀现象可能再度发生、蔓延的忧虑。

他说湖南已有少年自杀，并"有相率自裁者"。此举绝不可取，此风绝不可长！

他告诫人们，无论精神还是身体，如纷纷走上自杀之路，那国家就真的没救了。如果是以仁人志士相率自杀而亡国，那国家之亡，就不是人来亡我，而是我自亡之；亡国之罪，就不在别人，而在我们自己了。

他鼓励人们，如果不忘国耻，以其充实"吾人薪胆精神"，国耻迟早一雪。即便怀必死之志，"亦当忍死须臾，以待横刀跃马，效命疆场"，为国而死，死得其所。而厌世自杀，是没有明白"自觉"之义的表现。他期望文人奋笔以先觉之明觉醒世人，以致人人忏悔，切勿以哀感之文增加世人愁哀，驱聪悟之才至悲愤厌世以至轻生自杀之途。

李大钊的上述见解在《甲寅》发表之时，章士钊在文后的按语中称赞其"以闵世之挚情，发为救国之谠论，仁人之言，其利溥矣"。不过，他不以李大钊对厌世自杀一事的担忧为然。他认为"吾国之患不在厌世，而在不厌世"，真正的厌世者，一方面"由极而反，可以人世，收舍己救人之功"，一方面可以还其独立自我的意识，使贪婪者变为廉洁之士，懦夫成为立志之人。

他的这种看法与他这时的爱国观念相联系。他在同一期《甲寅》杂志上发表《国家与我》，提出可以概括为"解散国家""重建国家"的爱国

第三章 渴求获取新知 东渡日本留学

意识。

他把陈独秀"自觉"一类的看法归结为对"伪国家主义"的觉悟，但认为只觉悟到旧的国家不可爱是不够的，主张依据卢梭的"民约论"原理，"解散"旧的国家，"颠覆本族之僭暴者"，建立可爱的新的国家。其方法是发扬"尽其在我"，即人格独立的精神，采取与施暴政者不合作的态度。他希望那些"昌言国不足爱而国亡不足惧者"率先如此做去。

作为陈独秀和李大钊两人的共同朋友，章士钊的这一番见解从某种意义上说，恰恰是分别指出了陈、李两人认识的不足或他们的文章没有说出来的方面。同时，又对两个人的主张予以了认同和支持。

此时陈独秀已经回到上海，开始编辑《青年杂志》，正式举起启蒙救国的旗帜。而帝制运动的泛起，则促使李大钊的政治态度发生了急剧转变。

投入反袁运动

1915年7月，李大钊完成了在早稻田大学第一学年的学习，参加了期末考试。他的11门功课的成绩分别是：国家学原理77分；帝国宪法（政治学）75分；应用经济学（经济学）85分；经济学原理（财政学）65分；近代政治史（史学）70分；民法要论60分；刑法要论（法学）55分；政治评论40分；经济评论（原著研究）87分；英文练习66分；论文（日语作文）56分。总分是736分，平均每门66.9分，在总共106名同学中排第40位，成绩列为丙等。

从各科成绩来看，李大钊基础较好或下功夫较多的是经济学。在政治学方面，他对国家学的兴趣似乎大于"政治评论"，而对法学的民法要论、刑法要论均不大重视。对于外语，看来他大抵满足于阅读和翻译文献，加上在反对"二十一条"斗争中投入了较多精力，没有余力进行耗费大量时间的作文练习。

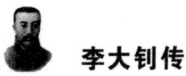 李大钊传

不过，总体来说，对于没有经过预科学习，主要依靠在北洋法政学校的专业和外语基础的李大钊来讲，这个成绩还是足堪欣慰的。据说，在这一学年里，李大钊还学了几门"随意课"：哲学、明治史、第二外语，但这些课程没有他的考试成绩。

就在李大钊完成学年考试，稍事休整，准备投入暑期后的新学年学习之时，国内响起了恢复帝制的聒噪之声。

8月3日，袁世凯政府掌握的报纸《亚细亚日报》刊载了美籍宪法顾问古德诺的《共和与君主论》一文。谈到中国的总统继承问题，古德诺说：中国数千年来习惯于君主独裁统治，多数人民知识程度不高，不关心政府工作，没有参政能力；国家体制由专制一变而为共和，速度太快，将产生不良结果；在总统继承问题上必将"酿成祸乱"，如果采用君主制，当"较共和制为宜"。

10余天后，杨度等6人发表《发起筹安会宣言书》，写道：辛亥革命之时，人民激于情感，仓促之中建立了共和国体。数年来国家历经危险，人民倍感痛苦。"长此不图，祸将无已"。古德诺博士"君主实较民主为优，而中国则尤不能不用君主国体"之说是对中国人的忠告；为此，特组织筹安会，"以筹一国之治安，将于国是之前途及共和之利害，各摅所见"。

这位杨度当时可不是个普通人物。他字皙子，曾就读于湖南名儒王闿运的门下。1902年在日本留学时，与杨笃生等一起创办过颇有影响的《游学译编》杂志。担任过中国留日学生总会干事长。后为清廷五大臣出洋考察宪政撰写过报告初稿。1907年年初，他在日本主办《中国新报》，即以《金铁主义说》一文宣传其君主立宪主张，招致革命派的批判。回国后经张之洞、袁世凯联名保奏，当上了清政府的四品京堂候补，在宪政编查馆"行走"。民国初年，他先后被袁世凯任命为宪法委员会委员、参政院参政，国史馆副馆长等职。他和袁世凯的长子袁克定关系密切。早在筹安会成立4个月前，他就写下了长达万余言的《君宪救国论》，通过内史监内史

第三章　渴求获取新知　东渡日本留学

夏寿田转呈袁世凯。

　　杨度认为，共和制度注重平等、自由，不利于加强政治、军事的统治，因此不能强国。中国当时的共和制，将造成数年一度因竞争总统而起的战乱，破坏实业，因此不能致富。中国人缺乏道德、知识，不懂法律和自由、平等的真正含义，若不实行专制，便无法实现立宪。但是，非君主的专制会造成元首贤则只能求维持现状之法，仅保安定，元首不贤则立致大乱的情况。为此，他提出欲救亡先求富强，欲求富强先求立宪，欲求立宪先求君主的逻辑。

　　他认为，立宪可以救治人存政举，人亡政息之弊。以君主求立宪，因为有确定的皇位继承人，既可免除或减小为争夺总统权位而产生的内乱，又能够消除政府从首脑到一般官员的苟安之心。对外则可以减少列强趁中国内乱之机实行瓜分政策或借口代平内乱侵犯中国主权给中国带来的亡国危险。而新的君主制因由共和制转来，人民要求立宪，君主不实行宪政，便没有"收拾人心"的工具，亦不能满足人民的要求，而且为子孙后代长远之计，"欲求上安皇室，下慰民情之计，皆必以宪政为归"。

　　这也就是说，由共和改为君主制，新的君主只能应时代潮流，把中国引上立宪，而不能实行专制，这反而避免了在共和制度下不可避免的专制。

　　至于实行宪政的具体办法，他认为，应从中国实际情况出发，取法普鲁士和日本，即在制定宪法的程序上，"采普鲁士之法，略变通之，由君主提出，由议会承认议决"；在宪法的内容上，"如紧急命令权，非常财政处分权之类"，均可借鉴日本。

　　平心而论，杨度的这一套意见，很难说仅仅是为了个人取宠，进行政治投机，而不是对国家政治的一种建设性的考虑。然而，他寄希望来奠定这一君主立宪基础的"盖世英主"却是那位已经运用各种卑劣手段将总统的权力扩大到无以复加的程度，同时又怀有获取更高荣耀和更大权力欲望的袁世凯。

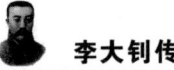 李大钊传

袁世凯看了杨度的文章后,十分欣赏,亲笔题写"旷代逸才"四个大字,交由政事堂制成匾额,赠予杨度。当古德诺的文章发表之后,他命夏寿田转告杨度,"打算让他出面组织一个推动帝制的机关"。筹安会就是在这种背景下成立的。

筹安会成立后很快由所谓"学理讨论"发展为政治活动,在一些省区成立分会,通电全国请各地文武官吏、商会团体派代表进京"讨论"国体。几天后,筹安会又通电全国,说各省机关和各团体代表已经投票表决,一致主张君主立宪。到京的各省文武官僚也很快分别组成了请愿团。

与此同时,在袁世凯的授意下,经一些政府要人在幕后策动,北京亦纷纷成立了京师商会、商务总会、教育会、妇女、人力车夫,甚至乞丐代表等各色各样的请愿团。各请愿团同时向参政院投递请愿书。参政院则于9月1日起开会讨论请愿团的要求。

为了造成全民"请求"改定君主政体的形势,袁世凯的亲信秉承袁的旨意,串联各请愿团组成全国请愿联合会,迭次向参政院上呈请愿书。

参政院先依请愿联合会要求,咨请政府召开国民会议,讨论国体问题,后又依该会要求,将国民会议改为国民代表会议。

在此期间,袁世凯派人协调了北洋军阀内部的意见,并谋求日本、英国和美国政府的支持或认可。

一切准备停当后,10月28日起,由各省的"国民代表"分别就赞成或反对"君主立宪"投票表决。至12月初,各省先后将投票结果上报参政院,而后由作为国民代表大会总代表的参政院开票。最后宣布的结果是:全国参加投票的1993名代表无一反对"君主立宪",并一致推戴袁世凯为皇帝。随后,参政院又先后两次向袁世凯呈交推戴书。

这样,1915年12月12日,袁世凯正式接受推戴,并于次日在居仁堂接受百官朝贺。12月31日,袁世凯正式下令,改民国五年为洪宪元年。虽然因为列强转而对帝制持否定态度,加之云南宣布独立,护国军已向四川进发,政府准备已久的登基典礼未敢举行,但袁世凯下令将总统府改成

第三章 渴求获取新知 东渡日本留学

新华宫，政府的文告和御用报纸一律改署洪宪年号，帝制已成现实。

筹安会和袁世凯恢复帝制的倒行逆施行为遭到袁党以外各方政治力量的反感。

以孙中山为首的部分国民党人于 1914 年 7 月在日本成立中华革命党，一直坚持武力讨袁的方针自不待言。与孙中山思想有分歧，不同意用按指模、重写誓约等方式加入中华革命党的原国民党另一部分党员，于同年 8 月奉黄兴为首，成立了欧事研究会，以"缓和的改进主义"联络各派力量反袁。该组织虽在中日"二十一条"交涉中一度放弃原定的主张，打算暂停革命活动，联合袁政府共同对外，但在帝制活动泛起后，则重新积极投入武装讨袁的宣传联络工作。

与此同时，一些进步党人也最终认清袁世凯的真面目，决心与其彻底决裂。

该党核心人物梁启超在筹安会成立并展开大肆活动后，拒绝利诱和威胁，在北京英文《京报》的中文版上发表了颇有影响的反对君主制的《异哉所谓国体问题者》一文。随后，曾任云南都督，和梁启超有师生之谊的蔡锷同梁启超本人先后由京津分别潜往云南、上海，策动反袁起义。1915年 12 月 25 日，蔡锷同继他之后任云南都督的唐继尧，以及欧事研究会的一些成员一道在云南揭开了反袁护国战争的序幕。

国内帝制运动的喧嚣，以及很快演成的洪宪帝制现实在留学日本的中国学生中间也引起反响。

10 月中旬，在东京神田区即有留学生侨属演说会的召开。护国战争发起之后，留日学生"愤独夫之无状，惧祸乱之将至"，一些人归国参加讨袁护国战争，一些人为反袁队伍募捐筹款，也有一些人"奔走呼号以发表吾真正民意"。

1916 年 1 月 16 日，在一些骨干者的积极鼓动和奔走组织下，于前一年被中国政府驻日公使迫令解散的中华民国留日学生总会得以正式恢复。

重新恢复的中国留日学生总会的章程规定，该会"以办理留学界公益事件宣明留学生公意为目的"。前者意味着加强留学生互相之间的联络，后者意味着该会要代表留学生对国家事务发表意见。

在载入《民彝》杂志的该会《总会章程叙》中虽然没有直接提出对国内恢复帝制及护国军反袁斗争的意见，但说道："民而好群，国家之所尚，君主之所患也。君权之下，一夫专政之既久，结群之自由，举为法制之所禁，以图便于残贼之一人。此好群之能，所由久废，处群之德，所由不昌欤。"这实际上是明确表达了留学生反对君主制的态度。此外，在该会发表的《对各友邦宣言书》中，也有批判袁世凯自担任民国总统后"利用权力以图自私，弁髦国法，蹂躏人权"，以至废弃民国，公然称帝的内容。

国内政情的变化是李大钊始料未及的。作为一名经受新时代潮流影响的进步青年，他尽管一度对民初共和政治不尽如人意深感失望，但从未对共和民主制度本身发生过怀疑，因此，绝不赞成用帝制重新取代共和。

1916年1月底，李大钊为讨袁事宜，由日本横滨乘船回上海。在船中他写下一首诗：

浩淼水东流，客心空太息。
神州悲板荡，丧乱安所极。
八表正同昏，一夫终窃国。
黯黯五采旗，自兹少颜色。
逆贼稽征讨，机势今已熟。
义声起云南，鼓鼙动河北。
绝域逢知交，慷慨道胸臆。
中宵出江户，明月临幽黑。
鹏鸟将图南，扶摇始张翼。
一翔直冲天，彼何畏荆棘。
相期吾少年，匡时宜努力。
男儿尚雄飞，机失不可得。

诗的开头4句仍表达他对祖国遭受政局变乱，社会出现动荡不安的伤

第三章 渴求获取新知 东渡日本留学

感。但用"板荡"一词则暗示了这种不安是袁世凯的帝制活动造成的。接一二句肯定了正是已成为暴君"一夫"的袁世凯窃取民国之权,使民国的旗帜缺少了颜色。诗的最后几句表达了李大钊对自己和同一代青少年应与世俗偏见、错误思想与行为进行斗争并立志为国建功立业的愿望。

李大钊在赴上海途中曾表示"逆贼稽征讨"的情怀,这就是"鹏鸟将图南,扶摇始张翼"。遗憾的是,因为梁启超等改变了计划,所以才让他重返日本。李大钊在留日学生反袁风暴中所起的作用,特别是他主持编辑出版《民彝》杂志并撰写重要论文对于这场斗争的贡献,也同样表现其"鹏鸟始张翼"的宏图与英雄气概。

在上海停留两个星期后,李大钊匆匆赶回东京。一个不好的消息正等待着他:因为他一段时间里很少去课堂上课,早稻田大学于2月2日以"长期欠席"为由,将他除名。

李大钊或许已经预料到这类事情的出现。他不是不顾一切地追求个人功名的人,也不是两耳不闻窗外事的书呆子。国内政局的重大变动吸引着他的注意力,"益感再造中国之不可缓"的他,在这个时候怎么能够安静地坐到教室里去读那些在他看来不大切主题的教科书呢?

也就是在这段时间里,中国留日学生总会组织机构正式建立起来。该机构由18人构成的执行部、38人构成的评议部、25人构成的文事委员会、21人构成的经费委员会共4个部门组成。李大钊被推举为文事委员会的编辑主任。该委员会的委员长是此后成为李大钊好友的高一涵。五位编辑委员中有一位陈溥贤,在后来发生的五四运动前后也成为宣传马克思主义的重要人物。

李大钊的具体工作是主编留日学生总会的机关刊物《民彝》杂志。这份刊物于当年5月15日正式面世。他在这一时期的一篇重要论文《民彝与政治》就刊登在《民彝》杂志的创刊号上。

在日本期间,李大钊还参加了另外两个留学生组织。

一个是"神州学会"。该会是留日学生总会的部分成员李墨卿、易家

— 123 —

钺、邓初民、林砺儒、高一涵等相约组成的。学会的宗旨是"研究学术，敦崇气节，唤起国民自觉，图谋国家富强"；学会规定每星期例会一次，讲演讨论"祖国及世界大势"。学会设有编辑部，发刊《神州学丛》。

另一个是"中国经济财政学会"。该会当时成员有11人，其中后来著名的人物除李大钊外，还有彭蠡（字一湖）、陈溥贤等。这个学会的成立是其成员有感于经济财政问题与国家命脉关系巨大，中国政府及多数士人则不懂得"生计之竞争"，且研究者很少，以至于国计民生"愈久而愈弊"，出于对国家经济前途的担心，打算在这方面对国家有所贡献。故该会的宗旨为"研究经济财政学理及调查事实以期适用于中国"。学会亦定期召开会议。

除了上述活动外，李大钊在留日的最后几个月里十分重要的收获是形成了对建立一个新的、民主的理想国家的观念。

以文会友　广交志士

李大钊返回日本以后，在反对日本侵华"二十一条"斗争后，已经停止活动的"中华民国留日学生总会"又重新建立起来，接着在留日学生中兴起了反袁斗争的风暴。

在反袁斗争中，留日学生总会召开了两次大会，李大钊都是重要组织者之一。一次是1916年4月2日，在町区大手町一丁目日本私立卫生会开追祭大会，追祭在讨袁战争中阵亡的将士，同时筹商声援民军计划。参加大会的不仅有留学生，而且有侨商各界。这次大会通电上海、北京的各报馆与各界，"令袁氏退位"，并发表《讨袁宣言》与《对各友邦宣言书》；还发动了捐款，以支持正在浴血奋战的护国军与民军。一次是1916年5月7日，反对中国驻日公使馆言徵私设管理留学事务所并聘日人为理事，并回顾1915年5月7日日本对华发出最后通牒之耻，以作纪念。会上由五校联合会的代表杜国庠报告了联合会的交涉经过与结果。这两次大会，中华

第三章　渴求获取新知　东渡日本留学

革命党代表张继都到会讲话。

在讨袁斗争中，李大钊的主要任务是编辑《民彝》杂志。在李大钊的具体负责下，《民彝》杂志于 1916 年 5 月 15 日在东京创刊发行。在当时的条件下，在较短的时间内出版《民彝》杂志，是一项非常艰巨的任务。

《民彝》第一期刊登的主要文章，第一篇《国本》（高一涵），第二篇《民彝与政治》（李大钊），接着是《学生之声》（初民）、《历史上中国内乱之观察》（行健）、《失败之经验》（芦灰）、《中国今后之经济财政重要问题》（博生）等。高一涵、李大钊的文章是这一期刊物的灵魂，分别代表这时留日学生的两种主要思想倾向。高一涵的文章，中心在"昌言调和"，认为这才是中国立国之本。他说：

愚论发端，即昌言调和之理，亦以明调和之义，乃近世立国敷政之大经。

调和之说不可辟，所当辟者伪调和耳。

李大钊的《民彝与政治》这时所强调的思想不是调和，而是对封建主义勇猛战斗和彻底批判，是主张"无所姑息，不稍优容"。这两篇文章，实际上是互相配合的。

李大钊在《民彝与政治》一文中，声讨袁世凯复辟帝制的罪行，全面阐述了他的民主政治思想。李大钊的民彝思想是他思想发展过程中的第一次飞跃，自此以后，他的政治观、历史观、哲学观、伦理观等逐步深化。民彝思想的形成，为他以后接受和传播马克思主义思想奠定了基础。

此时，国内反对袁世凯的斗争仍在进行着。完成了《民彝》杂志第一期编辑工作的李大钊作出了回国的决定。

1916 年 5 月的一天，他乘上了开往上海的轮船。

第四章 唤起民族自觉 再造"青春中华"

李大钊留学三年,"益感再造中国之不可缓",毅然放弃唾手可得的学位,返回饱经磨难的祖国。1916年7月,李大钊出任《晨钟报》编辑部主任,并撰写发刊辞,激励青年"人人奋青春之元气,发新中华青春中应发之曙光",意在振此"晨钟",唤起"吾民族之自觉的觉悟",担当起"青春中华之创造"的使命。

主编《晨钟》 激扬《青春》

李大钊归国前夕,国内的讨袁斗争形势已然变化。

由于袁世凯已于3月23日取消了洪宪帝制的年号,在四川南部对垒的护国军和袁军一度开始了停战谈判。护国军方面提出暂时保留袁世凯总统职务,重新召集被袁世凯政府解散的民国元年参、众两院议员开会解决总统问题,恢复南京政府《临时约法》等要求。不久,继云南、贵州、广西之后,广东、浙江宣布独立。独立的南方四省成立了与袁世凯政府抗衡的军务院,进而明确宣布袁世凯已失去民国总统资格,国家中央外交事务由军务院办理,并对袁军展开新的攻势。

与此同时,北洋军阀统治集团内部矛盾也激化了。

袁世凯原来的得力心腹,镇守南京的江苏将军冯国璋从自身的权力欲望出发,本来就不赞成实行帝制。为此,他几次谢绝袁世凯要他担任征滇总司令的要求,暗中却同上海和南方的反袁势力联系,企图重演当年袁世凯对待清政府的故技,利用袁世凯和护国军双方对他的依赖心理,建立第

第四章　唤起民族自觉　再造"青春中华"

三种势力。

为了抵制护国军方面推戴原副总统黎元洪继任大总统的举动，冯国璋联合张勋等于5月1日提出仍由袁世凯暂行大总统责任，同时召集国会，组织新政府等八项主张。随后发起南京会议，邀未独立各省派代表与会解决国是，以便形成对自己争夺总统地位有利的局面。

在这段时间里，原进步党的重要人物汤化龙、孙洪伊等与冯国璋有着密切联系。汤化龙在前一年10月就辞去政府教育部长兼学术委员长职务。到上海后他试图说服冯国璋脱离袁世凯独立。孙洪伊此时亦在上海从事反袁活动，南京会议的召开就同他做冯国璋的工作有关。

大抵是为借南京会议召开之机，对冯国璋等提出的总统、国会、宪法等问题提出一些建设性意见，孙洪伊组织了一个讨论政治问题的小型研究会。会议成员中有李大钊在北洋法政专门学校的同学白坚武、张润之、欧事研究会的彭允彝以及王法勤等人。李大钊正是在此期间回到上海这群师友、同学、同乡中间，于是也参与了"研究会"的讨论。

由于南京会议没有对政局产生实质性影响，孙洪伊的研究会也没有讨论出什么结果，而李大钊他们设想冯国璋与袁派在长江流域可能发生的大战也没有发生。不过，此期间政局却发生了重大变化。

5月22日、29日，四川将军陈宧和湖南将军汤芗铭先后宣布独立，与袁世凯脱离关系，这给了已经焦头烂额、忧惧成疾的袁世凯又一沉重打击。6月6日，袁世凯不治而亡。6月7日，因袁世凯实行帝制而辞职的原副总统黎元洪继任大总统。根据西南方面提出的要求，恢复了旧约法，废止了新约法。又按照约法规定，重新由总统任命段祺瑞为国务总理，成立了新的内阁。其间分别由总统和以政府名义宣布了当年8月1日以前召开国会，制定宪法的决定和惩办帝制祸首的命令。

形势的变化为各党派重新参与政治提供了机会。孙洪伊被列入新内阁成员名单。汤化龙等准备在北京办一份报纸，邀请李大钊主持编辑工作。李大钊遂于7月11日启程北上。

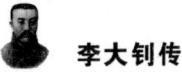 李大钊传

李大钊参与创办的这份报纸名为《晨钟》,据说这个名字是由他定下来的。他担任编辑主任。编者中还有他在《言治》月刊时的老搭档郁嶷,以及白坚武等人。

虽然是由进步党人办的报纸,但因鉴于人们对民初党争的恶感未除,一些党派纷纷标榜不党主义,汤化龙一开始也要求该报表现出同样的姿态,并允诺李大钊等人"言论绝对自由"。正因为如此,李大钊将该报当成了宣传"青春中华"主张,启迪和鼓舞青年自觉奋斗的园地。

经过一个月紧张工作,8月15日,第一份《晨钟报》正式面世。

报纸为日报,每号6版,广告占约一半的版面。在每一号第2版评论栏上面印着一幅标有"晨钟之声"字样的古钟图案。

那图案中间的空白处有一句中西方谚语或名人名言,内容日日更换,如:"少年人望前,老年人望后"(第1号)、"但求同于理,不求异于人"(王阳明语,第3号)、"国家兴亡,匹夫有责"(顾亭林语,第5号)、"铁肩担道义"(杨继盛语,第6号),等等。

栏目则有评论、译丛、专电、外电、国内外新闻、地方新闻、文苑等。

第1号评论栏中第一篇文章是李大钊写的《新生命诞生之努力》。同一号附加的创刊纪念版中第一篇文章是李大钊的《〈晨钟〉之使命——青春中华之创造》一文。他在这篇类似"发刊宣言"的文章一开始便热情洋溢地写道:

一日有一日之黎明,一祺有一祺之黎明,个人有个人之青春,国家有国家之青春。今者,白发之中华垂亡,青春之中华未孕,旧祺之黄昏已去,新祺之黎明将来。际兹方死方生、方毁方成、方破坏方建设、方废落方开敷之会,吾侪振此"晨钟",期与我慷慨悲壮之青年,活泼泼地之青年,日日迎黎明之朝气,尽二十祺黎明中当尽之努力,人人奋青春之元气,发新中华青春中应发之曙光,由是一一叩发一一声,一一声觉一一梦,俾吾民族之自我的自觉,自我之民族的自觉,一一彻底,急起直追,

第四章　唤起民族自觉　再造"青春中华"

勇往奋进,径造自由神前,索我理想之中华、青春之中华,幸勿姑息迁延,韶华坐误。人已汲新泉、尝新饮,而我犹卧榻横陈,荒娱于白发中华残年风烛之中,沉鼾于睡眠中华黄粱酣梦之里也。

他简要地阐明在写《青春》时提出的宇宙大化之流行,盛衰起伏,循环无已,故白首中华将死,青春中华将生的观点,强调了青年与青春中华的关系及其在创造青春中华中的重要使命。

他特别阐述"老辈"与青年之间的关系,指出:过去的中华是老辈中华、老辈的记录,可以让老辈"携以俱去";孕育中的青春中华则"断不许老辈以其沉滞颓废、衰朽枯窘之血液,侵及其新生命";因为一切新创造、新机运是青年独有的特权。

老辈年长、有经验,可以因此得青年尊敬,甚至他们以此自重,轻蔑、嘲骂、诽谤、凌辱青年,青年亦可以忍受。但如果其侵夺青年创造新机的特权,青年就应毫不犹豫地施以"排除之手段"。这是因为青年之生是为自己而生,非为老辈而生;青春中华是为青年而创造,非为老辈而创造。

他说:老辈的"灵明"被经验遮蔽了,老辈的精神为环境限制了,而青年没有经验的束缚、环境的限制。

老辈的文明是和解的文明,青年的文明是奋斗的文明。

青年者,人生之王,人生之春,人生之华也。青年之字典,无"困难"之字,青年之口头,无"障碍"之语;惟知跃进,惟知雄飞惟知本其自由之精神、奇僻之思想、锐敏之直觉、活泼之生命,以创造环境、征服历史。

他说:老辈对于青年,应尊重而不是抑塞其精神、思想、直觉、生命,如果抑塞青年,等于劝青年自杀。如果老辈不知道"苏生""蜕化",逆宇宙进化的潮流而动,"投青年于废墟之中",青年便有高举反抗旗帜的权利。

他指出:今日的中华,仍是"老辈把持之中华""古董陈列之中华";

 李大钊传

今日的青年仍是"崇拜老辈之青年""崇拜古董之青年"。

这里的原因不在老辈不理解青年,不同情青年,而在青年不能够与老辈宣战,与老辈格斗。青年太软弱,太胆怯,太缺乏慷慨悲壮之精神、起死回天之气力。《晨钟》正要促起青年对此进行反省。

他号召青年抓住袁世凯死后青春中华之创造"实已肇基"的时机,作青春中华的种子,以"断头流血"的意志,"百尺竿头,更进一步,取由来之历史,一举而摧焚之,取从前之文明,一举而沦葬之。变弱者之伦理为强者之人生,变庸人之哲学为天才之宗教,变'人'之文明为'我'之文明,变'求'之幸福为'取'之幸福……以破坏与创造、征服与奋斗为青年专擅之场,厚青年之修养,畅青年之精神,壮青年之意志,砺青年之气节,鼓舞青春中华之运动,培植青春中华之根基"。

他表示要"高撞自由之钟",激励青年,惊醒"睡狮"中华!

就像同时期在上海的陈独秀和他的已经更名为《新青年》的杂志,李大钊在北京《晨钟报》上也吹起启蒙的号角。

由于他的《青春》一文尚未发表,这篇《"晨钟"之使命》实际上是第一次正式地向社会公布他的"青春中华"宣言,正式向青年发出奋起自觉的呼唤。他随后陆续发表于《晨钟报》的总共10余篇短文,大多都是围绕激发青年这一主题。在这个主题下,不但尼采的"超人哲学""英雄主义"及其"赞美力之享乐,高唱人格之权威,宣传战争之福音"被作为"鼓舞青年之精神,奋发国民之勇气"的动力,而且,在他笔下,托尔斯泰思想基于他"为人道驰驱,为同胞奋斗,为农民呼吁"及其不为沙皇权威、金钱富贵而屈服的精神;印度诗人泰戈尔"爱"的思想意味着信仰真理、由创造带来的快乐和意识、灵魂"达于无限之域,而完其目的";培根的学说则创自破除偶像。

《晨钟报》创刊不久,重新召开的国会众、参两院正式追认了总统黎元洪对段祺瑞的国务总理的任命。段祺瑞掌握的政府大权有了法律保障,他同黎元洪之间本属不同派系,两人之间由于权力之争引起的矛盾也越来

第四章 唤起民族自觉 再造"青春中华"

越尖锐。国民党人和南方地方势力支持黎元洪,进步党和亲段的北洋督军支持段祺瑞。这种政治分野导致了已经倾向国民党方面的孙洪伊和仍坚持进步党立场的汤化龙之间的矛盾。

8月22日,重新担任众议院议长的汤化龙组织进步党人在北京成立了一个"宪法案研究会"。它和另一个由进步党人王家襄组织的"宪法研究同志会"一同隐然成为支持段祺瑞、反对国民党的力量。

孙洪伊则因段祺瑞的亲信徐树铮越权而提出抗议,并公开与段祺瑞抗衡。9月9日,经孙洪伊倡议,由中华革命党议员组成的丙辰俱乐部、国民党稳健派所组成的"客庐系"和孙洪伊自己为首领从进步党中分化出来的"韬园系"合组的"宪法商榷会"正式成立。三天后进步党的宪法案研究会和宪法研究同志会合并为宪法研究会。于是国会中出现了商榷系和研究系的对抗。

汤化龙与孙洪伊这两个曾一同资助李大钊留日的人之间矛盾的尖锐化,使李大钊陷入了窘境。为人忠厚、性格耿直的他不仅因为自己与孙的私交近于汤化龙,尤其因为自己的思想更接近于孙洪伊,因此他不肯按汤化龙的意思在文章中攻击孙洪伊,这自然引起汤的不满。同时,李大钊在《晨钟报》上,宣传民主主义思想,反对封建专制独裁,抨击和揭露军阀、官僚、政客之间钩心斗角、争权夺利的罪恶行径,渐为研究系政客所不容,他为《晨钟报》撰写的文章竟一再被汤化龙左右的人擅加删改。李大钊宁肯失业,也不愿违背他的办刊宗旨。

1916年9月5日,在辛勤编辑22天之后,他毅然辞职,离开了他亲手创办并曾寄予很大希望且已形成一定影响的《晨钟报》。

协办《宪法公言》 期冀"再造中国"

1916年9月5日,在李大钊发表启事,脱离与《晨钟报》关系这一天,重新恢复的旧国会组织的宪法会议正式开会,继续进行因袁世凯解散

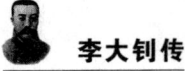

国会和1913年国会宪法起草委员会通过的《天坛宪法草案》被废止而中断的制宪工作。

制定宪法是奠定民主国家法律基础的重大工作,密切关心国家政治的李大钊和他的朋友们对此极为重视。为此,他在当日《晨钟报》发表了他在该报的最后一篇短评:《祝九月五日》。

他写道:

宪法者,国命之所由托。宪法会议者,宪法之所由生也。有神圣之宪法会议,始有善良之宪法。有善良之宪法,始有强固之国家。

他把制宪工作的开始视为再造中华的新纪元,同时对制宪会议能否制定出一部好的宪法感到担忧,因此指出宪法有良恶之分,"其良也,固足以福民;其恶也,亦足以祸国"。他警告与会者不要辜负国民重托,对制宪工作应"慎审周祥(详),小心翼翼"。他尤其担心制宪工作重蹈民初的覆辙。

为了继续制宪工作的舆论参与,李大钊和白坚武、高一涵、秦立庵、田克苏等商议创办一新刊物《宪法公言》。

9月7日,李大钊在老便宜坊宴请这几个朋友,定下刊物主旨:"阐明宪政之精微,助长法律之思潮,以荡涤专制之邪秽,而涌现一尽美尽善之民国宪法","朴实说理,称心而出,不骛空谈,不尚偏激,必期诸心安理得……"

《宪法公言》的费用主要靠募捐。当年北洋法政学校学生召开会议支持国会请愿活动时断指写血书,现已成为众议院议员的秦立庵(秦广礼)一人捐助了2000元。此外捐款较多的有:孙文500元,唐绍仪300元,孙洪伊、李庆芳各100元,彭介石每月50元等。

刊物的经理由秦立庵担任,主编由曾任北洋法政学会会长之一的田解担任。李大钊是主要撰稿人。

10月10日,中华民国成立5周年纪念日,《宪法公言》正式出版。创刊号"著译"栏中的第一篇文章是李大钊的《国庆纪念》。

第四章 唤起民族自觉 再造"青春中华"

在这篇作为该杂志开篇的文章中,李大钊突出强调了宪法与革命志士流血奋斗之间的关系:"宪法者,自由之保证书,而须以国民之血钤印,始生效力者也。"

他把历史比作田地,把自由比作鲜花盛开、枝叶茂密的树木,把国民牺牲之血,比作灌溉之水。指出:中国宪法的根苗孕育于黄花岗七十二烈士的英魂芳骨;其精神酝酿于辛亥革命、二次革命、护国战争中"革命旗翻、诸先民断头绝脰之日"。

在其后发表于该刊的几篇文章中,李大钊就制宪的基本原则、省制与宪法的关系、宪法与思想自由的关系发表了意见。

关于制宪的基本原则,李大钊提出两点:第一是要不要在宪法中规定对"法外"之势力加以防制的问题。

他所说的这种"法外"势力,是指那种不愿意服从宪法的势力。当时国内就存在这样一种"特殊"势力。考虑到当时参与制宪的议员中包含了原进步党和包括中华革命党在内的国民党"激进""稳健"两派,李大钊所说的"特殊"势力很大可能是指由国务总理段祺瑞暗中支持的以张勋为首的"督军团"。

这和两年前他考虑"政治对抗力之养成"时把中华革命党视为"滥用势力,自轶于政治竞争之正轨"的认识已完全不同。但他仍旧持宪法应"广被无偏",以调和与抵抗维其平衡的看法,而主张对此"特殊"势力"预与以相当之分,以为其回翔余地",不必在宪法条文中列上防制的内容。

在他看来,宪法的势力不在法的本身,而在人民的心理。一种势力存在,宪法不给它存在的余地,它终究要从别的途径表现出来。如果这种势力是人民心理,即代表民彝的,它有正当表现自己的权利。如果它不代表人民心理,那么,当它与宪法为敌时,人民不能依宪法制服它,势必"以法外之势力"来制服它。

后种方式甚至可以表现为断头流血的革命,就像法国革命势力制服屡

次复辟的帝制势力和护国军制服袁世凯的帝制行为一样,这是人民以法外之势力来保障宪法的表现。

这样,在李大钊的思想中人民革命就和反对专制、捍卫民主国家联系了起来。李大钊成为赞成人民革命的民主主义者。

第二是宪法要不要并采"成文"和"不成文"两种形式的问题。李大钊的意见是肯定的。

所谓成文宪法是指将宪法的内容用明确的条文作出严格规定,这在法治国家是必要的,因此当时制定成文宪法已成各国普遍的趋势。不成文法大抵指不用文字而只采用口头约定俗成的原则,或在文字规定总的原则下的没有形成文字而按约定俗成方式起作用的具体原则、协议之类。完全的成文法因为必须严格遵循不许出现歧义的法律条文,因此也叫"刚"性法;不成文法或成文与不成文相结合的法,因为全部或部分内容未用明确的语言条文严格规定下来,具体处理事情时可以商量,按惯例办,而其惯例、协约也可以随时代的变迁、情况的变化而相应发生变化,因此也称"柔"性法。

在李大钊看来:以成文法与不成文法结合的柔性宪法更容易做到容量宏大,"广被无偏"。

他举"天坛宪法草案"规定的"国民教育以孔子之道为修身大本"一条指出:立法者的原意在于条文齐备,但是中国是多民族国家,从宗教信仰的角度看,仅就较大的民族而论,汉、满、回、蒙、藏五族各有宗教信仰,各族之中又分别有不同的信仰;从民主国家特具的思想自由角度说,值得学习的个人修养的榜样除孔子之外,世界上还有很多,中国的其他先贤留下来的与孔孟之道不同或对立的学说、思想,也不全无价值。如果执行"以孔子之道为修身大本"的宪法条文,由于这两个方面问题的存在,就会有许多人违法。如果允许人们在儒道之外仍信仰其他宗教,则又损害了宪法的尊严。这就是宪法的条文愈多,其涵量反而愈小的道理。

他建议制宪委员们即使认为刚性宪法为宜,在具体制法时也一定要审

第四章　唤起民族自觉　再造"青春中华"

慎注意宪法的涵量。

省制要不要人宪是宪法会议中争论最大的问题。代表中华革命党及国民党人的宪法商榷会要求省制人宪、省长民选，实际是要求在宪法中规定省的自治地位，以防止北洋政府统治者仍像袁世凯那样，利用中央政府大权实行专制，并在地方上以军代政，以军压政。宪法研究会则仍试图依靠北洋军阀，扼制国民党中激进派即中华革命党的革命倾向，因此反对省制人宪。

李大钊《省制与宪法》一文采取了以史论今、以理证实的方式。他通过对省制渊源的考察，得出省制起源于内官，而扩展到外官的结论；又通过对历史上分权趋势的考察，得出历代"外重内轻之倾向多，内重外轻之倾向少"，即分权多于集权，并且自秦以后一直呈现地方权力加重的趋势。

接下来，他大量征引从司马迁、班固，到陆机、曹元首、柳宗元、王通、欧阳修、苏辙、张载、马端临、颜元等人论封建、郡县制优劣的不同观点，以证分权、集权之说在古时论政诸家中虽有重道德、重方法的不同，但除柳宗元、马端临等少数人外，多数人不赞成内重之说。

他认为，古代的封建郡县之争和现在的统一联邦之辩"理或有同，势则相异"，那就是古代所担心的分权之害，今则因为国家主体已由君主换为人民，因此已无危害可言；古代所担心的集权之患，今天也因为君主被推翻，而根株断绝。

于此，他指出古今论争的不同之处在于：

（一）昔人论封建以君主一姓为本位，吾人今日论分权以国家政治为本位。前者君为主，后者民为主。（二）昔人论封建著眼于王室之安危，吾人今日论分权则著眼于中央、地方权限之分配。（三）昔人有以封建为公者，其实诸侯各私其土地；有以郡县为公者，其实君主奴隶其人民。惟在今日，公之一字允足当之（意思是只有在推翻君主、诸侯的今天，才能真正说得上"公"）。（四）昔人主张内重者，为防地方之野心家危害王室；今之主张集权，则为防地方之离绝中央。昔人主张外重者，为制权奸之潜谋篡夺；今之主张分权，则为制枭雄之推倾共和。（五）昔者分权之难行，在于内虑君主尊严，外虞诸侯专擅；今则一由民治，二者均无足虑。（六）内重则有内忧，外重则有外患，必内外相维以持其平，而后可言治安。至理名言，古今中外莫之或易。

这样，李大钊一方面从历史回顾中暗示了中国有分权传统，又从适应现实的角度指出现代政治的民主基础和平衡原则。由此，他进而论证了"联邦与统一"两个概念及其关系。

在一般人看，当时的联邦与统一之辩类似古代的封建郡县之争，联邦相当于封建制的分权，统一相当于郡县制的统一。

很多人担心联邦制实行，会给国家带来分裂，李大钊则不然。他在上边已经指出古今论争"理或相同，势则相异"，实际也就否认了把联邦与统一简单等同于封建、郡县的概念。

他强调：联邦与统一绝非背道而驰，联邦是达到统一的捷径。

他认为：从逻辑说，"国家"与"统一"是"一以示其名，一以示其质"的同一层次上相等同概念。这就是说，有国家就有统一。

国家可有两种形式：单一形式和联邦形式。单一国家等于统一，联邦国家也等于统一。这也就是说：联邦与统一并不矛盾。

从各国国家组织形式发展的例证来看，有人认为联邦是一种分裂，提出国家多是由分而合的，没有由合而分的，亦即多为由联邦走向统一的，没有从统一走向联邦的。对这个问题，李大钊指出：德国与美国实际上是由合而分的，并非由分而合的；而当时的中国实际情况则由于清季以来的分裂趋向加重，已经形成政治管理权"操之于督军省长之手"的"分"的局面。这种局面同德国、美国未统一前"诸州省长各自为政"的局面相同。从一个国家的政治制度应当适应本国特殊的国情、历史、地理、民俗的原则考虑，当时中国最宜如章士钊所言，实行联邦之制，以其扩充国家主义。

从另一角度看，政理与物理有相通之处。西方学者讨论政治制度常引

第四章 唤起民族自觉 再造"青春中华"

牛顿万有引力"引拒互持，离合互用"之说亦可应用于中央地方权限分配。

再从世界文明发展的趋势来看，个性解放之声日高，扩大省的权限也是一种解放的表现。

而从政治效用来说，因国家领土广阔，有中央势力难以达到的地方，如果不许地方掌握并发展其权力，将造成"省之权既不在中央，又不在人民，且更不在各省，惟有销沉湮灭于相防相制"之中的后果。各省力量得不到发挥，上不足以强国，下不足以导民，国家就会呈现麻木不仁之态，永无向上之态。

展望世界，英、德、美诸国各带联邦色彩，而皆以富强著称；回顾历史，周朝末年群雄并立亦有联邦之势，而其时中国学术文明最为发达。史迹昭彰，道理分明。李大钊赞成联邦分权制度的态度是显而易见的。

不过，他还要再申明两点：

其一，实际政治制度的建立应依据事实，适应国情，而不必拘泥于名词。某种体制究竟称其为"联邦"，还是"自治"，那是学者的事，而不是政治家的事。

其二，"联邦"与"自治"名虽异，而实质内容无大差别，不必强分高下，是此非彼。而有些人偏于联邦之名讳莫如深，视其为莫大罪恶，那反倒证明其中实蓄有利于人民的莫大自由、莫大幸福，而对身居割据之实的"骄悍之夫"大为不利。

因此，李大钊表示：他的论证仅在于说明省制地位的重要，宪法规划国家的政治制度时可以不加"联邦"之名，但不必避"联邦"之嫌。

他指出，他的这种主张正符合于护国战争中西南反袁势力提出的"云南宣言"中力求民主，要求划定中央、地方权限，"图各省民力之自由发展"的精神。

李大钊认为应把"云南宣言"作为制定宪法的重要依据，那么，省制入宪一条即应当规定于宪法。

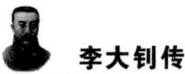 李大钊传

李大钊不仅在原则上支持省制入宪,而且试图为宪法中规定省制列出草案条文。

他参考平社、益友社两团体提出的有关草案,按照"简明为主"和"不失其刚柔相济之用"的原则,草拟了"省制大纲"十一条,并对其实施程序提出具体意见。

最后,他希望参加宪法讨论的"八政团"同舟共济、彼此涵容、注重讨论、排除私情,不仅定出一部好的宪法,而且能借制定宪法之机,为健康的两党政治制度奠定基础。

在李大钊的观念中,自由对于人民的幸福来说,几乎是别的任何东西都无法替代的。同时,自由对于民彝权威地位的保障、民彝的发育和彰显于政,以及民主政治制度的健康运行都有着重要意义。因此,他不能不在国会制定宪法时,提出关于自由在宪法中的地位问题。

特别是在此期间,曾发起"公车上书"、戊戌变法运动,其后坚持保皇、在民初担任过孔教会长的康有为连续给总统黎元洪、总理段祺瑞、内务部、国会议员写信发电,请求在制宪过程中保留尊孔教、行跪拜礼、祭祀礼等。

李大钊深感此事对于思想自由影响巨大,特写《宪法与思想自由》一文予以辩驳。

此文开宗明义指出:"不自由,毋宁死"的格言证明自由有着与生命等同,甚至远远超过生命的价值,因而在宪法上明文规定自由,是"立宪国民生存必需之要求"。

无宪法上之自由,则无立宪国民生存之价值。吾人苟欲为幸福之立宪国民,当先求善良之宪法;苟欲求善良之宪法,当先求宪法之能保障充分之自由。

在他看来:袁世凯专制之虐,不过伤害人们的身体,掠夺财产,剥夺家宅、通信、集会和结社的自由,"其祸仅及于身体,仅及于个人,仅止于一时"。而在宪法中用"国民教育以孔子之道为修身大体"之类代替

第四章 唤起民族自觉 再造"青春中华"

"教授自由",从而取消思想自由的一部分,这是残杀民族生命、民族思想,其流毒"将普遍于社会,流传于百世"。

李大钊指出:中国历史上成为人民自由大敌的只有皇帝和圣人二者。现在宪法时代绝不容皇帝存在这个原则已为多数人认同,然而倡专制者既见皇帝无灵,更乞于圣人,一定要在宪法中为人民设一偶像不可。

应当知道:宪法是为人民自由和幸福而设,非为圣人而设、为偶像而设。更何况在中国这样历史悠久,前人留给后人种种权威的束缚压迫极重的国家里,若想保障人民的充分自由,必须首先充分保障思想自由。

他告诉人们:把孔子视作历史上一个伟人加以尊敬是应当的。不仅如此,后人还可以取孔子的学说以为自己所用。但是,决不可以把孔子当作一尊偶像顶礼膜拜。打算以保障自由的宪法来维护孔子权威的企图若是实现了,其结果将使"国民自我之权威日益削弱,国民思想力之活泼日益减少,率至为世界进化之潮流所遗弃,归于自然之淘汰而已矣"。

他挖苦康有为曾说过的"天赋我以膝,不跪拜何用"之语为导国家向灭亡之路的妖孽所发的"坟墓中之奇音怪响"。

他说:以中国思想界的消沉,"非大声疾呼以扬布自我解放之说,不足以挽积重难返之势",因此制定宪法之时,"其他皆有商榷之余地,独于思想自由之保障,则为绝对的主张"。

从中国当时的现实需要考虑,李大钊强调了出版、信仰、教授三种自由。

他举出世界各国封建时代限制出版自由的罪恶,特别指出中国为"出版最不自由"的国家之一。依近代各民主国家实行出版自由的经验教训,出版自由不仅应定人宪法,"除犯诽谤罪及泄露秘密罪律有明条外,概不受法律之限制",而且须严禁在宪法中规定检查制度。

他认为人信奉一种宗教是为求一"安身立命"之所,这是"出于人类精神上之自然的要求",因此决不应有任何限制。以政府权力强迫人民专信一宗,既有悖于中国历史上"儒、释、道、回、耶"多教"杂然并传"

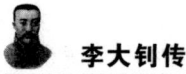

体现出的信仰自由精神,而且也绝不会成功。

至于教授自由,他认为中国专制政体被推翻后,专制思想尚弥漫于社会,如果此条不在宪法上明文保障,将妨碍各种学说思想尽量传播,对"学艺思想贫乏"的中国是不利的。

由于经费困难,《宪法公言》在1917年1月10日出了第9册之后被迫停刊。而制宪工作也因黎元洪、段祺瑞之间的"府院之争"愈演愈烈,北洋派督军迫使黎元洪于同年6月13日宣布解散国会而告流产。

李大钊试图通过制宪达到再造中华目的的愿望没有能够实现。

主笔《甲寅》 宣传民主

1916年1月,《甲寅》月刊终刊后沉寂了一年多的章士钊邀请李大钊和高一涵担任主笔,北京创办《甲寅》日刊。

此时,《宪法公言》已停办,李大钊和北洋法政时期的同学商量出版《言治》季刊的事还没有眉目,当然更由于同章士钊的情谊,李大钊欣然接受了邀请。

1月28日,日刊面世。以后,李大钊和高一涵轮流为该刊写社论。他们的文章比章士钊的多,且思想、文风接近,被海内外读者称作"甲寅派"。

《甲寅》日刊版式与《晨钟报》相似,"日刊一号,八开六版。分社论、时评、要闻、外电、文苑、传记、通信、杂俎、随笔、琐谈、东来纪事、海国春秋等栏目"。

章士钊在《〈甲寅〉日刊之发端》中强调两点:一是重现在,二是重自我。

他说国人常发今不如昔之叹,其实过去只是过去时的现在,"今"则"为吾人不可逃之一限"。"今"的现实固然总不会合乎理想,但经过人的努力"爬梳而条理",便会接近于理想。因此人不要妄忆过去而流于悲观,

第四章 唤起民族自觉 再造"青春中华"

也不要光预计未来而蹈于空想。"脚踏实地,从所踏处做去","今"之国家便会有希望。

他指出:人们悲观的另一原因是常常忘了自我,即是忘了每个人自己也有一份改造国家的能力和义务。

人有自体、本体之分。自体是具体的张三、李四;本体是同作为人类之人。自体的个人对本体的人类有应尽的义务,不尽此义务便失去为人资格而与禽兽无异。故个人应明确自己作为人类之人,即"公我"一员的"正当之地位","本大无畏之精神行其良之能之所觉验","一切悲观之谈,自暴自弃之事,举无地足以自容之也"。

此外,章士钊也就人们在现实中如何做才可接近理想目标提出一条原则:对于"新旧相冲,错综百出"的不同"情感、利害、意见、希望"施以"调和质剂之功"。

章士钊的重今、重我、调和的思想都是李大钊本已认同的,因此,李大钊一开始为《甲寅》日刊撰写稿子时就回应了章的呼吁。

李大钊在《〈甲寅〉之新生命》一文中指出进化以适应环境、激发开导国民是新的《甲寅》努力的方向;在《真理(二)》一文中提醒人们:"吾人欲求真理之所在,当先知我之所在";在《调和之美》中更赞美调和。

据章士钊后来的回忆,《甲寅》日刊的出版"意在纠正当时政治偏向,与所持学理及所奉主义无涉"。

高一涵则回忆说:他与李大钊在该刊发的文章先是以"攻击研究系,攻击现政府"为主,因遭到章士钊反对,改为"不谈内政,只写国外新闻"。

事实上,李大钊在为《甲寅》日刊工作的4个多月总共发表的60余篇文章中,笔触所及关涉国内政治、外交、社会问题、个人修养、学理阐发、世界大战的影响及战争中各国政治概况等诸多方面。当然其中有关国内政治、外交、各国政治者居多,但李大钊讨论所有这些问题并非都同其

所持学理所奉主义无涉。

关于国内政治，他首先就"孔道"入宪问题相继发表《孔子与宪法》和《自然的伦理观与孔子》两文。这是他在《宪法公言》上讨论同一问题的继续。

李大钊肯定地指出：

孔子与宪法两不相涉。孔子是"数千年前之残骸枯骨"，宪法是"现代国民之血气精神"。孔子之道入宪，宪法便成了"陈腐死人之宪法""荒陵古墓中之宪法""护持偶像权威之宪法"，宪法于是不成其为宪法，而是"孔子之墓志铭"而已。

孔子是"历代帝王专制之护符"，宪法是"现代国民自由之证券"。孔子之道入宪，宪法便会孕育专制、束缚民彝，为野心家利用，成为专制复活的先声。

孔子只是"国民中一部分所谓孔子之徒之圣人"，宪法是国民全体资以生存乐利的信条。孔子之道入宪，宪法就会成为一部分人的宪法，它将挑起宗教争端，将使蒙藏离异。

孔子之道多含混无界之词，宪法则应字字句句含义准确、有"极强之效力"。孔子之道入宪，不要说其效力不能普及，就是那一小部分孔子之徒中，也没人能够说清究竟什么是孔子之道？怎样做才叫以孔子之道为修身之大本？如此宪法无异于自行取消其效力。

在反对孔子之道入宪的过程中，李大钊阐述了以物质世界即宇宙的自然法则为基础自然伦理观：

宇宙乃无始无终自然的存在。由宇宙自然之真实本体所生之一切现象，乃循此自然法而自然的、因果的、机械的以渐次发生渐次进化。

这是一种机械的、唯物的世界观。它否认了各种宗教分别以某种神秘主宰创造和制约宇宙的观点；它也承认了宇宙的进化与发展，只不过这种进化与发展是"机械的"，"渐次"发生的。

这样，李大钊就用"自然法"这一概念概括了他在《青春》一文中提

第四章 唤起民族自觉 再造"青春中华"

出的宇宙是无始无终有生命运动的思想。

从这一观点出发来看作为宇宙现象的社会、道德：社会是进化的，道德应当随着社会的进化而进化，以不断适应进化的社会。

既然自然的变迁不是神秘主宰的惠赠品，那么后世的道德也不应当是古昔圣哲的遗留品。于是，两千多年前的孔子之道只是两千多年前中国社会的道德，而不是今日的道德；孔子生当专制社会，其说不能不为专制君主所利用而成为帝王专制之护符，而今日当民权自由之说倡行时代，便不能不对历代君主所雕塑之偶像权威、所塑造之专制灵魂加以抨击。

不仅如此，李大钊还从这种他认作"唯一自然之真理"的信念出发否认了他不久前还坚持的在宗教问题上信仰自由的主张，进而提出：不仅宪法上不应当规定"孔道"，亦不应当规定"信教自由"。为了使宪法保持真理、促进文化，"且当排斥信教自由，主张不信教自由矣"。

这种反映出李大钊在冷静平和中也偶尔冒出一些躁进的矫枉过正，体现了李大钊对科学真理的无条件追求，以及他虽然主张调和，却不失自己的原则主张和立场的思想准则。

正如他崇尚思想自由而不允许赞成专制的思想自由，他确认了自然法则为真理，便不允许将"神秘主宰"视为真理。

在这一点上，他和陈独秀在与胡适讨论文学革命问题时所持的一旦认定一种主张为正确便"必以吾辈所主张者为绝对之是，而不容他人之匡正也"的革命者态度很有些相似之处。

针对表现为黎元洪与段祺瑞之间权利角逐，实际上反映上层社会不同集团利益与主张冲突的"府院之争"，李大钊一开始采取的是调和态度。

"府院之争"初发于李大钊主编《晨钟报》时期。

当时，政治观点同孙洪伊接近而倾向于国民党的丁世峄担任总统府秘书长后提出的《府院办事手续草案》规定：总统可以随时出席国务会议；所有国务院议决事件及任免官吏命令"须经该管部长官同意后"，再呈总统盖印。如总统有不同意见，可交回国务院再议。这就削弱了总理的权

力,从而引起了段祺瑞的不满。

随后,黎元洪与段祺瑞又在孙洪伊辞职留任问题上发生争执。

到1917年2月因宣布与德国绝交的美国说服中国采取与之一致的举动(后又提出不希望中国马上对德宣战),日本则改变原来反对中国参战的主张,转而游说中国与德国断交并加入协约国对德宣战,于是黎、段在参战与否的问题上产生更尖锐的矛盾。

李大钊曾在《晨钟报》指出:"府院之间,恒欠融洽",反映了权力之争。"权无限则专,权不清则争"。此"专"与"争"都是立宪政治大忌。这不仅是对府院争执双方的批评,尤其是对民主原则的捍卫。

《宪法公言》时期,李大钊赞成省制入宪显然是站在孙洪伊的"商榷系"一边反对拥护段祺瑞的"研究系"的。然而,到要不要对德绝交宣战时,李大钊则不顾"商榷系"多数人以及孙中山的反对,而对段祺瑞的参战主张予以了支持。

其实,还在府院就参战与否的观点对立披露于世之前,李大钊就提出应在对德外交问题上持积极态度。

他从清季以来中国屈辱外交的历史得出这样的看法:"中立"是软弱表现。

"中立"的结果是"中而不立"。以中国之大、人口之多,本应对世界产生重大影响,与世无争的态度是不对的。况且我不与人争,人必与我争,战后国际上问题的处理,必然涉及中国。中国对此问题决不可不有所表示。

从这一思想出发,他把中国政府对德国的无限制潜艇袭击政策提出抗议看作是中国外交的"新曙光"。

面对千钧一发的外交形势,李大钊希望保持政府稳定,反对改组内阁,认为"以外交问题为攘权之武器"不可取。

他希望国会中反段派也像英国在野党一样做"爱国的反对党"。

同时,他相信中国实行民主是世界潮流推动下的大势所趋,战后"平

第四章　唤起民族自觉　再造"青春中华"

民政治"精神必将复起,绝不会有武断政治存在的余地。为防段祺瑞政府走向专制,他警告政府:"竭力避武断政治之迹而不蹈,事事以国民的精神意思为唯一之后援";"尊重反对党之意思,凡于枢要之问题,务求竭力疏通,征集各方之主张,而折衷于一是"。他希望总统、总理"均宜以国家体面为重",消除矛盾隔阂,以"利外交之进行,免误事机,而生意外之枝节"。

李大钊主张中国对德绝交宣战的态度,来自他的以天演论为基础的民族发展意识。他认为:随近代国民精神勃兴,民族运动大起。这个"民族运动"既指被压迫民族反抗侵略压迫,寻求民族解放的运动,也指民族扩张主义者所谓"大日耳曼""大斯拉夫""大盎格鲁撒克逊"主义等民族侵略活动。

当时,日本有人倡言"大亚细亚主义"和"极东们罗主义(远东或亚洲门罗主义)"。

所谓"大亚细亚主义"被解释为由日本联络中国、印度,以对抗欧洲人对亚洲人的歧视和掠夺。

"门罗主义"是19世纪美国J.门罗总统在位时期提出的对外政策,初期内容是在不干涉欧洲列强已在拉丁美洲建立的殖民地和保护国的同时,反对其继续在南、北美洲扩张,提出"美洲是美洲人的美洲"的口号,后来发展为把美洲视为美国垄断势力范围的政策。

"极东们罗主义"显然是要反对欧洲对"极东"即东亚的侵略扩张,实现所谓亚洲是亚洲人的亚洲之类目标。这与"大亚细亚主义"含义相近。此主义由日本人提出,意味由日本在亚洲担任美国在美洲担任的角色。

李大钊理想中的世界是各民族人民平等相处的人道大同世界,而他所见到的现实世界则是民族之间竞争世界。骨子里的反侵略意识使他虽认为大亚细亚主义之类主张会阻碍"世界大同进运",却也同意这是欧洲的"大西洋主义"逼迫下的产物。但他坚决反对"大亚细亚主义"以日本为

— 145 —

 李大钊传

中心的暗示。

他号召国人认识世界民族主义发展的趋势,实现"新中华民族主义",即中华各民族团结统一的民族主义。同时正告日本的别有用心者:中国才是亚洲"大局之柱石",舍"中华国家之再造,中华民族之复活","大亚细亚主义"决无实现可能。而"大亚细亚主义"对于中国人来说,首先在于求自己的国家不受外来侵略,"进而出其宽仁博大之精神,以感化诱提亚洲之诸兄弟国",使其都实现独立自治,免受他人残虐、束制。这才是此主义的意义所在。至于日本,如借"大亚细亚主义"之名掩饰其帝国主义,图谋攫取远东霸权,会遭欧洲人嫉恨,给亚洲同胞带来灾祸。

在对战争形势和各国动向的观察中,李大钊特别注意到两个问题:一是俄国二月革命的发生,二是欧洲社会主义者的和平要求。

关于前者,他连续写下《俄国革命之远因近因》《俄国共和政府之成立及其政纲》《俄国大革命之影响》等文。

他认为:俄国革命对世界和中国的最大影响在于它表明白:当今时代,不仅君主政治、贵族政治已经没有价值,就是挂"新英雄主义""哲人政治""贤人政治"招牌的官僚主义政治也没有存在的余地。

关于后者,李大钊写下题为《欧洲各国社会党之平和运动》的长文,分4次载于《甲寅》日刊。

他从搜集到的有关这一问题的材料中确认:"凡持社会主义者莫不反对战争",因为战争给资本家带来发财机会,而将国家驱入凄惨战场,给下层劳动人民带来的只是流血牺牲。对于各国社会民主党一度对本国政府投入战争予以支持一事,他解释说那多是出于反对专制主义的原因。

李大钊的这种认识既来自他对民主主义的信心,又反过来加强了他的民主主义意识。他坚定认为:世界大战中出现的各种非民主主义现象都是暂时的,无论是英国议会改造、美国总统权力扩大,还是法国人民的爱国心,或是俄国推翻"官僚政治"的二月革命,乃至于德国社会党人在议会中疾呼民主,都是民主主义的表现。

第四章 唤起民族自觉 再造"青春中华"

他由此确信:"此次战争告终,官僚政治、专制主义皆将与之俱终,而世界之自由政治、民主主义必将翻新蜕化,以别开一新面目,别创一新形式,蓬蓬勃勃以照耀二十世纪之新天地。"

以上信念使他坚持用民主自由的尺度去衡量世道人心,针砭不良现象。他的《议会之言论》《立宪国民之修养》等文就是针对国会中言论不自由的现象而发。

国会在李大钊看来,应是集中各党派亦即全国各种不同意见的场所。国会议员应当是国内最懂得言论自由的人。然而,经过袁世凯专制压迫和摧残的国会议员们似乎没有接受教训,因此在议会辩论中不仅口出不逊之词者有之,更接连发生动武事件。李大钊对此深感忧虑。

他在重申尚异主张的同时,指出造成这种情况的两条原因:一为"尚情而不尚理",即人们在处理问题时,重于感情,轻于理智,"上至军国大计,下至私人交际",无不如此。二为"任力而不任法",即人们遇事,"好依腕力而争,不依法律而争"。其在议员或"位在军枢者"甚至以生杀予夺之权操于己手之势来对待别人,与市井无赖一样。这既为道德所不容,也为法律所不许。追根溯源,这两者又都是专制政治余毒影响。

他希望上流阶级以身作则,"急急以立宪国民之修养相劝勉",这就是"依吾儒忠恕之道,西哲自由、平等、博爱之理,以自重而重人之人格,各人均以此惕慎自恃,以克己之精神,养守法循礼之习惯,而成立宪绅士之风度"。

《不自由之悲剧》是李大钊针对北京某戏楼上演的一出新剧《自由宝鉴》所写的评论。该剧表现了一对青年男女受到新思想影响,自由恋爱结婚,被双方家庭遗弃。两人不得已辍学离家,来到北京,因缺少社会经验,钱财被盗,生活陷入困境,女青年堕入妓院。后男青年得暴病而死,女青年亦喝毒药自杀。

该剧既揭示黑暗社会对个性的压抑,又表现了青年男女的真挚爱情及其被扼杀的悲惨情景,情节生动感人。李大钊观看此剧时,不觉"百感交集,觉眼中有千百副泪,同时皆欲夺眶而出"。然而该剧结尾却是那对青年男女临终之时,朗诵古训,对当初接受了自由恋爱的新思想表示悔恨。对此,李大钊很不以为然。

他在评论文章中写道:家庭是爱情的泉源、幸福的府藏之地。家庭组织基于婚姻,婚姻则应为爱的结合。无恋爱而结婚组成的家庭等同于无家庭,甚至成为"罪恶之窟"。中国社会给人们造成的不幸太多,其中婚姻制度尤为罪魁祸首。婚姻既以恋爱为唯一条件,青年当有自由自主之权,父母有权教育引导,而无权包办,社会更不应加以干涉。因为,真正基于自由恋爱的婚姻普及是"仁爱之风"普及于社会,从而"爱国、爱群、爱世、爱物"的思想得以油然而生的条件。但中国的婚姻制度观念"以恋爱为轻,自由为妄,婚姻惟听诸父母之命、媒妁之言",这就造成许多无恋爱的婚姻,使许多本来纯洁无瑕的青年陷于悲哀怨苦之中。这是中国青年要求自由解放的呼声尤为强烈的原因。《自由宝鉴》剧中的故事本是不自由的结果,是社会不给予要求自由的青年以应有同情的结果。但该剧却把悲剧的造成归咎于自由,这是逆时代潮流的表现,是向旧制度旧思想的降服。他郑重希望剧楼将该剧重加改编,"勿使流毒社会"。同时希望具有新思想的文学家、艺术家对戏剧严加批评。

或许由于认为俄国二月革命是推倒官僚政治,李大钊对"府院之争"愈演愈烈的政府和同样充满派系权势之争的国会愈来愈感到失望。他终于下决心在《甲寅》日刊上公开提出了创造新的"中心势力"的主张。

之所以需要"下决心",是因为这样做很可能会引起始终把政治改造希望寄托于上层社会的章士钊的不快。尽管如高一涵后来所说他和李大钊两人与章士钊之间在对北洋政府的态度上从一开始就有矛盾,但从李大钊迄今为止所发表的文章来看,至少可以说他有效地注意到了与章调子的协调。

几个月的劝说、等待,看来丝毫没有从政府和国会的表现中发现有改进的迹象,李大钊和高一涵受孙洪伊之托历经三个月时间起草的地方自治

第四章 唤起民族自觉 再造"青春中华"

法规显然也很难在国会中获得通过。李大钊终于再次对旧有军阀和政党势力可以成功改造政治产生了怀疑。而这次怀疑最终促使他彻底放弃了对旧势力的希望。

李大钊指出:"国家必有其中心势力,而后能收统一之效,促进化之机。"

中国政治上旧有的三大势力,一为"军权系统",相当于北洋军阀势力;一为政治系统中的温和派,相当于进步党、研究系一派;一为政治系统中的激进派,相当于国民党、中华革命党、商榷系一派。这三大势力或由于核心人物已不存在,而"失其中心","呈崩离之象",或因为枭雄利用、挑拨,彼此轧轹,以致内部纷争离异,都已不能成为国家的中心势力。因此,国民应当迅速觉醒,驱逐以政治为专门职业的旧势力,顺应世界文明的潮流,"由中流社会之有恒产者自进而造成新中心势力"。

他认为这种新中心势力"必以中级社会为中枢,而拥有国民的势力,其运命乃能永久"。这种由"中级社会"造成"中心势力"说,可以视为对半年前同学好友郁嶷在《晨钟报》上宣传"中级社会"救国说的回应。

郁嶷提倡"中级社会"救国,旨在破除人们对英雄伟人的迷信。李大钊的"新中心势力"说则是破除人们对上流人物的依赖。

从当时的社会现实来看,尚没有一种由"中流社会之有恒产者"组成的社会政治力量可以成为"新中心势力"思想的依托。也许正由于这个原因,李大钊没有进一步深入探讨这一"新中心势力"如何形成,以至它怎样成为国家政治中心等问题。但他在以自己特有的带有革命色彩的"青春"宇宙观和民彝政治观感受欧洲社会(民主)主义的某些思想,以及工人罢工、妇女运动、面包革命之类意识的同时,提出了对旧势力的否定。这对于此后思想的迅速转变有着重大意义。

1917年5月间,因妻子生病,李大钊回到家乡。算起来,从日本回国,只是在离开《晨钟报》时回家住了3个星期。

1917年的春节他是在朝阳门竹竿巷度过的,从厂甸(琉璃厂)年市买

来的两张猫图油画陪伴他过了一个新年。这可爱的猫画使他想起童年时的乐趣和他那难忘的祖父，也想起远在大黑坨的妻子和一对已满六七岁的儿女。但他当时正为即将出版的《甲寅》日刊撰稿，实在难以脱身回家探望。

这一次，为照顾妻子，他在家足足住了一个半月。就在这段时间里，张勋的辫子兵开进北京。黎元洪在张勋的逼迫下发布了解散国会的命令。宣传民主的出版物受到威胁，章士钊避走天津，并发表了与《甲寅》脱离关系的声明。《甲寅》由高一涵勉强支撑，已无法长期办下去了。

6月22日，李大钊返回北京。3天后，《甲寅》日刊发表了他的最后一篇未署名的报道。

7月1日，张勋正式宣布复辟。李大钊继续留在北京既无意义也不安全，遂仓皇逃往上海。

受聘北图　殚精竭虑

1917年11月10日是个星期六，这天晚上在南京江苏督军府，李大钊在好友白坚武陪同下吃过晚饭，等待督军李纯的接见。

白坚武当年在北洋法政专门学校时，和李大钊两人被誉为"北洋二杰"。他比李大钊年长几岁，有着和李大钊近似的自幼读私塾，稍长参加科举考试的经历。不过，他18岁得中秀才。这个后来在日寇侵占华北过程中企图投靠侵略者，以致被国民党第六战区司令长官冯玉祥部处死的"汉奸首领"，此时还是一个富有正义感、爱国心的青年。

和李大钊不同的是，白坚武虽亦颇有文才，却耐不住贫寒寂寞的笔墨生活。从法政学校毕业后，他先后担任了直隶都督署秘书、自治筹办所课长。袁世凯死后，他又在孙洪伊担任部长的国务院内务部担任了佥事，后随同孙洪伊一道辞职。几个月前，经孙洪伊介绍，他到江西督军李纯的幕府中做顾问。

第四章　唤起民族自觉　再造"青春中华"

北大校园内李大钊塑像

李纯是天津人，1911年作为清政府陆军第六镇步十一协协统（相当于旅长），随同冯国璋镇压过武昌起义，是冯国璋的亲信。冯任大总统时，推荐李接任江苏督军职务。白坚武到李纯处不久，即随李纯由南昌移住南京。

三个星期以前，李大钊已来过南京，经白坚武介绍，同李纯见过面。得知李大钊有去日本的打算，出于同乡之谊，以及对李大钊志向才学的钦佩，李纯送给他100元钱，充作路费。不过，李大钊去日本的计划并没有

— 151 —

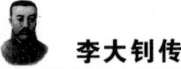

成行。在此期间，他接到北京友人的来信，已决定北上。这次到督军府来，一方面受人之托与李纯洽谈一些事情，同时就便向白坚武和李纯道别。第二天他将自下关火车站乘车北上。

李纯在会见李大钊时说了些什么已不得而知，白坚武却在当天晚上送走李大钊后，记下了自己的心情。

白坚武对李大钊的评价是"为人品洁学粹"，对其大才不能为世所用深感遗憾。因为在自己的同学朋友中，总以尚"无湛然深悟"而拒绝做官的只有李大钊一个人了。

安于清贫，志于学问之道，白坚武自己做不到这一点，但他懂得这种人生的价值。因此他认为李大钊是同学朋友中灵性光明"赖以仅存"之人。为此，他在与李大钊话别时，送他一首诗：

海内儒冠尽，神州已陆沉。文章千古事，赤血铸丹心。

意思是说，安贫乐道的儒者已经没有了，所以国临大难，神州陆沉。读书做文章对于自己是流芳千古之事，对于社会是澄清是非，端正道德，为国家奠定千古基业之事。纯洁的人格和对国家的赤胆忠心是靠热血来铸成的。

这既是赞扬，也是勉励。或许，李大钊已经告诉他，他此次北上是经章士钊的介绍，准备到北京大学担任图书馆主任一职的，他才写下了这番临别赠言。

北京大学的前身是京师大学堂，创办于1898年。它最初是承继清朝国子监的全国最高学府和全国教育的最高管理机关。1912年5月，根据中华民国教育部令，京师大学堂改称为北京大学校。

1917年时，北京大学已是拥有1500多名学生，有一批学有根底的教师，分有文、理、法、工、预5科，开设国文、伦理、中国史、外语、西洋史、法制、经济、逻辑学、心理学、数学、物理、化学、地质、矿物、画图等多门课程，近似现代综合性大学的学校。

这年年初应聘担任北京大学校长的著名学界人士蔡元培（1868－1940

第四章 唤起民族自觉 再造"青春中华"

年),字鹤卿,号子民,是辛亥革命期间有影响的革命领导者之一,担任过民国第一任教育总长。他中过进士,在翰林院做过编修,有良好的中国传统学问根底。又有先后留学日、德、法等国的经历,懂得西方文化,崇尚民主科学。他主张融汇中西文化,推动中国思想教育事业的进步。为此,他就任北大校长后提出思想自由、兼容并包的方针,并着手对学校的教学体制、课程设置、教授方法、教师录用办法等进行了全面改革。特别是在教师的聘任方面,他取人不拘一格,唯才是用。应聘的教员中既有醉心欧美的西化学者,也有拖着长辫子的国学先生;既有思想激进的新文化健将,也有反对革新、宣传复古的保守人物;既有名望素著的儒林耆宿或蜚声海内外的留外博士,也有没考上大学但有一技之长的自学青年。

正是由于这个原因,没有完成早稻田大学学业的李大钊也才有进入北京大学的可能。

章士钊后来回忆说:

1918年,吾入北京大学讲逻辑,以教授兼图书馆主任。其所以兼图书馆主任者,无非为著述参考之便,而以吾萦心于政治之故,虽拥有此好环境,实未能充分利用;以谓约守常来,当远较吾为优,于是有请守常代替吾职之动议。时校长为蔡子民学长为陈独秀,两君皆推重守常,当然一说即行。又守常先充图书馆主任,而后为教授,还有一段可笑之回忆。盖守常虽学问优长,其时实至而声不至,北大同僚,皆擅有欧美大学之镀金品质,独守常无有,浅薄者流,致不免以樊哙视守常。时北京民主运动正在萌芽,守常志在得北大一席,以便发踪指示,初于位分之高低,同事不合理之情绪了不屑意。由今观之,守常一入北大,比于临淮治军,旌旗变色……

1918年1月,李大钊接替章士钊正式担任北京大学图书馆主任一职。

对他来说,这是项新鲜的工作。当时的北大图书馆比起今天来规模小得多,但由于管理工作缺乏科学性,问题很多。

主要的问题一是图书数量不足,一些新设学科,如化学等方面的图书

— 153 —

李大钊传

更少；二是管理不严，一些书借出后长期不得归还，大大降低了图书流通效率；三是管理手段落后，给阅读和借书者带来不便；四是管理人员缺乏训练。

李大钊到任后，陆续采取措施解决这些问题。

复原后的北大沙滩红楼

他先根据一些学生的请求，发布了"图书主任告白"，希望借阅藏书量少的化学书籍的师生尽量不将图书借出，而在阅览室内阅览。其他人所借图书，须尽可能如期归还，并允诺与本校长期借取大量图书的国史馆和各研究所协调关系，以便这些单位所借书刊也能如期归还。

他还提出该馆过去从未实行过的个人将其藏书寄存到学校图书馆，允许其他师生在馆中阅读的方式。此外，他还号召向图书馆捐赠书刊，并身体力行，先后捐赠中外文书刊数百册。利用这些方法，馆内可参考图书的数量相对增加。

在此基础上，他参考各国大学图书馆章程制定了较为完善的图书借阅条例。从北京大学档案中保存的当时"修正图书馆借书规则"来看，此条

第四章　唤起民族自觉　再造"青春中华"

例对于借还书手续和方法、允借图书的种类和限量、孤本书的借阅限制、图书借阅期限、超过限期的处罚办法、损坏或遗失图书的赔偿，以及校外借阅等都作出细致的规定。订立新的章程后，借阅图书的数量、期限压缩了，孤本书不准外借。为了方便读者，他又规定延长阅览室开馆的时间。

他提出的这些新规定，特别是对借阅图书超期不还采取了罚金随超期的延长递增的办法，有效改变了图书流通缓慢的状况。

从殷汝耕给李大钊的一封谈及书刊编目方法的回信中，可以看出李大钊对日本一些图书馆购、藏、管理图书情况求之若渴的心情。

殷的回信详细介绍了东京帝国大学和南满铁道会社的图书杂志目录编制方法，显然会给李大钊以不小的帮助。

至于报刊订购、陈列和收藏，李大钊也做了一番考虑。

他专门开设了报刊阅览室，同时将过期报刊汇集起来，装订成册。要求学校各办公室所订报刊不要丢弃，每10天或半月送交图书馆一次，并联络各办公室采取协商分购方式，以求所订种类齐备，避免重复。

在添置图书时，李大钊很注意外文图书的购藏。后来曾担任中国共产党领导职务的罗章龙回忆他在北京大学预科德文班学习时曾说道，大战结束后，李大钊曾采纳他的建议，直接向德国出版机构订购了包括康德、黑格尔学派和马克思主义著作在内的大量德文图书。并且，为给图书馆英、德、法、日等外文书籍编目，李大钊请罗章龙找了七八名英、法、德文班的同学，干了"一个时期"的义务劳动。

李大钊也很注意图书馆与外界的联系。他曾带领馆中的职员到清华大学参观，受到清华大学赵校长和图书馆主任袁同礼的热情接待。

当时从北京大学所在的地安门内马神庙（现在的景山东街一带）到位于京城西北郊的清华大学乘坐人力车需走两个半小时。6个小时参观日程，外加5个小时往来路程，并非一件轻松的事情。因此，这类参观活动在当时也许并不多见，以至于主要用于刊载校内新闻消息的《北京大学日刊》，竟连续两期很详细地报道了这件事。

 李大钊传

1918年10月，北京大学利用比利时仪品公司提供的20万元借款，在学校东操场兴建的"红楼"竣工。这里称北大第一院。图书馆随同校总部和文科搬到这里。

"红楼"一层全部作图书馆的藏书室和阅览室。馆主任办公室设在一楼的东头。

新楼的建筑在当时来说可谓宏伟气派，但楼房的房间大多比较窄小。以前在旧校舍马神庙后院四公主梳妆楼附近宽敞的阅览室中开架阅览的方式，不得不改成阅览室和藏书室相结合的方式，这在李大钊看来是不符合图书馆开放式的世界潮流的。因此他一直考虑如何加以改革，恢复开架式阅览。这便有了他担任学校总务处图书部主任和校图书委员会委员后，在提出学校财政预算内用于购置图书的费用应达6万元的同时，建议"从速建筑图书馆"的请求。

1919年年初，清华大学、北京大学、汇文大学、北京协和医学校等单位的图书馆联合成立了北京图书馆协会，李大钊担任了协会的中文书记。

这个协会是为了加强北京各图书馆之间的互助合作而成立的。成员们定期交流工作经验，互换出版物，可以互相借阅图书，或介绍本校师生到其他图书馆借书。这开创了中国图书馆之间合作的先例，对于我国文化事业的发展起到很大推动作用。

为了提高图书管理人员的素质，同时也不断丰富自己的图书管理知识，李大钊十分注意了解西方国家图书馆教育的情况。

他了解到欧洲图书管理员训练的历史和美国开设图书馆学校的概况，形成了一些有关图书馆教育的思想。认为图书馆与教育事业密切相关，要想使国家教育发达完美，就应当"使全国变成一个图书馆或是研究室"，"使全国人民不论何时何地都有研究学问的机会"。图书馆不仅是藏书的地方，更是教育的机关。这是同教育方法的更新，即由过去的以教师为主体的灌输式教育改变为现在的以学生为主体的启发式教育相联系的。

他还认为，在当时中国发展图书管理事业，培养专门的图书管理人员

第四章 唤起民族自觉 再造"青春中华"

是十分必要的。他结合中国实际情况对图书馆事务提出了一些颇有见地的意见,如在征集图书时应格外注意对赠书者及时鼓励;在图书分类上应注意到卡片方法尚不受国内读者的欢迎,应与本册目录编制法合用;在借书或阅览问题上,既应考虑到适应开架阅览方式的进步潮流,又要注意国内读者修养程度尚不整齐的状况,采取管理人员监视开放阅览的方法,以及严格借阅手续,保证图书流通迅捷,等等。

他在《晨报》发表文章介绍美国17所图书馆学校的建校情况及其课程设置,并建议国内在正规图书馆学校不能马上建立之前,举办一些短期训练班或开讲演会。北京高等师范学校就曾在他的建议下于1920年暑假期间开办了图书馆讲习会。李大钊应邀担任了该会的讲习员。

李大钊担任北京大学图书馆主任将近5年之久。直到1922年12月,他才正式辞去该职。这是他一生中极为重要的阶段。其所以重要不只是因为他为北大图书馆的改革做出了贡献,为北大师生的学习研究提供了良好的服务,更主要是他通过这个工作岗位结识了当时全国最为重要的文化教育中心的一大批知名人士和当时及后来在中国思想、文化、政治等各界产生重大影响的青年学生。

他同陈独秀等新文化运动领袖人物会合,从而成为《新青年》和《每周评论》阵营中的知名人物,他和毛泽东初次会见,他大张旗鼓地宣传俄国布尔什维主义和马克思主义,他筹建北京地区共产党组织,成为中国共产党的最早创始人之一,都与他进入北京大学担任了图书馆主任相关。

热心公益 响应"进德"

李大钊进入北京大学不久,便利用他担任图书馆主任的方便条件,参加教职员中的一些公益性工作。他祖父的那种急公好义的精神在他身上表现出来。

北京大学在蔡元培担任校长以前,管理工作较差,学生中不少人求学的目标是毕业后升官发财，或在社会上找到一份好职业，因此托门路、找靠山者有之，平日游手好闲，考试打小抄儿者有之。教师中不仅有思想保守陈旧者，及滥竽充数、混饭碗者，更有道德堕落、赌博、嫖妓者。

蔡元培在实行改革的过程中，没有忘记在精神、道德方面改变学校面貌，他于1918年1月发起的"进德会"就是为了达到这一目的。

"进德"，就是增进道德之意。"进德会"的增进道德，按照蔡元培所说，主要是增进个人的道德修养。为此，他提出一些被认为是不道德或于人身修养有害的行为列为禁戒之例。

他为申请入会的人拟定三个等级标准，任其自由选择：甲种会员，不嫖，不赌，不娶妾；乙种会员，于前三戒外，加不作官吏，不作议员二项；丙种会员，于前五戒外，加不吸烟，不饮酒，不食肉三项。

这里面的甲种会员条件，后在该会正式成立时被改作入会的基本条件，其他禁戒则改为由入会者自行选择遵守。

李大钊积极响应"进德会"的主张，并第一批报名入会。他选择的是"甲种会员"。当时报名的29人中，有丙种会员2人，乙种会员10人。

李大钊所以选择这个标准，并非由于他还有当官打算，大抵是因为在他看来，做官吏、议员这两件事本身也许不应作为"进德"的禁例。

进德会在北京大学是个影响颇大的组织，仅在1918年6月该会召开成立大会时，加入该会的教职员就有160多人，学生入会者达300余人。李大钊在这次会议前选举进德会组织成员时，当选为"纠察员"。

在此后的评议员、纠察员第一次会议上，李大钊首先提出了两项建议，第一项是建议将进德会改为"有不为会"。

他的这个显得有些学究气的建议，是合乎情理的。"进德会"的所谓"进德"实际上只是不去做某些事情。严格说，那些不去做的事情，如吸烟、食肉之类未必就是不道德的。但是"有不为会"比起"进德会"来似乎远没有后者那样既充分表达发起者的初衷，同时也更容易产生效果和更具影响力。他的这项提议被多数否决了。

第四章 唤起民族自觉 再造"青春中华"

他的第二项提议是鉴于纠察员的职务所负担的责任难于履行,提议废除此职。这项提议看来得到了多数人的认同,经过别人补充提议,最后多数表决同意将纠察员改为评议员。在这次会议上,李大钊还被推为《北京大学进德会杂志》4位编辑之一。

蔡元培发起进德会后不久,李大钊和庶务主任李辛白等发起了北京大学公余法文夜校。这个夜校是发起者商请法华教育会同意,由该会派教员授课,北京大学负责管理的一个业余学校。根据李大钊等发布的该夜校"缘起与简章",他们办校的旨趣有两个:一是发扬古人"莹读""耕读"传统,学习西方国家业余教育的方法,倡导利用公余时间补充文化技能;二是促进师生学习法语。他们计划该夜校分设三科,分三年开设:第一年,"普通法文法语科";第二年,"译述科";第三年,"语言科"。同时,安排了各科授课内容。

这个法文夜校后来是否成立,进展情况如何都尚待进一步研究。有一点已经很清楚:它是李大钊参与为北京大学教职员创办的第一件有益事业。

李大钊参与创办的第二项公益事业是发起组织学余俱乐部,那是1919年1月间的事情。共同参与此事发起工作的有蔡元培、徐宝璜、沈尹默、胡适等30余人。

这个俱乐部是为学校教职员课余时间提供一个"联络感情交换知识"的场所。俱乐部备有书报,并随时搜集、展览古物考证成果和美术品,还开展娱乐游戏活动和组织诗社、词社等。

蔡元培被选为俱乐部部长,李大钊被推选为庶务干事。尽管他因公事繁忙请求免去此职,他的热心和才干已开始为同人认识。

此后,他还参与发起北京大学教职员会、北京大学新知书社,担任北京八所专门以上学校太平洋问题讨论会的中文干事和研究员,担任北京大学"妇孺救济会"的调查部"主干",参与发起为北方灾民募捐的"赈灾会"、救济俄国灾民的"俄国灾荒赈济会",以及参与发起或参加为本校教授或教职员家属丧事及困难实行捐助的活动，并多次出资助人或为社会公益事业捐款。

李大钊对待学生的事也十分热心。他曾担任"北京大学学生游艺大会保管字画部"的职员；曾和胡适等一起为谣传傅斯年、罗家伦被安福系收买一事在报纸上发表辩白启事；曾参与发起北京高师女学生李超的追悼大会；曾与胡适、徐彦之一起为想从事半工半读的学生介绍工作；曾应聘担任北大、法专等校学生发起的北京学生读书会的导师；等等。

积极热心地参与公益活动使李大钊在北京大学教职员和学生中逐渐赢得了信任。1920年10月14日，他第一次被选入"商决校政最高机关"的北京大学评议会，并且在其后连续数年保持了这项职务。此外，1919年12月，他被校长指任为学生自治委员；1922年12月他辞去图书馆主任一职后不久，即兼任（此时他已被聘为教授）了校长室秘书；10个月后，又被任命为北京大学学生事业委员会委员长。

带头索薪　声望日隆

这一期间，他为学校教职员做的一项重要的工作便是作为北京八所专门以上学校教职员联合会的成员，并一度代理该会主席领导的索薪与争取教育经费的斗争了，他也因此错过了参加中共一大。

那是在1921年3月，北京教育部已经连续3个半月拖欠各校经费，学校工作难以维持，教职员领不到工资，生活发生困难。不得已北京大学于13日召开了教职员大会，经讨论决定自次日起全体罢教，选出包括李大钊在内的11人做大会决议的执行人。

第二天，国立北京高等工业专门、农业专门两学校和北京大学一起实行罢教。15日，法政专门、医学专门、高等师范、女子高等师范、美术专门5所国立专门以上学校教职员也加入罢教行列。

3月16日上午，八校教职员代表20人在美术学校开会，决定由每个

第四章 唤起民族自觉 再造"青春中华"

学校选派 3 名代表组成"北京国立专门以上各校教职员代表联席会议"。北京大学哲学教授马叙伦被推选为联席会议主席。李大钊和美术专门学校的代表徐瑾被指定为新闻股干事（后担任联席会出版的"半周刊"主编）。

会议议决以实现"指定确实款项，作为教育基金"和"清偿积欠薪修（工资）"两项基本条件作为斗争目标。随后由马叙伦等前往总统府、国务院、教育部呈递八校教职员停职宣言，交涉教育经费。

3月19日，李大钊作为北京大学加派的8名代表之一参加了八校教职员联席会议。会议决定组织一个"教育基金委员会"，拟请从所得税、铁路收入、关余、盐余、印花税等国家收入中分别拨出若干款项充作教育基金，并采取社会组织的人民自动监督措施。

3月29日，教育总长范源濂在国务会议上就八校的请愿提出筹付教育经费问题。会议议决由交通

马叙伦

部、盐务署自3月份起每月分筹25万元交教育部，并将从前积欠的60万元分期陆续付还。因阁议中没有提及教育基金问题，八校教职员联席会议拒绝接受。

4月8日，八校教职员因交涉无望，实行总辞职，教育总长范源濂和次长王章祜亦因无法维持而告辞职。

八校教职员的行动得到了各校学生、校长的支持。学生通过多种渠道

— 161 —

与教职员联合会联络,并举行了游行、请愿活动。八校的校长也于 4 月 15 日向教育部提出辞呈。此外,北京中小学教职员和学生也举行罢课,对八校教职员的斗争予以声援。而政府方面,则对解决教育基金问题表现消极,迟迟不能提出令人满意的措施,以致形成旷日良久的交涉斗争。

4 月 25 日,北京女子高等师范学校(李大钊在该校兼课)教职员补推李大钊作为该校代理有发言权的代表参加八校教职员代表联席会议。由于联合会主席马叙伦因病缺席,自第二天该会第 24 次大会起,由李大钊连续代理该会主席,在此期间,索薪斗争出现了很大波折。

原来,4 月 21 日北京政府国务会议采纳八校教职员要求,议定了三项处理清还教育经费积欠办法。大意是:

第一,于一星期内先发 3 月份一个月的经费,自 4 月起由财政部从交通部"协济政费"项下每月拨付 22 万元,作为专门以上八校及北京师范和中小学校经费;

第二,教育部由财政部所领之款以向来所领之额为准,由财政部筹定拨付;

第三,上年 12 月起至本年 2 月所欠八校和中等各校经费 40 万元,先发一个月,其余分三期在 4、5、6 月拨付。

李大钊主持联席会议之初,该会即面临是否接受国务院解决办法的问题。

由于国务院提出的这三条办法对教育基金问题仍未予充分保障,北京大学毕业生同学会提醒联合会教员代表"在确实筹定教育基金及有担保"之前,"勿为政府所欺"。教职员联合会代表中也有对于三条办法表示"不能满意"的意见。其间,八校校长做了些疏通工作。

他们通过校务会向政府提出一份说帖,请求将国务院三项办法第一条中"在财政未筹定的款以前"一句改为"在教育基金未筹足以前";将"由财政部就交通部特别协款每月按期拨付"一句改为"由交通部每月按期尽先拨付财政部特别协款",并申明"此项特别协款,非至教育基金筹

第四章 唤起民族自觉 再造"青春中华"

足不得截止"。这样,便在政府原拟办法中加入了有关教育基金的内容。

对此,李大钊和北京高师另一位代表马裕藻在八校学生、校长和教职员代表的联席会上提出:校长们既然提出以上说帖,并且提到教育基金未筹定以前,不能中断交通部之特别协款的办法,如政府能够依允,并正式经国务会议通过,公布于世,我们是可以不再坚持索要欠薪的。

4月30日,北京政府国务会议接受了教职员方面关于教育经费议定办法的修正意见。次日,李大钊主持的教职员联席会议经过讨论、表决,大多数同意对于国务院三条办法,"大体可以承认"的意见。

5月2日,李大钊主持联席会第25次常会,通过了"定5月1日为精神劳动纪念日"和"留职宣言"。索薪斗争至此已胜利在望。会议结束后,各代表回校向教职员汇报。

李大钊等在北京大学汇报时,得到与会教职工一致感谢。高兴之余,大家一致赞成将4月份所得薪俸全数捐出作图书馆建筑费。

然而,天有不测风云。当校长们前去交涉取款时得知:经他们向教职员担保的第一批应立即付还经费须至5月20日才可支付。教育部的解释是支票近期无法签字,这显然是搪塞之词。教职员联席会议得知此讯,当即决定:再次向政府提出,第一批应补发的经费和薪金积欠务于10日前全数发清,并须妥定保障办法,方能复课,否则唯有再行辞职。

接下来几天,各校长连日跑教育部、国务院,不是主事人不在,便是因公事繁忙,暂不接待。后来得知付款之所以不能马上兑现,是因为交通部"协款"尚未交到财政部,以至于原说好的先给支票一事也不能做到。

无奈之下,八校校长于16日再次提出总辞职。原本打算暂作忍耐等待的教职员联席会代表,遂直接向政府提出限20日上午12时止,兑现国务院先前提出的三条办法,否则将认为政府无维持教育之诚意,取消复职允诺。

不料,政府反而先发制人,于19日由国务院发布致教育部公函,以先前所定办法原为维持各校马上复课为由,责备八校教职员仍未开课,决定

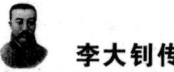 李大钊传

所有八校教职员薪金"应暂行停发","由财交两部查照前议,储款以待"云云。八校教职员联席会随即议决第二次总辞职,5月22日,正式发出《全体辞职请愿书》和《敬告国人书》。

李大钊以教职员联席会议主席名义接待了日文报刊《新支那》的记者。在谈话中他愤然指出:

我们这样做是因为政府毫无诚意,纯属万般无奈。在世界上断绝教育经费,使教育陷入一片黑暗的这种状况,除了我国,恐怕再没有第二个国家了。这种政府只能说是胡闹,谈不到负责任。在这样的政府之下,教育事业不仅现在得不到真正的发展,也绝无真正发展的希望;这种教育机关即使关门也没有什么可惜之处。我国不能安于这种政府,对之容忍姑息,而应当彻底改变它,这一时刻的到来已经不远了。

从5月下旬到6月初,先有北京各中小学罢课,继有八校教职员数十人到教育部门前静坐,又有北京各界联合会召集学生联合会、女界联合会、报界联合会、北京教育会等团体会议,决定举行市民维持教育大会,又有学生代表到国务院请愿……

6月3日这天,北京市10余所学校学生四五百人冒雨集于教育部门前请愿。同一天到教育部交涉的李大钊和蒋梦麟、马叙伦、沈士远及其他学校的校长、教授、教员等遂邀代理主持教育部工作的教育次长马邻翼随同学生一起到新华门前请愿。不料,总理靳云鹏拒不接见。诘问之中,人群与卫兵发生争执。卫兵随即用枪柄、刺刀施暴,将蒋梦麟、马叙伦等10余人打伤。李大钊亦在混乱中受了伤。

新华门六三流血事件发生后,北京国务院为推卸责任,连电各省区,公布事件和教育风潮始末,诬称八校教职员破坏教育,破坏秩序。靳云鹏竟指使京师地方检察厅起诉马叙伦等人;马邻翼亦呈请严惩学生,允各校长辞职,另聘教员。

八校教职员和各校学生针锋相对,一面通电全国,说明真相,请求支持,一面向地方检察厅控告靳云鹏破坏教育,公布马邻翼"十大罪状",

第四章 唤起民族自觉 再造"青春中华"

向检察厅起诉靳、马,和擅行监禁师生代表的警察总监殷鸿寿。

在这段时间里,轻伤很快痊愈的李大钊参加了由学生联席会发起的各团体联席会,向全国报界联合会、各界联合会等10余团体代表解释八校教员索薪斗争的目的和对六三事件采取的方式。

他申明,教职员索薪仅仅是一种手段,根本的目的在于争取教育经费得到保障;社会上一部分人,包括马邻翼这样的教育部官僚对此都有误会。至于六三事件,他指出,"所以在法庭起诉,实因政府欲假法律为武器,教职员不得已而以此手段对付之"。他提醒人们:在目前政治下的法律,没有国民起来拥护,很难希望其有独立精神,很多团体主张从法律解决,尤应注意这一点。

李大钊的分析是正确的,法律并没有站到人民一边,去惩治那些打人者,那些贻误教育者,那些借权势蒙骗、恐吓教职员和学生者,倒是接连发生的粤桂陕直各军之间的战事,和湖北、浙江的棘手问题,或者还有全国自治联合会及自治同志会、全国报界联合会,以及山东、江苏、山西、杭州、上海等地教职员、学生对北京教职员和学生的支持与声援导致各地秩序不稳的状况,使北京政府感到有必要尽快结束教育风潮。

7月13日,政府派范源濂会同前教育总长傅增湘和另外几位政府大员出面进行调解,提出"讼案听法院处理"、政府为六三事件派人向教育界慰问、受伤者医药费由教育部照实支付、政府筹拨200万元证券存放银行为教育准备金并其银行存拨由教育部执管、八校临时费用由教育部按1919年预算付给等条件作为解决办法。

至7月28日,各项办法一一落实,八校校长通电复职,宣布校务恢复原状,9月1日开课。次日,八校教职员宣布复职。

长达4个多月的索薪和为争取教育经费的斗争终于以教育界获得胜利而告结束。而李大钊直到调停交涉期间还承担着联络教职员与学生的工作,因此,他错过了参加中国共产党第一次全国代表大会的机会。

然而,李大钊的声望却因他在斗争中的积极表现,以及他在其他活动

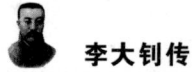 李大钊传

中的频频露面而迅速提高。

1924年3月,北京大学举行25周年纪念活动时搞了一项民意测验,其中一个题目问"你心目中,国内或世界大人物是哪几位?"统计的结果,李大钊在入选的9名"国内大人物"中列第八位。

主讲政史　声名鹊起

1920年7月8日,北京大学评议会举行特别会议。会议的一项内容是通过哲学教授马叙伦提出的修正案:"图书馆主任改为教授。"

马叙伦,字夷初,早年参加过同盟会。他和李大钊一样热心于北大教职员的公益活动,并和李大钊一同成为一些活动的发起者或骨干成员。在五四运动中蔡元培辞职时,他和李大钊一同被选为教职员代表,前往教育部交涉挽蔡事宜。同年12月,他们一起参加了北京公立小学以上教职员为要求清偿欠薪,改以银圆付薪而掀起的罢教斗争,并同被推选为教职员联合会职员,分别负责总务和新闻工作;不久后他们又一同参与了发起北京大学教职员会的活动,一同当选为该会委员,并同在文书组工作……当然,还有后来他们一同领导北京国立8所高校教职员联合会,向北洋政府索薪和争取保障教育经费的斗争。

或许是较多的接触使马叙伦对李大钊的才识能力多了几分了解,但他是因为李大钊具备了教授的能力,还是从工作需要考虑,认为图书馆主任应当同时担任教授职务而提出上述建议还不得而知。有一点是清楚的:与会的评议员全部同意通过了这项议案。

不管怎么说,图书馆主任兼任的教授不是一个名义上的头衔。

7月23日李大钊正式接到担任政治学系教授聘书后不久,就相继在政治学系和史学系领受了现代政治讲座和唯物史观研究的教学任务。

根据现有不完全的资料,李大钊在1920—1925年不到5年时间里,先后在北京大学政治学系、史学系、经济系,以及在北京女子高等师范、北

第四章　唤起民族自觉　再造"青春中华"

京师范大学、北京朝阳大学、中国大学等校开设了"社会主义史""社会立法""社会主义与社会运动""唯物史观""史学思想史"等课程和"现代普选运动""各国的妇女参政运动""工人的国际运动""印度问题""人种问题""社会学""关于图书馆的研究"等讲座或讲演。

此外，他还在上海复旦大学、上海大学、武汉高等师范等地作过有关历史观、历史哲学等题目的讲演。

李大钊继承了被冠以"李铁嘴"绰号的祖父的讲话才能。不过，和可以想象得出的在一群农民中间声如洪钟、滔滔不绝、口若悬河的老人形象很不相同。李大钊站在讲台上的姿态常常是："两只手支在讲桌上稳稳地立着，身子不大移动。""说话时，声调不高，很沉、很慢，还带些乡音，头向前微倾并且侧着"。

他的演说让人"觉得有极大的煽动力"，那不是来自手舞足蹈的渲染，亦不是靠抑扬顿挫、字字珠玑的声音语言技巧，而是靠新颖的，听众急欲了解的知识内容，丰富的资料和富于逻辑的表达，特别是他的言行一致的为人准则——了解他的人"都曾以他的演说辞来作解释群众心理的实例——他是一个言行一致的布尔什维主义者，所以能号召，能激励一般群众，他的演说辞也因这样才有力量"。

《社会主义与社会运动》是保存下来的较完整的李大钊讲课的记录稿之一。从《北京大学日刊》提供的情况来看，这门课大抵是于1923年下半年到1924年上半年在政治系和经济系同时开设的。

这时，李大钊在宣传社会主义的过程中已经形成了一套关于在中国实现社会主义的思想。他的《社会主义与社会运动》课就是在此基础上开出来的。

从现有长达四五万字的《社会主义与社会运动》讲演记录稿（或课堂笔记）内容来看，李大钊没有采取以马克思科学社会主义思想和俄国布尔什维主义者的社会主义革命实践为正宗，批判它是种空想的、改良的，以及修正主义的"社会主义"思想和运动的讲述方式，而是从伴随思想与运

— 167 —

动而生的名词的由来讲起，分辨社会主义与社会学、无政府主义、共产主义、平民主义等概念的区别，解释社会主义与竞争、社会主义与家庭、社会主义与自由、社会主义与生产、社会主义与道德之间的关系，并着重介绍了法、英两国的空想社会主义和改良社会主义的人物与派别的思想与活动。因此，他的讲稿更多地体现了传授知识方面的意义，对于马克思主义的观点的肯定和他关于在中国实行社会主义的主张及见解体现于有关社会主义一般知识的介绍之中。至于文中一些地方的过于简单及一些段落意思的模糊和自相矛盾之处究竟是属于讲授者的问题，还是记录者的问题已难作出准确的判断。

和其他课程比较，李大钊在史学系开设"唯物史观研究"和"史学思想史"这两门课留下的材料最多。看起来，他在这两门课投入的精力也最大。这与他对史学的兴趣，以及他在接受传统与新式教育的过程中在史学方面积累了更为深厚的知识有着重要的关系。

少年时代诵读经史之书给了李大钊关于历史的最早启蒙，在天津法政专门学校和在日本留学期间所受到的现代历史科学的正规教育，则使他认识到史学是一门学问，并开始研究探讨。在后一个过程中，给他提供了较大帮助的，正是他后来在政治观点上曾给予批判的早稻田大学教授、法学博士浮田和民。

浮田和民是近代中国知识分子熟悉的史学和政治学家。早在本世纪初年，他的著作《史学原论》就被作为新史学的代表作品介绍到中国。这本教科书体裁的著作分8章论述了历史的性质与范围、历史的定义、历史的价值、历史与国家、历史与地理、历史与人种、历史上的大势，以及历史研究法等内容，还介绍了近代西方一些史学流派与学说。此书1902—1903年期间，在中国的译本就多达6种，对中国当时出现的新史学潮流起到很大的推动作用。

李大钊在早稻田大学就读期间，浮田和民在该校讲授国家学原理和近代政治史。这两门课均为李大钊所选，并分别取得77分和70分的超过所

第四章 唤起民族自觉 再造"青春中华"

选 11 门课程平均成绩的分数。可见李大钊对史学功课的重视。

更为重要的是,留日后期李大钊思想中带有唯物和进化意味的史观,同他的"民彝"政治思想和"青春"哲学思想几乎同时形成,并构成其早期政治思想和哲学思想的重要组成部分。这一点,使历史对于李大钊来说,不仅仅意味着一门学问,更意味着人的思想、知识、修养的基础和工具。而且,在很大程度上,恰恰由于对历史的非同一般的感悟能力和在史观方面与马克思主义者的接近,使他成为国内最早接受马克思主义和最早能对唯物史观作出较为正确解释的学者。这样,他也就当然成为北京大学第一位有能力将唯物史观作为一门课搬上讲台的教授。

第五章 撒播马列火种 成为革命先驱

李大钊是中国最早研究马克思主义理论的先驱之一。五四前后他的传播工作在中国近代政治史和思想史上具有伟大的开创性意义。在他的指导和带领下，中国最早的一批共产主义者成长起来，科学社会主义最终战胜了其他各种社会思潮，确立了在中国思想界的主导地位，并且日益与中国工农革命运动的实际相结合，实现了精神变物质的历史性飞跃。

指导社团活动 培养革命骨干

在北京大学期间，李大钊除了在课堂上积极宣传马克思主义外，还把发起成立进步社团、指导社团活动，作为传播马克思主义的另一个重要渠道。

1918年6月，由李大钊等7人发起成立少年中国学会。毛泽东、邓中夏、恽代英、黄日葵、高君宇、张闻天、刘仁静、张申府、许德珩等，都加入了少年中国学会。在1923年7月以前，李大钊历任临时编辑部主任、《少年中国》月刊编辑部主任、评议部（学会决定大政方针的最高权力机构）评议员，是学会行政会务方面的领导人之一。在学会筹备期间，他对筹备会提出的具有浓厚改良主义色彩的学会宗旨很不满意。在他的建议下，成立后的学会宗旨修改为："本科学的精神，为社会的活动，以创造少年中国。"这个宗旨虽然也还比较笼统，但要为"创造一个新的中国而奋斗"这样一个目标却明确地提出来了。这样，就使学会具有了浓厚的政治色彩，使学会的活动与改造中国的政治斗争紧密地联系在一起了。少年中国学会在李大钊的指导下，在五四前夕发展成为当时影响较大的革命团体，成员已有 100 多人，分布在全国各大城市，会员都同情或参加了五四运动，对五四运动起了很大的推动和领导作用。当时北大校长蔡元培就说过：

李大钊（右一）与蔡元培（右三）

现在各种集会中，我觉得最有希望的是"少年中国"学会，因为他们的言论、他们的举动都质实得很，没有一点浮动与夸张的态度。

此后，随着马克思主义的广泛传播，李大钊提出以马克思主义作为学会的指导思想问题，希望把学会变为宣传马克思主义的团体。1920 年 8 月 16 日和 19 日，在少年中国学会等五团体的茶话会上和少年中国学会北京分会的茶会上，李大钊先后两次提出标明学会主义的问题。他说："本会

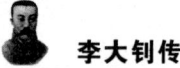 李大钊传

同人已经两载之切实研究，对内对外，似均有标明本会主义之必要。"根据李大钊当时的思想信仰，他所要求标明的主义自然是社会主义。李大钊等人虽然多次提出以马克思主义为学会指导思想的问题，都因为学会内部思想庞杂，没有获得一致意见，但在李大钊的宣传和影响下，邓中夏、恽代英、高君宇、黄日葵等一大批马克思主义者迅速成长起来，后成为中国共产党早期的重要活动家。

1918年秋，李大钊担任了反日本帝国主义情绪强烈的救国会的顾问。救国会于1918年6月由北大学生发起，是北京和天津地区学生参加的进步政治团体。在李大钊的指导下，救国会组织了南下宣传团，到天津、济南、南京、九江、武汉、长沙、上海等地作爱国宣传，串联学生，组织革命力量，在他们的鼓动下，这些城市有大批青年学生参加了这个组织。到五四前夕，救国会已发展成全国性进步青年组织。北京的黄日葵、邓中夏、高君宇、许德珩，天津的马骏、郭隆真、周恩来、张太雷，武汉的恽代英，江西的方志敏，南京的张闻天、沈笑民，上海的邵力子、史景才，湖南的毛泽东、蔡和森、李维汉等都是这个组织中的骨干。

1919年2月，北京大学成立学生会，该校的救国会成员全部参加了学生会，成为中坚力量。为加强联系，扩大影响，救国会于1918年10月成立国民社，成员有100多人，聘请李大钊为该社导师。李大钊对国民社给予了热情帮助和精心指导。许德珩回忆说："李大钊是《国民》杂志的总顾问，我们有事都和他商量。"1919年元旦，出版了《国民》杂志月刊，在李大钊指导下，发表了很多反帝反封建的文章，突出强调反对日本对中国的侵略。李大钊也常在《国民》杂志上发表文章，尖锐地揭露日本帝国主义的侵略阴谋。《国民》杂志第5期还发表了《共产党宣言》中译本前一部分，这是我国最早出现的马克思主义著作的中译本。救国会和国民社具有鲜明的反帝爱国的政治特点，具有先进的民主主义思想，对于五四运动兴起并迅速向全国扩展，起过很大的作用。

同时，李大钊还担任了北大文科一部分青年学生组织的新潮社的顾

第五章 撒播马列火种 成为革命先驱

问。他不仅帮助他们筹备出版《新潮》月刊，为他们撰写文章，还在图书馆拨一间房子给他们使用。这个杂志在青年知识分子中流传比较广泛，在反封建文化方面起了一定的作用。但是《新潮社》大多数成员思想还处于旧民主主义革命思想阶段，李大钊针对这个情况，提出了他们能够接受的反对封建军阀统治、建立民主共和的口号。这样，把新潮社成员团结起来，不少青年在李大钊的帮助下，接受了反帝口号。

李大钊还直接指导了北京大学平民教育讲演团的工作。平民教育讲演团是邓中夏、廖书仓等发起成立的北大学生组织，1919年3月7日，《北大日刊》上登载了征集团员的启事，3月23日正式成立。该团以"增进平民知识，唤起平民之自觉心为宗旨"，"以露天讲演为方法"，决心打破"从来的少数有知识的人保守他那个阶级的制度"，从普及平民知识上入手来改造社会。该团成员有60余人，从成立到1925年，坚持活动达6年之久。他们深入海淀、卢沟桥、丰台、长辛店、通县等地区的工厂、街头作爱国宣传，他们演讲的内容从介绍一般科学常识到宣传反帝反封建和科学社会主义思想，讲演的对象从市民到工农群众，讲演的方法从街头演说到举行民意测验，进行社会调查，组织工人团体。五四运动高潮中，他们组织讲演团，配合运动的发展，到市民中展开了"抵抗强权，争回青岛"的反帝宣传活动。五四运动后，他们又从城市向农村扩展，并到长辛店工人中进行工作。

少年中国学会、救国会、国民社、新潮社以及北京大学平民教育讲演团，其成员大多参加了五四运动，并成为运动中的骨干。

此外，李大钊还联系着《晨报》副刊。《晨报》的前身就是李大钊编辑过的《晨钟报》。在中国人民反帝反封建的高潮即将到来之时，李大钊利用了以前和《晨钟报》的关系，使《晨报》第7版（副刊）成为一个传播新文化的园地。1919年2月7日，《晨报》第7版在李大钊的帮助下开始改革，设立了"自由论坛"，经常发表论述新思潮及社会问题的论文。李大钊的《战后之世界潮流》《青年与农村》《现代青年活动的方向》《劳动教育问题》等文，就是在这个副刊上发表的。1919年5月，在马克思诞生101周年的时候，李大钊帮助《晨报》副刊开辟《马克思研究》专栏，从5月5日到11月11日6个多月的时间里，专栏共发表了五种论著，其中包括马克思的《雇佣劳动与资本》、考茨基的《马氏资本论释义》、河上肇的《马克思唯物史观》等。除专栏外，《晨报》副刊还用一定篇幅发表了一些革命领袖（马克思、列宁、李卜克内西等）的传记和介绍国际共产主义运动情况的文章。

五四运动后，随着马克思主义的广泛传播，全国各地社团风起云涌，李大钊还积极联络和指导外地的进步团体。1919年9月16日，周恩来等人在天津组织觉悟社。9月21日，觉悟社成立后的第5天，李大钊来到觉悟社进行指导。据觉悟社社员谌小岑回忆：

李大钊先生在学生联合会讲演后，特意来到"觉悟社"的社址，设在河北四马路东兴里11号的李锡锦家中的一间简陋小房里。我们十几个人挤在一起和大钊先生谈了1个多小时。

李大钊对于周恩来等打破封建隔阂，男女同学合作，组织起来，并决定出版《觉悟》杂志，非常赞许。他叮嘱周恩来等：

要好好阅读《新青年》《少年中国》上发表的有关马克思主义学说的文章，对于有些学术问题要分类进行研究。

李大钊通过参加和指导各种社团运动，带动周围的一批爱国青年和进步知识分子接受并宣传马克思主义，在中国出现了宣传十月革命和马克思主义的强大阵容，十月革命的影响在中国民众中逐步扩展开来。这为五四运动的爆发，做了思想上和组织上的准备。

慷慨解囊　自助青年

李大钊除了在思想上为青年指路，在生活中对青年也给予了无私的帮助。

第五章　撒播马列火种　成为革命先驱

1918年10月，李大钊在北大的同事杨昌济教授领着一个高个子青年来到位于红楼的图书馆，想找份工作。通过交谈，李大钊觉得这个青年言谈、见识非同一般，就安排他当助理员，月薪8块大洋。这个青年就是毛泽东。

在北大期间，毛泽东一边工作，一边旁听哲学和新闻课，并想找名流请教。可是据他后来向斯诺回忆说，"大家都不理我"，"他们都是些大忙人，没有时间听一个图书馆助理员讲南方话"。而当时已是学界权威并已名满天下的李大钊，对这位只有中等师范学历的属员的时常登门请教，却不仅有问必答，还经常推荐新书。

多年后的1936年，毛泽东在延安的窑洞里，向美国记者斯诺提到这段经历时说：

我在李大钊手下担任国立北京大学图书馆助理员的时候，就迅速地朝着马克思主义方向发展。

我们是他们那一代人的学生。

1949年3月，中央领导机关自西柏坡进入北平，毛泽东无限感慨地对身边的同志说：

30年前我在北平遇到了一个大好人，就是李大钊同志。在他的帮助下我才成了一个马列主义者。他是我真正的老师，没有他的指点和教导，我今天还不知道在哪儿呢。

当时北京大学规定新生办理入学手续必须持有本校两名教师签章具保才具备入学资格。许多学生不远万里到北京求学，人生地不熟，仅因为在《新青年》上看到李大钊的名字就抱着试试看的想法毛遂自荐，希望获得李大钊的帮助。李大钊知道后，并不多加询问，马上写担保书，还叮嘱他赶快办理入学手续，别延误了学习。他还告诉求助的学生：

你们考到这里不容易，如果还有像你一样需要担保的同学，赶快让他们来找我。

李大钊经常为穷学生充当保人或干脆掏钱替他们交学费，从不考虑他

李大钊传

们是否有偿还能力。他处处留心，尽自己所能不让一个进步学生因为生活困难而放弃学业。一次，他发现一名学生接连好几天都没吃饱饭，就寄了一张几元钱的汇款单，署名为"无名氏"。这名学生正在一筹莫展之际，收到了汇款非常奇怪，直到后来，与他情况相同的同学也陆续收到"无名氏"的汇款，大家联合起来多方打听，才明白这个无名氏就是李大钊先生。

那时北京大学的普通职员月薪只有 8 至 10 元，李大钊是图

青年时期的毛泽东

书馆主任，还兼任教授，月薪高达 120 元，加上他平时还撰写大量文章，稿费不菲，按理说，他的收入供养家庭应是绰绰有余，但是他留给家中的费用往往不够维持日常生活开销，以至于校长蔡元培先生不得不吩咐学校的会计科把李大钊薪金中的一部分，直接交给李夫人，以保证他家庭生活费用。

创办《每周评论》 立足批评现实

第一次世界大战结束后，国内外政治形势变化迅速，李大钊、陈独秀感到《新青年》作为出版周期较长的大型文化月刊，不能够满足及时反映和评论迫切的政治问题的需要。为了适应和指导现实斗争，1918 年 12 月李大钊和陈独秀共同创办了一个周期短、政治色彩更加明显的刊物《每周评论》，内容以及时反映和评论当前迫切的政治问题为主，与《新青年》

第五章 撒播马列火种 成为革命先驱

相互补充，并肩战斗，宣传进步思想，传播革命道理，鞭挞帝国主义和北洋军阀，在当时具有重大的革命影响。

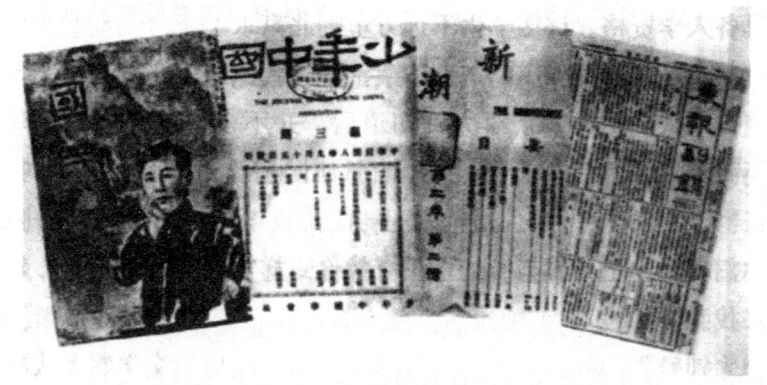

五四前后李大钊同志指导下出版的几种刊物

1918年12月22日，李大钊与陈独秀发起的《每周评论》在北京正式创刊。《新青年》上刊登的《每周评论》出版的广告，标题是"看《新青年》的，不可不看《每周评论》"，其中说明：《新青年》都是长篇文章，一月一次，重在阐明学理；《每周评论》多是短篇文章，重在批评现实，七天一次；但是，它们同样都本着宣传新思想、提倡新文学的宗旨。《每周评论》为周刊，每期四开四版，主要栏目有：国内大事述评、国外大事述评、社论、随感录、国内劳动状况、通讯、新文艺、读者来论、新刊批评、名著等。1919年8月31日，《每周评论》出到第37期，被北洋军阀政府封闭。

李大钊不仅是《每周评论》的创刊人，而且还是重要的撰稿人。李大钊为了创办《每周评论》不辞辛劳，他亲自担任编辑和校对。那时他住在宣武门内，白天事多太忙，编辑工作只能带回家中去作。在半年多时间里，李大钊不间断地夜以继日伏案疾书，两三天就有一篇。在《每周评论》的前35期里，李大钊以"明明""常""守常"等署名发表了54篇文章，希望把自己感受到的社会革命的曙光折射给中国人民，启发青年和人民心中本有的光明，做照亮黑暗中国的光源。

1919年1月5日在《每周评论》第3号上，发表了李大钊撰写的元旦社论《新纪元》。2月上旬，李大钊又在其他报刊上发表了《联治主义与世界组织》《战后之世界潮流》等。在这些文章中，他继续热情地歌颂十月革命，指出：十月革命开辟了人类历史的"新纪元"，"这个新纪元是世界革命的新纪元，是人类觉醒的新纪元"。它将"带来新生活、新文明、新世界"，中国人民应当走十月革命的道路。他告诉人们：从今以后，生产制度要起一种绝大的变动，全世界的劳工阶级要联合起来，"打破国界，打倒全世界资本的阶级"。在新纪元曙光的照耀下，我们"应该趁着这一线的光明，努力前去为人类活动，作出一点有益人类工作"，走上"新人生的道路"。"现在的时代是解放的时代"，"现代政治或社会里边所起的运动，都是解放的运动"；这些解放的要求，包括"人民对于国家""殖民地对于本国""弱小民族对于强大民族""农夫对于地主""工人对于资本家"等等。而发轫于德俄的社会革命潮流，"蔓延于中欧，将来必至弥漫于世界"。

李大钊揭露了剥削阶级对劳动人民的压迫，帝国主义列强对殖民地的压迫，把无产阶级革命与殖民地半殖民地的民族解放运动联系起来，鼓舞着我国人民进行反帝反封建的革命斗争。

发表《我的马克思主义观》

在五四运动以后的马克思主义传播中，李大钊起了主要作用，他是中国最早的马克思主义者。

原本应该在1919年5月份出版的《新青年》第6卷第5号，因为五四运动的发生而延期了。1919年9月，当读者们翻开这期杂志时，发现整本杂志都在介绍一个学说——马克思主义。

此前不久，日本学者河上肇办的个人杂志《社会问题研究》1919年1月号，从日本漂洋过海，辗转流传到李大钊手中。在这期杂志上，河上肇

第五章　撒播马列火种　成为革命先驱

发表了自己的文章《马克思的社会主义理论》。看了河上肇的文章，李大钊颇有知音之感。于是，也开始着手收集资料，撰写自己的马克思主义研究著作——《我的马克思主义观》。他不但自己写，还打算集中刊出一批介绍马克思主义的文章，把由他主编的这期《新青年》编成"马克思主义研究专号"。

五四运动和陈独秀被捕一度打断了李大钊的写作。1919年7月底，正值学校放暑假，恰逢妻子赵纫兰分娩在即，于是他带着妻儿回到河北乐亭老家。安顿好妻子后，他带着儿子葆华到附近的昌黎五峰山中，先写了一封与胡适论战的公开信《再论问题与主义》，亮明了自己全面接受俄国十月革命的思想和所极力倡导的马克思唯物史观，还有根据马克思的唯物史观提出的"根本解决"思想。紧接着，他开始夜以继日地抓紧撰写已开了一个头的长篇论著《我的马克思主义观》。限于当时的条件，他在写作《我的马克思主义观》时，主要利用了日本学者的翻译和研究成果，如河上肇、河田嗣郎、福田德三、山川均等人的译作，同时还查阅了一些英译本马克思著作。这篇文章长达26000多字，包括序言在内共分11个部分。由于文章较长，9月和11月在《新青年》第6卷第5号、第6号上分两期载完。

李大钊的这篇文章充分肯定马克思主义的历史地位，称其为"世界改造原动的学说"。与以往一些文章对马克思主义所作的片断的、不确切的表述不同，文章系统地介绍了马克思主义的三大组成部分——唯物史观、政治经济学和科学社会主义的基本原理，并指出这三个部分"都有不可分割的关系，而阶级竞争说恰如一条金线，把这三大原理从根本上联络起来"。

《我的马克思主义观》是中国最早系统地介绍马克思主义的三个组成部分的著作。它的发表，标志着李大钊完成从民主主义者向马克思主义者的转变，也标志着马克思主义在中国进入比较系统的传播阶段。

李大钊在撰写《我的马克思主义观》的同时，还发表了《阶级竞争与互助》《真正的解放》等文章，阐述马克思主义阶级斗争的理论。文章中指出："社会组织的改造，必须假手于其社会内的多数人"，而"改造运动的基础势力"，"必发源于在现在的社会组织下立于不利地位的阶级"；应当相信人民群众"自己的力量"，群众必定是"自己解放自己"。他的这些论述，对于当时中国人民革命斗争的实践，起了积极的鼓舞作用。

此后至1921年7月建党，李大钊先后发表了《物质变动与道德变动》《"五一"May Day运动史》《马克思的历史哲学与理恺尔的历史哲学》《唯物史观在现代史学上的价值》《唯物史观在现代社会学上的价值》《社会主义与社会运动》《社会主义下之实业》《中国的社会主义与世界的资本主义》《俄罗斯革命之过去、现在及将来》《俄罗斯革命的过去及现在》等文章和讲演，为中国共产党的建立做了大量的理论宣传工作。中国共产党诞生以后，他又相继发表了《由平民政治到工人政治》《马克思的经济学说》《马克思与第一国际》《平民主义》《社会主义下的经济组织》《社会主义释疑》《劳动问题的祸源》等论著与文章，大力宣传马克思主义和社会主义，产生了广泛的社会影响。

从五四运动到中国共产党成立，李大钊发表的宣传马克思主义的文章、讲义、演说，现在所知道的，就在130篇以上。他还在各校授课，开设多门课程。他为马克思主义的宣传作出了卓越的贡献。而这都是在北洋军阀的反动统治下，在极其艰难的环境中进行的，不难看出，他为了宣传马列主义和传播革命思想，作出了多么巨大的努力！

领导五四运动　　推动反帝斗争

1919年的五四爱国运动，是为了反对帝国主义列强在巴黎和会上损害中国主权、反对北京政府的卖国政策而爆发的。

1919年1月，英美法等帝国主义策划召开了巴黎和会，中国代表团在会上提出取消帝国主义在华一切特权，废除与日本签订的"二十一条"，

第五章　撒播马列火种　成为革命先驱

要求收回在大战时被日本乘机夺取的德国在我国山东的权益等。但是，"和会"一开始，就暴露出其强盗分赃性质，我国受到了极大的威胁。到二三月间，帝国主义侵略行径越来越露骨，民族危机日趋严重，而军阀政府又腐败不堪、软弱无能。一批爱国青年深感宣传、揭露已不能适应日益紧迫的斗争形势，需要采取更强有力的行动。2月初，北京各高等学校的学生纷纷集会，提出维护国家主权的要求。2月5日，各校以北大为中心开始组织起来。《每周评论》于2月9日报道：

北京学生联合会筹议抵抗：北大学生于5日晚间在法科开全体大会，到会两千多人。举出干事十几人，分头进行。并联合各校学生，电致巴黎五专使……不要让步。

在5月1日前一天，"巴黎和会"决定承认日本占有德国在中国山东的权益。消息传来，立即在人民群众中，首先在知识分子和青年学生中激起强烈的愤慨。

5月3日晚，北京大学1000多名学生和北京十几所学校的代表，集会于北大法科礼堂，报告巴黎和会的情况。会场上群情激愤。一位学生当场咬破中指，裂断衣襟，血书"还我青岛"四字。与会者声泪俱下，热血沸腾。大会当场议决：

（一）联合各界一致力争；（二）通电巴黎专使，坚持和约上不签字；（三）通电全国各省市，于5月7日举行游行示威；（四）定于5月4日（星期日）齐集天安门举行学界大示威。

5月4日下午，北京大学等13所大中专学校的学生3000余人，不顾北京政府教育部代表及警察的阻拦，到天安门前集会。他们提出"外争主权、内除国贼""废除二十一条"和"还我青岛"等口号，强烈要求拒绝在和约上签字，并惩办北京政府的三个亲日派官僚——曹汝霖、章宗祥、陆宗舆。接着，学生们前往日本驻华使馆抗议。受阻后，游行队伍不顾军警的阻挠，转奔位于赵家楼胡同的曹汝霖住宅。学生们在愤怒之下冲入曹宅，虽没有找到躲藏在暗室的曹汝霖，却遇到另一个卖国官僚章宗祥。他们痛打章宗祥，火烧曹宅。北京政府急忙出动军警镇压，逮捕示威学生32人。

为了营救被捕的学生，李大钊当晚在北大红楼图书馆和大家商量办法，研究下一步的斗争方案。5月5日上午，北京各大专院校学生代表集会，决定即日起罢课。李大钊为了扩大这次爱国运动的影响，在《每周评论》上用大字标题"山东问题"报道了五四示威的全过程。在革命舆论的压力下，反动当局于5月7日清晨将所捕的32名学生全部释放。

此间，李大钊坚持天天在图书馆上班，星期天也不休息。他参加了一系列的教职员联合会的活动，并和北京及来京的学生教工代表保持广泛的联系，及时研究确定斗争的方针策略。他还不断地在《每周评论》上发表文章，强调"巴黎和会"是把"弱小民族的自由、权利，作几大强盗国家的牺牲"。对于帝国主义的强权交易，"无论是山东，是东北，是世界上的什么地方，我们都不承认，都要抗拒的"，"把这强盗世界推翻"！

5月9日，同情学生爱国行动的北京大学校长蔡元培在反动政府的逼迫下，辞职出走。五四运动又增加了挽留蔡校长的活动。李大钊作为北大教职员代表，于10日向北洋军阀政府交涉，坚决挽留蔡校长。同时，广泛地发动教职员，和学生采取同一步骤。

在斗争中，李大钊还针对一些青年学生的错误认识，及时地进行教育。他在5月18日发表于《每周评论》第22号的《秘密外交和强盗世界》一文中指出，在这场斗争中，要把反对曹汝霖、章宗祥、陆宗舆这般卖国贼和反对整个卖国政府，推翻封建军阀统治结合起来；要把反对日本帝国主义侵略和反对所有侵略中国的帝国主义结合起来；把反帝斗争与反封建斗争结合起来。他说：

大家都骂曹、章、陆这一般人为卖国贼……侵略主义的日本人，是我们莫大的仇敌。我却以为世界上的事，不是那样简单的。这作恶的人，不仅曾、章、陆一般人，现在的世界仍然是强盗世界啊！

日本所以还能拿他那侵略主义在世界上横行的缘故，全因为现在的世

第五章 撒播马列火种 成为革命先驱

界,还是强盗世界。

不只夺取山东的是我们的仇敌,这强盗世界上的一切强盗团体、秘密外交一类的一切强盗行为,都是我们的仇敌!

他大声疾呼,"单是打死几个人,开几个公民大会,还是没有效果"的。我们的目标是要"改造强盗世界,不认秘密外交,实行民族自决"。他促使中国人民在这场反帝反封建的革命运动中,进一步认清帝国主义的强盗面目和北洋军阀政府的卖国行径,为五四运动指出了远大的政治目标,推动了运动的深入发展。

五四运动中,北大学生在街头演讲

当运动扩展到全国时,各地学生代表纷纷来京。李大钊图书馆办公室成为各地代表交流情况的集合地。同时他派出了很多进步青年组织的负责人到各大中城市里去,进一步组织、发动和领导各地斗争。如黄日葵、许德珩到天津、济南、南京、上海等地联合学生运动;邓中夏到长沙,后也到上海进行联络。

5月19日,北京学生再次宣布总罢课,外地许多大城市的学生也都相继罢课。5月21日,罢课规模进一步扩大,罢课学生已有2.5万多名。学生们组织"十人团",走上街头向群众讲演,北大的平民教育讲演团更加活跃。他们的讲演不仅感动了群众,就是前去逮捕学生的部分军警也感动得暗自落泪。6月3日,反动政府大规模抓捕学生,两天内,就逮捕学生近千人。李大钊和广大教工联合起来为营救学生而奔忙,他还在《每周评论》上详细报道学生的爱国斗争情况。北京和全国各地许多团体,向反动政府提出抗议。

6月5日,上海工人举行大罢工,高潮时达到10多万人,同时上海商人也举行罢市,支援学生的反帝爱国斗争。一个罢工、罢课、罢市的三罢运动席卷全国,运动进入新的阶段。学生走入工人中,工人参加了运动。李大钊在五四前发出的"知识阶级与劳工阶级打成一气"的号召,产生了实际的效果。五四爱国运动突破学生、知识分子的狭小范围,发展成为有工人阶级、小资产阶级和资产阶级参加的全国范围的群众性反帝爱国运动。北京政府慑于人民群众的愤怒和威力,于6月7日被迫释放被捕学生,10日罢免亲日派卖国贼曹汝霖、章宗祥、陆宗舆的职务。这是五四爱国运动的一个胜利。

6月11日,李大钊同北京大学教授陈独秀、高一涵亲自到城南新世界游艺场,向群众散发《北京市民宣言》,代表人民群众向反动政府提出收回山东主权、罢免卖国官僚、撤销警察机构、市民组织保安队、给予市民集会和言论自由等五条关于内政外交的最低要求,并表明:如果政府不顾市民的愿望,拒绝市民的要求,"我等学生、商人、劳工、军人等,惟有直接行动,以图根本之改造"。陈独秀在散发传单时被暗探逮捕。李大钊立即投入营救陈独秀的斗争。经李大钊等进步人士和爱国青年的积极营救,陈独秀于9月间出狱。

6月28日,是巴黎和会签字的日子,全国人民都在关注着这一天。北京、天津、山东、陕西等地代表,留日、留欧的学生代表及市民从27日起就在新华门北洋政府总统府门前示威,高喊着"一定要拒签和约!""誓死保卫山东主权!"等口号。人越来越多,徐世昌见势不妙,才勉强答应接见示威代表,最后只让3名代表进了府门,代表们义愤填膺,向徐严正提

第五章　撒播马列火种　成为革命先驱

出不能在"和约"上签字的要求，陕西代表屈武看到徐无动于衷，气得头直撞地，鲜血飞溅出来，而徐却挥手而去，并叫侍从把3位代表推出门外。门外的群众见3位代表流血而出，更加气愤，表示不达目的决不罢休，他们整夜在那里示威。李大钊亲眼看到新华门前的斗争场面，连夜赶写了一组六篇战斗短文，刊登在第二天的《每周评论》上。他在《新华门前的血泪》一文中这样写道：

今天（二十八日）是和约签字的日子，巴黎的欢声必能送入全世界人的耳鼓。可是我们应该纪念着今年今日新华门的哭声。

这样的炎炎酷日，大家又跑到新华门前，一滴血一滴血的哭。

这斑斑血泪，只是空湿了新华门前的一片尘土！

在巴黎，旅法华工、中国留学生和华侨数百人，于和约签字前一天的6月27日，包围中国政府总代表陆征祥的住地，强烈要求拒绝在和约上签字。6月28日，中国代表终于没有出席和会的签字仪式。这是五四爱国运动的又一个胜利。

五四运动发生在俄国十月革命所开创的世界无产阶级革命的新时代。因此，它虽然属于民主主义革命的范畴，但实际上已经成为世界无产阶级革命的一部分。五四运动的发生，引起列宁和共产国际对中国革命的重视，并直接促使共产国际派员到中国了解情况，因而加速了中国共产党建立的进程。烈火一经点燃，便孕育着燎原之势。五四运动的爆发，标志着一场新的伟大的反帝反封建斗争的开始，并由此引起一场广泛的深层次的马克思主义传播运动。

坚持"主义"　论战胡适

五四运动后，随着新文化运动的深入发展和马克思主义的广泛传播，新文化运动的阵营逐渐发生分化，出现了要不要马克思主义、以什么主义改造中国社会的激烈论争。

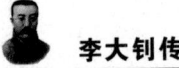 李大钊传

以胡适为代表的一部分资产阶级知识分子，曾在五四运动前的新文化运动中起过一定作用，但他们不愿意看到新文化运动发展为广泛传播马克思主义的运动。1919年7月20日，胡适在《每周评论》第31号上发表《多研究些问题，少谈些"主义"》一文，劝说人们"多多研究这个问题如何解决，那个问题如何解决，不要高谈这种主义如何新奇，那种主义如何奥妙"，并嘲讽"空谈好听的'主义'，是极容易的事"，"是阿猫阿狗都能做的事，是鹦鹉和留声机都能做的事"。胡适反对人们谈论各种主义，实际上是在这种说法之下反对马克思主义在中国的传播，宣扬改良主义，宣扬中国不需要经过革命就能够解决他所说的一个个问题。他反对马克思主义的阶级斗争学说，不承认事实上存在着社会阶级斗争才有这种学说的产生。他后来自己承认，发表这篇文章的目的，是让人不要被马克思、列宁"牵着鼻子走"。他认为马克思主义者关于中国问题要"根本解决"的主张，是"自欺欺人的梦话"。

1919年6月11日，《每周评论》主编陈独秀因散发反帝爱国传单被捕，《每周评论》主要发起人之一的李大钊离京返昌黎，这时《每周评论》的编辑工作只好由胡适接替。此前，胡适在《每周评论》做的"总不过是小说文艺一类，不曾谈过政治"。因为在1917年归国之初，他曾有过"二十年不谈政治"的诺言。他接办了《每周评论》，"方才有不能不谈政治的感觉"。针对所谓国内"新"分子"高谈主义"的趋势，他自己写了一篇"政治的导言"，即《多研究些问题，少谈些"主义"》的政论文章。这是胡适归国后的第一篇"谈政治"的文章，也是他将注意力从文化学术转向政治问题的开始。

李大钊看到胡适的文章后，以书信体形式写了《再论问题与主义》的文章，发表在1919年8月17日《每周评论》第35号上，系统地批驳了胡适的观点。他声明："我是喜欢谈谈布尔扎维主义的"；"布尔扎维主义的流行，实在是世界文化上的一大变动。我们应该研究他，介绍他，把他的实象昭布在人类社会"。他指出：宣传理想的主义与研究实际的问题"是

第五章 撒播马列火种 成为革命先驱

交相为用的"、"是并行不悖的"。一方面,研究问题必须有主义作指导。社会问题的解决,必须依靠社会上多数人的共同运动,而要有多数人的共同运动,就必须有一个共同的理想、主义作为准则,因此,谈主义是必要的。不宣传主义,没有多数人参加,不管你怎样"研究",社会问题永远也没有解决的希望。另一方面,"一个社会主义者,为使他的主义在世界上发生一些影响,必须要研究怎么可以把

胡适

他的理想尽量应用于环绕着他的实境"。而"我们只要把这个那个的主义,拿来作工具,用以为实际的运动,他会因时、因所、因事的性质情形生一种适应环境的变化"。

针对胡适反对"根本解决"的改良主义主张,李大钊运用马克思主义的唯物史观,阐明了中国问题必须从根本上寻求解决的革命主张。他指出:

经济问题的解决,是根本解决。经济问题一旦解决,什么政治问题、法律问题、家庭制度问题、女子解放问题、工人解放问题,都可以解决。

对于中国这样一个没有生机的社会,"必须有一个根本解决,才有把一个一个的具体问题都解决了的希望"。针对胡适反对阶级斗争的观点,李大钊强调:阶级斗争学说是唯物史观的一个重要内容,要解决经济问题,就必须进行阶级斗争,进行革命;如果不重视阶级斗争,"丝毫不去

李大钊传

用这个学理作工具,为工人联合的实际运动,那经济的革命,恐怕永远不能实现"。

这场"问题"与"主义"之争,因《每周评论》在 1919 年 8 月 31 日被北洋军阀政府查封而中断。这场论争实际上是一次中国需要不需要马克思主义、需要不需要革命的论争。它在其他一些团体内也进行过,在不少出版物上也有反映。许多进步青年撰文支持李大钊的观点,但赞同胡适或者具有类似观点的人也为数不少。在这场论争中,李大钊和各地年轻的马克思主义者依据他们的认识水平,论证了马克思主义适合中国的需要,阐述了对中国社会进行一次彻底革命的必要性。这对于扩大马克思主义的影响,推动人们进一步探索如何改造中国社会起了积极的作用。

李大钊在"黑暗的中国"高举起马克思主义的火炬,如同窃来天火的"普罗米修斯",率先在一片荒原上披荆斩棘地开出一条传播马克思主义的道路,哺育了一大批杰出的共产主义者,加速了中国人民的觉醒。马克思主义的传播打破了封建专制制度一统天下的沉闷气息,让思想冲破牢笼,民族精神获得极大振奋。李大钊为宣传马克思主义而写的诸多热情洋溢的文章,正如鲁迅先生所说的那样:

他的遗文都将永在,因为这是先驱者的遗产,革命史上的丰碑。

第六章 南陈北李 相约建党

1920年初，李大钊与陈独秀相约，在北京和上海分别活动，筹建中国共产党。还多次会见共产国际代表，商讨筹建中国共产党。同年秋，他又领导建立了北京的共产党早期组织和北京社会主义青年团，并与在上海的陈独秀遥相呼应，积极活动，扩大宣传，发展组织，积极推动建立全国范围的共产党组织。"南陈北李，相约建党"，成为中国革命史上的一段佳话。

加深理论学习 奠定建党基础

政党是阶级斗争发展到一定阶段的产物，它集中代表了一定阶级和集团的利益。在中国，李大钊最早认识到建立无产阶级革命政党的重要性和建党的必要条件，最早在实践中自觉地推动马克思主义同中国工人运动相结合的进程。因此，他是当之无愧的中国共产党的主要创始人之一。

作为一个专研法政并以救国救民为己任的先进分子，李大钊很早就开始关注西方政党政治。1911年辛亥革命的成功，为中国先进分子探索救国救民的道路拓宽了视野，为中国的进步潮流开启了闸门。民国元年，出现了中国政治史上前所未有的政党活跃的态势，各阶级、各阶层的代表人物纷纷登台亮相，各种名目的政纲、政论、宣言遍布报刊。过去被封建统治者视为洪水猛兽而遭到严禁的政党组织，这时竞相宣告成立。应该说，民国元年政党之活跃是中国政治现代化的一大进步，体现了民族资产阶级的政治热情，对于吸引和动员人们关注和参与政治生活，培养人们的民主精神和现代公民意识起到了一定的促进作用。

民国初年兴起的政党活动热潮曾引起李大钊对政党政治的关注和思考。一方面,他指出政党是民主政治的产物,肯定政党的必要性及政党政治对巩固民国共和体制的重要性,认为"国可赖党以昌"。另一方面,他对当时的政党活动状况也提出了严肃的批评。他认为,当时政党活动存在严重的"党私"问题,政党之间"以君子小人,有如水火";"试观今日之政党,争意见不争政见,已至于此,且多假军势以自固。则将来党争之时,即兵争之时矣。党界诸君子,其有见及此者乎?盍早图之"。他曾一度参加中国社会党。在袁世凯解散国会、宣布国民党为非法的情况下,他曾寄希望于政党力量的合作来对抗袁政府,充当"遏制之任"。然而现实却令他失望。通过对中国近代政党政治进行深刻的理性反思,李大钊痛切地感到,中国近代政党"既无政党之精神,亦无团体的组织",形同散沙。正是有鉴于此,他提出,在中国,进行社会革命和社会改造,需要培养"中心势力"。早在 1917 年 4 月,李大钊就明确指出,中国必须有一个新的中心势力,国家的统一和发展才有希望。这个新的中心势力就是先进政党。

陈独秀

第六章　南陈北李　相约建党

十月革命点燃了李大钊对建立新政党的希望，尤其是使他初步认识到在中国建立无产阶级性质政党的重要性。李大钊在宣传十月革命的文章中，对俄国布尔什维克党表示了极大的关注。在《法俄革命之比较观》一文的开头，他就指出："俄国革命最近之形势，政权全归急进社会党之手，将从来之政治组织、社会组织根本推翻。"这里所说的"急进社会党"，即俄国布尔什维克党。这是一个什么性质的政党呢？李大钊通过对十月革命的研究，对"布尔什维克"作了比较详细的描述：

他们的主义，就是革命的社会主义；他们的党，就是革命的社会党；他们是奉德国社会主义经济学家马客士（Ma rx）为宗主的；他们的目的，在把现在为社会主义的障碍的国家界限打破，把资本家独占利益的生产制度打破。

他们主张一切男女都应该工作，工作的男女都应该组入一个联合，……一切产业都归在那产业里作工的人所有，此外不许更有所有权。

显然，在李大钊看来，布尔什维克党是以马克思主义为指导，以推翻资本主义、实现社会主义为目的，代表无产阶级利益的政党。这表明，李大钊从俄国革命的胜利实践中，已开始认识到无产阶级革命政党的性质、指导思想和奋斗目标。他热烈欢呼十月革命，欢呼布尔什维主义的胜利，进而希望中国进行十月革命式的社会革命，其中就包含了他对在中国建立俄国布尔什维克式的马克思主义政党的期待。据李璜回忆：

在（1918年）11月中，守常便已在我们的联餐席上，开始称道俄国的共产革命，认为要比1789年的法国大革命要有意义得多。囿于在俄共主张上，还有精神照顾到弱小民族的解放运动，而中国革命的前途，要采取西方的策略时，则最好去学俄国共产党。

五四运动以后，在传播马克思主义的过程中，李大钊更加迫切地感到：要用马克思主义改造中国，走十月革命的道路，就必须像俄国那样，建立一个无产阶级政党，使其充当革命的组织者和领导者。按照马克思主义的建党理论，建立这样一个无产阶级政党，除了必须具备阶级基础和思想基础外，还需要有革命知识分子把马克思主义灌输到工人中去，促进马克思主义同中国工人运动相结合。在俄国十月革命道路的启示和马克思主义建党理论的指引下，李大钊怀着强烈的使命感，开始积极投入到创建中国共产党的实践中。

当时，在中国，结合共产主义信仰者，组织巩固的团体，建立共产党，不仅有必要，而且具备了必要的条件。中国无产阶级的成长壮大为无产阶级政党的创建奠定了阶级基础。由于辛亥革命和第一次世界大战的影响，1912年至1922年的10年间，在中国出现了民族资本主义发展史上的一个黄金时代。近代工业特别是民族资本主义经济的发展，促进了新的革命力量的成长。其间，在中国资产阶级有所发展的同时，中国无产阶级也进一步发展壮大。到1919年五四运动前夕，产业工人已由1914年的100万人发展到200万人以上，日益成为近代中国一支重要的社会力量。

近代中国的无产阶级，除了产业工人这一主体之外，还包括与产业工人处于同等或类似地位、靠出卖劳动力生活、并与产业工人所从事的机器大工业生产有直接或间接联系的各种非产业工人，如手工业工人、苦力运输工人、农业雇工、商业和金融业的普通职工等，其总数约为4000万人。

在20世纪初的中国社会各阶级中，无产阶级是一个最进步、最革命、最有远大前途的阶级。中国无产阶级同各国无产阶级（工人阶级），一样，不占有任何生产资料，同最先进的经济方式相联系，富于组织性、纪律性。中国无产阶级深受帝国主义、资产阶级和封建势力的三重压迫，这种压迫的严重性和残酷性，是世界各国中少见的。他们生活极端困苦，社会地位低下，具有改变自己悲惨境遇的强烈要求。由于近代工业的布局和结构不平衡，中国产业工人的绝大部分集中在沿海各省和水陆交通沿线的少数大城市和大型企业中。产业工人这种集中的状况，加上广大非产业工人与之结合，有利于无产阶级的组织和团结，有利于在工人中传播革命思想和发展革命力量。此外，由于中国无产阶级大多数出身于破产的农民或手工业者，因而能够充分了解劳动人民中占绝大多数的农民的痛苦和要求，

第六章 南陈北李 相约建党

便于发动和组织农民及其他劳动群众参加反帝反封建的革命斗争,建立以工农联盟为主体的广泛地革命联盟。

辛亥革命后,中国无产阶级随着自身队伍的壮大和罢工斗争的高涨,在民族危机和社会危机日益严重的情况下,在俄国十月革命和新思潮的影响下,迅速地觉醒并成长起来,并很快登上政治舞台。中国反帝反封建的民主革命的领导责任,历史性地落到中国无产阶级身上。但是,中国无产阶级并不是一开始就能够认识到自身的历史使命并发挥革命作用的。由于生长在半殖民地半封建社会中,中国无产阶级难免带有一些弱点。它除了人数少之外,还受到封建的宗法思想、行帮观念、宗教迷信及其他种种封建意识和习俗的侵蚀,受农民小生产者的思想和习惯的影响较深,接受现代教育少,文化水平低,缺乏民主意识,等等。因此,无产阶级要充分体现和发挥自身的革命性,担当起中国革命的领导责任,还必须在先进思想的指导下,认清自己的阶级利益和历史使命,建立与农民、旧式手工业工人和江湖游民的组织截然不同的新的阶级组织形式——无产阶级革命政党和现代工会,从而由自在的阶级转变成自为的阶级。

五四运动后马克思主义在中国迅速而广泛的传播,为中国无产阶级政党的创建准备了思想条件。作为第一个在中国举起马克思主义旗帜的旗手,李大钊在研究和宣传俄国十月革命的经验、传播马克思主义的过程中,十分注意研究、宣传马克思主义关于党的学说。从1919年、1920年李大钊的著作和他主编的刊物中可以看到,他介绍得最多的一部马克思主义经典著作是《共产党宣言》。

1847年,在马克思、恩格斯的共同努力下,创立了世界上第一个以科学社会主义为指导思想的国际无产阶级政党——共产主义者同盟。1848年2月,马克思和恩格斯为同盟起草的纲领《共产党宣言》发表,宣布无产阶级的奋斗目标是推翻资产阶级统治,建立无产阶级专政,最终实现共产主义。宣言对共产主义革命的组织领导力量、理论原理、行动纲领和策略原则逐一进行了阐明。它指出,共产党人是无产阶级进行共产主义革命的

李大钊传

组织力量和领导者。他们是无产阶级利益的体现者,他们"没有任何同整个无产阶级的利益不同的利益",他们坚持国际主义的原则。《共产党宣言》的发表,标志着马克思主义这一崭新思想理论的诞生,因而被西方许多学者称为马克思主义的出生证。作为国际共产主义运动的第一个纲领性文献,《共产党宣言》揭开了国际共产主义运动的历史篇章。

从此,国际工人阶级有了自己的先锋队——共产党,"全世界无产者,联合起来!"成为他们响亮的战斗口号。一个幽灵——共产主义的红色幽灵,开始在欧洲大地乃至全世界游荡。直到大约70年后,一声惊雷,震撼了整个世界,列宁领导的俄国十月革命把《共产党宣言》由理想变成活生生的现实,开始了劳动人民当家做主的新纪元。

《共产党宣言》这部被称为共产党人"周详的理论和实践的党纲",对李大钊的思想产生了巨大影响。作为中国最早的马克思主义的传播者,李大钊在《我的马克思主义观》《阶级竞争与互助》《马克思主义的历史哲学》《唯物史观在现代史学上的价值》等文章和他主编的《每周评论》中,都着力宣传《共产党宣言》的基本思想。早在1919年4月,李大钊主编的《每周评论》第16号上,就刊登了《共产党宣言》第二章"无产者和共产党人"最后几段的译

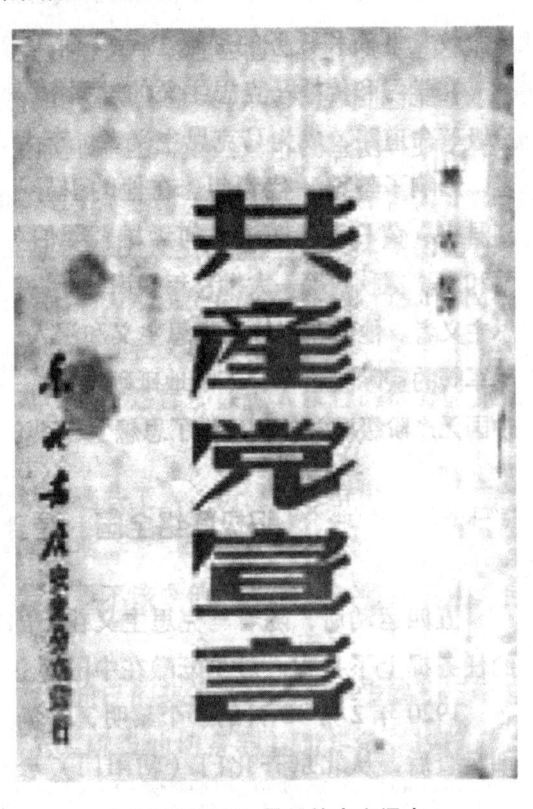

《共产党宣言》最早的中文译本

第六章 南陈北李 相约建党

文,这是《共产党宣言》中极其重要的部分。在《我的马克思主义观》这篇著名的论文中,李大钊节译了《共产党宣言》第一章"资产者与无产者"的内容。文章指出,马克思和恩格斯的《共产党宣言》,"大声疾呼,檄告举世的劳工阶级,促他们联合起来,推倒资本主义。大家才知道社会主义的实现,离开人民本身,是万万做不到的,这是马克思主义一个绝大的功绩"。后来,他又通过学习列宁的《国家与革命》《苏维埃政权的当前任务》等关于无产阶级革命的论著,进一步加深了对无产阶级革命政党性质和任务的理解。

在学习和传播马克思主义的过程中,一大批先进分子先后走上无产阶级革命道路,成为马克思主义者。李大钊作为中国最早的马克思主义者,影响了整整一代青年。在他的引导下,毛泽东、周恩来、邓中夏、高君宇、黄日葵、范鸿、何孟雄、缪伯英、张太雷、王尽美、赵世炎、蔡和森、瞿秋白等一大批青年知识分子,接受了马克思主义,并成为马克思主义者。他们在宣传马克思主义和深入工人群众的过程中,在参加反帝反军阀的实际斗争中,不断地砥砺自己,一步步地成长起来。这样,就为中国无产阶级政党的创建作了思想上、理论上和干部培养上的重要准备。

积极联络全国 建立早期组织

五四运动后,随着马克思主义在中国的广泛传播,筹建中国共产党的任务提上了日程。最早酝酿在中国建立共产党的是李大钊和陈独秀。

1920年2月10日的一个黎明,一辆带篷的骡车经过守门警卫的详细盘查后,从北京齐化门(朝阳门)驶出。这是一辆不寻常的骡车,赶车的"账房"先生是颇具燕赵豪侠之风的中国最早的马克思主义者李大钊,车里坐着的"东家"模样的人是五四运动的总司令陈独秀。这是李大钊第二次帮陈独秀逃避北洋政府军警的追捕,冒着生命危险,凭着自己的乡音和轻车熟路,乔装打扮以后,护送陈独秀离开北京前往天津,以便从那里乘火车赴上海。就在这次由京赴津途中，在这辆看似寻常的骡车上，两人开始酝酿组织马克思主义政党的具体事宜。陈独秀走后，李大钊又到天津特别一区（旧俄租界）会见了苏俄友人，相互交谈了一些对革命的见解。从此，李大钊和陈独秀分别在中国的政治中心北京和经济中心上海开始了共产主义运动的宣传和发动。

深入到工人群众中去，了解他们的疾苦，启发他们的觉悟，并把他们组织起来，是中国先进分子筹备建立无产阶级政党的第一步。列宁特别强调，党是工人阶级的一部分，但又不是普通的一部分。它是用马克思主义理论武装起来的，由工人阶级中最优秀、最有觉悟的分子组成的先锋队。所以"绝对不能把作为工人阶级先进部队的党和整个阶级混淆起来"。

早在五四运动以前，李大钊在研究中国社会时，就十分注意工人问题。1917年2月，李大钊写过一篇反映北京人力车夫苦难生活的文章，他分析造成这种状况的社会原因是："工厂不兴，市民坐困，迫之不得不归于此途，宁为牛马于通衢，犹胜转死于沟洫。"1919年3月，他又在《每周评论》上发表《唐山煤矿的工人生活》一文，深刻揭露在资本家、包工头的残酷剥削下，矿工们劳动生活的悲惨情景。这是关于中国工人生活的第一篇纪实报告。李大钊在文中写道：

唐山煤厂的工人，约有八九千人。这样多数工人聚合的地方，竟没有一个工人组织的团体。

这个炭坑，仿佛是一座地狱。这些工人，仿佛是一群鬼。

工人的生活，尚不如骡马的生活。

许多幼年人，在那里做很苦很重不该令他们做的工，那种情景，更是可怜。

他进而指出：工人阶级要改变自己的悲惨处境，第一步就要组织起来，成立工人自己的团体，为工人阶级的切身利益而斗争。1919年5月1日，李大钊在《"五一节"May Day 杂感》一文中，殷切呼唤中国工人阶级的觉醒。

第六章 南陈北李 相约建党

1919年3月,北大学生邓中夏等人组织了北京大学平民教育讲演团。在李大钊的指导下,讲演团到长辛店向铁路工人讲演,经过一段时间的接触和锻炼,学生们学会了用通俗的语言向工人宣传革命道理,受到工人们的欢迎。这项活动,为开辟长辛店这个早期北方工人运动的重要据点打下了基础。

五四运动爆发后,中国工人阶级以巨大的声势、作为独立的政治力量登上历史舞台,这使李大钊欣喜地看到,在中国建立以马克思列宁主义为理论指导的无产阶级革命政党,开始有了可能。五四运动以后,李大钊号召、组织先进青年到工人中去,宣传马克思主义的革命道理,并领导了早期的工人运动,开始把马克思主义同中国工人运动结合起来。

1919年10月10日,北京大学学生发起北京5000多个大、中学生捐款买了17万个面包,印上"劳工神圣"等字样,分送给全市工人群众,同时,散发了30万张传单,并进行演讲。这次活动轰动了整个北京城,为革命知识分子到工人中去进行活动营造了良好的氛围。

1919年下半年,李大钊曾到开滦煤矿与矿工们谈话,他说:十月革命,"这是工人的胜利,将来的世界必是劳工的世界"。李大钊还曾到唐山工业专门学校进行社会调查,到京奉铁路唐山制造厂与工人交谈,向他们讲解工人专政和十月革命的意义。

1919年12月,李大钊在《再论亚细亚主义》一文中明确指出了无产阶级是资本主义的掘墓人。他用唐山开滦煤厂作例证说:

世界上的军国主义、资本主义,都像唐山煤矿坑上的建筑物一样,它的外形尽管华美崇闳,它的基础,已经被下面的工人掘空了,一旦陷落,轰然一声,归于无有。

由于李大钊在中国最先宣传十月革命和马克思列宁主义,并在五四运动中所起到的卓越的领导作用,他在北京的知识界特别是青年中有着崇高的威望,这使他很自然地成为北京学习和研究马克思主义的带头人。许多青年把他看成自己的导师,听他的教诲,请他帮助。而李大钊就在与青年

的广泛接触中，开始了共产主义的组织活动。

　　1920年3月，李大钊与邓中夏、黄日葵、高君宇等人经过多次酝酿和讨论，秘密发起组织了北京大学马克思学说研究会，其成员大多是五四运动中的骨干和积极分子，李大钊任顾问。该研究会通过收集、编译和出版宣传马克思主义的书籍、举办研讨会、讲演会等，把活动开展得有声有色。为了扩大影响，1921年11月，马克思学说研究会公开发表启事，征集会员。除北大的学生报名外，还有外校的。在蔡元培校长的支持下，学校拨出两间房子，给研究会使用。李大钊与会员商议，将这里命名为"亢慕义斋"（"亢慕义"是英文communism即共产主义的音译）。"亢慕义斋"从此成了马克思学说研究会的代名词。该会搜集编印和集资购买的图书，都盖上"亢慕义斋藏书"的印章。

　　"亢慕义斋"吸引了众多同学前来读书，成为我国最早传播马克思主义的图书馆。直至现在，北京大学的图书馆里还保存着当时一些盖有"亢慕义斋"图章的书籍。李大钊多次到研究会讲演，回答大家研究中遇到的问题。在他的领导下，一部分具有初步共产主义思想的知识分子在马克思学说研究会中进行着紧张的活动，当时，邓中夏等每天一早就到北大三院学习马克思主义书籍，下午从事政治、社会活动，晚上聚在一起讨论革命问题或交换学习心得，总要到深夜才散去。通过这些活动，他们加深了对马列主义的了解，并产生了进一步组织起来开展革命斗争的强烈要求。这就为后来北京早期党组织的成立打下了基础。

　　马克思学说研究会，既是中国最早学习和研究马克思主义的团体，也为建党做了重要准备，首先是为北京的共产党早期组织的建立做了组织上和干部上的准备。据有关资料统计，前后参加马克思学说研究会的人数达300人左右，其中工人约占20%，还有一些少数民族的会员。这些会员，大多成为以后北方建党、建团的骨干和基本成员。

　　李大钊曾多次会见共产国际和苏俄派来的代表，同他们讨论建立中国共产党的问题。1920年春，正当中国先进知识分子积极筹备建党的时候，

第六章 南陈北李 相约建党

经共产国际批准，俄共（布）远东局海参崴（今符拉迪沃斯托克）分局外国处派出全权代表维经斯基等人来华，了解五四运动后中国革命运动发展的情况和能否建立共产党组织的问题。与其同行的有旅俄华人、俄共（布）党员、翻译杨明斋等人。维经斯基一行先到北京，经俄共（布）党员柏烈伟介绍会见了李大钊。在李大钊等人的安排下，双方举行了一系列座谈会。然后，李大

共产国际代表维经斯基

钊委托张太雷担任维经斯基的英语翻译，陪同维经斯基一行前往上海会见陈独秀。在北京和上海，维经斯基介绍了十月革命后俄国的情况及苏俄的对华政策，以及共产国际和国际共产主义运动的状况和经验。他们在了解到中国工人阶级的情况和马克思主义在中国的传播情况后，认为中国已经具备建立共产党的条件，并对李大钊和陈独秀的建党工作给予了具体帮助。

李大钊在介绍维经斯基一行去上海后，与陈独秀通信相商，一致认为需要加快建党的进程，并同时在北方和南方从事建党的筹备工作。后人所说的"南陈北李，相约建党"，形象地说明了他们在建党过程中所起的倡导、推动和组织作用。

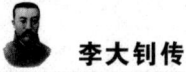 李大钊传

1920年5月,陈独秀在上海秘密发起成立了马克思主义研究会。6月,他同李汉俊、俞秀松、施存统、陈公培等人开会商议,决定以马克思主义研究会为基础,成立共产党组织,并初步定名为社会共产党,还起草了党的纲领。党纲草案共有10条,其中包括运用劳工专政、生产合作等手段达到社会革命的目的。此后不久,围绕着是用"社会党"还是用"共产党"命名的问题,陈独秀征求李大钊的意见。李大钊主张旗帜鲜明,就叫"共产党",陈独秀表示完全赞同。

经过酝酿和准备,在陈独秀的主持下,上海的共产党早期组织于1920年8月在上海法租界老渔阳里2号《新青年》编辑部正式成立,取名"中国共产党"。这是中国的第一个共产党组织,其成员主要是马克思主义研究会的骨干,陈独秀为书记。

北京的共产党早期组织是在李大钊的直接指导和筹划下成立的。1919年年底到1920年年初,在北京的一些共产主义知识分子进一步提出了要去组织工人阶级的问题。李大钊这时写文章,号召"劳工阶级、无产阶级联合起来,为核心组织,以反抗富权阶级、资本阶级"。陈独秀也在《晨报》上发表了《告北京劳动界》的文章,提出要去组织北京各行业的工人。在李大钊的号召和组织下,1920年1月,北京一些先进知识分子到人力车工人居住区进行调查。工人的悲惨生活状况使他们大为震惊。据北京《晨报》报道说:"调查回来,大家相顾失色,太息不止,都现出一种极伤心且不平的样子。"他们决心到工人中去进行革命工作,唤起工人的觉醒,积聚工人阶级的力量。在李大钊领导下,北京的共产主义知识分子在人力车工人和北大的印刷工人中,开始了组织工会的活动。由于警察的镇压和工头的阻挠,没有成功。但李大钊和他的学生们并没有气馁,又在铁路工人中开始活动。

1920年五一国际劳动节,李大钊在纪念文章中号召中国工人:

起!起!!起!!!勤劳辛苦的工人!今天是你们觉醒的日子了。

当天,李大钊在北京大学召开的纪念大会上发表了热情洋溢的演说,

第六章 南陈北李 相约建党

主张把"纪念五一节当作我们引路的一盏明灯"。这一天,邓中夏等还赶到北京郊区长辛店,在工人中进行宣传和联系工作。同日,上海、南京、广州等城市的工人隆重集会,第一次纪念自己的节日。这次五一节纪念活动是马克思主义同中国工人运动相结合的一次较大规模的实践。从此,那个曾被外国舆论称为"不入中国人清梦的五月一日"的时代永远成为过去,显示了五四运动以后中国工人阶级的新觉醒。

组织工人的同时,李大钊等人还积极联络北京、天津等地的先进分子,努力促成进步团体的联合。1920年8月16日,少年中国学会、人道社、曙光社、青年互助团及天津觉悟社的代表20余人,在北京陶然亭举行茶话会。李大钊、周恩来、邓颖超、张申府等在会上发言。李大钊指出:各团体要有一个正确的主义,主义不明,对内既不足以齐一,对外尤不足以与其他组织进行联合的行动。会议决定五团体组合成"改造联盟",并通过了《改造联盟宣言》,响亮地提出"到民间去!""切切实实地做点事"。从此,中国的一批倾向共产主义的先进分子掀起了到民间去、到工农群众中去,了解社会、认识社会、改造社会的热潮,并与在此前后兴起的赴法勤工俭学和留俄学习马克思主义的热潮相配合,从根本上加速了中国共产党的诞生。

经过一系列准备工作,北京的共产党早期组织于1920年10月在北京大学图书馆李大钊的办公室正式成立,当时取名为"共产党小组"。党组织的最初成员有李大钊、张申府、张国焘三人。不久,张申府经上海去法国。党组织又陆续发展了黄凌霜、陈德荣、罗章龙、刘仁静等一批新成员,内部分工是:李大钊负总责,并主持马克思学说研究会;张国焘担任工人运动工作;罗章龙、刘仁静等负责发起组织社会主义青年团。李大钊每月从自己的120元工资中拿出80元作为小组的活动经费。

11月,北京党组织内发生共产主义者与无政府主义者之间的严重分歧。黄凌霜等无政府主义者主张自由的联合,反对党的纪律和职务分工,认为政府是一切罪恶的根源,反对建立无产阶级专政的政府。经过争论,

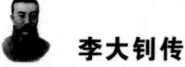

无政府主义者除陈德荣外,其他都退出了党组织。之后,北京社会主义青年团骨干邓中夏、高君宇、何孟雄、缪伯英等转为党员。同月,北京共产党小组举行会议,决定将北京共产党小组命名为中国共产党北京支部。李大钊被推选为书记,张国焘负责组织工作,罗章龙负责宣传工作。

到1921年7月党的一大召开前,除退出的无政府主义者外,参加过北京党组织的有李大钊、张申府、张国焘、罗章龙、刘仁静、邓中夏、高君宇、范鸿劼、何孟雄、张太雷、缪伯英、宋介、吴汝铭、宋务善、李梅羹、陈德荣等十多人。他们当时大多是北京大学的进步师生。

在上海和北京的共产党早期组织的影响、推动或帮助下,武汉、长沙、广州、济南等地的先进分子以及旅日、旅法华人中的先进分子,也相继建立了共产党早期组织。

注重革命实际　开拓工人运动

各地的共产党早期组织建立后,各种革命活动开始走上有领导、有组织、有计划的轨道。北京早期党组织在李大钊的领导下,建立社会主义青年团,扩大马克思主义的宣传,批判各种反马克思主义思潮;从事实际的工人运动,努力促进马克思主义同中国工人运动的结合。

为了团结教育广大青年,北京早期党组织成立伊始,就着手筹建北京社会主义青年团。1920年11月,在李大钊的指导下,北京社会主义青年团成立大会在北京大学学生会办公室召开,参加会议的有邓中夏、高君宇、何孟雄等40人左右。会议公推北大学生会主要负责人高君宇为书记。同月,李大钊委派北京支部成员、原天津北洋大学学生张太雷赴天津,与于方舟等创建了天津社会主义青年团,并出版了主要面向天津、唐山等地工人的小型日刊《劳报》,宣传马克思主义,报道有关工人运动的消息。创刊不久,即被当局查封,又改名为《来报》(英文劳动一词Laber的音译)继续出版,直到后来再次被查封,发行人被捕,才停刊。1921年4

第六章 南陈北李 相约建党

月,高君宇受李大钊委派返回家乡山西太原。5月1日,在高君宇的帮助下,成立了太原社会主义青年团。1921年3月,李大钊派团员李树彝到唐山,首先发展工人邓培为团员。7月,李树彝与邓培发起建立唐山社会主义青年团,后又建立了唐山工人图书馆。李大钊还派人去山东了解济南马克思主义研究会的情况,并与王尽美等建立了联系。在李大钊和北京早期党组织的领导下,社会主义青年团组织团员、青年学习和宣传马克思主义,并到长辛店、天津、唐山等地的厂矿以及铁路工人中开展工作,努力同工人阶级相结合。

北京的共产党早期组织成立后,十分重视思想理论建设,进一步加强对马克思主义的研究和宣传。以党组织成员为骨干的马克思学说研究会聚集了越来越多的进步青年。1920年12月初,李大钊又在北京大学组织了以"集合信仰和有能力研究社会主义的同志,互助的来研究并传播社会主义思想"为宗旨的社会主义研究会。同时,他通过在北京大学开设"现代政治"讲座和唯物史观研究、社会主义和社会运动等课程,并到女子高师、师大、朝阳大学、中国大学等校讲授女权运动史、史学思想史、社会学等,介绍苏俄和世界工人运动以及中国劳工状况,宣传马克思主义的唯物史观。李大钊给追求真理的进步青年以极大的思想启迪,帮助他们走上信仰马克思主义的道路。

李大钊和北京早期党组织的一些成员还积极参加关于社会主义是否适合中国国情的论争。1920年,英国哲学家罗素应邀来华讲学,主要宣传以和平改良为宗旨、不触动资产阶级根本利益的基尔特社会主义。张东荪、梁启超等先后发表文章,对罗素的言论表示十分信服。他们认为:中国经济落后,大多数人民无知识,"绝对不能建设劳动阶级的国家",也没有建立无产阶级政党的条件,"真正的劳农革命决不会发生"。中国唯一的病症是穷,救治的办法只有"发展实业",依靠"绅商阶级"发展资本主义。针对张东荪、梁启超等人的言论,1921年3月,李大钊连续发表《社会主义下之实业》《中国的社会主义与世界的资本主义》两篇文章,指出:

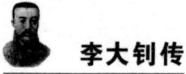

中国实业之振兴，必在社会主义之实行。

今日在中国想发展实业，非由纯粹生产者组织政府，以铲除国内的掠夺阶级，抵抗此世界的资本主义，依社会主义的组织经营实业不可。

何孟雄也在《曙光》杂志上发表《发展中国的实业究竟要采用什么方法》一文，批驳张东荪、梁启超等人的错误观点。这场论争，扩大了马克思主义在北京地区的影响，提高了北京早期党组织成员的思想觉悟和理论水平。

在李大钊的领导下，北京早期党组织采取多种方式，有计划地开展对工人的宣传和组织工作。

出版工人刊物。1920年的十月革命节，北京早期党组织创刊出版了工人通俗读物《劳动音》周刊，以"阐明真理，增进一般劳动同胞的知识，研究些方法，以指导一般劳动同胞，使解决这不公平的事情，改良社会组织"为目的。在李大钊的指导下，《劳动音》非常注意马列主义理论与工人运动实践相结合，在其发刊词中申明：《劳动音》的出版，是社会主义运动走向实际劳工运动的起点；希望劳动同胞将所在厂矿的生产、生活情况告诉编辑部，以"使国内各工人容易联络"，"使热心社会改革的人，去求解决的方法"。《劳动音》通过朴素的语言、典型的事例，深入浅出地阐明劳动创造世界、劳动创造价值的真理，揭露工人受剥削的真相，指出无产阶级的历史使命和寻求解放的正确途径。《劳动音》创刊号用了大量篇幅，以"矿务局利八倍于资本""几十分钟内死工人五六百""工人一命只值六十元"的惊人标题，详细报道了1920年10月唐山煤矿发生的瓦斯爆炸事故，揭露资本家唯利是图、视工人的生命如虫蚁的罪行，对工人进行教育，提高其阶级觉悟。该刊出版后一个月，每期销售量即达2000份以上。工人们说：这是我们的声音。

在李大钊的领导下，北京支部还筹备和创办了我国早期的重要工人刊物——《工人周刊》。该刊于1921年7月创刊，大力提倡工人组织起来，开展维护工人阶级自身利益的斗争，结合工人生活和斗争的具体事例，深

第六章 南陈北李 相约建党

入浅出地宣传马克思主义。同时刊登工人来稿，用他们的亲身经历揭露中外资本家对工人的压迫和剥削，诉说工人的要求，在工人中引起广泛的共鸣。由于该刊"办得很有精神"，被誉为"工人的喉舌"，出版后迅速行销北方各地，成为北方最受工人欢迎的一个刊物，每期销量在几千份，最多时达2万份，发行数量相当可观。北洋军阀政府对此曾极感恐慌，屡次通饬"严禁发行递寄"。然而，《工人周刊》却因得到群众的拥护，不仅在工人中继续广泛流传，而且在北京东安市场、劝业场等大商场的许多书店中继续出售。

北京支部还出版了《工人的胜利》《五月一日》以及其他小册子和传单，运用问答等通俗易懂的形式，宣传工人劳动创造世界的真理，启发工人的阶级觉悟。

注重劳工教育，创办劳动补习学校。在从事中国工人运动的过程中，李大钊耳闻目睹了工人群众在知识上的贫乏，并且深刻地意识到这种状况在长远意义上对中国工人运动和社会解放运动的束缚。他认为，中国的劳工"汗血滴滴的终日劳作，靡有工夫去浚发他的知识，陶养他的性灵，他就同机械一样，牛马一般，久而久之，必把他的人性完全消失，同物品没有甚么区别"。而中国当时的劳工教育机构和设施，却没有针对"苦工社会"的补助教育机关，"至于那阅书报的机关，更是绝无仅有"。为此，他主张以教育为手段，通过知识分子走与劳工相结合的道路，用通俗易懂的读物和教材来教育劳工，向劳工普及科学文化知识，宣讲革命道理，使劳工实现从人性的启蒙到政治的觉悟，最终达到人的全面发展与社会改造的完美结合。他强调：

要想把现代的新文明，从根底输入到社会里面，非把知识阶级与劳工阶级打成一气不可。只要知识阶级加入了劳工团体，那劳工团体就有了光明；只要青年多多的还了农村，那农村的生活就有改进的希望，社会组织就有进步了。

他提出的这一独具特色的劳工教育思想，不仅使处于社会最底层的中

 李大钊传

国广大劳苦大众有了学文化受教育的机会，而且为知识分子指明了与工农相结合的道路，以致对中国共产党执政后的教育思想和教育制度都产生了深远的影响。

1920年12月，李大钊派邓中夏、张太雷、张国焘等人到长辛店筹办工人劳动补习学校，受到工人们的热情欢迎。1921年元旦，劳动补习学校正式开学。校址是一位工人帮助租下的，教师的讲台是工人们用土坯垒成的。劳动补习学校"以增进劳动者和劳动者子弟的完全知识，养成劳动者和劳动者子弟高尚人格为宗旨"，分为日班和夜班。日班是为工人子弟办的，课程与普通国民高等小学堂的课程略同。夜班则专收工人，设有国文、科学常识、社会常识、工厂和铁路知识等课程。教员大都由北京大学师生担任。李大钊和北京支部其他一些成员曾去该校讲课或考察。教材是教员联系工人的生产和生活实际自编而成的。教员们在讲课的过程中，把提高工人的文化水平同传播革命思想有机地结合起来，从工人熟悉的事物中启发他们认清革命道理。例如，从工人日常筑路、采矿、织布、盖房讲起，进而阐明"工人的劳动创造了世界一切"这一真理；用通俗而生动的事例，说明当时中国社会存在的工人受严重压迫和剥削的现象，以及如何消除这一不合理现象的途径。从阶级斗争、现代工会组织讲到工人阶级政党，从列宁领导的十月革命讲到社会主义的苏俄，由表及里，深入浅出。他们还特别强调工人团结的力量，"五人团结一只虎，十人团结一条龙，百人团结成泰山，谁也搬不动"。这些简单的革命道理，经教员们逐一点拨，就像一缕缕温暖的阳光，渐渐驱散工人心中的阴霾，马克思列宁主义开始在工人中生根发芽。

劳动补习学校被称为铁路工人的精神驿站。每天，从劳动补习学校里传出清新嘹亮的歌声：

第六章 南陈北李 相约建党

如今世界太不平，重重压迫我劳工，

一生一世作牛马，思想起来好苦情。

北方吹来十月的风，惊醒了我们苦弟兄，

无产阶级快起来，拿起铁锤去进攻。

红旗一举千里明，铁锤一举山河动，

只要我们团结紧啊，冲破乌云满天红！

在李大钊的动员下，教员们抛开舒适的学习和生活环境，来到长辛店，挤住在一间小屋里，连点灯的油瓶都是从工人家里借来的。每人每月发7元生活费，吃饭用去3元，省下的钱用来买茶叶、糖果，招待工人们。他们的举动感动了质朴的工人，工人们把他们当作自己人，遇到什么难解的问题就来找教员交谈。教员们也经常对工人进行家访，通过同工人促膝谈心，了解工人的生活和思想情况，自己也从中受到教育，在思想感情上发生了深刻的变化。知识分子与工人群众打成一片，"好比兄弟一般"。邓中夏等北京早期党组织成员把《劳动音》《共产党》《工人周刊》等杂志带到学校，工人们争相传阅。工人学员的阶级觉悟迅速提高，参加革命运动的热情日益高涨。劳动补习学校为早期北方铁路工人运动培训了第一批骨干。

1921年春，李大钊还曾亲自到郑州等地视察和指导工人运动。一天，郑州铁路职工学校（工人夜校）的教员对来学习的工人们说，明天北京有一位先生要来学校看看，你们的衣服要穿得干净整齐些。工人们都很好奇，纷纷问这位先生叫什么名字。教员说："不要问名字，就叫他李先生。"有个工人与教员关系很好，他知道当时从事革命活动是要冒生命危险的，所以教员要为来人的身份保密，就背着人悄悄向教员打听。教员告诉他来人叫李大钊，并嘱咐他要保密。第二天，李大钊头戴黑色礼帽，身穿灰色夹长袍，在教员陪同下来到教室。工人们都很激动。一见面李大钊就亲切地说："职工们都好啊！"他向大家介绍俄国工人解放的情况，讲中国工人阶级的伟大历史地位，勉励工人们要好好学文化、学技术。他形象

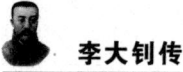 李大钊传

地说："你们工人可不矮呀，工人够上天那么高呀！"边说边在黑板上写了一个"二"字，又在"工"字下面写了个"人"字，说："你们看，'工''人'，合在一起就是'天'"，"工人的前途远大得很呢！"这种讲法很新鲜，工人们听了都很兴奋。李大钊接着说："咱们中国有四万万同胞，两万万男子，两万万女子，要并肩前进，将来建设社会主义，建设一个好的中国。"一番通俗生动的讲话，在工人们心中泛起阵阵波澜，大家深受启发和鼓舞。在李大钊的指导下，郑州铁路工人的工作有了很大发展。不久，就成立了郑州京汉铁路工人俱乐部。

组织工会，培养工运骨干。建立工人自己的组织，是李大钊的重要主张。在李大钊的积极倡导下，北京党组织大力加强在长辛店工人中的宣传和组织工作。邓中夏、朱务善等几个小组成员，隔一星期就去长辛店演讲一次。每逢星期天，别的大学生逛市场、看戏，他们几个人却一大清早就坐火车去长辛店，找工人谈心，交朋友，把这作为他们的假日旅行。

1921年5月1日，在李大钊领导的北京党组织的精心组织下，长辛店工人以及应邀从天津、保定来的工人代表共1000多人举行庆祝国际劳动节群众大会，会上宣布成立长辛店工人俱乐部（工会）。北京长辛店工人俱乐部是我国最早的现代工会之一，也是中国共产党领导建立的最早的工会组织，是京汉铁路工会运动由北而南发展的起点。它一成立就领导工人向工头展开激烈的斗争，取得了工人群众极大的信任，加入者日益增多。工会采取代议制，由厂里每科选出来的代表，组织一个代表会。工会所有的事务，都由这个代表会议议决，再由代表会选出几个干事去执行议决的事项。代表会每两个星期开一次常务会，有问题就讨论问题，没有问题就自由谈话。上海早期党组织出版的《共产党》月刊曾热情称赞长辛店工会"办会很有条理"，"实可令人佩服，不愧乎北方劳动界的一颗明星"。当时，工人们仿佛觉得，长辛店是工人的"天国"。全国各地工人特别是北方工人，纷纷派代表来长辛店参观、访问和学习。"各地代表归去后也模仿长辛店组织起俱乐部了"。"长辛店"也由此成为这一时期北方工人运动

第六章 南陈北李 相约建党

的代名词。

1920年4月,李大钊派罗章龙等到唐山。罗章龙等在唐山制造厂工人邓培、开滦煤矿工人董恩的帮助下,与唐山工人建立了正式的联系。此后,李大钊就把唐山确定为北方工人运动的基地之一,经常派代表到唐山来,他们把《共产党宣言》和《新青年》《共产党》杂志以及一些通俗的进步书刊送给邓培等阅读,邓培常常读到深夜,他开始懂得了工人贫困的根源和工人求解放的道理,逐步树立起对共产主义的信仰。

1920年12月底,根据李大钊提出的"劳工阶级、无产阶级联合起来,为横的组织,以对抗富权阶级、资本阶级"的思想,在邓培等人的努力下,成立了京奉铁路唐山制造厂工会(初期名称为职工同人会、同人联合会等),邓培当选为会长。此后,邓培经常来北京汇报唐山情况,李大钊与邓培有了直接接触,同他一起探讨北方工人运动,并对他进行党的知识的培训,已经38岁的邓培成为李大钊在唐山建团建党的得力骨干。1921年秋,经中共北京区委和李大钊批准,邓培由社会主义青年团员转为共产党员,成为唐山第一名中共党员。从一名普通工人成长为无产阶级先锋战士,邓培只是其中的一个典型,李大钊在工人中间培育骨干力量的思想得到了实现。

在中国共产党的筹建过程中,上海、北京的共产党早期组织处于发起地位,这固然与两个城市马克思主义传播较早、工人运动发展较快、具有初步共产主义思想的知识分子较多有关,同时,与共产国际来华代表的联系和帮助也有关,但更与南陈北李所付出的艰辛努力分不开。李大钊发起成立的北京早期党组织在中国共产党的创建过程中具有特殊的地位和重要的作用。从北京共产党小组建立之日起,李大钊就按照与陈独秀的约定,关注北方地区学生运动和工人运动的发展,他亲自到郑州指导工人运动;派人到天津、唐山、太原、济南等地,进行革命宣传,帮助开展工人运动。北京早期党组织的这些活动不仅沟通了北京党组织与这几个城市的联系,更重要的是推动了北方地区革命斗争的发展和建党建团工作,为创建

全国统一的无产阶级政党作出了重要贡献。

呼吁创建政党　推动建党进程

1921年3月，李大钊在《曙光》月刊第2卷第2号上，以S.C的笔名发表《团体的训练与革新的事业》一文，从世界范围内政党的作用及中国政党发展的实际，阐明了在中国建立无产阶级政党的必要性和紧迫性，这是在中国最早公开号召建立共产党的一篇极为重要的文章。文中说："俄罗斯共产党，党员六十万人，以六十万人之活跃，而建设了一个赤色国家。"一语道出了共产党在无产阶级革命中的决定性作用。他指出：

中国谈各种社会主义的都有人了，最近谈Communism（共产主义——引者）的也不少了，但是还没有强固精密的组织产生出来。

我们现在还要急急组织一个团体。这个团体不是政客组织的政党，也不是中产阶级的民主党，乃是平民的劳动家的政党，即是社会主义团体。

他强调说：

中国现在既无一个真能表现民众势力的团体，C（Communism——引者）派的朋友若能成立一个强固精密的组织，并注意促进其分子之团体的训练，那么中国彻底的大改革，或者有所附托！

各国的C派朋友，有团体组织的很多，方在跃跃欲试，更有第三国际为之中枢，将来活动的势力，必定一天比一天扩大。中国C派的朋友，那还不赶快组织一个大团体以与各国C派的朋友相呼应呢？

在李大钊看来，对于中国的共产主义者来说，建立一个统一的俄共（布）式的新型政党正当其时，刻不容缓。而这个新型政党必须具备如下三个特质：一是具有无产阶级性质、坚持社会主义目标的"平民的劳动家的政党"；二是具有"强固精密的组织"，而且注重党员的训练；三是顺应时代潮流，利用国际共产主义运动发展的有利时机，与各国无产阶级政党相呼应。当时，在中国，尽管建党工作已在积极进行，一些地方相继建立

第六章　南陈北李　相约建党

起党的早期组织，但并没有形成全国性的统一的党，没有中央领导机构，也没有一个共同的纲领和步调一致的实际工作计划。李大钊的这篇文章，向中国早期共产主义者系统地提出了在中国建立统一的无产阶级政党的任务，公开呼吁尽快创建一个主义明确、旗帜鲜明、组织强固精密，能肩负起领导中国革命重任的无产阶级革命政党。

在李大钊的号召和引领下，中国早期马克思主义者怀着尽快把志同道合的人集合在一起，投入彻底改造中国社会的革命实践的紧迫感，积极活动，扩大宣传，发展组织，推动了全国性共产党组织的建立进程。

不负党的重托　领导北京地委

1921年下半年，中共北京地方委员会成立。这是建党以后在北京设置的第一个党的地方组织，直属中共中央领导。地委机关设在沙滩北京大学红楼。李大钊任北京地委书记，担负起领导党在北方地区的全面工作的重任。

中共北京地委建立后，在李大钊的领导下，加强了对北京建立党团组织和开展学生运动、工人运动的领导，先后建立了4个党支部：以北京大学的党员为主组成的中共东城支部；以北京女子高等师范学校和北京高等师范学校的党员为主组成的中共西城支部；以中法大学的党员为主组成的中共西山支部；以长辛店工人为主组成的中共长辛店机车厂支部。同时，北京党组织还派人到天津、张家口、唐山、保定、徐州等长江以北地区开展工作，发展党员，建立中共支部。

中共一大之后，北京党组织在李大钊的领导下，遵照党的一大确定的工作任务，以主要精力发动和领导工人运动，同时继续扩大马克思主义的宣传，并派出力量重建青年团组织和组织妇女进步团体，领导开展青年运动和妇女工作。1921年11月，陈独秀以中央局书记的名义签署，向全国各地党组织发出中央领导机构成立后下发的第一份文件——《中国共产党

李大钊传

中共一大第一阶段会议会址

中央局通告》。通告对近期党、团组织的发展以及工人运动、宣传出版工作等,提出了具体的计划和要求。根据中央局通告提出的关于发展党员的要求,北京党组织在知识分子和工人中培养和吸收了一批先进分子入党,尤其注意了在产业工人中发展党员。如在长辛店发展了史文彬、王俊、杨宝昆等我党最早的一批工人党员。产业工人党员的增加,为党成立后第一次工人运动高潮的到来准备了骨干力量。

李大钊是中共北方党组织的奠基人。长江以北的广大区域,长期以来处在帝国主义及封建军阀的残酷统治下,建立和扩大党的组织,发动革命运动十分困难。为了中国革命事业,李大钊不负党的重托,迎难而上。作为最早提出在中国建立共产党的理论家和实践家,他不仅重视在工人中建党,而且重视在农民、少数民族和军队中建立党组织。在他领导下,北方党组织派出许多同志在冀、鲁、豫、晋、陕、内蒙古和东北的广大地区开展工作,广泛建立起地方党、团组织。

为了领导开展工人运动,李大钊不仅重视工会组织的建立,更重视在

第六章 南陈北李 相约建党

工人中建立党的组织。1922年4月,邓培根据中共北京地委关于发展党员、建立组织的指示,建立了中共京奉铁路唐山制造厂支部,隶属于中共北京地委。党的二大以后,经中共北京区委批准,建立了中共唐山地方委员会,邓培任书记,隶属于中共北京区委。从此以后,唐山成为京奉铁路和京东地区工人运动的中心。

李大钊非常关心在铁路工人中建立党组织。1922年,李大钊通过派遣张昆弟、何孟雄等6名共产党员到京汉、京奉、京绥、陇海、正太、津浦等铁路以密查员的身份开展工人运动,建立党的组织。他们根据李大钊的指示,先后建立了中共张家口铁路工人小组、中共京绥铁路支部、正太铁路总工会党团等。后李大钊鉴于张家口、石家庄所处的重要战略地位,又派人相继建立了中共张家口地方委员会和中共石家庄特别支部。

李大钊非常重视对党的干部的培养和教育。经他提议,北方党组织建立了党校,对党、团干部进行正规训练。他有组织有计划地输送大批党、团员和革命青年前往国内外各种革命干部学校学习。

作为中国共产党的主要创始人之一,李大钊从党诞生那一天起,就对党的自身建设问题予以高度重视。他十分注意从思想上、组织上和作风上建设党。在负责北方地区党的全面工作期间,他日夜操劳,仍笔耕不辍,写下大量文章著作,深入宣传马克思主义,着重提高共产党员的思想理论水平和党性修养。在个人党性锻炼和修养方面,李大钊始终坚持共产主义的理想信念,保持无产阶级先进分子的气节和情操,为全党树立了光辉的榜样。

创建北方组织 壮大党的力量

中国共产党成立后不久,即根据马克思主义原理和国际共产主义运动的经验,在上海、广东、湖南、湖北,特别是北方地区开展了大规模的工人运动。

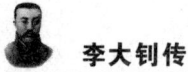

李大钊和北京区委的同志们及以区委同志组成的中国劳动组合书记部北方分部负责河北、山东、山西、河南、陕西、热河、察哈尔、绥远、甘肃、东北三省大片区域内的工人运动领导工作，其中重点是北方铁路工人和开滦煤矿工人的运动。党组织创办了《劳动音》和《工人周刊》，组织了职工学校和工会、俱乐部，并配合中国劳动组合书记部发动了长辛店铁路地区、京奉铁路山海关铁工厂、京奉铁路唐山制造厂、京绥铁路车务部门、正太铁路等处工人的罢工，及开滦五矿大罢工和将全国第一次工人运动高潮推向顶峰的京汉铁路二七大罢工。

北方工人运动是从长辛店铁路工人的组织开始的。1920年3月23日，已经活跃了一年的北京大学平民教育讲演团首次发起了农村讲演活动。后来成为中共党员的邓中夏是初期农村讲演的主持人之一。3月27日星期六晚，邓中夏和杨钟健召集报名参加农村讲演的10余人举行了会议，议定了"乡村讲演"的8项办法。4月初开始，讲演团成员利用春假期间分组到丰台、长辛店、通县等北京的近郊区进行讲演。

讲演团初到京郊农村进行讲演的题目仍是"女子应当和男子同样的读书""缠足的害处""平民教育的重要""人生与工作""中华民国""皇帝和总统""共和国民应有的精神""平等与自由"之类，与共产主义及工人运动没有直接关系。直到同年冬天北京共产主义小组成立，决定把长辛店作为开展工人运动的据点后，有计划的工人组织和革命宣传才正式开始。

邓中夏、张太雷、杨人杞、张国焘等首先协助长辛店的铁路工人建立起劳动补习学校。在此基础上，1921年五一劳动节时，正式成立了长辛店铁路工会，这是京汉铁路线上成立的第一个铁路工人工会。

与此同时或稍后，唐山地区的京奉铁路工人也组织起工会；京绥铁路建立了工人文化补习班和工人夜校；正太铁路成立了总工会；济南也先后建立了理发、挑粪、铁路、纺织行业的工会组织。

上述这些工作大多是在以罗章龙为主任的中国劳动组合书记部北方分部的领导下开展起来的。李大钊虽然没有直接具体负责这类工作，但作为

第六章 南陈北李 相约建党

中共党的北方组织的核心领导者,他对这些工作仍尽可能地予以了关心和指导。

张国焘的回忆说:在长辛店工人补习学校经费发生困难时,李大钊承担了筹措经费的工作,解决了危机;罗章龙的回忆说,当1921年11月陇海铁路工人发生罢工时,李大钊兴奋地召集区委扩大会议,讨论支持罢工的方案,并派他前去联络。

此外,李大钊在北大担任校长室秘书时的同事章廷谦回忆李大钊在1922年底到校长办公室办公后,"除处理校务外,也处理一些党务或党内同志之间的关系问题。和他常来往而且也是我所熟悉的人,现在还记得的有:范鸿劼、高君宇、邓仲澥(中夏)、刘仁静、黄日葵、何孟雄……"

同李大钊一起工作过的早期中共党员包惠僧的回忆说道:

1923年春我在北京区工作,与李大钊同志接触较多。因为他是我党的中央委觅他经常参加区党委的会议。他在我们同志中,年龄最长,地位最高,所以我们在工作中遇着困难就去找他,他没有哪一次不是热情地接待我们的。他对同志们的意见总是虚心听取,慎重考虑。他从没有因为自己的工作忙碌,把区党委给他的工作任务推出来或者压下去……

章廷谦和包惠僧的回忆说到的情况虽然时间稍靠后些,并且没有直接地涉及李大钊对工人运动的具体领导,但从当时北方党组织的主要工作是发动工人运动这一点可以推知,李大钊和同志们交流情况,帮助大家解决的疑难问题中有相当的部分可能与工人运动有关。

除此之外,李大钊在这段时间里还以他熟悉的方式进行工人运动的宣传和鼓动工作。

还在党组织成立之前的1920年五一国际劳动节时,李大钊就继前一年写了第一篇纪念五一节杂感之后发表了长文《"五一"May Day 运动史》,号召中国工人尽快觉醒。

1922年3月,在香港海员大罢工取得胜利之际,他被作为"中国劳工问题专家"接受了采访,对中国工人运动的发展趋势作了展望。

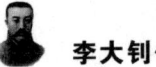
李大钊传

他强调了中国工人运动与世界无产阶级反抗资产阶级斗争之间的关系,指出:中国的工人运动虽很幼稚,但处在世界文明国家"由资产阶级时代向无产阶级时代转变的历程"中,它不可避免地会受到世界潮流的影响,香港海员罢工就是显例。他认为:香港海员罢工取得胜利的重要原因在于其内部的团结和全国工人及其他团体的支持。

此前不久,湖南劳工会领导人黄爱、庞人铨被军阀赵恒惕杀害。李大钊在为《黄庞流血记》所做的序文中悲愤地写道:"最后的阶级争战,在世界、在中国均已开始了。黄、庞两先生,便是我们劳动阶级的先驱。先驱遇险,我们后队里的朋友们,仍然要奋勇向前,继续牺牲者愿做而未成的事业……中国社会运动史的首页,已由黄、庞两先生用他们的血为我们大书特书了一个新纪元!以下的空白怎样写法?要看我们的努力了!"

长辛店铁路工人罢工

这一年的五一节,李大钊又发表《五一纪念日于现在中国劳动界的意

第六章 南陈北李 相约建党

义》。他写道：

五一是工人的日子，是工人为八小时工作运动奋斗而得胜利的日子，是工人站起的日子，是工人扩张团结精进奋战的日子，不是工人欢欣鼓舞点缀升平的日子。在我们中国今日的劳动界，尤其应该令这个日子含有严重的意义，尤其应该不令这个日子毫无意义的粉饰过去。

他解释了争取工作 8 小时、休游 8 小时的意义，并列举了关于外交、内政和改善工人境遇的 11 条标语口号，希望劳动者去掉庆祝节日的心理，努力争取实现这些要求。

3 个月后，长辛店铁路工人的罢工揭开了北方工人大罢工的序幕，李大钊提出的斗争口号反映到工人们的具体要求之中。他长期以来所做的劳工运动的宣传、号召、动员终于得到了最初的成果。

李大钊在这段时期从事的对上层人物的联络工作也产生了援助工人运动的效果。据罗章龙的回忆，李大钊团结的国会议员和社会各界名流达二三十人之多，这些人以不同的方式支持了工人罢工运动。如在工人罢工时，有的议员在议会中站在工人的立场上质问当局；有的帮助罢工的组织者募捐；有的为中共北京区委提供情报或做些掩护工作；还有两三个议员竟骑着毛驴到长辛店去对工人表示支持。

1922 年 5 月第一次直奉战争以奉军失败而告结束，由奉系军阀保护的交通系内阁倒台，黎元洪取代徐世昌担任总统，任命颜惠庆署国务总理，组成直系御用内阁。交通总长换上了与吴佩孚有同乡之谊的高恩洪。李大钊借此机会，利用直系军阀想要铲除在铁路上盘根错结的交通系势力的心理，通过已到吴佩孚手下担任幕僚的白坚武向高恩洪建议在津浦、京绥、京汉、京奉、正太、陇海等铁路上派出一些密察员。此事竟得高的允许。于是，由李大钊介绍中共党员张昆弟、安体诚、陈为人、何孟雄、包惠僧、袁子贞担任了密察员职务。

这些密察员名义上是执行交通部的指示，调查交通系及其骨干人物活动情况，实际上从事工人运动的联络，组织工作。这几位中共党人的"密

李大钊传

察员"每月可拿100多元的工资,除自用部分外,一概交给组织,补充组织的活动经费。此外,他们还配有可在铁路线上自由往来的免费乘车证,而且还因挂着交通部的护符,使一般职员望而生畏,便利了工作的开展。这样,他们利用密察员的身份在半年多时间里,为各路工人运动的组织发动做了大量工作。在这段时间里,仅京汉路上成立的工人俱乐部就迅速达到了16处之多。这对北方工人运动的开展起到了推进作用。

第七章　领导工人运动　掀起革命高潮

在那风雨如磐的岁月，李大钊敏锐地感受到时代潮流的变化，铁肩担道义，挥笔写下一篇篇欢呼俄国十月革命和介绍马克思主义的文字，宛如一位撞钟人撞响了中国共产主义运动的晨钟。这位中国共产党主要创始人之一，关注工人，重视工人运动，积极推动马克思主义与中国工人运动相结合，使中国工人阶级发展成为用马克思主义武装起来的自为阶级。

领导五一运动　树立巍巍丰碑

五一运动源于五一国际劳动节。而中国的五一运动，源于1920年5月1日北京、上海等地举行前所未有的、大规模的纪念五一国际劳动节的活动，从此五一国际劳动节成为中国工人阶级一年一度的固定节日和纪念活动日。中国五一运动的概念，是1920年李大钊首次提出的。实际上中国五一运动的发轫应该更早，其发轫者正是李大钊。

1919年5月1日，正是五四运动的前夕，李大钊帮助北京《晨报》副刊出版了"劳动节纪念号"。这是中国报纸第一次大张旗鼓地纪念劳动人民自己的节日。李大钊在专号上发表了《"五一节"May Day 杂感》，指出劳动节是工人"直接行动"（Direct Action）取得成功的日子，是"工人的祝典日"。从纪念五一国际劳动节，谈到100年前诞生的马克思，谈到"一九一八年诞生的世界新潮"，对于无产阶级革命前途充满了必胜的信心。文中预言：

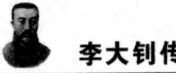 李大钊传

我们中国今年今日，注意这纪念日的人还少。可是明年以后的今日，或者有些不同了！或者大不同了！

直到世界同胞大家都觉醒了，都做了工人，那一年的五月一日，更是何等样的欢喜！

李大钊提出的工人"直接行动"的口号，不仅擂响了中国五一运动的战鼓，而且发出了一个伟大的动员令，实际上成为中国工人阶级在五四运动中第一次作为独立的政治力量登上历史舞台的号角。在此之前，广大的中国工人还不知道有自己的节日，更不知道用"直接行动"来纪念它。《晨报》副刊出版了"劳动节纪念号"之后，经过李大钊等人的大力宣传，五一国际劳动节才成为中国工人阶级一年一度的固定节日，才有越来越多的群众举行纪念活动，它有力地催生了中国五一运动的萌发。

五四运动爆发后，学生上街游行示威，反对帝国主义侵略，反对军阀卖国，要求当局拒绝在巴黎和约上签字。5月7日，长辛店工人罢工声援学生运动。6月3日，上海、唐山、杭州、九江、天津、济南等地工人相继罢工、游行示威。运动主力军由学生变成了工人阶级。反动军阀政府在工人的压力下被迫释放了五四被捕的学生。10日批准曹汝霖、章宗祥、陆宗舆"辞职"。北洋政府最终没敢在和约上签字。五四运动取得了初步胜利。中国工人阶级从此登上政治舞台，显示出巨大的力量。

1920年五一国际劳动节，《新青年》出版了"劳动节纪念号"（7卷6号），李大钊又发表了纪念文章《"五一"May Day 运动史》，他在文章中第一次提出了中国五一运动的概念，系统地介绍了五一劳动节的来历以及多年来各国工人阶级在这一天为争取解放进行斗争的情况，热烈歌颂了为工人阶级解放斗争而献身的英雄们。文章号召"中国的劳工同胞""认今年的五一节作一个觉醒的日期"。并着重指出："五一运动"应当是真正"劳工阶级的运动"，而不应"只是三五文人的运动"；应当是"街市上的群众运动"，而不应只是"纸面上的笔墨运动"，号召知识分子不要光是空喊"劳工神圣"的口号，而要实际地到"劳工"中去做发动群众的工作。

第七章 领导工人运动 掀起革命高潮

《新青年》

　　李大钊是中国五一运动卓越的组织者和优秀的领导者。他在新文化运动的重要阵地《新青年》上发表的《"五一"May Day 运动史》，是中国五一运动的纲领性文献，吹响了中国五一运动的号角，指明了中国五一运动的正确方向，揭开了中国五一运动史的第一页。当时，中国的工人运动正在蓬勃发展，正渴求了解世界工人运动的情形，了解五一劳动节的意义。因而，这篇文章的发表产生了重要的影响，受到了相当广泛的欢迎。各地许多有影响的刊物——如上海的《星期评论》和《东方杂志》、南京的《少年世界》等都曾全文转载。

　　1920年5月1日，在李大钊的领导下，北京地区第一次出现了纪念五一国际劳动节的群众性活动。他所在的北京大学，是当年中国北方五一纪念活动的中心。当天北京大学学生举行了罢课，北大工友和学生500多人在北京大学二院礼堂举行了纪念大会，李大钊担任大会主席并在会上发表讲话。会上散发了传单《五月一日北京劳工宣言》，这些传单是李大钊费了好几天时间写成的，还寄往了南口、石家庄等地的工厂散发。

　　这一天，在李大钊的带动下，北大学生以北大劳动纪念会的名义，沿街散发了几千张《五月一日北京劳工宣言》传单，向广大劳动群众呼吁：

— 221 —

 李大钊传

自从今天起，有工大家做，有饭大家吃，凡不做工而吃饭的官僚，政客，资本家，牧师，僧，尼，道士，盗贼，乞丐，娼妓，游民，一律驱逐，不准他们存在我们的社会里来剥削我们，所以我们大家都要联络起来，把所有一切的土地，田园，工厂，机器、物料通通取回在我们的手里，这时候谁还敢来压制我们呢？我们劳工的朋友呵！快快起来，休业一天，大大的庆祝一下！

第二天，许多报纸在纪念五一的消息中指出：各地散发的宣传品，以《五月一日北京劳工宣言》最为激烈。确实如此，这个宣言不是空喊"劳工神圣"一类词句，而是具体地提出了工人阶级的眼前要求和长远奋斗目标。这篇宣言贯穿了李大钊《"五一"May Day 运动史》的根本思想，号召劳动人民团结起来，对骑在自己头上的压迫者、剥削者进行坚决斗争，争取自身的解放。

同日，在《北大学生周刊》出版的《劳动纪念号》中，"马克思学说研究会"的成员、后来的共产党员高君宇也陈述了同样的思想。他提出："要把一切生产机关从资本阶级收归……建设新的经济组织"，而以"破坏政权"为达到这一目的的手段。所有这些，表明在李大钊的领导、影响和推动下，北京的革命知识分子对马克思主义的了解，已经有了很大的进步。

在李大钊的指导下，由北京大学学生领袖率领的平民教育讲演团，在五一这一天，讲演团的50个人分成5个组，于上午10时从学校出发，沿街进行演讲，他们分别宣讲了"五一历史""我们为什么要纪念五一劳动节""劳动纪念日与中国劳动界"等，"听者颇多"，甚为热烈。同时，为了扩大影响，李大钊还派罗章龙等人专程到唐山，在开滦矿区发动组织五一纪念活动。邓培在五一节前的星期六晚上，乘火车到北京，接受了李大钊对五一节纪念活动的指示，将一批《五月一日北京劳工宣言》带回唐山。经过充分准备后，唐山矿工5月1日在工厂里召开了几百人参加的纪念大会，庆祝五一国际劳动节。会上，工人高呼"劳工神圣"等口号，提

第七章　领导工人运动　掀起革命高潮

出"实行八小时工作制"的要求。这是唐山工人群众第一次纪念自己的节日。

1920年五一国际劳动节之后，北京的一批革命知识分子按照李大钊的指示，不顾反对派的阻拦和迫害，投身到工人群众中去进行革命宣传活动，同年10月便建立起北京"共产党小组"（同年底改名为"共产党北京支部"）。

1921年的五一国际劳动节，正值中国共产党成立前夕。李大钊领导的"共产党北京支部"散发了通俗易懂的较大篇幅的《五月一日》《工人的胜利》等宣传品，系统地宣传了中国五一运动应有的真正的革命精神。

《五月一日》第九节深刻地指出：1920年以前的五一节纪念活动，不能算是实际上的五一运动；"因为不是完全工人的自动，且没有罢工、休业、种种示威的运动与具体的议决，他们也没有直接向资本家宣战，我们只可算是宣传的运动"。文章接着指出：

可是经这几年五一的宣传运动，生出许多效果，中国的工人，确受了感动不少，觉悟了也不少。连年来各地方的工人有工会的组织，且屡次发生罢工的事，如今年5月间香港机器工人的大罢工，广州铁路工人的大罢工和各种工业如造鞋、纺织的工人的罢工，上海人力车的罢工，唐山开平等矿工的大罢工，通通都是受了历年来五一运动的洗礼。

文章号召：

中国的工人们和社会党呀！你们应该赶快起来，和世界的工人一块儿庆祝这个"五一"盛节。应该在五月一日停工！应该在五月一日举行示威运动呀！

这些宣传不仅充分肯定了中国五一运动的进步，而且对端正中国五一运动的方向，犹如一盏明灯。

《工人的胜利》刊载了《津浦路机务处工匠段长寿等十七人给京奉京汉京绥津浦沪宁各铁路工人的信》和《上海机器工人致天津机器工人一封信》等内容。

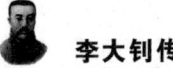 李大钊传

《五月一日》《工人的胜利》等宣传品充分体现了李大钊在《"五一节"May Day 杂感》中提出的五一节应该是工人"直接行动"的日子和他在《"五一"MayDay 运动史》中提出的五一运动应该是真正的"劳工阶级的运动",应该是"街市上的群众运动"的精神。这些宣传品在北京及其周围城市散发,产生了广泛的积极的社会影响。

当天晚上,京奉铁路唐山制造厂工会会长邓培,根据李大钊的指示,组织本厂工人和唐山工业专门学校师生,在该校礼堂联合召开纪念五一国际劳动节大会,邀请唐山地区一些厂矿的工人代表参加。李大钊领导的"共产党北京支部"的代表在会上发表了讲演,并向与会人员散发了《五月一日》《工人的胜利》两种小册子。

李大钊关于中国五一运动的理论和实践,以及北京、上海、武汉等地的共产党早期组织的建立和活动,为中国共产党的成立奠定了坚实的思想基础、组织基础和群众基础。

1922年五一国际劳动节,李大钊在北京学生和工人代表参加的纪念大会上作了演讲,并在《晨报》副刊上发表了《五一纪念日于现在中国劳动界的意义》一文,强调指出:5月1日"是工人为八小时工作运动奋斗而得胜利的日子,是工人站起的日子,是工人扩张团结精进奋战的日子,不是工人欢欣鼓舞点缀升平的日子"。当时,一些资产阶级、小资产阶级人士把五一劳动节当成一种时髦来庆祝,他们纪念五一,不是为了工人阶级的利益,而是为了标榜欧洲资产阶级的民主形式,扩大他们对工人阶级的政治影响,趁机散布"劳资合作"的论调,麻痹工人群众的斗志。李大钊为端正中国五一运动的方向,大力进行马克思主义的工人运动理论的宣传和教育,强调要在五一运动中增强中国工人阶级团结战斗的革命精神。他在《五一纪念日于现在中国劳动界的意义》一文中尖锐地指出:"五一是工人的日子","是资本家的厄日",是各国"工人表示态度的一日,——表示奋斗的态度的一日"。中国工人阶级应该用斗争来纪念五一节,而不应该去作那种为资产阶级"点缀升平"的庆祝。他提出要把"反对国际的

第七章 领导工人运动 掀起革命高潮

军阀、财阀的压迫""改善工人境遇""八小时工作"等,作为工人阶级当前的斗争口号,并提出要为实现这些目标而奋斗。

1923年的五一国际劳动节,正值二七惨案后不久,这年的中国五一运动笼罩着悲壮的氛围。李大钊在当日的北京《晨报》副刊上发表《工人国际运动略史》一文,系统地介绍了工人国际运动的起源和第一国际、第二国际、第三国际的建立与活动情况。文章结尾指出:

吾信工人的国际运动的联合战线,终有成功的一日。故当本年的劳动节,为介绍工人的国际运动略史如此。

表达了对国际工人运动的必胜信念。这对二七惨案后处于低潮的中国工人运动,无疑是一个极大的鼓舞。

1924年年初,中国国民党第一次全国代表大会后,开始了国共两党的合作,在两党的共同努力下,二七惨案后处于低潮的工人运动开始复兴。这为当年的中国五一运动增添了亮色。

李大钊在5月1日出版的《北大经济学会半月刊》第24期上发表《这一周》一文。文章开宗明义地指出:

这一周有好几个纪念日。(一)是"五一"纪念日。这是世界劳动者,为减少过度的工作时间向资本阶级进攻的纪念日,亦即是被压迫阶级向压迫阶级抗争自由的纪念日。这是个国际的工人的日子。全世界的劳动者,在这一天都要举行一个壮烈的示威运动。我们中国的劳工阶级,在今天应该深深感知这个纪念日的国际的意义,我们中国的全民众,应该在这个纪念日加添些民族的意义。

文章的结尾写道:

在民国十三年"五一"纪念日的示威运动中,我们国民的呐喊是:被压迫民族及被压迫阶级联合起来!反抗国际帝国主义!恢复中华民族的独立自由!不要忘了临城案的压迫!不要忘了列强因为海关问题在广州的示威!这都是我们最近的民族的痛辱。

文章不仅再次阐明了五一国际劳动节的意义,而且再次阐明了当前中国五一运动的急迫任务,有力地指导了五一运动的健康发展。

从 1919 年至 1924 年,李大钊年年都在 5 月 1 日发表论述中国五一运动的文章,指引着中国五一运动前进的方向,对中国五一运动的发生和发展作出了伟大的历史贡献,成为中国五一运动史上一座无人企及的巍巍丰碑。

加强理论宣传　配合工人运动

五四运动后,李大钊等一批共产主义者不但在中国广泛传播马克思主义,使大批先进青年接受马克思主义,走上革命道路,同时还积极推动马克思主义与工人运动密切结合,使中国工人阶级发展成为用马克思主义武装起来的自为阶级。这一切,为中国新民主主义革命的发展和胜利打下了坚实的基础。

当时,在军阀的野蛮统治之下,从事工人运动从根本上就被认为是非法的;工人头上还有封建把头等根深蒂固的反动势力,大多数同志也还缺乏工人运动的经验,到各地工人中去开展工作是有困难和危险的。李大钊热情地鼓舞大家用大无畏的精神进行艰苦的工作。他常常对同志们说:列宁在流放中还在组织工人,发动群众,俄国共产党人终于在列宁领导之下战胜了沙皇,真不是偶然的事。我们的革命如果不深入群众,不经过长期的、惨烈的斗争,我们的革命前途很难想象。

1922 年 1 月,黄爱、庞人铨在领导湖南第一纱厂的罢工中牺牲。李大钊就通过这件事情对同志们进行教育。在他为《黄庞流血记》一书写的序文中指出:

黄、庞两位先生的死,不是想作英雄而死,亦不是想作烈士而死;乃是为救助他的劳动界的同胞脱离资本阶级的压制而死,为他所信仰的主义而死。因此,我乃对他们的殉死表无限的敬意!

以前的历史,几乎全是阶级的争斗史。最后的阶级争战,在世界、在

第七章　领导工人运动　掀起革命高潮

中国均已开始了。黄、庞两先生，便是我们劳动阶级的先驱。先驱遇险，我们后队里的朋友们，仍然要奋勇上前，继续牺牲者愿做而未成的事业。

我们的目的，在废除人类间的阶级，在灭绝人类间的僭擅。但能达到这个目的，流血的事，非所必要，然亦非所敢辞。要知道，牺牲永是成功的代价。

中国社会运动史的首页，已由黄、庞两先生用他们的血为我们大书特书了一个新纪元！以下的空白怎样写法？要看我们的努力了！

为了配合工人运动的开展，李大钊还大力进行理论宣传。他在这个时期写的文章，许多内容都是和劳动运动有关的。在这些文章中，李大钊宣传了马克思的剩余价值学说，通俗简要地阐明了工人阶级受剥削的秘密，指出了工人阶级的阶级地位和历史使命，揭破了资产阶级欺骗工人的谎言，并介绍了各国工人阶级组织起来进行斗争的情况。

李大钊不仅从宣传方面积极配合工人运动，他还做了许多具体的组织工作。当时，来找他的人很多，许多是谈工人运动的，也有谈其他事情的。同志们不仅把他看作是的党的领导人，也把他看作是良师益友，有了问题就来同他商量，向他请教。1922年，他辞去了北大图书馆主任的职务，改任校长室秘书。据当时北大校长室的工作人员回忆：就是在校长办公室，邓中夏、何孟雄、高君宇、黄日葵等很多人也常常去找他。至于平时或晚上在家，去找他的人就更多了。当时，北京不少人家的大门照例是虽设而常关的，来访者要敲门打户通名报姓才能进去。李大钊家的大门，因为来往的人多，总是虚掩着的。

利用军阀矛盾　争取斗争条件

1922年4月底至5月初，爆发了第一次直奉战争。结果，英美帝国主义支持的直系军阀吴佩孚打败日本帝国主义支持的奉系军阀张作霖，占领了京津一带，控制了北京中央政权，原来的交通系内阁倒台。吴佩孚新胜之余,野心勃勃,为了进一步击败其对手,扩张其政治势力,当时,曾极力粉饰门面,收买人心,对工人也极力拉拢利用。

李大钊分析了前后种种情况,认为利用军阀的矛盾,争取一些对工人阶级斗争的有利条件是可能的,就通过他的老同学白坚武向吴佩孚建议,并于同年7月到达洛阳与吴佩孚会谈。白坚武和李大钊一样,是河北人,于1907年和李大钊一起考入天津北洋法政专门学校。毕业后,李大钊赴日本留学,随后回到北京大学任教。白坚武则进入北洋政府,当了"公务员",随后又到吴佩孚处做顾问,深得吴佩孚信任。

在两天的会谈中,双方首先就中国教育问题交换了意见,都认为中国教育问题颇多,亟须改革。吴佩孚表达了对李大钊的仰慕之情,有意让李大钊出任新内阁的教育总长;李大钊则谦虚地表示自己还不够格,他向吴佩孚推荐了时任北大校长的蔡元培。同时,李大钊适时地提出了让吴佩孚"保护劳工"的主张。因为此前吴佩孚在与张作霖进行第一次直奉战争时,铁路工人及时运兵运粮,帮吴佩孚打了胜仗,吴佩孚曾把自己的肖像

吴佩孚

制成徽章,赠送给了工人。吴佩孚接受了李大钊的建议,会谈之后,通电发表了"保护劳工"的四大政治主张。

吴佩孚这样做当然是"假仁假义",是公开的政治欺骗。但是,争取他发表这样一个通电,当时对工人运动的发展还是有利的。党和李大钊充分利用了这个通电,来领导各地工人去争取一些可能争取到的合法权利,来领导工人阶级"乘此努力成就本阶级的组织,准备并训练本阶级的战斗力"。

第七章　领导工人运动　掀起革命高潮

李大钊在继续做吴佩孚及其一派势力的工作时，时常提醒党内同志，对吴佩孚不要抱不切实际的"幻想"，还要观察。正像他后来对同志们所说的：

我们早就认定了吴佩孚和中国其他军阀完全一样……并不相信这个军阀的什么保护劳工政策。

吴佩孚到底还是吴佩孚，我们不要对他存幻想。去年我到洛阳同他会谈一次，他发出了那样一个通电，就算不虚此行了。

在领导工人运动时，他没有让同志们"因恐遭吴佩孚的疑忌而来束缚自己的行动"，"自始至终没有放弃准备和吴佩孚斗争"。

吴佩孚占领北京后，亲日派的交通系内阁也随之倒台。但是，交通系曾长期把持中国的铁路航运事业，他们的爪牙在铁路上星罗棋布，有着根深蒂固的势力。吴佩孚抢到几条铁路后，交通系就成为他的心腹之患，亟欲除之。

李大钊又充分利用了吴佩孚和交通系的矛盾。通过白坚武向当时的直系交通总长高恩洪建议，在津浦、京绥、京汉、京奉、正太、陇海等铁路上派出一些密查员，果然得其允许。于是，李大钊介绍张昆弟、安体诚、陈为人、何孟雄、包惠僧、颜昌颐6名共产党员担任了密查员。他们名义上是执行交通部的指示，调查交通系及其骨干人物的活动情况，实际上从事工人运动的联络、组织工作。

包惠僧后来回忆：

1922年5月前后，党通过李大钊与孙丹林（北京政府的内务总长，吴佩孚的亲信）、高恩洪（交通总长）、白坚武（吴佩孚的参谋长）的私交关系，介绍张昆弟（后在湖北牺牲）、安体诚（后在上海牺牲）、陈为人（后病故）、何孟雄（后在上海牺牲）和包一宇（包惠僧，后脱党）到交通部工作，先是用密查员名义，后改为育才科视学名义。高恩洪对他们的要求是调查交通系在各铁路上的小组织和骨干人物，以便进行清洗交通系在各铁路上的势力。党的计划则是：要在每条铁路上有一个公职人员身份的人

李大钊传

作掩护，来秘密进行工人的组织工作。交通部根据当时的工作条件，分配张昆弟在津浦路工作，何孟雄在京绥路工作，安体诚在京奉路工作，陈为人在正太路工作，包一宇在京汉路工作。

李大钊自始至终直接领导了这几位同志的工作。去交通部之前，李大钊亲自和他们谈话，交代工作任务，指示工作方针，解决思想问题。当时，有的同志对于到反动派的衙门里去工作感到为难，李大钊就向他们指出：

我们做党的工作是为了革命，搞劳动组合的工作也是为了革命，今天有机会打进资产阶级政府去工作还是为了革命。我们有了这个职务，可以掩护我们的秘密活动，可以把工作做得更快更好。

因此，应该打消不必要的顾虑。但是，也不可以总是坐在衙门里，主要应到各路工人群众中去活动。"要用三个月至半年的时间在各路上把我们自己的工作扎下根基"。同时，要注意搞好同周围人的关系，最要紧的是不要暴露我们自己的政治面貌。对交通部所给的任务，也要选择各地为工人所最痛恨的交通系职员，调查其劣迹，报告上去。

李大钊在这方面所做的工作，为党在铁路工人中的工作创造了极为有利的条件。邓中夏曾在他的《中国职工运动简史》一书中回忆道：

经过李守常同志向吴佩孚御用内阁交通部总长高恩洪建议每路派一密查员，得其允许，于是京汉、京奉、京绥、陇海、正大、津浦六条铁路都有一个密查员（守常同志荐去的共产党员）。这样一来，第一，我们可以免票来往坐车不用花钱，并且任何同志都可利用免票乘车；第二，六个密查员却有百元以上的薪水，除一定生活费外，其余归党。此时，正因职工运动费用支绌，得此不无小补；第三，密查员是各路现任职员最害怕的，因此共产党员得着护符，不仅不怕人而且使人怕，得以往来各路，通行无阻……再则这六个密查员对交通部虽是有固定的人名，但出发各路可换别的同志，真的，这样一来，我们在铁路上的工作得到顺利的发展，差不多六条铁路都建立了相当的基础，特别是京汉铁路沿路都成立了工人俱乐

第七章 领导工人运动 掀起革命高潮

部，共计 16 个之多。

派党员到铁路上去工作，是中共建党初期的一件大事，甚至在 1922 年 11 月举行的共产国际第四次代表大会上也得到了肯定，拉狄克在会上的发言中说：

当吴佩孚同张作霖打仗时，他有长江一线和那里的兵工厂做后盾，但是他没有掌握北方的铁路，控制铁路的人被日本收买了。他是怎么办的呢？他向年轻的中国共产党寻求支持，共产党派了一些党代表给他，在战争中间，党代表们牢牢地掌握了铁路，供在那儿进行革命斗争的吴佩孚部队使用……后来，工人向吴佩孚提出了自己的要求，共产党人也使这些要求部分地得到实现。

李大钊是京汉、正太等铁路工人组织的建立者。由于他的积极领导和许多同志的艰苦努力，北方工人阶级，特别是铁路工人，在党成立后的一年间普遍地组织起来。这样，就为北方工人运动的进一步大发展奠定了基础。

领导北方工人罢工

1922 年 3 月 12 日，李大钊在《中国工人运动的趋势》一文中指出：
世界正处于促进无产阶级时代到来的运动过程中。
这一历史进程在中国虽然还很幼稚，但也避免不了受到这种世界性潮流的影响。

他预言：
无产阶级时代的到来就已成为不可避免的趋势。
中国共产党成立后，立即把领导工人运动作为自己的中心工作。1921 年 8 月 11 日，在上海成立中国劳动组合书记部，这是党领导工人运动的第一个公开机构。不久，在北京建立北方分部，工作范围包括直隶、山东、山西、陕西、甘肃及东北三省，工作重点是发动和组织北方地区的铁路工

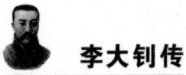

人和开滦煤矿工人。李大钊积极领导北方党组织发动工人起来斗争，北方工人的罢工运动风起云涌地发展起来了。

1922年1月爆发的香港海员罢工是中国工人运动第一次高潮的起点。在这次罢工斗争的过程中，李大钊和党组织动员工人群众给予了极大的支援。长辛店工人首先发起组织"北方香港海员罢工后援会"。京汉、京奉、京绥、陇海等铁路线的工人积极响应，纷纷在本地组织香港海员后援会，发表宣言，进行声援。京汉铁路工人不顾反动当局的迫害，在火车头上挂起写有"援助香港海员"六个红色大字的大旗。这面大旗飘扬在北京与汉口之间的列车上。由于全国工人的支援，香港海员工人的英勇奋斗，香港政府不得不答应工人提出的条件。历时56天的大罢工取得了胜利。

香港海员工人向帝国主义者挑战的革命精神，极大地鼓舞了北方工人群众的斗志。在李大钊和邓中夏的领导下，京汉路长辛店铁路工人于1922年8月24日举行了罢工。

此前的6月间，长辛店工人俱乐部根据工人的切身利益，曾向厂方提出开除总管、工头，承认俱乐部有人事推荐权和增加工资等要求，但迟迟得不到答复。1922年8月23日，工人俱乐部召开大会，决定全体工人举行罢工，不达目的誓不罢休。

1922年8月24日罢工开始。3000多工人手持写着"不得食不如死""打破资本专制"等口号的白旗，在娘娘宫举行誓师大会。随后纠察队占领了车站，驱逐了车站的警察，控制了电话。曹锟派兵镇压，强迫工人复工。工人不肯退让。郑州铁路工人此时发动声援罢工，使京汉铁路南北交通完全中断。京绥、京奉、正太等线铁路工人也纷纷声援长辛店铁路工人的罢工，并表示如3日内不答应罢工工人的要求，各路即开始总罢工。罢工坚持两天，8月26日，路局被迫与工人代表谈判，答应了除工人参与路局人事权以外的全部条件。

这次罢工斗争的胜利，不仅给长辛店工人带来了利益，也给京汉路中段和南段没有参加罢工的工人带来了增加工资的好处。这样，共产党和工

第七章　领导工人运动　掀起革命高潮

会的威信大大地提高了，工人们团结起来闹革命的决心也增强了。当时流行着这样的歌谣："书记部，真不赖，领头罢工有担待，长工钱，息礼拜，年前包饺子，姑娘把纱带，以后谁要阻止咱罢工，咱要打破他的脑袋。"

长辛店工人罢工是北方铁路工人罢工潮的起点。接着，10月4日京奉铁路山海关机器厂工人罢工；10月13日京奉铁路唐山制造厂工人罢工；10月23日，开滦五矿3万余工人的大罢工；10月27日京绥铁路全路车务工人罢工；12月15日正太铁路石家庄机器厂工人罢工。罢工潮流像一场猛烈的风暴，席卷了北方的铁路和矿山。

这次罢工潮中，开滦五矿工人的反帝大罢工在全国具有深远的政治影响。由于铁路在当时实际上是吴佩孚等大军阀的私产，名义上又是"国有企业"，所以铁路工人的罢工都是针对军阀和军阀政府的，而开滦大罢工则直接把锋芒指向帝国主义。罢工除提出了增加工资、改良待遇等经济要求外，多数又都提出了承认工会有代表工人之权、开除工人须经工会同意等政治要求。

开滦煤矿是中国北方有名的大矿山，包括唐山、赵各庄、林西、马家沟和唐家庄等五个矿区，原由中国官僚资本兴办，后借用英国贷款，改为中英合办，实际上完全由英帝国主义者控制。这是当时中国规模最大和最早采用新式技术开采的煤矿，矿工约4万人。这样一个设备比较先进的煤矿，对矿工来说却是人间地狱。矿工们工资很低；工作时间很长，每天要劳动16小时以上；工作环境恶劣，矿井缺乏起码的安全设施，以致塌顶、起火、中毒、瓦斯爆炸等事故经常发生。

1922年10月16日，由于受其他地方罢工斗争，特别是铁路工人罢工斗争的影响，在开滦五矿工人联合会的组织下，工人代表向矿务局递交请愿书，提出增加工资、改善待遇等六项要求，但英帝国主义者根本不理。消息传到北京后，李大钊和邓中夏立即派人去领导。罢工前，李大钊亲自同工人代表谈话，研究情况，决定罢工斗争的策略。

10月23日，开滦五矿37000名工人举行罢工，整个矿区陷于瘫痪状态。罢工后，五矿罢工委员会立即发表了总罢工宣言，通告全国。24日，向矿方提出四点要求。26日，罢工工人聚集在矿务局门口示威，高呼"打倒资本主义！""要求经济解放！"等口号。结果，军警开枪射击，制造了重伤7人、轻伤57人的流血惨案。接着，纠察队被驱散，工会被封闭，劳动组合书记部派去的特派员彭永和也遭被捕。

在开滦罢工斗争最困难的时候，李大钊影响下的北京大学马克思学说研究会在《晨报》上刊登了一个篇幅很大的启事，谴责镇压罢工的刽子手，号召全国的同胞援助开滦罢工。之后，李大钊又组织了"北京开滦矿工罢工经济后援会"，向各方面发起募捐援助罢工工人，并向全国发布宣言，揭露和谴责"洋资本家""牛马待遇"工人和"贿买军阀惨杀工人的种种罪行"。李大钊还联络了当时的国会议员江浩、胡鄂公等，联名向政府当局提出质问："京畿近地，竟发生如此暗无天日之惨剧，实难缄默。试问政府，究竟如何处置。"当时的《晨报》迅速作了报道，在国内外扩大了罢工的社会影响。他还安排日本友人伊藤武雄到唐山直接了解罢工的情况，由他写出纪实性报告。

11月7日，李大钊领导北京各进步团体在北大三院举行"苏俄十月革命纪念会"，到会的有3000多人。被公推为大会主席的李大钊请唐山工人代表在会上介绍了开滦罢工情况，向国人请命，要国人起来帮助。当时与会人等"无不感动，掌声动天"。

但是，由于这次罢工事前准备不足，靠各地支援亦难于维持日久。所以，当矿务局答应了工人提出的一些要求时，工人只得于11月16日复工了。开滦五矿大罢工虽然没有达到预期的目的，但再次显示了工人阶级的力量。这次大罢工是继香港海员罢工之后，又一次规模很大的、直接反对帝国主义的工人斗争，在国内外产生了重大影响。

1923年的二七大罢工，是中国工人运动第一次高潮的最后一个怒涛。1922年年底，京汉铁路各站已经建立了16个分工会，为了统一京汉铁路工会的组织，党领导下的京汉铁路总工会筹备会决定，1923年2月1日在

第七章 领导工人运动 掀起革命高潮

郑州举行京汉铁路总工会成立大会。但这一正义要求,却遭到军阀吴佩孚的无理干涉和反对。2月1日上午,吴佩孚派出大批荷枪实弹的军警在郑州全城戒严,下令禁止召开京汉铁路总工会成立大会。但是,参加会议的工人代表不顾生死,冲破军警的重重包围,高呼"京汉铁路总工会万岁""劳动阶级胜利万岁"等口号,在郑州普乐园剧场举行大会,宣布京汉铁路总工会成立。当天,全副武装的军警严密地包围了会场,强行解散会议,捣毁总工会和郑州分会会所,并驱赶代表。当晚,京汉铁路总工会执委会秘密召开会议,决定将总工会临时总办公处转移到汉口江岸,并决定全路自2月4日起举行总罢工。

2月4日,在"为自由而战,为人权而战"的口号下,全路2万多工人举行大罢工,1200公里铁路顿时瘫痪。京汉铁路工人大罢工引起了帝国主义和反动军阀的恐慌。在帝国主义支持下,吴佩孚调动2万多军警在京汉铁路沿线镇压罢工工人。在汉口,2月7日当夜,天降大雪,反动军警把京汉铁路总工会江汉分会委员长、共产党员林祥谦绑在江岸车站站台的木桩上,让他下令复工,遭到断然拒绝。林祥谦英勇就义。在武昌,京汉铁路总工会与湖北省工团联合会法律顾问、共产党员施洋也于2月15日凌晨被吴佩孚的爪牙萧耀南秘密杀害。大罢工中,工人52人牺牲,300余人受伤。这就是震惊中外的二七惨案。

二七惨案前几天,李大钊应湖北教职员联合会的邀请,到武汉讲学。到武汉后,他对京汉铁路工人大罢工是很关心的。当李汉俊等人从郑州参加京汉铁路总工会成立大会后回到武昌,正在湖北高等师范讲课的李大钊立即询问开会的情况。他对铁路工人为抗议吴佩孚"违背约法,摧残集会"而举行京汉铁路全线大罢工的行动是完全支持的。但他当时没有想到,"流血大惨剧"已经"伏于吴佩孚微笑中",吴佩孚竟敢冒天下之大不韪,对手无寸铁的铁路工人大开杀戒。当得知二七惨案发生的消息,李大钊心如刀割,悲愤交加,心情悲伤到了极点,他的"神色大非昔比,面色苍白,胡子也似乎比前更黑了"。他立刻写信给白坚武,断绝他与白坚武

— 235 —

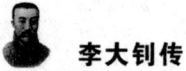
李大钊传

多年的友谊，从此把这个为吴佩孚出谋划策、残害工人的吴佩孚的主要帮凶视为路人，不再有任何来往。对吴佩孚，他更是深恶痛绝，将其视为整个革命事业和人民的仇敌。

李大钊与吴佩孚的关系，在二七惨案发生以前就已经向恶化方面转化。这从当时俄共（布）中央机关报《真理报》记者斯列巴克关于《京汉铁路工人罢工》的报道中就可看出：

吴佩孚把铁路工人组织起来的愿望看作是对其军阀统治的严重威胁，认为是来自孙中山方面的密谋。吴佩孚就是这样对工会代表说的。工会代表知道不允许他们开会庆祝，就去找吴佩孚协商，吴佩孚表示他不反对工人成立组织，但是不允许像北京大学那个李教授那样的共产党人来领导。

李大钊两次去洛阳时，吴佩孚口口声声表示支持孙中山的统一方略，甚至提出要领兵去新疆、青海一带垦荒，实际上口是心非，像以往一样在做表面文章。他一直在加紧扩军备战，欲步袁世凯、段祺瑞之后尘，实行武力统一中国的反动政策。他之所以发表"保护劳工"等四大政治主张，目的在于欺骗和利用工人，确保京汉等铁路掌握在自己手中。他在与李大钊会谈后，让共产党人插手交通部的一些事务，目的也在于利用共产党在铁路上的新兴势力，铲除交通系的势力。而一旦交通系的势力被铲除，工人运动出现日趋高涨之势，他就不惜与李大钊等共产党人反目成仇，用武力镇压工人运动，以保障自己的统治不受威胁。当时，京汉铁路的运营收入是吴佩孚军饷的主要来源之一，吴佩孚的10万多军队每月所需80多万元的军饷，其来源绝大部分靠的是截留京汉铁路的收入；再者，京汉铁路纵贯直隶、河南、湖北三省，是连接华北和华中的交通命脉，有重要的经济、政治和军事意义。对于这条交通命脉，吴佩孚视其为命根子。当欺骗、利用工人等手段不能阻止已经觉悟的工人阶级的革命行动时，吴佩孚终于撕下"保护劳工"的假面具，不顾一切地诉诸武力，这是他的军阀本质所决定的。

对于二七惨案的发生，从当时的实际情况看，李大钊的思想准备是不

第七章 领导工人运动 掀起革命高潮

足的。经过数次交往,以及对时局的观察和了解,他对吴佩孚的军阀本质已经有了充分认识。但是,对吴佩孚在这么短的时期内就公然撕下"保护劳工"的假面具,充当镇压工人运动的刽子手,他是没有料到的。因此,当得知惨案发生以后,他的心情十分恶劣,精神受到很大打击。

为了免遭意外,李大钊在布置好二七惨案的善后工作之后,由武昌乘船去了上海,在上海避居了一段时间,得知并无危险后,4月底才返回北京。到上海后,他先是住在孙洪伊家,而出任过广东政府顾问的孙洪伊,当时与直系军阀的关系仍然比较密切,为了避免"引起人们对他与直系军阀仍保持接触的误会",他在孙宅住了几天就搬了出来,"以示决绝"。一年后,李大钊于1924年2月7日在广州工会联合会等群众团体举行的追悼列宁并纪念二七大会上发表演说,陈述了二七惨案发生时的情景。他说:

去年二七前几天,兄弟适因演讲事情到汉口,亲看同志为集会结社自由做很大的运动,又见如狼似虎的军人残杀工人,及在船上又知道流血的事情,今天回想起来,实在难过。军阀压迫工人何等残酷,为自由而战的同志何等壮烈!

在《"二七"二周年纪念册》上,他又发表短文《吴佩孚压迫京汉劳工运动的原因》,指明了吴佩孚的反动军阀本质。

二七惨案后,大批的工人死伤、入狱,大批的工人被开除,流落街头。北京劳动组合书记部和全国五十多个工会被封闭,工会领袖被通缉。年轻的中国工人运动暂时转入了低潮。在艰苦、困难的环境下,针对某些人的悲观失望、志气消沉,李大钊写了《艰难的国运与雄健的国民》一文,宣传革命乐观主义的精神,表现了对革命前途无比坚定的信心。文章首先指出革命的道路,历史的道路,不全是平坦的。文章写道:

一条浩浩荡荡的长江大河,有时流到很宽阔的境界,平原无际,一泻万里。有时流到很逼狭的境界……绝壁断崖……曲折回环。

民族生命的进展,其经历亦复如是。

有时走到艰难险阻的境界。这是全靠雄健的精神才能够冲过去的。

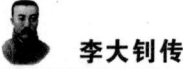 李大钊传

文章进一步提出:

要知在艰难的国运中建造国家,亦是人生最有趣味的事。

中华民族现在所逢的史路,是一段崎岖险阻的道路。在这一段道路上,实在亦有一种奇绝壮绝的景致,使我们经过此段道路的人,感得一种壮美的趣味。但这种壮美的趣味,是非有雄健的精神的,不能够感觉到的。

他强调了对待困难环境要有这种"雄健的精神"。他说:

我们的扬子江、黄河,可以代表我们的民族精神,扬子江及黄河遇见沙漠、遇见山峡都是浩浩荡荡的往前流过去,以成其浊流滚滚,一泻万里的魄势。目前的艰难境界,那能阻抑我们民族生命的前进!

他号召大家:要像长江、黄河一样,"拿出雄健的精神,高唱着进行的曲调,在这悲壮歌声中,走过这崎岖险阻的道路"!

领导社会各界　反对封建军阀

李大钊在领导北方工人罢工的同时,还领导北京郊区农民反对封建军阀的斗争。

1922年8月,北京的军阀当局宣布征收菜捐,不纳捐则菜不准上市,并在北京各城门口设了卡子,肆行敲诈勒索。北京近郊的农民多以种菜为生,蔬菜卖到城里,这样一来,菜农的生活都成了问题。农民们被逼得无路可走,当他们听到长辛店工人罢工取得胜利的消息后,就派代表找到了长辛店工会,请求带领他们进行反抗。

长辛店工会中的几个共产党员连忙进行研究,他们认为可以发动农民用停止运菜进城的办法来与军阀作斗争,并可由铁路工人支援,通知北京附近各小站的铁路工会不叫火车运菜进城。他们考虑到,这样重大的事情必须向上级党组织请示,于是由工会委员长史文彬等向李大钊报告。

李大钊听了他们的报告后,非常重视。他热情地支持这个斗争,认为

第七章 领导工人运动 掀起革命高潮

他们出的主意很好,并指出:"这样,工人农民就联合起来了。"他想了一下,又提出一个斗争的方法:"还可以让农民停止进城掏粪。北京这个城市,三天不掏粪,那些大人老爷就过不下去了。"当时的北京,还没有现代的抽水马桶等设备,这的确是个绝妙的办法。李大钊又详细指示了他们关于布置斗争的一些方法、策略,然后才让他们高高兴兴地回去。

农民斗争很快根据李大钊的正确指示发动起来了。农民也按照工人罢工斗争的办法,先给军阀政府送去一个"最后通牒",紧跟着就停止了运粪和送菜。

军阀本来不把农民放在眼里,认为农民是庄稼汉,好欺侮。没想到在党和工人阶级的领导下,庄稼汉竟有如此手段。"最后通牒"一送走,很快全城就断了菜,街上臭气熏天,使得军阀一时束手无策。没奈何,只得接受条件,宣布停止征收菜捐。

这一次斗争的胜利,树立了党和工人阶级在北京郊区农民中的威信,加强了工人运动和农民运动的联系,扩大了反帝反军阀斗争的战线。这是我党领导下北方最早的一次农民斗争。

在北京大学期间,李大钊曾积极参与"驱彭挽蔡"斗争。

1922年11月间,北洋军阀政府任命无耻政客彭允彝为教育总长。1923年1月,北京大学校长蔡元培因不满彭允彝安置私党、克扣教育经费等卑劣行径,以及受军阀政府压迫,愤而辞职。北大师生立即展开了"驱彭挽蔡"斗争。李大钊等联系20人,以全体教职员名义上书大总统,要求罢免彭允彝。李大钊身为校长室秘书,又是北大评议会评议员之一,会同王星拱、马裕藻等人,联名提议请于1月18日召开评议会特别会,商讨如何维持蔡校长辞职后的北大校务问题。接着,北大评议会又召开了本年第二次和第三次特别会,对全校工作作了周密的部署,保证了在蔡校长辞职离校的情况下,学校的各项工作得以有条不紊地照常进行。

从"驱彭斗争"开始的学生运动,在发展中又增进了反帝国主义、反对北洋军阀政府的内容。1923年1月19日,北大等高等学校学生千余人

— 239 —

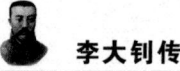

向北洋军阀的"众议院"请愿,要求收回被日本帝国主义占领的旅大,遭到军警毒打,受伤300余人,其中重伤50余人。李大钊在教职员临时委员会上提出应对此事发表声明。委员会就推举他起草通电,谴责军阀政府的暴行,支持学生的正义行动。这场斗争在李大钊的领导下,进一步发展成了以"打倒军阀""推翻(军阀)政府""否认(军阀)国会"为中心口号的广泛的政治宣传。

早在1921年3月,李大钊还曾参与领导北京国立专门以上八校开展索薪斗争。

1921年春,直系军阀控制下的北京政府因为财政困难,竟然断绝北京国立专门以上八校的教育经费和教职员薪俸,使北京国立八所高等学校的正常运转无法维持,教职工的生活难以为继。八校的教职员被迫于1921年3月14日举行罢教、罢工。参加的学校有北京大学、北京女子高等师范学校、国立北京高等工业专门学校、农业专门学校、法政专门学校、医学专门学校、高等师范学校、美术专门学校8所高等院校。开始李大钊作为北京大学的代表,自4月25日起又兼作北京女子高等师范学校的代表,并在马叙伦生病期间,自4月26日起代理八校联席会议主席,参与领导了这场斗争。

1921年3月16日上午,八校教职员代表20人在美术专门学校开会,决定由每个学校选派3名代表组成"北京国立专门以上各校教职员联席会议"。北京大学哲学系教授马叙伦被推选为联席会议主席,李大钊被指定为新闻干事(后担任联席会出版的《半周刊》主编)。6月3日,各校教师学生千余人到国务院请愿,李大钊参加了这次请愿活动,遭到军警的殴打,头部受伤。据1921年6月5日北京《晨报》报道:李大钊被打得"昏迷倒地,不省人事"。后来李大钊被送进了医院,伤愈出院后,6月29日,李大钊作为八校教职员代表参加了学生联席会发起的各团体联席会,向全国报界联合会、各界联合会等10余团体代表解释八校教员索薪斗争的目的和对六三事件采取的方式。他申明,教育职员索薪仅仅是一种手段,根本

第七章 领导工人运动 掀起革命高潮

的目的在于争取教育经费得到保障；社会上一部分人，包括教育部官僚对此都有误会。至于六三事件，他指出，"所以在法庭起诉，实因政府欲假法律为武器，教职员不得已而以此手段对付之"。他提醒人们：在目前政府下的法律，没有国民起来拥护，很难希望其有独立精神，很多团体主张从法律解决，尤应注意这一点。

在全国人民的支援下，7月28日，长达4个多月的索薪和为争取教育经费的斗争终于以教育界获得胜利而告结束。这次教育风潮中，教职员代表联席会议召开正式会议共76次，加上临时会议不下百余次，李大钊总是每会必到，他主持的会议超过了总数之半。在斗争过程中，李大钊数次率代表到教育部和国务院请愿，还承担了参与起草宣言、通告、诉讼文书等工作，是十分繁忙辛苦的。这也可以从李大钊的写作方面反映出来。李大钊自投入这场斗争之后，4个多月的时间里，只在报纸上发表过一篇短文：《中国学生界的"May Day"》（1921年5月4日《晨报》）。此外没有写过文章。长达4个月的时间不从事写作，这在李大钊从事教学和宣传马克思主义的这一重要阶段中是一个特殊现象，足见李大钊组织领导这场斗争花费的心血和精力是很大的，这也是他没有出席中共一大的原因之一。

1925年，蔡元培未能回任北大校长之职。办理交涉"俄国庚子赔款"事宜，由李大钊协助北大代理校长蒋梦麟进行，经过与俄国使署及北洋政府当局反复交涉，终于取得了以部分"俄款"用于京内九校经费的结果，不仅使北大渡过了一次关系存亡的难关，而且也使濒临垂危的其他国立诸校获得解救。其间，百般斡旋、诸多交涉，主要由李大钊出面进行。对此，当时的新闻界认为："年来国立九校之得俄款救济，李（大钊）从中斡旋之功居多。"

在第一次工人运动高潮中，李大钊积极领导北方工人运动，做了大量卓有成效的工作，推进了北方的工人运动和其他革命运动的发展，成为北方工人阶级、北方革命群众所热爱和熟知的领导人。

第八章 坚持统一战线 推动国共合作

李大钊是中国共产党最早提出和阐述建立革命统一战线策略的领导人之一。为建立革命统一战线呕心沥血，做了大量工作。1922年到1924年初，李大钊频繁地奔走于大江南北。四跨长江、三赴上海、二下广州，不仅参与了党的国共合作政策的制定，而且帮助孙中山改组国民党，直接促成国共第一次合作，成为革命统一战线诞生的助产士。

探索统战理论 倡导国共合作

中国共产党成立之初，早期共产主义者还没有深刻地认识中国国情和中国革命的特殊性，没有把反帝反封建的民族民主革命同消灭一切剥削、消灭私有制的社会主义革命区别开来。以为在半殖民地半封建社会的中国，可以直接进行社会主义革命，建立无产阶级专政。因而在斗争策略上，党的一大决定，党应采取独立的政策以维护无产阶级的利益，不同其他党派建立任何联系。

然而，当中国共产党人抱着为推翻反动阶级的黑暗统治、实现社会主义而奋斗的信念，深入到实际斗争中去的时候，他们很快发现，在半殖民地半封建的条件下，中国人民迫切需要的并不是立即进行社会主义革命。中国革命不首先进行反对帝国主义侵略、反对封建军阀统治的斗争，国家就不能独立，人民就不能解放，也就谈不上实现社会主义、共产主义的理想。"打倒列强，除军阀"，是当时绝大多数中国人的共同愿望。但是，帝

第八章　坚持统一战线　推动国共合作

国主义和封建军阀是异常强大的力量，如果只靠少数人孤军奋斗，或是几种力量分散地各自为战，都难以把它打倒，因此自然地产生联合和合作的需要。

在中国共产党内，李大钊较早地注意到统一战线的重要性。他是党的统一战线理论的最早探索者，也是国共合作的积极倡导者。他指出，要彻底完成反帝反封建的革命任务，无产阶级必须团结一切可以团结的力量，"共同认定一联合战线"。中共成立后，他曾介绍共产国际代表马林到桂林会见孙中山。马林是荷兰人，早年在荷兰从事铁路工人运动。1902年加入荷兰社会民主党。1913年到印度尼西亚从事革命活动。1920年7月，马林出席了在莫斯科召开的共产国际第二次代表大会，亲耳聆听了列宁系统阐述的关于民族和殖民地问题的理论，并成为共产国际执行委员和民族殖民地委员会秘书。1920年8月，列宁亲自指派马林作为共产国际代表到中国指导革命运动。1921年4月，马林开始了他的东方之行。1920年6月3日马林抵达上海。7月，他出席在上海召开的中国共产党第一次全国代表大会，并在会上作了重要讲话，介绍了他在印尼从事革命活动的情况，建议中国共产党要特别注意建立工人组织。

12月中旬，马林在中共党员张太雷的陪同下，辗转武汉、长沙，前往桂林拜会孙中山。此时，正是孙中山任非常大总统，准备率军大举北伐的时候。马林在孙中山的大本营里住了9天，对国民党进行了仔细的考察，与孙中山进行了三次长谈，希望能达成孙中山与苏俄的联盟。孙中山则表示："一俟义师北伐，直捣幽燕，再谋具体合作，未为晚也。"经过这次南方之行，马林得出的一个基本认识是：中国革命要有国民党参加，中国共产党要联合国民党一起开展民族民主革命。马林在印尼爪哇工作期间，曾有过与民族主义政党合作的成功经验，即建议力量弱小的社会民主联盟（信奉马克思主义）成员以个人身份加入当时爪哇最大的群众组织——庞大而松散的伊斯兰教联盟，这种合作方式有力推动了当地民族解放运动的发展。后马林曾与李大钊、张太雷等交换意见，讨论关于联合帮助国民党

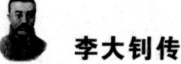

的问题,并取得了李大钊等人的同意。但马林关于中共党员以个人身份加入国民党的建议一提出,便遭到中共中央局书记陈独秀及党内大多数成员的激烈反对。

1922年年初,列宁在远东各国共产党及民族革命团体第一次代表大会期间,抱病接见中国共产党代表张国焘、中国国民党代表张秋白和铁路工人代表邓培。他十分关心中国革命问题,希望国共两党实现合作,勉励中国工人阶级和革命群众加强团结,推动中国革命向前发展。

这一时期,党一方面通过革命实践探索中国革命的基本问题,一方面接受列宁关于民族和殖民地问题的理论,并开始把这两个方面结合起来,逐渐酝酿和形成了一个大体上符合中国国情的革命纲领。1922年6月15日,中共中央发表《中国共产党对于时局的主张》,第一次就中国民主革命的重大问题,向社会各界公开自己的政治主张。《主张》指出:"中国现存的各政党,只有国民党比较是革命的民主派,比较是真的民主派",并宣称:为了完成无产阶级在目前最迫切的任务,中国共产党主张同国民党等革命党派,以及其他革命团体,建立民主主义的联合战线,反对共同的敌人,使中国人民从帝国主义和封建军阀的双重压迫下解放出来。这表明,中国共产党放弃了排斥一切其他政党的立场,确立了与民主党派联合共同进行民族民主革命的政策。7月,中共二大制定了反帝反封建的民主革命纲领,正式通过了《关于"民主的联合战线"的议决案》,并通过了《中国共产党加入第三国际决议案》。

党的二大虽然确定同国民党实行合作的原则,但是并没有解决国共两党采取什么形式进行合作的问题。这个问题显然是不可能由共产党单方面决定的。中国共产党开始主张两党实行党外合作,建立民主联合战线。但孙中山只同意共产党员以个人身份加入国民党,而不接受党外联合的办法。曾经同孙中山会谈过的共产国际代表马林认为,应当正视现实,接受孙中山的建议。

几乎与中共二大召开的同时,马林从中国回到莫斯科,向共产国际提

第八章　坚持统一战线　推动国共合作

出"在国民党内部开展工作"的建议。共产国际执委会在听取马林的汇报以后，批准了他提出的国共两党实行党内合作的建议。之后，马林便带着"尚方宝剑"急忙从莫斯科赶回上海，提议中共召开一次特别会议，专门讨论共产党员加入国民党的问题。

参加西湖会议　确立合作政策

根据马林的建议，1922年8月29日至30日，中共中央执行委员会在杭州西湖举行特别会议，讨论共产党员加入国民党的问题。这是中国共产党在国共合作问题上具有转折意义的一次决策性会议。陈独秀、李大钊、蔡和森、张国焘、高君宇及马林、张太雷出席了会议。在会上，马林根据共产国际的指示，建议中国共产党党员以个人身份加入国民党，实现国共合作。会议就此展开讨论。李大钊、张太雷态度坚决，明确表示同意马林的建议，但多数同志则持反对态度。张国焘言辞激烈，认为国民党是一个资产阶级政党，中共加入进去，无异于资产阶级相混合，会丧失它的独立性。陈独秀、蔡和森等人也认为，"党内联合混合了阶级组织和牵制了我们的独立政策"。马林则力言"国民党不是一个资产阶级政党，而是各阶级联合的党，无产阶级应加入进去改造这一党，以推动革命"。但马林的解释并没能说服张国焘、陈独秀等人。

就在双方争执不下、陷入僵局的时刻，李大钊提出了一个新建议，即共产党员有条件地加入国民党，并以少数领导人的率先加入作为两党实现合作的桥梁。这个意见化解了争论双方的尖锐矛盾，使大家心平气和起来，会议由此出现转机。其后，李大钊分析说：由于孙中山不接受党外联合的办法，"联合战线不易实现，采取加入国民党的方式是实现联合战线而易于行通的办法"。这是因为"国民党组织非常松懈"。他举例说：

无政府主义者加入国民党已经多年，挂着国民党党籍，依然进行无政府主义的宣传，并未受到任何约束。

李大钊传

国民党内各种不同政见的人，也都各行其是，足见共产党员加入国民党不会受到约束。

李大钊同意陈独秀提出的取消国民党入党时要打手模和宣誓服从孙中山的原有入党办法，强调应"根据民主主义原则改组国民党"，并主张中共与国民党合作后应保持自身独立性，保持自己的组织和报纸，继续在工人中建立自己的活动和组织中心。

由于李大钊的深刻分析和耐心说服，与会者经过进一步协商，终于达成了一致意见。会议根据共产国际的指示，决定在孙中山改组国民党的条件下，由共产党少数负责人先加入国民党，同时劝说全体共产党员以个人名义加入国民党，以实现国共合作。西湖会议成为中国共产党的国共合作政策由党外合作到党内合作的转折点。李大钊为促成西湖会议通过共产党员加入国民党的决定起了关键性作用。

西湖会议油画

其实早在1922年6月，李大钊就曾与邓中夏、黄日葵等6人联名向即将于7月1日在杭州召开的少年中国学会年会提出一个《为革命的德莫克拉西》的提案，提案中提出：

中国的国民党，抱着民主主义的理想，十余年来与恶势力奋斗，始终

第八章　坚持统一战线　推动国共合作

不为军阀的恶势力所屈服。

从今后，我们要扶助他们，再不可取旁观态度。

西湖会议也称西湖特别会议，参加西湖会议的除了陈独秀、蔡和森、张国焘、高君宇四位中央执行委员外，张太雷应该是作为翻译参加的。而并非中央执行委员的李大钊出席西湖会议，主要是由于党的二大后，中共中央相继派他和陈独秀同孙中山等国民党领导人会晤，商谈国共合作问题，同时也足见李大钊在党内地位的重要。而共产国际代表马林则更需要得到李大钊的有力支持，因为此前他曾几次向中共中央提出共产党员加入国民党，到国民党内去开展活动的主张，但均遭到拒绝。

中国国民党是一个成分复杂、组织松散的资产阶级政党。在1919年10月由国民党改称中国国民党以后，其成员有所增加，但并没有从组织上统一起来，没有举行过一次全国代表大会，也没有制定过统一的行动纲领。中国共产党之所以选择与国民党合作，首先是因为，孙中山领导的国民党毕竟是中国政治舞台上有一定影响、党员遍及全国乃至东南亚的大党，曾领导了辛亥革命，推翻了清王朝。虽然屡经挫折后并没有多大力量，但孙中山始终高举民主革命的旗帜，使这个党在当时中国社会内仍有一定威信。其次，这个党在南方已经有了一块根据地，在那里可以合法地发展工农运动，共产党也可以公开地进行活动，这在全国范围内是绝无仅有的。此外，在国民党内有一批忠实于民族民主革命的分子，如孙中山、宋庆龄、廖仲恺、邓演达、柳亚子等。他们对革命是坚决的，并且愿意跟共产党合作，通过他们还可以团结相当大一批国民党内的中间分子。

1923年二七大罢工失败以后，中共越来越清楚地看到一个事实：工人阶级如果没有强大的同盟军，如果没有革命的武装力量，在一个毫无民主权利的国家，凭着赤手空拳，要推翻那些武装到牙齿的反动势力是办不到的。所以，它要寻找朋友，寻找革命的同盟者，首先就看到了国民党。

西湖会议后，李大钊对革命统一战线进行了理论上的探讨。1923年4月，他在《向导》上发表《普遍全国的国民党》，批评以前的国民党不重视民众运动的错误,指出:"中国现在很需要一个普遍全国的国民党"。"今日的国民党应该挺身出来",去组织工人,组织农民,组织学生,组织商人,"结成一个向军阀与外国帝国主义作战的联合阵线","发展普遍的国民的运动"。他还在《实际改造的中心势力》一文中指出,国民党只有通过改组,形成更加有力的团体,"才能开始进行实际改革的事业"。

1923年6月,李大钊南下广州,参加中国共产党第三次全国代表大会。三大的中心议题是讨论国共合作问题。会上又发生了激烈的争论。李大钊在发言中指出,共产党员加入国民党后,可利用统一战线去发展工农运动,壮大革命力量。他的意见得到多数同志的赞同,促进了全党统一认识。大会通过的《关于国民运动及国民党问题的议决案》《中国共产党第三次全国大会宣言》等文件指出:党在现阶段"应该以国民运动为中心工作",采取党内合作的形式同国民党建立联合战线,共产党员应以个人身份加入国民党,"努力扩大国民党的组织于全中国,使全中国革命分子集中于国民党",同时保持共产党在政治上和组织上的独立性。中共三大的召开,标志着党关于国共合作统一战线政策的正式确立。

李大钊从广州返回北京后,为贯彻党的统一战线政策进行了大量的工作。当时,党的这个决定仍为一部分党员所不能理解。为此,李大钊进行了耐心的解释和说明工作。同年10月,李大钊受托在北京迎接孙中山聘请的苏联顾问鲍罗廷。其时,李大钊召集北京的党组织负责人开会,讨论国共合作问题,并邀请鲍罗廷参加。与会者对于两党建立统一战线的根本观点及方式方法问题发生了激烈的争论,最后李大钊作总结发言。关于建立国共两党统一战线问题,李大钊立场鲜明,他强调了国共合作的必要性和紧迫性,指出:

今天革命事业中的客观形势,是需要发动反帝反封建的民主革命,这种革命任务不是现在那样的国民党所担当得了的,必须加上新的血液,就是无产阶级的力量。

单靠无产阶级也不行,必须联合一切革命势力。"因此建立两党联合

第八章　坚持统一战线　推动国共合作

战线就成为必要和适时的了"。他认为：

目前国民党缺点很多，无组织无纪律无群众是显而易见的，如果孙中山有决心有把握把国民党大大地改组一下，确定它的政策方针，还是大有可为的。如果不这样，仅就国民党的现状来谈国共两党的合作，那就不成了。

只要国民党有改造的可能，孙中山有改造国民党的决心，国共两党建立联合战线是有可能的。关于建立两党联合战线的方式问题，那倒是比较容易商量的事。

李大钊透彻的分析和说明，使大家对党关于国共合作的政策加深了认识，统一了思想。鲍罗廷对李大钊的发言很重视，一面听一面记。到广州后，他将李大钊的话转告了孙中山。李大钊的话对于统一全党的认识，对孙中山决心改组国民党、确立三大政策，产生了很大的影响。

帮助孙中山　改组国民党

西湖会议后，李大钊受党的委派，担负了同国民党主要领导人进行联络的重任。从杭州返回上海后，他立即登门拜访孙中山。当时孙中山因陈炯明叛乱而被迫避居上海。1922年6月陈炯明的叛乱是孙中山所遭受的一次最痛苦的失败。与此同时，他从英、美、日等国得到援助的幻想也宣告破灭。这使孙中山和他的同志们不得不重新寻求革命的出路，寻找新的革命同盟者。正当孙中山对前途感到迷茫之时，中国共产党及共产国际向他伸出了援助之手。孙中山很高兴地接待了李大钊：在大约一周的时间里，他们进行了多次交谈，具体讨论"振兴国民党以振兴中国"的种种问题。有时兴之所致，"畅谈不厌，几乎忘食"。李大钊代表中国共产党向孙中山提出国共合作的主张，并建议国民党以民主的原则进行改组。经过交谈，孙中山与李大钊之间的相互了解日益加深。尤其是孙中山，他从李大钊这样襟怀坦白、立志改造中国的共产党人身上，看到了中国共产党要求团结合作、振兴中华的真诚愿望，看到了中国共产党蓬勃的生机和活力，强烈地感受到"国民党正在堕落中死亡"，急需注入共产党这样的新鲜血液。

在孙中山眼中，李大钊学识渊博、大智大勇、思想深邃、脚踏实地，是个真正值得钦敬和信赖的革命同志。在一次讨论孙中山的《建国方略》时，孙中山表示愿意亲自介绍李大钊加入国民党。当李大钊说明自己是中共党员，同时也是第三国际党员时，孙中山表示：这不打紧。你们尽管一面做第三国际党员，一面加入本党帮助我。几天后，由张继介绍，孙中山亲自主盟，李大钊以及陈独秀、张太雷等以个人身份正式加入了国民党，成为最早加入国民党的共产党人。

李大钊此行，使孙中山看到了中国革命新的希望。他决心同苏联政府合作，同中国共产党人合作，并着手整顿和改组国民党。从此，在共产国际和中国共产党的帮助下，孙中山开始了他一生中最伟大的转变。而李大钊则进一步成为连接国民党与共产国际和中共之间的一个重要桥梁，并得到了孙中山的极大信赖。孙中山曾数次邀请李大钊就改组等事项进行讨论，将李大钊视为挚友。

1922年9月4日，孙中山召集了有共产党人参加的会议，研究改组国民党的计划，起草宣言和党纲党章诸问题。1923年元旦，《中国国民党宣言》发表，这是孙中山的革命思想发展的一个飞跃。从此，国民党的改组工作积极进行起来了。

1923年1月，苏俄政府派来中国的特使越飞，从北京来到上海，经李大钊、林伯渠的联络介绍，会见了孙中山。孙中山与越飞相见之下，"极为喜悦"。双方经过整整6天的会谈，进一步商讨了以俄为师、改组国民党和建军、苏联援助中国革命等问题，于1月26日发表了《孙文越飞联合宣言》。该宣言的发表，标志着孙中山联俄政策的初步形成，同时消除了国民党方面一些人对联俄、联共的顾虑，推动了国共合作的发展。

1923年6月，中共三大在广州召开期间，李大钊应邀同孙中山进行会谈，讨论了国共合作及广东革命政府的外交政策等问题，李大钊提出了许

第八章 坚持统一战线 推动国共合作

多有见地的意见。

在共产国际和中国共产党的建议和帮助下，孙中山排除重重障碍，积极推进国民党的改组工作：聘请鲍罗廷担任国民党组织教练员（后聘为政治顾问）；任命廖仲恺、汪精卫和共产党员李大钊等5人为国民党改组委员。1923年10月中旬，孙中山由广州亲自致电国民党上海事务所，嘱其"密电北京李大钊即来沪会商"，并通知已委"李大钊为国民党改组委员"。李大钊到上海后，即同廖仲恺等一起准备国民党改组事宜。

孙中山先生

在李大钊等人的推动下，孙中山很快公布了国民党改组宣言及党纲草案。10月25日，国民党改组特别会议在广州举行。同月28日，国民党临时中央执行委员会正式成立，孙中山委任廖仲恺、胡汉民和共产党人谭平山等9人为国民党临时中央执行委员，李大钊等5人为候补中央执行委员。12月中旬，孙中山派李大钊返回北京，负责进行北京地区国民党的改组工作。

1923年11月24日至25日，中共中央为进一步贯彻党的三大精神，在上海召开三届一次会议。会议指出：

当以扩大国民党之组织及矫正其政治观念为首要工作。在政治上，促使国民党进行反对帝国主义的宣传和活动；在组织上，努力扩大国民党，国民党有组织之地方，如广东、上海、四川、山东等处，同志们一并加入。

国民党无组织之地方，最重要的如哈尔滨，奉天，北京，天津，南京，安徽，湖北，湖南，浙江，福建等处，同志们为之创设。

会议还强调：

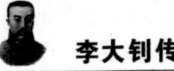 李大钊传

我们须努力站在国民党中心地位,但事实上不可能时,断不宜强行之。

1924年1月,李大钊再次应邀南下,赴广州帮助孙中山完成改组工作及筹备国民党一大。途中经过上海,李大钊出席了中共中央为决定共产党人在国民党一大上的态度而召开的会议。会议决定组织以李大钊为首的指导小组,领导出席大会期间党的工作。

在国民党一大开会前夕,李大钊作为孙中山的挚友,被指定为大会宣言审查委员会、章程审查委员会、宣传问题审查委员会的成员,是大会任职最多的一人。对于大会宣言和党章这两个主要文件,李大钊倾注了许多心血。

坚持党的原则　　维护合作大局

1924年1月20日,国民党第一次全国代表大会在广州开幕,李大钊被指定为大会主席团五名成员之一。大会通过了有共产党人参加起草的《中国国民党第一次全国代表大会宣言》,对旧三民主义重新作了解释。重新解释过的民族主义,明确提出了反对帝国主义和封建军阀的主张。民权主义提出民权为一般平民所共有,不为少数人所私有。民生主义提出"平均地权"和"节制资本"的主张,并规定制定劳工法,改善工人生活。大会接受了中国共产党提出的反帝反封建主张,提出了以联俄、联共、扶助农工三大政策为主要内容的新三民主义。认识到苏俄、共产党和工农大众才是革命的依靠力量,这是孙中山思想的一个飞跃。新三民主义与中国共产党在民主革命阶段的纲领基本上一致,因而成为国共合作的共同纲领。

国民党一大通过的《中国国民党章程》,把联共写入了章程。在讨论《中国国民党章程》时,国民党右派极力反对共产党员"跨党"(共产党员具有双重党籍),广州特别区代表方瑞麟主张加上"本党党员不得加入他党"的条文,在大会上引起激烈争论。李大钊立即代表中国共产党作了严

— 252 —

第八章　坚持统一战线　推动国共合作

正声明,并在会上印发了《北京代表李大钊意见书》,阐明了共产党员加入国民党的立场,驳斥了国民党右派的谬论,获得廖仲恺等国民党左派的支持。李大钊坦诚地说:

想脱除列强的帝国主义及那媚事列强的军阀的二重压迫,非依全国国民即全民族的力量去作国民革命运动不可!若想完成此国民革命的事业,非有一个统一而普遍的国民革命党不可!

我们环顾国中有历史、有主义、有领袖的革命党,只有国民党,只有国民党可以造成一个伟大而普遍的国民革命党,能负解放民族、恢复民权、奠安民生的重任,所以毅然投入本党来。

他强调说:

我等之加入本党,是为有所贡献于本党,以贡献于国民革命的事业而来的,再四审慎而始加入的,不是糊里糊涂混进来的。

党总理孙先生亦曾允许我们。

所以我们来参加本党而兼跨固有的党籍,是光明正大的行为,不是阴谋鬼祟的举动。

李大钊声明指出:

共产党员参加国民党,即执行国民党的政纲、章程和纪律,如有违反,理应受到惩罚;国民党既许共产党员参加,就不必疑猜防制。这种疑猜防制是国民党发展前途的障碍,是不可不扫除的。

李大钊义正词严的一番肺腑之言,感动了许多国民党人,也消除了一部分人的疑虑。何香凝后来回忆李大钊在这次大会上的发言时曾说:

他对孙中山先生的改组国民党与联俄、联共、扶助农工三大政策,发挥了极伟大的理论,现在想起来,那些话是非常正确的。

最后,绝大多数代表支持李大钊的声明,否决了方瑞麟的提案,并确认了共产党员以个人身份加入国民党的原则。

大会选举产生了中国国民党中央执行委员会,其中,李大钊、谭平山、毛泽东、林祖涵、瞿秋白等10名共产党人被选为国民党中央执行委员

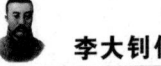 李大钊传

和候补执行委员。此外，共产党员谭平山、杨匏安、林祖涵、彭湃、冯菊坡等分别担任国民党中央党部组织部、农民部和工人部的部长或秘书等重要职务。

在共产党人和国民党左派的共同努力下，国民党一大顺利通过了有关国共合作的决议，它标志着国共合作的革命统一战线正式建立。至此，孙中山与李大钊——这两位第一次国共合作时期关系最深的两党领袖的巨手，终于握在了一起。改组后的国民党实际上开始成为工人、农民、城市小资产阶级和民族资产阶级的革命联盟，成为国共合作统一战线的组织形式。从1922年8月至1924年年初，在建立革命统一战线的过程中，李大钊不辞辛劳，频繁地奔走于大江南北。他四跨长江，三赴上海，二下广州，不仅参与了党的国共合作政策的制定，而且帮助孙中山改组国民党，直接促成了国共两党的合作，成为革命统一战线诞生的助产士。

以国共两党合作为主体的革命统一战线的建立，推动了全国反帝反军阀的国民革命运动的迅速开展，很快出现了中国现代史上轰轰烈烈的大革命高潮。

第一次国共合作形成后，李大钊坚持党正确的统一战线的政策和策略，一方面和国民党右派展开激烈斗争，维护来之不易的国共合作大好局面，另一方面以极高的革命热情发动民众、宣传民众、组织民众，在工人、农民和军队中培养革命力量，率广大民众投身于反帝反封建的革命斗争中，为扩大和巩固反帝反封建的统一战线、孕育中国大革命高潮、推动北伐战争胜利作出了重要贡献。

国民党一大后，李大钊成为北方国民党的主要领导人。从广东回到北京后，他立即用国民党的旗帜展开工作。在他的领导下，北京市、天津市和直隶省的国民党党部先后成立起来。接着，各地各级的国民党部也相继成立。后来还成立了国民党北方执行部以及国民党政治委员会北方分会。在北方，几乎所有国民党的组织都是由共产党人着手成立的，并以共产党员、青年团员和国民党左派为骨干。至1926年1月国民党二大召开的两年

— 254 —

第八章　坚持统一战线　推动国共合作

间,由于中国共产党人在各地的积极努力和鼎力帮助,国民党员的人数迅速增加至20万之多。其中,李大钊领导的中共北方区委(1925年10月,中共中央决定改组北京区委兼北京地委,成立北方区执行委员会,简称"北方区委",直属中共中央领导,李大钊任书记)所辖华北、东北、西北15个省区,均建立了国民党组织,国民党党员由不足百人增至1.4万余人,成绩卓著,活动范围亦由改组前仅局限于狭小的上层社会扩展到工人、农民、城市小资产阶级和民族资产阶级,真正成为国共联合战线的组织或革命同盟。

在李大钊的领导下,北洋军阀严密控制的北方各地反帝反封建的政治主张得到了广泛宣传,中共组织和发动工农运动的传统被带到国民党内。北方各地国共合作组织形式的建立,使共产党和共青团能够半公开活动。在国共两党的共同努力下,北方的群众运动此起彼伏,逐步高涨。

1925年,在孙中山病重期间,李大钊还被任命为九个政治委员会委员之一,享有很高的地位。国民党右派为此大为不满,叫嚣什么"以共产巨子式之李大钊等为委员……实深诧异"。他们怎知道,孙中山对李大钊所寄予的厚望!

在长时间的接触中,李大钊与孙中山结下了深厚的革命友谊。宋庆龄后来在回忆孙中山对李大钊的情谊时写道:孙中山特别钦佩和尊敬李大钊,我们总是欢迎他到我们家来。在同共产党进行合作以后,李大钊当选为国民党中央执行委员会委员,他一回到华北以后,就担负了国共两党在那个地区的领导任务。孙中山在见到这样的客人时常常会说,这些人是他的真正的革命同志。他知道,在斗争中他能依靠他们的明确的思想和无畏的勇气。

李大钊对孙中山同样非常敬重。他在1924年所写的《人种问题》一文中,称孙中山为"我们革命的先锋"。在苏联参加共产国际五大期间所写的《苏俄民众对于中国革命的同情》一文中,他更尊称孙中山为"中国革命的老祖"。

 **李大钊传**

1925年3月12日,孙中山不幸逝世。临终前,李大钊参与了孙中山遗嘱的草定工作。孙中山在其留下的党务遗嘱中写道:

必须唤起民众、及联合世界上以平等待我之民族,共同奋斗。

李大钊亲自领导了有几十万群众参加的追悼孙中山的活动。孙中山出殡的那一天,李大钊参加了抬棺仪式,并怀着悲痛的心情写下长长的挽联:

广东是现代思潮汇注之区,自明季迄于今兹,汉种孑遗,外邦通市,乃至太平崛起,类皆孕育萌兴于斯乡;先生挺生其间,砥柱于革命中流,启后承先,涤新淘旧,扬民族大义,决将再造乾坤;四十余年,殚心瘁力,誓以青天白日,满地红旗,唤起自由独立之精神,要为人间留正气。

中华为世界列强竞争所在,由泰西以至日本,政治掠取,经济侵凌,甚至共管阴谋,急思奴隶牛马尔家国;吾党适丁此会,丧失我建国山斗,云凄海咽,地黯天愁,问继起何人,毅然重整旗鼓;亿兆有众,惟工与农,须本三民五权,群策群力,遵依牺牲奋斗诸遗训,成厥大业慰英灵。

这副挽联对孙中山的革命一生作了精辟概括,并号召亿万工农群众继承孙中山的遗志,继续奋斗,完成民族民主革命大业,以告慰孙中山的在天之灵。

第九章　沟通共产国际　争取更多支持

　　与共产国际密切联系，是李大钊一生中所从事的伟大事业的一个重要方面。李大钊同共产国际密切联系，对于中国革命和世界革命都具有伟大的历史意义。他的努力推动了中国革命高潮的到来，同时，也使苏联、共产国际在东方找到了朋友和支持力量，所以，这对于苏联、国际共产主义运动支持中国革命和中国革命支持苏联、国际共产主义运动，都具有重要作用。

艰难的旅程　丰富的收获

　　1924年6月，李大钊作为中国共产党首席代表率团赴莫斯科出席共产国际第五次代表大会。在向这次大会提交的书面发言中，李大钊科学地阐明了无产阶级领导权思想。

　　到十月革命的故乡，到世界上第一个无产阶级专政的社会主义国家——苏联去，是李大钊向往已久的心愿。更重要的是，李大钊有着很深的国际主义情结。自从选择了马克思主义和十月革命的道路，他就始终坚信，无产阶级的革命事业是国际性的事业，需要世界无产阶级的团结和相互支持。俄国十月革命胜利以后，随着欧美革命风暴的掀起以及亚洲各国民族解放运动的高涨，迫切需要一个世界性的无产阶级政党组织，对各国革命斗争进行协调和指导。以列宁为首的布尔什维克党，承担起筹建这样一个新的国际组织的任务。

1919年3月，共产国际（第三国际）正式成立后，在指导欧美各国无产阶级进行革命斗争的同时，也开始密切关注亚洲各国特别是中国的革命运动情况，帮助这些国家的无产阶级建立自己的政党组织，并积极支持和推动这些国家的民族解放运动的发展。在中国国内，李大钊是最早关注共产国际并力图同它建立联系的第一人，也是中国马克思主义者在组织上同共产国际建立联系的先导。李大钊经常以自己是"第三国际的党员"为荣，说明他始终把中国革命看作世界革命的一部分。可以说，与共产国际密切联系，是李大钊一生中所从事的伟大事业的一个重要方面。

国共合作建立后，李大钊作为国共两党在北方地区的主要领导人，努力适应新的革命形势，加强统一战线工作，大力发展北方地区的国民党组织，积极发动和领导北方地区的工农民众运动。北方地区国民革命运动的高涨和国民党势力的发展，引起北洋军阀的恐惧和仇视。因为当时是国共合作共同进行反帝反军阀的国民革命，所以他们也不分什么国民党、共产党，一概斥之为"赤化"，把孙中山称作"南赤"，把李大钊称作"北赤"，必欲除之而后快。

1924年5月下旬，反动的北洋军阀政府公开下达通缉令，第一个捉拿"鼓动罢工""宣传赤化"的共产党领袖李大钊。李大钊得到消息，赶紧化了装，带上十几岁的儿子葆华，搭乘京奉线夜车到昌黎，下车后直奔城北五峰山，暂住在韩文公祠，在看祠人刘克顺夫妇的关照下，躲过了反动政府的搜捕。反动军警在北京搜不到他，竟追到他乐亭的故居去抓人，但他们两次扑空。李大钊的夫人很为他担忧，请人捎信到五峰山，想托白坚武做个人情，取消通缉令。李大钊坚决拒绝。他在给夫人的回信中说：

去托白坚武大可不必。过去同窗时，我们虽是好友，但在去年二七惨案发生后，就断绝了交往。他在直系军阀幕下摇羽毛扇，而我却站在革命的一边。就是亲兄胞弟，站在敌对战线上也是常有的。何况我与白坚武？

第九章　沟通共产国际　争取更多支持

那张不起任何作用的通缉令，没有什么可怕！

这种无耻的迫害是吓不倒我的！

现在我的工作很忙，今后再也没有时间来照顾家庭了。你应当坚强起来，千万不要为我的生活颠沛流离焦急，而要振作起精神来，抚养和教育子女。

目前统治者的这种猖狂行为，只不过是一时的恐怖罢了。不出十年，红旗将会飘满北京，看那时的天下，竟是谁人的天下！

6月上旬，他在五峰山接到交通员送来的党中央给他的紧急通知，委他为首席代表，率领中国共产党代表团到莫斯科出席共产国际第五次代表大会。李大钊决定立即动身。出发前，为筹措代表团赴苏联开会的经费，他先到昌黎城里找到他在天津读书时结识的同乡挚友杨扶清。杨扶清曾是周恩来在天津南开中学的同学，与李大钊、周恩来的关系都很密切，是一位爱国商人，他开办的兴中罐头公司，罐头商标即为"赤心牌"。他慷慨资助李大钊500元银币，并护送他离开县城。

李大钊化装成一个商人，冒着被逮捕的危险，由昌黎秘密回到白色恐怖笼罩下的北京。在北京与其他赴会代表碰头后，约于6月11日启程前往哈尔滨。旅途中，他架一副无边的眼镜，头戴一顶八角工人帽，穿一身黑灰色的旧西服，一双半旧皮鞋，带着一个灰色帆布手提包和一个白色布被子行李卷。到哈尔滨后，他找到了他的堂兄李祥年，由李祥年介绍住在哈尔滨道外太古街"宏昌茂"杂货铺，住了三天三夜，白天出去办事，并曾与苏联驻哈尔滨领事会晤。随后，从哈尔滨乘火车转赴满洲里，继而在地下党交通员的安排下，由满洲里雇马车偷越国境线，到达苏联境内。之后，他们又改乘穿越亚、欧大陆连接地带的长途旅客列车，顺铁路线赶往莫斯科。一行人又走了7个昼夜，直至6月下旬才到达莫斯科。显然，他们已错过了共产国际第五次代表大会的开幕式和初期会程，但总算赶上了会议的举行。

李大钊率中共代表团到达莫斯科后，受到了来自全世界50多个国家和地区的兄弟党代表、特别是苏联共产党人的热烈欢迎。当时，世界各国的不少共产党人对中国革命形势的发展与变化非常关心，他们"询及中山先生的健康如何，广东革命政府的近情如何，颇有一种诚敬的钦感及浓厚的同情自然地流露出来"。李大钊耳闻目睹在莫斯科开会的人们和苏联人民对中国革命的同情与关心，特别是对孙中山先生健康的关心，不由感叹道："这可以看出中国革命的老祖孙中山先生在世界上的地位了。"

共产国际第五次代表大会于1924年6月17日至7月8日举行。参加会议的有来自49个国家的60个政党和国际组织近500名代表。当时，出席大会的中国共产党代表团团长是李大钊（用名"琴华"），代表有罗章龙（用名"罗文虎"）、赵世炎、王荷波、刘清扬（用名"刘齐佳"）、彭述之等。

共产国际第五次代表大会召开时，还可以看出共产国际同中国共产党在政策上的某种分歧。季诺维也夫代表共产国际执委会作了报告，批评了欧洲各国共产党在统一战线上的错误。在他的报告中，也谈到了中国问题。他说，国民党正向左转，并对帝国主义进行着真正的革命斗争。报告回顾了共产国际执委会和中共中央在如何对待国民党这个问题上的分歧。6月30日，共产国际主持民族殖民地工作的曼努意斯基作报告，他在中国问题上，继续强调共产国际关于国共合作的政策，说共产国际同意"中国共产党加入国民党，我们知道，在这个党中，由于中国共产党人的活动推动了它走上了同国际帝国主义更坚决斗争的道路"。但曼努意斯基又一次批评中共在国共合作问题上同共产国际存在分歧。他说："但同时我们知道，在最近的中国共产党中央全会上，加入国民党的同志们的活动被当作'阶级调和'受到严厉批评。"

7月1日，共产国际第五次代表大会举行第二十二次会议，会议议题为民族与殖民地问题。会议原定安排李大钊作有关中国革命斗争情况的报告。然而，在开会时，主持人又临时决定，李大钊的报告改为书面报告，这使李大钊失去了在大会主席台发言的机会。为此，大会执行主席盖什克

第九章 沟通共产国际 争取更多支持

在当日的大会上特意加以说明:"我们的中国同志琴华曾想作报告,但今天他不能作报告。他的报告将并入会议记录,也将在简报中登载。"其中并没有解释李大钊"不能作报告"的原因。

7月11日,李大钊的这份提交共产国际第五次代表大会的报告,以《中国的民族斗争与社会斗争》为题,作为中国共产党代表团的声明,在《真理报》上发表。《真理报》编辑特意说明:"现刊载中国代表团的声明,将其补入7月1日讨论民族问题会议的记录之中。"李大钊在报告中指出,中国革命的任务是反对国际帝国主义和国内军阀。他列举了帝国主义国家最近在中国犯下的种种新的侵略罪行,然后说道:在帝国主义列强无耻行径不断出现的同时,以工人和青年知识分子为首的民族运动也在不断发展。我们的同志正在领导这一运动。李大钊没有直接回答曼努意斯基的批评,他着重介绍了国共合作统一战线建立后的情况。他说:

民族运动进入新阶段。国民党员分赴各地,我党同志和国民党左翼到处都在积极工作。在南方是开展合法斗争,在北方则进行秘密工作。富有的华侨继续留在国民党内,小资产阶级,特别是知识分子热情地加入了国民党,南方的工人也加入了国民党的行列。

报告科学地阐明了无产阶级领导权思想。李大钊指出:

我们加入国民党能够加速民族革命运动的开展。参加国民党的共产党人是真正的革命先锋队。

我们在国民党内部工作的主要目的,在于唤起群众的革命精神,引导他们反对国际帝国主义者和国内的军阀。在国民党内部,我们将其左翼争取到我们方面来,并以此加速革命浪潮的高涨。尽管反动势力阻碍工人运动的发展而遇到一些困难,北方的工人组织仍在我们的掌握之中。在南方,特别是在广州,国民党在工人中有相当的影响,但我们的策略是掌握工人运动的领导权,以使其成为革命的先锋队。

在报告中,他还恳切地表示:

中国共产党的力量不大。它的战线很长,因为它同时领导着工人运动

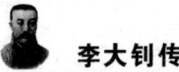

和民族运动。我们一直根据第四次代表大会通过的关于统一战线的决议进行工作。我们希望第五次代表大会特别关注中国问题,并给予中国党有关今后工作的指示。

李大钊的报告言简意赅,叙述清晰,观点鲜明,语意诚恳,若在7月1日的全体大会上讲述,反响应该会更加强烈一些。可惜,会议的主持者"剥夺"了李大钊的发言机会,幸得《真理报》的编辑在会议刚刚闭幕就将其作为中国共产党的声明发表出来,使之得以广泛传播。会议期间,李大钊虽未在大会上作正式报告,但他和中共代表团的其他代表一起,在会场内外广泛介绍中国革命情况,听取批评和指导意见,得到不少收获。

7月8日,李大钊参加了在莫斯科国际大剧院举行的闭幕式。共产国际以大会名义发表了《共产国际告世界无产阶级书》和《致东方各国和殖民地的兄弟人民书》。在一曲悲壮的《国际歌》声中,第五次代表大会胜利闭幕。铿锵有力的旋律回荡在整个会场,使李大钊周身热血沸腾。

关注国内形势　宣传中国革命

共产国际第五次代表大会闭会以后,李大钊奉命留在莫斯科担任中国共产党驻共产国际的代表,并由会议安排的卢克斯旅馆搬到了有很多中国留学生就读的莫斯科东方劳动者共产主义大学(东方大学)的宿舍区。他参加并指导了中共旅莫支部的工作,并在东方大学开设了专门讲述中国革命问题的一些课程。他在不同场合多次发表谈话,阐明中国共产党的政策,宣传中国革命。

在李大钊赴苏联莫斯科参加共产国际第五次代表大会,并留驻苏联期间,以广州为中心的南方革命形势发展很快。孙中山在苏联和中国共产党的帮助下建立的黄埔陆军军官学校和由国民党中央农民部创建、共产党员彭湃主持的第一届广州农民运动讲习所相继招生开学,广州沙面工人英勇地举行了反对英、法帝国主义者统治的大罢工,整个广州的革命运动开展

第九章 沟通共产国际 争取更多支持

得轰轰烈烈。在这种情况下,英帝国主义支持广州商团发动反革命叛乱,企图采取武装叛乱的手段推翻广州革命政府。

1924年8月29日,孙中山领导的国民革命军扣留了为阴谋叛乱的广州商团运送军械的英国轮船"哈佛号",英国驻广州总领事公开表示支持广州商团叛乱,并调军舰到广州水域向国民革命军和广州革命政府示威。英帝国主义公然干涉中国革命的暴行,立即在国内外引起了强烈反响。9月初,为了声援中国广州革命政府与英帝国主义展开的针锋相对的斗争,俄共(布)中央委员会政治局迅速作出决议,决定以苏联和共产国际为中心,在全世界范围内发起一个建立"不许干涉中国"协会运动。《真理报》和《共产国际》杂志率先发表文章,大力宣传孙中山领导的革命事业,号召苏联人民和全世界各国人民支持中国革命,反对帝国主义侵略者干涉中国的革命运动。在短短的几天时间里,"不许干涉中国"的口号响彻莫斯科的大街小巷,也响彻了列宁格勒城。

1924年9月上旬,李大钊一行人到达列宁格勒时,正赶上苏联党和政府在发起建立"不许干涉中国"协会运动。作为中国共产党的代表,李大钊在这个时候来到列宁格勒,受到了列宁格勒人民的热烈欢迎。下榻国际海员之家以后,李大钊等人到劳动宫进行参观、访问。列宁格勒职工苏维埃主席团的一位成员一见到李大钊,就拿出列宁格勒职工苏维埃打给英国职工大会的电报稿,请他过目。电报是代表列宁格勒40万工人,要求英国职工大会号召英国工人起来反对英国的马克丹诺政府干涉广州革命政府的。读了电报稿后,李大钊异常激动,连连对列宁格勒的工人表示感谢。当时,包括冬宫整个建筑在内的劳动宫正在进行修缮,李大钊未能细细参观冬宫精彩的皇家建筑工艺。也许是为表示歉意,列宁格勒职工苏维埃负责人请李大钊等人在宫中吃过午餐后,特意派车送他们到列宁格勒最大的工厂——三角橡皮制造工厂参观。这个工厂有8000多名工人,厂领导见有中国同志到来,立即举行了一次工人代表大会,请李大钊报告英国和美国等帝国主义国家干涉广州革命政府的罪行。李大钊在作报告时,会场群情

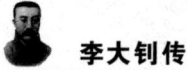 李大钊传

激愤，工人代表还当场通过了一项反对帝国主义干涉中国的议决案。

后来，他们又去了皇家花园，在那里碰到3个苏联红军战士。红军战士一见中国同志，就急切地问起中国革命的情况，并一再表示，只要中国革命需要，他们和所有的苏联红军战士都愿意到中国去为中国人民的解放事业流血牺牲。这又使李大钊的心情格外激动，紧紧握住他们的手不放。一两天后，少年国际纪念日到来，列宁格勒有数十万工人和青少年举行声势浩大的"不许干涉中国"示威游行。待李大钊等人在参观海口之后赶到设在冬宫前高台上的游行检阅台时，立即被游行的人们簇拥到检阅台中央。李大钊向游行的工人和少年儿童挥手致意，顿时，台上台下，"中国革命万岁"的口号声响成了一片。

当时在列宁格勒举行的游行示威，仅仅是整个苏联，乃至世界不少地方"不许干涉中国"运动的一个缩影。待李大钊由列宁格勒返回莫斯科时，莫斯科和苏联各大城市反对帝国主义干涉中国的大规模示威游行都举行过了。驻共产国际的各国共产党代表也纷纷发表声明，谴责英帝国主义的暴行。英国共产党执行委员马克·曼奴斯、法国共产党执行委员特莱思和美国共产党代表亚门特儿等还联名致电孙中山，谴责英、美、法等国政府在广州扮演的不光彩角色。回到东方大学，李大钊又从中国留学生口中得知，东方劳动者共产主义大学和西方劳动者共产主义大学的学生都举行了声势浩大的示威游行。

苏联和世界各国人民支持中国人民的革命斗争，作为中国共产党驻共产国际的代表，李大钊回到莫斯科后就开始了紧张的工作。他除给在东方大学学习的中国共产党党员和共青团员作《中国最近的政变》的报告外，还利用一切机会广泛宣传中国革命的新形势和中国共产党在新形势下的主张。1924年9月13日，他发表了《中国共产党中央委员琴华同志对〈工人莫斯科报〉记者的谈话》，明确表示：

中国共产党的任务是要向工农大众解释清楚国内战争的起因和意义，竭尽全力支持南方革命政府进行的反对外国帝国主义和中国反革命的斗

第九章 沟通共产国际 争取更多支持

争。中国共产党将把这些群众组织起来,以进行阶级和民族的决战。

谈话表明,李大钊当时虽然身在国外,但对国内政治、军事形势的变化是了如指掌的,他对孙中山在南方政策上出现失误的分析是很中肯的,特别是他所阐明的中国共产党的任务和作用,也是相当准确和正确的。

1924年9月22日,"不许干涉中国"运动被俄共(布)中央和共产国际在莫斯科推向一个新的高潮。当日,俄共(布)中央和共产国际在莫斯科国家大剧院举行有几千人参加的"不许干涉中国"协会群众大会。李大钊和俄共(布)中央的拉狄克、英国共产党执行委员马克·曼奴斯、法国共产党执行委员特莱恩、日本共产党片山潜等诸多国家的共产党代表出席大会,并作大会发言。在大会主席台发言的,最引人注目的是来自中国共产党的代表李大钊。当天,李大钊身着一身紧领紧身的制服,胸前佩戴着共产国际徽章,整个人看上去显得异常干练、精神。李大钊在大会主席台的中央位置站定后,操着他略带乐亭乡音的中国话,开口就直截了当地说道:

中国,已经成了世界帝国主义用来表演的大舞台。中国人民在受着帝国主义经济和政治上的影响。中国农民丧失了土地和生产工具,他们已经沦为流氓无产阶级,目前的境况十分危机……

顿时,整个会场鸦雀无声。紧接着,他对着坐满剧院的莫斯科各个"不许干涉中国"协会的代表和东方大学、西方大学的学生代表,缓缓地挥舞手臂指出:

你们都知道,现在各种军人省长之间都在你争我夺,然而,这个斗争不只是军人省长之间的斗争,而是帝国主义列强之间的斗争。日本一直在帮助以张作霖为首的奉系军阀,英国和美国则支持以吴佩孚为首的直系军阀。不过,尽管有这两个以及更多的军阀集团之间的斗争,在中国以孙中山为首的民族解放运动还是在不断地增长和扩大。

略略停顿一下,他又昂着头接着说:

但是这个运动的发展不能没有中国共产党的帮助。在共产党的队伍里

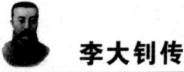

吸收了大批革命知识分子、年轻的中国无产阶级和农民中的优秀分子。

接着，他指出：

中国问题并不单纯是民族问题，它是一个国际问题。没有世界无产阶级的帮助，中国的民族运动就无法发展。只有无产阶级才能充当革命的领导者。

说到这里，他充满深情和谢意地对在场的莫斯科工人群众说：

你们，莫斯科的男女工人们，组织起了"不许干涉中国"协会。共产国际就是世界无产阶级和东方殖民地奴隶所进行的解放运动的中心。在莫斯科，我们在共产国际的直接领导下正沿着这条道路前进。愿你们积蓄力量援助中国的无产阶级和农民！由于俄国无产阶级的帮助，中国无产阶级和农民一定会争得自己的自由和独立。

在结束整个简短而有力的讲演时，李大钊情不自禁地振臂高呼：

世界无产阶级革命万岁！

共产国际万岁！

李大钊的精彩讲演，不时被暴风雨般的掌声和欢呼声打断。在场的中国留学生听得是热血沸腾。苏联的电影摄影师拍下了这些极其珍贵的镜头。

李大钊在莫斯科国家大剧院发表演说后，心情分外激动。隔了一天，他忍不住挥毫给上海《民国日报》的《觉悟》副刊写了一篇题为《苏俄民众对于中国革命的同情》的"赤都通讯"，完整记述了自己苏联之行的经过与感受。在文章的结尾处，他又情不自禁地对在国内的青年说：

当全世界革命的青年为反对帝国主义干涉中国狂呼奋斗的时候，中国的青年应该怎样的激昂，在悲愤中跃起奔赴于我们中国的革命老祖孙中山先生旗帜之下，去和那帝国主义及军阀战斗，我们远在莫京引领以盼此消息。

1924年10月，李大钊又在《红色工会国际》第9—10期上，发表了《中国的内战与工人阶级》一文，对中国工人阶级的历史使命作了进一步

第九章　沟通共产国际　争取更多支持

阐述：

中国无产阶级受共产主义宣传的影响，已经开始懂得谁是他们遭受苦难的罪魁，谁是他们的敌人；他们开始意识到自己对中国国民革命和世界无产阶级革命的责任；他们懂得，为了世界革命，中国的国民革命必须要取得胜利。中国无产阶级还懂得，为了中国的国民革命取得胜利，工人必须建立牢固的组织，并且成为革命的核心。

不久，苏联援助冯玉祥国民军的工作开始了，急需李大钊回国做大量的工作。李大钊只好改变了在苏联多走走、看看的计划，离开了十月革命的发源地。在留驻苏联的近5个月间，他参观了许多地方和单位，目睹了苏联社会主义革命的成就，又亲眼看到和感受到苏联人民和世界人民对中国革命的巨大支持，从而更加增强了他对共产主义和对中国革命胜利坚定不移的信心。

1924年12月3日，李大钊离开莫斯科踏上归程，返回阔别5个多月的祖国。此后，他常常和周围的朋友和同志们谈到这次苏联之行，不止一次地说：我这回去苏联是满载而归。

李大钊从苏联回国时，又路过哈尔滨。仍住在乐亭同乡王芳田的宏昌茂杂货铺。在谈话中王芳田问他俄国的情况，他说：

好、好，工农当了家，中国革命非走俄国人的路不可！

他还用一张大白纸铺在床上画了一张图，给王芳田详细讲解苏维埃政权的组织机构，并送给王芳田六七枚带有列宁头像、斧头、镰刀的苏联建国银币和一个苏联工艺品——木制烟卷盒，作为纪念。

三天后，李大钊起程回北京。王芳田一听就急了，他从行李底下抽出一张日本人在奉天（沈阳）办的《盛京日报》，递给李大钊。原来上面登载着京畿卫戍司令王怀庆对李大钊的通缉令。李大钊把报纸往炕上一扔，冷笑道：

哼！这算个啥，反动家伙与革命者，就是这样势不两立，你死我活的斗争。哪个革命者不被通缉，这些玩意儿没什么了不得！

李大钊传

王芳田说：

你暂时不要回去，先躲避一下吧，等风声过后再回去。

李大钊又说：

干革命就是要消灭他们，这些豺狼岂肯善罢甘休。不回北京，中国革命怎么能走俄国的道路？

他义无反顾地踏上了回京之路。秘密回到北京后，他立即投入正在高涨的革命斗争中。

第十章　领导北方革命　建立不朽功勋

1924年12月至1925年1月，李大钊任中共中央北方局书记。并于1924年1月、1926年1月在国民党一大、二大上，当选为中央执行委员，被委任为国民党北京执行部组织部长，担负国共两党在北方地区的实际领导工作。经过李大钊等共产党人的艰辛开拓，恢复北方工运、巩固发展党的队伍、声援五卅运动、争取关税自主等方面都取得了令人瞩目的成绩。

恢复北方工运　开展对敌斗争

第一次国共合作的建立，为工农运动的恢复和发展创造了十分有利的条件。中国国民党第一次全国代表大会后，国民党中央及各地执行部都设立了工人、农民、妇女等部，作为组织和领导民众斗争的机关。张昆弟、王尽美、张皓、缪伯英等中共党员，在北京执行部的工人、农民、妇女部中担任要职。这样，中国共产党除了直接发动和组织工人外，还利用国民党这面合法旗帜，通过国民党各部委来开展工作，使1923年京汉铁路工人罢工失败以来，工农运动的消沉状态，得到了迅速的改变。

北方工人阶级有光荣的斗争历史。国共合作的统一战线形成后，北方工人的组织和活动得到了发展。1924年夏，北京服装业工人组织了北京成衣工会，11月，北京财政部印刷局工人2000多人，为反对资本家拖欠工人工资，举行罢工，斗争坚持了1个多月。1924年冬，北京政变发生后，冯玉祥把所辖部队改称国民军，对反帝的民众运动也表示了某种程度的同

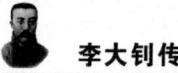

情。因此，在国民军驻防的北京、直隶、察哈尔、河南等地，国共两党的组织和工农群众运动得到较快的发展。

李大钊领导中共北方党组织，利用北京政权更迭，积极营救二七以后被捕入狱的同志，恢复了各地的工会组织。经过李大钊同国民军二军的积极交涉，1924年11月，长辛店工会领袖史文彬等11人被释放出狱。京津、正太、陇海、胶济、京绥、京奉各路工会，或全部或部分得到恢复，工人们的斗争重新振奋。1925年2月7日，全国铁路总工会第二次代表大会在郑州召开。在大会开幕的当天，李大钊在"铁总"出版的《"二七"二周年纪念册》上发表了《吴佩孚压迫京汉劳工运动的原因》一文，总结了二七斗争的经验，向工人群众发出了继续战斗的革命号召。他写道：

帝国主义者卵翼的军阀与民众的结合根本不相容。因为民众一有结合，便有一种力量抗拒他们的阶级的民族的仇敌，那作外国帝国主义者代理人、卖国殃民的军阀，焉有不时时堤防民众运动、压抑民众结合的道理。

英、美帝国主义者所扶持的军阀吴佩孚，当那京汉路工运动初起的时候，似是很想用他曾经用过的以"国民大会"的口号诈骗民众的伎俩来诈骗工人群众和全国民众。后来渐渐看清工人群众的结合，能够在国民革命运动中形成一种纪律紧严、勇力雄厚的中坚势力，他便骤然揭破那副假面，拿出凶残的手腕来压迫工人的集会。等到京汉工人因为争集会结社自由，举行全路大罢工，在军阀大本营的第一火线上和他短兵相接的时候，他更惊心动魄，知道工人阶级是国民革命运动中最勇猛、最有力的先锋队，他的惊讶和恐怖更坚定了他那用辣手摧残工人的决心。

在一段工人流血的历史中，已经显出了工人阶级在国民革命中的力量和位置。现在吴佩孚的势力虽然烟消火灭了，那些凶残的帝国主义者，仍旧在制造军阀来摧残我们的民众。京汉路工热烈奋勇战斗的精神既已开启了国民革命和阶级革命的第一幕，我们工人阶级和那些献身于无产阶级革命的战士们，更要奋勇万倍的高扬着鲜红的旗帜，踏着先烈的血路，向帝

第十章　领导北方革命　建立不朽功勋

国主义者和军阀进攻！我们要誓告全国的民众道：

打倒帝国主义！

打倒军阀！

国民革命万岁！

世界革命万岁！

李大钊的这篇短文，用与帝国主义及其走狗势不两立的态度教育工人群众，鼓舞他们去进一步向敌人开展坚决的斗争。

在李大钊和中共北京区委的领导与帮助下，全国铁路总工会第二次代表大会更深入地贯彻了党的反帝、反军阀的政治主张，比第一次大会向前迈进了一大步。大会的决议中明确地指出：

现在风起云涌的国民革命运动，其第一个目的就是打倒帝国资本主义。

中国工人阶级绝不害怕军阀之横暴，更不害怕洋人帝国主义者的威风。

工人阶级应当参加国民革命运动，以达打倒帝国主义、打倒军阀的目的。

这次大会对于铁路工人运动以及北方工人运动的进一步发展，特别是对工人阶级参加当时的国民会议运动和而后北方许多次大规模的政治斗争，具有重要的意义。

除铁路工人运动外，李大钊还领导北京党组织，大力发展北京的工人运动。邓中夏在《中国职工运动简史》一书中曾回忆道：

此时最饶兴趣的是北京的罢工。北京虽为首都所在之地，而近代工业可说绝无仅有，但此时该地的罢工斗争，却呈空前未有之现象。

1925年1月，有电车工人罢工。3月，有影响很大、使20多家报纸不能出版的1800余印刷工人的罢工，又有织布厂工人罢工、398家菜园工人罢工、造纸厂工人罢工、铁铺工人罢工。4月，瓦作工人6000余人罢工，还有北京附近的宣化皮行5000余工人罢工……罢工运动有如风起云涌，席

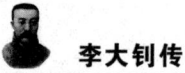

卷了大多数的行业。李大钊认为,必须在这些罢工斗争的基础上,将北京的工人阶级从速组织起来,于是,建立了"北京工人同志会"的组织。这个组织,就是后来五卅运动中的"北京工人雪耻会"的前身。在"工人雪耻会"的基础上,1925年11月,党又领导着北京各行业的工人成立了北京总工会。

除了北京地区的工人运动外,李大钊还在党的会议上多次提到,天津和唐山是北方两个最大的工业区,是党的工作重心。石家庄也有现代纺织工业,又系东西南北的交通枢纽,战略地位很重要。这些地区的工作都应加以重视。他还派赵世炎、刘仁静、尹才一等人前往唐山、天津、张家口等地,发动了开滦赵各庄矿近万名工人的大罢工,组织天津海员罢工委员会,领导海员罢工达3个月之久。李大钊还经常到河南、直隶、三特区、东三省等地视察,加强对那些地方的工农运动的领导。

在工人运动得到恢复和发展的同时,北方的农民运动也迅速发展起来。李大钊一向重视中国农民在反帝反封建的民主革命阶段的重大作用。五卅运动后,他将很大一部分精力放在农民运动的组织和发动上。1925年下半年,京东顺义县成立了蛋捐局,向运销鸡蛋的农民强征蛋捐,使广大贫苦农民遭受很大的损失。当时李大钊和中共北方组织立即派陈为人等同志前去发动群众,领导抗捐抗税斗争。在冬季的一个集日,800多名贩运鸡蛋的农民,手执扁担,砸了蛋捐局,逮住了奸商,并向县府请愿,迫使官方取消了苛捐。经过这场斗争,农民认识到组织起来的力量。12月下旬,顺义农民准备召开农民协会成立大会,但被反动当局残暴镇压了。李大钊及北方党组织已经认识到,为了开展农民运动,必须注意培养当地的农村干部,组织起农民协会,建立起中共党的小组或支部作为领导核心,这是件艰苦细致的工作。经过各级党组织的努力,1925年年底,京东、宛平、乐亭、玉田等7县,都相继建立了农民协会,人数达1800多人。

李大钊在总结农民运动实践经验的基础上,1925年12月30日至1926年2月3日在《政治生活》第62期至第67期发表了《土地与农民》一文。

第十章　领导北方革命　建立不朽功勋

他用大量的历史和现实材料对中国农民及土地问题作了详尽的论述,指出了农民在中国革命中的重要地位以及农民运动的重要作用,并进一步分析,解决土地问题是农民革命的中心内容。"'耕地农有'便成了广众的贫农所急切要求的口号"。要解决土地问题,必须依靠农民自己组织起来,"非由贫农、佃农及雇工自己组织农民协会"。推翻农村的封建所有制,并且强调农民一定要掌握武装。他在文章中热情地呼唤:

中国的浩大的农民群众,如果能够组织起来参加国民革命,中国国民革命的成功就不远了。

李大钊的这些观点和论述,当时代表了党内正确的斗争方针,是保证统一战线的巩固和推动大革命继续深入的关键。《土地与农民》一文,受到毛泽东的重视,当时就被毛泽东亲自编入"农民问题丛刊",作为农民运动讲习所学员的学习材料。

在李大钊的领导下,中共北方区委对农民运动予以充分的重视,曾派遣大批同志深入农村开展工作,在直隶、山西、内蒙古等地建立了农民协会和农民武装,使这些省份反对土豪劣绅的农民运动迅速发展。据不完全统计,到1926年6月,察哈尔、热河、山东、山西、直隶5省已有农民协会50多个,会员2万多人。河南省从1925年8月开始发动,短短8个月的时间,农会"会员人数约27万之谱",正式成立了省农民协会。为了培养农运骨干,1926年中共北方区委、豫陕区委从直隶、热河、察哈尔、绥远、奉天等地区,选派了40多名农运干部南下,参加毛泽东主办的广州农民运动讲习所学习,全面地了解学习南方农民运动的经验。这些学员学成后,绝大多数回到北方各地,在发动广大农民开展抗捐抗税,反对土豪劣绅,反对封建军阀的革命斗争中,起了很好的作用。

在李大钊和中共北京区委的领导下,妇女运动也有所发展。1925年年初,中共领导下的中华妇女协会成立,夏之栩主持大会,天津代表邓颖超、保定代表张锡瑞在大会上讲了话。2月底,北京率先成立了北京妇女国民会议促成会。在成立大会上,李大钊即席演说,予以鼓励。4月,北京妇女职业促进会发表宣言,反对善后会议对妇女的歧视,总结妇女运动的经验,要求男女平等,申明妇女问题"也是社会问题的一种,任何人都应负的责任"。号召妇女们起来,向社会斗争、宣战,以打破这压制妇女姊妹们的桎梏。1925年的女师大风潮,更是把矛头直指军阀政府的教育部,表现了中国女青年不畏压迫、反对封建文化的不屈斗志。在李大钊的帮助和教育下,北方党组织中出现了缪伯英、郭隆真、刘清扬、夏之栩、邓颖超这样一批优秀的妇女干部。

1926年9月,由国共两党党员共同组成的国民党北京市特别党部妇女部,组织了进步团体"妇女之友社",并出版了公开刊物《妇女之友》。该刊大力宣传反帝反封建的民主革命纲领,推崇国共合作的广东政府,为妇女解放大造舆论。在其《发刊词》中强调:

宣传和组织,是目前中国妇女运动的当务之急。

《妇女之友》仅存7个月,共出12期,时间虽短,但在北方各地,特别在妇女界中,影响很大。共产党员郭隆真、刘清扬和国民党左派张挹兰等人在这些妇女组织中相互配合,发挥了积极的领导作用。为了迎接北伐培养妇女干部,国共两党还在北京联合创办了"缦云女校",作为开展妇女运动的据点和阵地。

发动群众运动　巩固党的队伍

中国共产党自身组织的发展和壮大,是发动和领导群众运动的前提,也是国共合作得以巩固的决定条件。李大钊对于无产阶级政党自身的思想建设和组织建设十分重视。在国共合作建立之后,他提出共产党员以个人身份加入国民党,并不意味着对自己要求的降低。中共党员应负双重责任,一方面完成国民革命的任务,另一方面要联络和推动世界无产阶级革命。因此,必须对党员进行经常的马克思列宁主义的教育,进行阶级和阶级斗争的教育。

第十章 领导北方革命 建立不朽功勋

为了适应革命形势的发展和在党员中进行思想教育,1924年4月,中共北京区委创办了机关刊物《政治生活》周刊。李大钊除亲自指导其编辑出版外,并用"猎夫"等笔名经常为该刊撰文,大力传播马克思主义理论,并以马克思主义理论为指导分析国内外形势,揭露帝国主义和封建军阀的反动本质,以及国民党右派分裂破坏统一战线的行径,指出斗争的方针和策略,反映北方民众的贫困生活和革命要求。中共北方党组织以及共青团北方组织还经常在《政治生活》上发表宣言和文告,申明党的政治主张。在严重的白色恐怖下,《政治生活》坚持出版并不断扩大发行,这个刊物当时曾发行到数千份,在北方的工人、学生及其他进步知识分子中有着广泛的影响,对北方的革命运动起了巨大的指导作用。北方党组织还翻印中共中央、团中央的机关刊物《向导》《中国青年》上的文章,为党团员、革命群众学习政治理论提供参考,对于提高共产党员的理论水平和政策水平,发挥了重要的作用。

为了更好地培养干部,提高党员的马克思主义理论水平和政治觉悟,中共北方区委根据上级指示,于1925年在北京创办了北方区委党校。北方区委党校的筹备和教学都是在极其秘密的状态下进行的。党校设在一所僻静的院落,大门外挂着"职业补习学校"的牌子,按照李大钊的安排,由罗亦农担任校长,赵世炎、陈乔年等担任教员,学员近百人,主要来自北方各省市。经过3个多月的学习,学员陆续返回原地从事各条战线的领导工作。北方区委运用创办党校培训干部的做法,得到了中共中央的充分肯定。除干部轮训外,李大钊还要求北方各级组织注意加强日常的思想教育。

1925年10月至1926年年初,趁党中央在北京开会之机,中共北方区委邀请了中央一些负责人在北大法学院礼堂给党团员作报告。区委拟定了关于加强宣传马克思主义及鼓励工农群众进行阶级斗争的各种计划和关于加强党的发展及注重党员教育的工作总则。区委书记李大钊还亲自起草了演讲共产主义的教材目录和讲稿。通过以上教育工作,广大党员和干部增

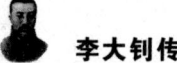 李大钊传

强了觉悟和组织纪律性,提高了马克思主义水平,增长了领导群众开展斗争的能力。

在进行思想教育的同时,李大钊和北方区委还注意党组织的扩大和发展。他亲自召集会议,研究如何发展党员,在各处建立党的组织。在国共合作统一战线建立之后,随着中共组织工作的加强,中共北方党组织有了明显的发展,中共党员从1924年5月的75人扩大到1926年7月的2069人。与此同时,中共北方区委还在哈尔滨、大连、太原、唐山、张家口、保定、郑州等地先后建立了党的地方委员会或特支,向陕北、石家庄等地派遣了特派员。党员的发展和基层组织的增加,使北方党在执行任务时有了组织上的保证。

李大钊在北方工人中创建党组织的同时,也很重视在农民中发展党员,建立党组织。早在五四运动期间,李大钊就提出了"到农村去"的口号。他在《土地与农民》一文中提出：

估量革命动力时,不能不注意到农民是其重要的成分。

在中共北方区委建立以后,李大钊曾亲自领导农委工作。根据李大钊关于在农村中建党的思想,中共北京党组织派出党员到各地农村开展建党活动。

中国北方农村较早建立共产党组织的是河北安平县。1923年3月,李大钊介绍弓仲韬(安平县台城村人)入党。同年8月,根据李大钊的指示,弓仲韬回到原籍开展革命活动,发展了农民弓凤洲、弓成山入党。1923年10月,建立了中共安平县台城特支,由弓仲韬任书记,隶属于中共北京区委。李锡九系安平县任庄村人,早年留学日本,曾任国会议员,俄国十月革命以后,在北京结识李大钊。1922年由李大钊介绍入党。1923年4月,根据李大钊的指示,李锡九回安平一带开展建党工作。1924年年初,李锡九介绍安平县北关高小校长李少楼和李振庭、李汉晖等人入党。2月份建立了中共安平县北关高小支部,书记李少楼,隶属于中共北京区委。1921年春,弓仲韬与李少楼取得了联系,他们共同介绍教育界知名人士张麟阁

— 276 —

第十章 领导北方革命 建立不朽功勋

入党,3月建立了中共安平县敬思村支部,书记张麟阁,隶属于中共北京区委。为加强对安平党组织的统一领导,1924年8月15日,在敬思村召开了中共安平县第一次党员代表会议,选举产生了中共安平县委员会,书记弓仲韬,隶属于中共北京区委。

1924年春,李大钊寄书李锡九,希望他发展在饶阳县影响较大的进步知识分子韩子木入党。韩子木是李锡九的好友,曾任直隶省议会议员。韩子木入党以后,很快地在饶阳县发展一批新党员,韩成为在饶阳建党的中坚力量。在党组织发展的基础上,1925年10月,安平县委与饶阳县党组织合并,建立了中共安饶联合县委,书记弓仲韬。1926年7月,建立了中共安饶深中心县委。书记刘金玉(后弓仲韬),下属组织有10个党支部。

乐亭县是李大钊的故乡。乐亭县党组织是在李大钊的关怀下建立起来的。1923年9月,直隶省教育厅决定在乐亭县立高小的基础上成立乐亭中学。李大钊利用他在乐亭社会上的影响,推荐在北京大学图书馆工作的共产党员王岑伯(乐亭王滩村人)任乐亭中学校长。1924年1月,李大钊又派遣北京工业大学毕业生共产党员王德周以英语教员的身份到乐亭中学从事革命活动。王岑伯和王德周通过教学改革,向学生传播新思想。1924年冬,王德周根据中共北京区委的指示,将徐凌汉、贾坤普、葛玉田、王成奎等4名年满18岁的团员转为共产党员,建立了中共乐亭县支部,书记王德周,隶属于中共北京区委。中共乐亭支部建立以后,便向周围农村发展党员。1925年,建立了中共乐亭地方委员会,书记王德周,隶属于中共北京区委。

玉田县的第一名共产党员江浩是1921年由李大钊介绍加入北京共产主义小组的。1925年夏,作为中共天津地委委员的江浩根据李大钊和中共天津地委的要求,利用关系和在县教育局开办小学教师暑期讲习班的机会,成立了国民党玉田县党部,并介绍国民党中的优秀分子李立元、张明远、肖志斋、王佩青等4人加入共产党。1926年5月,为了加强对玉田反捐抗税斗争的领导,共产党员肖志斋、李立元、王佩青曾在县教育局内成立中共玉田支部。因遭反动当局破坏，8月停止活动。1926年9月，李大钊派遣从广州农讲所学习回来的张明远和在开滦煤矿从事工人运动的共产党员杨春林以农民运动特派员的身份到玉田县开展农民运动，恢复党的组织。10月底，根据中共北方区委农委的指示，召开全体党员会议，成立了中共玉田县特支，书记张明远，隶属于中共北方区委。1927年1月，张明远代表中共玉田特支到北京向中共北方区委汇报工作时，李大钊表扬了玉田特支的工作，认为反抗"旗地变民"的斗争对于推动整个北方农民运动作出了出色的贡献。他告诫张明远，中国是一个农业国，农民是革命的主力军，对革命战争的成败极为重要。他要求玉田党组织要提高对中国国情的认识，把农民组织起来，用自己的力量解放自己。他还批准了玉田特支建立县委的请求，指定张明远任书记。

此外，中共北方党组织和李大钊还通过中共天津地委派共产党员刘格平在津南的沧县、献县、吴桥县、故城县、庆云县、盐城等县的农村建立了党组织，派北京党组织成员王子清在磁县农村建立了党组织，派何资深、杨洪涛等共产党员在张家口郊区的孤石村和东湾子察哈尔农林试验场建立了党组织。到1927年春天，已在河北的大部分农村建立了党组织。

开展国民会议运动

1924年10月，受革命影响的直系将领冯玉祥联络胡景翼、孙岳，乘第二次直奉战争之机，班师回京，发动北京政变，推翻直系军阀首领曹锟、吴佩孚控制的北京政府。随后，冯玉祥等发表反对军阀割据、要求和平统一等倾向革命的政治主张，并将所部改称中华民国国民军。但迫于形势，冯玉祥又同奉系张作霖、皖系段祺瑞妥协，组成了以段祺瑞为临时执政的北京政府。

北京政变后，冯玉祥电邀孙中山赴北京共商国是。段祺瑞、张作霖也不得不发出表示欢迎的电文。1924年11月10日，孙中山发表《北上宣

第十章 领导北方革命 建立不朽功勋

言》(《对于时局之宣言》),他在宣言中接受了中国共产党提出的国民会议口号,主张:

召集国民会议,以谋中国之统一与建设。

冯玉祥建议,在国民会议召集之前,先召集预备会议,决定国民会议的基础条件及召集日期、选举方式等。

召开国民会议的政治主张是中国共产党于1923年7月发表的《第二次对于时局之主张》中正式提出来的。这年6月,直系军阀曹锟利用贿选手段,登上了大总统的宝座,全国掀起了反对直系军阀的高潮。为此,中共中央提出召开国民会议,指出:

由负有国民革命使命的国民党,出来号召全国的商会、工会、农会、学生会及其他职业团体,推举多数代表,在适当地点开一次国民会议。

并且指出:

只有国民会议才能代表国民,才能制定宪法,才能建设新政府统一中国。

1924年11月13日,孙中山离粤北上,经香港、上海、日本、天津,于12月31日抱病入京,受到北京各界群众空前的盛大欢迎,刚刚从莫斯科回国的李大钊也在群众欢迎的队伍中。

在孙中山北上途中,中共中央于1924年11月19日发表了《第四次对于时局的主张》,重申只有本党所主张的及中国国民党所号召的国民会议,才可望解决中国的政治问题,反对军阀段祺瑞、张作霖以争权夺利为目的的"善后会议"。并发出通告,要求"各地方联络各地人民团体,组织'国民会议'(国民党宣言有此主张)促成会议"。在国共两党的大力推动下,国民会议运动在各地迅速开展起来。

1924年11月24日,中共北京区执行委员会发出通告,揭露各系军阀勾结帝国主义,为各自的利益不断挑起事端,残害人民,支持孙中山北上召开国民会议,指出:

只有国民会议才能解决现在的时局,只有继续反抗国际帝国主义之侵略与军阀之压迫才能取得中国大多数人民之自由。由工会、农会、教育会、学生会、商会等人民自己组成之全国国民会议才能讨论国是，才能真正的民治；产出真正的宪法与政府，达到和平，独立与自由中国之建立。

同时开始筹备成立北京国民会议促成会。

李大钊和中共北京区委领导人积极参与和领导了北方的国民会议运动。1925年1月4日，根据北京区委的指示，北京国民会议促成会在北京大学三院召开成立大会，中华救国学生总会、政治生活杂志社、民权运动大同盟、北大平民教育讲演团等200余个团体出席了大会，李大钊也出席了大会。大会通电全国，发起组织全国国民会议促成会，选出执行委员若干人成立筹备机构。北京国民会议促成会成立后，由中共北京区委直接领导，动员各级党团组织及进步群众团体积极参加国民会议运动，在社会各阶层群众中进行了广泛的动员宣传。中共北京区委机关刊物《政治生活》发表文章，强调指出："我们始终不当忘记的是，国民会议之本身是一种革命的口号"，是一次"公开的、合法的"进行民众政治运动的机会。此后，北方及全国各地纷纷成立国民会议促成会，并派代表到北京参加国民会议促成会全国代表大会。

李大钊还应邀担任了国民会议促成会讲演大会的宣讲人，经常到民众中进行讲演、宣传。1925年1月17日，李大钊在师大召开的讲演大会上，发表了题为《帝国主义侵略中国后之国民运动》的讲演。他在演讲中，追述了帝国主义的侵华史和中国人民进行反抗斗争的历史，分析了太平天国、义和团和辛亥革命对帝国主义的认识及其局限性。他指出，现在孙中山先生看清帝国主义对于中国之祸患，高树国民革命的旗帜，以取消一切不平等条约相号召，全体国民都应在此旗帜之下，努力奋斗。

李大钊在北京国民会议促成会、北京妇女国民会议促成会筹备处组织的多次讲演会上的讲演，从各方面阐述了召开国民会议、废除不平等条约和反对帝国主义侵略、推翻封建军阀政府、建立人民政权的关系，鼓舞了群众的斗志，很受各界群众的欢迎。在李大钊和中共北方党组织的领导

第十章　领导北方革命　建立不朽功勋

下,国共两党密切合作推动的北方国民会议运动,迅速高涨起来。

北方国民会议运动的发展,引起了国内外反对派的恐惧和仇视。1925年2月1日,段祺瑞政府不顾全国人民的反对,召开了"善后会议"。在李大钊领导下,国共两党北方组织分别发表通电和宣言,表示坚决反对。为了揭露和对抗"善后会议",促成召开国民会议,中国共产党和国民党合作,在北京召开国民会议促成会全国代表大会。李大钊和中共北京区委专门讨论了和这次大会有关的各项问题,号召共产党党员们动员他们参加的群众团体积极投入到运动中来。

1925年3月1日,国民会议促成会全国代表大会在北京正式开幕,到会代表200余人,代表20多个省、100多个地区的国民会议促成会,工人、农民、学生、教职员、记者、律师、工商业者,都有代表参加。一些著名的共产党人,如上海的代表恽代英、向警予,天津的代表邓颖超、于方舟,山东的代表王尽美等,都出席了这次大会。根据中共中央的指示,由李大钊全面领导这次大会。在李大钊的主持下,召集与会各地共产党的负责人,研究组成了由中共北京区委赵世炎任书记的大会党团,保证大会在主要议题上都能接受中国共产党的正确主张。李大钊在会议的进行中,还多方关心群众代表,特别关心各地工农代表,经常和他们谈心,增强中共代表和非党群众代表的团结,推动大会的顺利进行。

国民会议促成会全国代表大会历时1个多月,于1925年4月15日闭幕。大会揭露了"善后会议"的反动性,宣传了中国共产党反帝反封建的民主革命思想,讨论了中国革命的一些具体问题,如国际问题、国内问题、财政问题及国民会议运动的方针等。

因帝国主义、反动军阀和国民党右派的破坏,国民会议运动未能取得实质性成果,但在团结各阶层人民、提高各阶层人民的政治觉悟、鼓舞全国民众的斗争意志、巩固统一战线、扩大政治影响、揭露帝国主义和军阀政府的阴谋、加速革命工作的开展等方面,无疑起了很大的作用。

1925年3月8日,国民党右派冯自由等在北京组织了"国民党同志俱乐部"，总章中规定"跨党者不准入会"，妄图把共产党员从国民党中排挤出去。在3月10日召开的国民党中央政治委员会会议上，李大钊严肃地指出，对同志俱乐部的活动，非设法抵制不可。孙中山逝世后，国民党右派分子加紧了对国共合作的分裂活动。8月，他们在北京骑河楼召开会议，否认国共合作的北京市党部，另组伪国民党市党部。11月23日，他们又在北京西山碧云寺召开所谓"国民党一届四中全会"，作出了取消共产党在国民党中的党籍等议案。针对这些活动，李大钊领导的中共北方区委和共青团北方区委联名发表《致中国国民党党员书》，强调了中国革命的敌人是帝国主义和封建军阀，破坏国共联盟，是中国国民革命运动的危险，并在北方发起了一场反对国民党右派的斗争。

1926年1月1日，在国民党北京执行部举行的升旗典礼上，李大钊做了题为《在青天白日旗帜之下》的演讲，对右派进行反击。演讲指出：

又有人挥着青天白日的旗帜，喊出"青白化"的口号，来对抗赤化，反对赤化，似乎青白化与赤化是相反的东西，其实这是大错。青白化是革命的象征，赤化亦是革命的象征；赤色旗是世界的阶级革命的旗帜，青天白日旗是中国民族革命的旗帜，是东方被压迫民族革命的先驱。

在近来每次北京的民众运动中，布满全城的，不是青天白日旗，便是青天白日满地红旗，而五色旗则独不多见。中外人每起一种怀疑是，说中国民众已经废弃了国旗。殊不知这青天白日满地红旗，正是国民领袖孙中山先生手订的国旗。这是中国国民党联合中国工农民众完成中国国民革命的象征，亦就是中国民族联合全世界弱小民族及无产阶级企图世界革命的象征。

李大钊的长子李葆华曾经回忆：这天父亲回到家里以后，向我们讲起同国民党右派的这场斗争，他说：

右派只讲青天白日，那怎么行！我们还要满地红旗嘛！

经过艰苦的斗争，国民党右派陷于孤立。当时，由于国民党右派的分裂活动，国民党内出现了两个中央（一个西山会议派的中央在上海），许

第十章 领导北方革命 建立不朽功勋

多基层组织也都发生了激烈分化。唯有北京执行部取得了反击右派的胜利。1926年1月,在国民党二大通过的取消各地执行部的决议中,对北京执行部的工作给予了表扬和肯定。

争取冯玉祥 改组国民军

1924年11月初,冯玉祥发动北京政变后,因厌与段祺瑞为伍,不顾各方挽留,前往京西天台山。此时,他虽然消极避世,但仍有许多人去看望他,劝他振作,特别是李大钊通过驻冯玉祥部的徐谦来做他的工作。后来,段祺瑞任命冯玉祥为西北边防督办,他便下山了。1925年1月,冯玉祥来到塞外山城张家口,就任西北边防督办。

国共合作之后,国共两党的共同敌人就是北洋军阀,由于冯玉祥的政治倾向,我党团结、争取冯玉祥参加国民革命就成为当时一项很重要的任务。这项工作的开展就是在李大钊的具体领导下进行的。

1924年11月,李大钊参加共产国际第五次代表大会后从莫斯科回到北京,立即召开了由赵世炎、彭建华

冯玉祥

参加的会议。在会上,李大钊谈了如何争取冯玉祥的问题。他说:西北军冯玉祥想让我们帮助他仿照黄埔军校办所军校,聘请苏联军事顾问,遣派政工人员。当然,他们有他们的想法,我们也有我们的主意,这些工作我们都要派同志去做,来推动革命形势的发展。

 李大钊传

为了争取冯玉祥参加国民革命，李大钊在1925年数次赴张家口，为这项工作倾注了大量的心血。

1925年年初，徐谦向冯玉祥介绍他与李大钊曾以国民党中央委员的身份，几次同苏联大使加拉罕交换过意见，苏联可以通过外蒙到张家口的路线给西北军以无偿的援助，冯玉祥欣然接受。2月下旬，冯玉祥派毛以亨以秘书的名义去北京向李大钊、徐谦商谈此事。两天后，李大钊和徐谦在毛以亨的陪同下，来到张家口，受到冯玉祥热情接待。此次到张家口的任务是争取冯玉祥转向革命，重点是商谈争取苏联对国民军的武器支援事宜，李大钊与冯玉祥商谈确定了工作部署以后，当日夜里由毛以亨陪同返回北京。3月初，李大钊安排冯玉祥派来的参谋长刘骥、外事处长唐悦良、外交专员包世杰等专使，到苏联驻华大使馆与加拉罕大使谈判苏联无偿赠送国民军武器弹药、派遣军事顾问团帮助国民军等问题。4月21日，在李大钊安排下，苏联驻广州革命政府高级顾问鲍罗廷和驻华武官格克尔来张家口访问冯玉祥，最后达成苏联援助国民军具体项目的协议。5月初，一个30多人的苏联军事顾问团来到了张家口。苏联对国民军无偿军事援助的武器弹药为：步枪5585支、子弹5820万发、机枪230挺、各种炮78门、手榴弹1万多枚，还有火焰喷射器、军用器材、药品等，从内蒙古分别运到张家口和平地泉。

冯玉祥在《我的生活》中说：

鲍罗廷和加拉罕也先后由人介绍相识，常来找我谈话……我们的接触，越来越亲密，越来越接近，于是我的思想和许多政治方面的见解也慢慢起了变化，因此我请他们二位介绍，从苏联来三四十位顾问，步骑炮工等各项专门人才皆备，分在我们训练中任教。两方均无条件，只为帮助我们完成国民革命。

从此，苏联军事顾问和军械源源不断地支援西北军。李大钊和徐谦为冯玉祥疏通国际关系、促进苏联无偿援助冯玉祥国民军得以顺利完成。

1925年5月上旬，李大钊再次赴张家口与冯玉祥会谈。李大钊此行是

第十章　领导北方革命　建立不朽功勋

要劝说冯玉祥在部队开展政治工作。原来冯玉祥禁止部队中的任何宣传鼓动，下级军官和士兵识字的不多，不懂得革命的目的和意义。李大钊对冯玉祥说："部队要真正革命，就必须重视政治工作。"经过李大钊的劝导，冯玉祥决定先建立两个俱乐部，并且接受李大钊的建议，派出参谋长熊斌率团以上军官代表团到苏联参观，从学兵团挑选25名优秀连、排长送往苏联基辅军官学校学习。冯玉祥还提出希望李大钊到他的军中负责政治工作，李大钊由于工作难以脱身，决定改派其他同志来此任职，对国民军官兵宣传革命道理，李大钊先后派遣宣侠父、钱清泉、陶梁、濂卿等共产党员及国民党左派人士到国民军一军工作，讲解孙中山的三民主义，还邀请徐谦、孙科、于右任等国民党要员和苏联顾问在俱乐部内向官兵演说。李大钊还为国民军创办了两份机关报：一份是在张家口办的《察哈尔日报》，一份是在包头办的《西北日报》。

李大钊为在军事上策应南方的国民革命军北伐，消灭张作霖、吴佩孚军阀势力，改造国民军成为革命的部队，进行着大量的工作。国民军中的苏联顾问维·马·普里马科夫在1925年5月10日的日记里写道：

在哈宁处，我们碰上了多连和李大钊教授（中国共产党领袖和组织者之一），他身材高大，面孔恬静，有一双聚精会神的眼睛，戴着一副角制大镜框的眼镜……李大钊忙于在军队里建立政治俱乐部。他使冯玉祥同意通过政治俱乐部在军队里宣传国民党纲领。为了与冯玉祥进行谈判……当时，北京警察局局长已对他下了通缉令。他秘密地进入冯玉祥部队的辖区，在营房里躲藏了几天，然后在夜里离开北京，前往张家口。

1925年6月，李大钊、于右任、吴稚晖等赴张家口与冯玉祥商谈西北国民军与广州国民军联合作战的问题，为消灭北京政府吴佩孚军阀集团，酝酿了以"南征北伐，郑州会师"为中心的"北伐战争"的作战方案。

李大钊这次行踪非常秘密，先乘火车到宣化，冯玉祥派汽车到宣化把李大钊接到张家口。临别前，冯玉祥对李大钊说，有什么事可以就近找在北京的鹿钟麟，并通知鹿钟麟要对李大钊暗中妥为保护。

1925年10月，李大钊来到张家口，冯玉祥派人开上当时最好的美国轿车把李大钊接到其府邸"爱吾庐"，下榻贵宾室。在此期间，李大钊与冯玉祥进一步探讨以革命的三民主义来救中国。在李大钊等共产党人的熏陶下，冯玉祥的夫人李德全已经走上革命道路。1925年6月，李德全还接受中共北方局的秘密指示：利用同学关系，向郭松龄的夫人韩淑秀宣传民族革命、反对军阀统治，力争潜移默化地影响其丈夫郭松龄。

李大钊这次来张家口，更是事出有因。1925年10月初，为庆祝国民党"双十节"，冯玉祥送给每个工人10元钱，表示对工人生活的关心。当时的中共张家口地委书记肖三同志不解地说：

这是对工人阶级的收买。

这话传到冯玉祥那里，冯玉祥说：

说什么的都有，不用去管他们，现在报纸上不正在骂我是北赤吗？只要我们认为是做对了的事不怕别人骂。

李大钊在北京知道此事后，考虑到正是党对冯玉祥进行争取工作的关键时刻，不应出现不必要的干扰，当即乘火车赶到张家口做善后工作。

李大钊对冯玉祥说：

有些人不理解你对工人的关怀，你不用在意，我们设法让工人了解你对他们的关怀。

冯玉祥面对李大钊佯装不知此事地说：

我们不怕别人骂，我们爱国、反对帝国主义不是还有人骂我们赤化嘛……

李大钊希望冯玉祥遇事多考虑全局利益，避免不必要的摩擦。冯玉祥知道李大钊专程为此事来到张家口后，认识到李大钊是来真心诚意地帮助他的。同时，李大钊决定安排肖三回北京任北方区团委书记，张家口地委书记由王仲一担任。这一安排，使冯玉祥深受感动，进一步促使他相信共产党人处事公道，真心为革命。

李大钊向冯玉祥宣传苏联革命经验和中共开展联合阵线、共同反对北

第十章　领导北方革命　建立不朽功勋

洋军阀、建立民主政权的主张，接受了冯玉祥的邀请，派共产党员和共青团员到国民军开展政治工作。在国民军建立多种军事学校，在军队中大力开展的政治宣传活动，使国民军的革命气氛日渐高涨。很多国民军的军官和士兵都通过政治教育，懂得了国民革命是为人民谋幸福的道理。李大钊在北京则以国民军的大刀队"维持社会秩序"，用来保护群众的集会和游行。同时，李大钊还以国民党中央驻华北特派员的身份，通过拜访上层人物，起草文件和同组织机构等的协商，正式成立了国民党察哈尔省党部。

由于李大钊的艰苦努力，西北地区的革命形势发展很快。1925年10月，中共中央接受李大钊的建议，通过了《蒙古问题议决案》，决定成立内蒙古人民革命党，接着北方党组织决定在张家口成立内蒙古农工兵大同盟，推动热河、察哈尔、绥远等地区党组织的建设和革命工作。

1925年11月底，李大钊第5次来到张家口，主持召开了"西北农工兵代表大会"，建立了内蒙古农工兵大同盟。出席会议的有：我党北方区的代表赵世炎、谭平山、罗章龙、韩麟符、陈乔年、刘伯庄、王仲一、江浩；国民党的代表李烈钧、徐谦等；还有蒙古、汉等民族的工人、农民、牧民、士兵的代表共100多人。他们来自绥远、察哈尔、热河各地，具有广泛的代表性。

开会的那天，李大钊穿着一身破旧的工人制服，一些工人见他穿得这样破烂，都争着把自己的衣服换给他。他含笑谢绝了。在场的同志都感到他温和可亲，和群众是那样的融洽，一点儿知识分子的架子都没有，给同志们留下了深刻的印象。李大钊在会上作了重要讲话。他介绍了苏联工农兵政权的情况，在分析全国革命形势和任务时，特别强调坚持革命统一战线和蒙汉各族人民团结起来翻身解放的重要意义。会议提出"农工兵大联合！""拥护苏联！""反对帝国主义及封建军阀！"等政治口号。大会最后通过了《国民革命的任务》《和冯玉祥合作的关系》等决议。会后，帮助国民党建立了察、绥两特区，察绥、内蒙两地区和张垣（张家口）、归绥（呼和浩特）两市的6个党部。大会选举李大钊为农工兵大同盟书记。农工兵大同盟的成立,是党的联合战线政策和民族政策的一大成功,对西北、内蒙古地区的民主革命运动起了很大的推动作用。

在会议期间,冯玉祥听说李大钊来到张家口,立即派人请李大钊到督办署商谈事情,派去的人找遍张家口的大小旅店,也没能找到,最后是在宝善街工人宿舍里面找到了李大钊,见到李大钊是和工人一同睡在只铺些干草的地上。冯玉祥得知后非常感动,为没有照顾好李大钊深感遗憾。他对部下赞誉道:

李大钊"茹苦食淡,冬一絮衣,夏一布衫"而能"铁肩担道义,妙手著文章",其事业能有不成功者?!

这次与冯玉祥会见时,冯玉祥说他听了熊斌访苏报告,很受教育,希望亲自赴苏参观学习。回京后,李大钊和加拉罕一起,对冯访苏事宜进行了周密安排。

1926年3月,冯玉祥以访德途经苏联名义实现了访苏。在冯玉祥赴苏期间,李大钊一直同苏联大使馆、同我党在莫斯科的负责人蔡和森以及冯玉祥本人保持联系。蔡和森给李大钊写信,介绍冯玉祥在苏"进步甚大,颇可乐观"。其间冯玉祥还经徐谦介绍,正式加入国民党。冯玉祥在归国列车上,也给李大钊写了亲笔信,"谓此次归来,系要革命,措词极其恳切"。

通过考察,冯玉祥产生了对共产党的正确认识和好感,从对"赤化"怀有戒心,转变到直接实行联共政策。他要求共产党人蔡和森、刘伯坚等给他讲课,主动提出请蔡和森做他的老师。他回忆说,听蔡和森等人讲课,是他"研究新兴哲学的开始"。他还从苏联接纳了刘伯坚、邓小平等30多名共产党员负责国民革命军的政治工作。

同年8月,北伐战争刚刚开始,由于西北军在南口失败,北方战局十分危急,处于群龙无首的西北军急需冯玉祥回来坐镇。李大钊为促使冯玉祥回国参加北伐战争,加强北方的力量,制定了"进军西北,策应北伐"的战略方针。为此,约请国民党左派领袖于右任带着翻译马文彦前往苏联

第十章　领导北方革命　建立不朽功勋

做冯玉祥的工作,半个月内,李大钊接连三次发出电报,敦促冯玉祥迅速回国。这时张家口也来人报告:西北军正在南口与张作霖、吴佩孚等联军激战,阎锡山晋军又从大同切断了西北军的后路,这就更加速了冯玉祥的回国。他同共产国际多次商谈,请苏联接济弹药和选派军事顾问。共产国际研究决定,派乌斯马诺夫为顾问,中共党员刘伯坚为政治部部长,随同冯玉祥一道回国。冯玉祥等人先到蒙古库伦,由于交通不便在蒙古逗留了1个多月。9月10日从库伦动身,9月16日抵达五原县。9月17日,举行"五原誓师",宣告国民军联军正式成立,带领全军集体加入国民党,参加国民革命。而后,将部队带到包头整训。他曾设想:若全军开赴包头,沿京绥线向京津反攻,南口天险尽在敌手,就是拼死一战闯过去,牺牲必多,与北伐军会师有困难;若是分为两路,包头一路,秦陇一路,则分散主力,势单力薄。正当举棋不定之时,李大钊派人送来了作战计划,冯玉祥回忆说:

李大钊先生建议我们出长安会师郑州,我们加以研究,乃决定采用李先生计划。当定方针为"固甘援陕,联晋图豫"八个字。

西北军开出长安,首战告捷,经过半年多的苦战,于1927年5月30日占领郑州,与北伐军会师。

正在会师期间,冯玉祥听到李大钊牺牲的消息,万分悲痛,于1927年5月9日写了《吊李大钊等二十位同志》,诗中以诚挚的感情,表达了对李大钊及其他革命同志的深切悼念。为了纪念这位良师益友,冯玉祥下令全军戴孝,树碑纪念。

1925年至1926年,李大钊为争取冯玉祥所做的一系列工作,是我党统一战线工作的重要组成部分。正是由于李大钊艰苦细致的工作,使冯玉祥进一步倾向革命,有利于北方革命运动的开展。

声援五卅斗争 掀起反帝风暴

全国革命的高潮,很快就因为五卅运动的爆发而到来。1925 年 1 月,中国共产党在上海召开了第四次全国代表大会,为这个革命新高潮作了组织上的准备。

1925 年 5 月 30 日,帝国主义在上海惨杀中国工人和学生,制造了五卅惨案,激起了全国人民的强烈愤慨。中共中央成立行动委员会,号召全国各阶层人民团结起来,建立反帝统一战线,把反帝爱国运动推向全国。

五卅惨案

五卅惨案的消息传到北京后,北京全城立刻沸腾起来了。为扩大宣传,李大钊和中共北京区委指示各校党、团员及进步学生组织讲演队,上街演讲,介绍上海惨案发生经过,并立即组织和发动北方地区各界人民组织沪案后援会。区委还发表《为反对帝国主义浩大战争与赤化问题檄告国民书》,指出:

上海与青岛的外人屠杀中国工人学生商人事件是最老辣的英帝国主

第十章　领导北方革命　建立不朽功勋

义,与最离近的日本帝国主义,对于中国民族由经济侵略政策,进而为压迫屠杀政策的公开行使。

首当其冲的,是中国劳动阶级,撄犯其怒而遭惨遇的,是革命的学生群众;受疾恨而波及的,是商业阶级;但在立时的行动上,帝国主义者进攻的总射击目标,则是整个的中华民族。

号召全国人民:

要勇敢地站起来,以全赴精力的战争,而做到将外人在中国的不平等条约、租界、租界地、领事裁判权、关税管理权、驻兵与航行权、资本的进攻,宗教的传播,文化的侵略,从殖民地滚开去!

在李大钊和中共北京区委的领导下,北方地区各大中城市都先后成立"沪案雪耻会""工人雪耻会"一类性质的团体,组织民众游行、募捐声援上海工人,北方各阶层人民掀起了轰轰烈烈的反帝爱国运动。

1925年6月5日,北京各界400多个团体的600余名代表在中央公园举行反对英、日帝国主义惨杀同胞雪耻大会发起会。此后,在北方党组织的领导下,"雪耻会"成为当时北方各阶层人民群众反帝爱国运动的重要指挥机关。

1925年6月10日,北京数万民众在天安门前召开"北京国民大会",四郊农民也赶来参加。天安门前搭起了5座台子,同时进行讲演,上海的工人代表在会上报告了英、日帝国主义者惨杀同胞的经过。台下民众高呼口号:"打倒英、日帝国主义!""为工界同胞报仇!"中华教育改进社代表陈潜夫跳上台去,断指血书"誓死救国","愿同胞猛醒,勿存五分钟热心",并连声高呼"救国",使大会气氛达到高潮。大会通过了要求政府派出大军赴上海收回英、日租界;驱逐英、日公使出境;废除中国与英、日间一切不平等条约等21项提案和《北京国民大会宣言》。宣言中沉痛地写道:

噩耗传来,心胆俱裂,伤心惨目,曷有其极……全国各地,实满布此辈强盗之凶迹,如不共同奋斗,一致抗争,则举国民众,死亡无日!

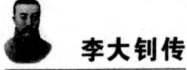

本大会痛国家之危亡，悼同胞之惨死。

尤希全国同胞……一致奋斗，誓不摧挫英日、打倒帝国主义不止！

宣言郑重地宣告：

自惨杀发生后，举凡一切不平等条约，即失其效力。中国国民，绝不承认其束缚能力。本国政府，即应本此民意执行。

这一庄严的声明，显示了北京人民和这次大会彻底的反帝革命精神。这次大会在李大钊和中共北京区委领导下，开得很成功。当天中午，烈日如火，会后游行示威时，又下起了大雨，水深过膝。但数万群众仍坚持到底，冒雨游行了20多里。其间许多团体走上街头募捐，支援上海工人的罢工斗争。

1925年6月25日，是全国总示威日。这一天，中共北方党组织与国民党北京执行部、北京各界雪耻大会、全国妇女联合会等200多个团体的数万人，在天安门再度举行悼念大会，使北京的援助运动达到高潮。

随着运动的发展，李大钊和中共北京区委根据党中央的指示，逐渐引导群众把反帝爱国运动和当时世界的反帝斗争更紧密地汇合起来。1925年6月10日，北京区委发出的《告国民书》和当时刊行的《政治生活》都明确地向群众指出：

反帝国主义的被压迫民族之奋斗，是世界革命的一件必具元素。

为反对"帝国主义而采取的民族革命行动……不能脱离世界革命而存在，即不能脱离国际劳动阶级的共同利益而存在"。

打倒这人类的恶魔——帝国主义，必须"联合世界上以平等待我之民族共同奋斗"，更要与一切弱小民族携手进行。

6月30日，在党的领导下，北京500多个团体于天安门举行了"全世界被压迫民族国民大会"，邀请了朝鲜、印度、土耳其等国的代表参加。会上，高呼"全世界被压迫民族团结起来！""打倒帝国主义！""打倒军阀！"等口号，与会群众受到了一次深刻的爱国主义和国际主义教育。

除几次大规模的游行、示威、集会外，在李大钊领导下的北京党、团

第十章 领导北方革命 建立不朽功勋

组织还发动了学生罢课和工人罢工,以及抵制英、日货的运动。北京学生的罢课,从 6 月 3 日直到 9 月 8 日,坚持了 3 个多月之久。北京工人的罢工也风起云涌。1925 年 6 月 8 日,北京印刷工人除发出抗议宣言外,还发起组织了"北京工人对英、日惨杀同胞雪耻会"。11 日,北京复兴铁工厂等 43 家工厂的工人举行政治罢工,向外交部请愿,抗议帝国主义的暴行。14 日,长辛店 5000 多铁路工人,乘车到天安门开演讲大会,提出严惩杀人凶手,赔偿损失,抚恤死者家属,收回租界,交出领事裁判权,取消一切不平等条约,颁布工会条例及保护劳工条例等要求。会后全体工人每人手执白旗一面,上书"惩办凶手""誓死救国""坚持到底""联合各界一致对外"等标语,进行了示威游行。北京的人力车工人、自来水厂工人、印刷工人等也参加了反帝的示威。华田汽车工厂、利华织袜厂、兴茂永及富源长两砖厂的工人还要求厂主停止使用日货,对帝国主义者实行经济绝交,并为此举行了罢工。自来水公司、面包店、罐头公司等工厂的工人,集会决议,在沪案未解决前,不以任何食品、水源供给英、日两国侨民。8 月中旬,英国使馆中的 300 多名华工也举行罢工,声明不为帝国主义者服务,使电灯、自来水均停顿。工人们成立了罢工委员会作为罢工的领导机构,还成立了纠察队和十人团,使 90% 的工人投入罢工的行列。这一斗争坚持了近 3 个月,使英使馆的许多工作陷入瘫痪,打击了帝国主义的嚣张气焰。

李大钊领导北方党的工作和群众革命运动,从一开始就把启发群众反帝的觉悟放在第一位。他反复地向群众指出:

中国今日政治经济的情形,完全是国际帝国主义侵入的结果,中国全民族应该并力反抗那侵入中国的国际帝国主义,作民族独立的运动。

应该把国际帝国主义侵略我们的痛史,细数从头……以作国民的薪胆。

他向国民大声疾呼:

国际帝国主义是我国民最凶恶的仇敌!被压迫民族及被压迫阶级联合

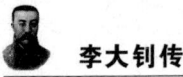

起来！反抗国际帝国主义！

五卅运动中，以李大钊为首的中共北京区委坚决执行了党中央的指示，使运动一开始就以"废除一切不平等条约，推翻帝国主义在中国的一切特权为其主要目的"，而没有停止在惩凶、道歉、赔偿损失等枝节的要求上。"北京国民大会"及其宣言和几次示威游行之所以能具有鲜明的反帝革命色彩，是和李大钊在这方面的领导分不开的。在他的领导下，北京的党、团组织以及党领导下的群众团体，在五卅运动中进行了极广泛深入的反帝国主义宣传，仅工会这一期间发出的反对英、日等帝国主义的传单就有12万份之多，学生中也组织了各种演讲队、演说团共数百组，川流不息地到街头巷尾展开宣传活动，并把这些宣传扩大到了市郊的广大农村中。

在李大钊和中共北京区委的领导下，马骏在吉林发动群众，带领学生上街游行，组织"沪案后援会"，召开追悼大会，悼念上海遇难同胞。长春成立了学生联合会，发表了"援沪运动宣言"。1925年6月10日，在奉系军阀的老巢沈阳，3000余人集会，开展声援上海工人的反帝爱国斗争。在党组织的领导下，组织了奉天学联筹备会，要求当局通电北京政府，对英、日绝交。同日，中共天津地委领导天津群众建立反帝国主义统一战线的组织"各界联合会"，连续召开全市性的市民大会，举行游行示威，举行学生罢课、商人罢市、英日租界的警察罢岗、工人联合罢工，市民抵制日货，声援上海工人、学生的反帝斗争。中共绥远工委也于6月中旬组织各族学生联合工人、市民声援上海工人，举行了空前示威游行，学生们还捣毁了英国商人的"和记洋行"。6月21日，长春学生联合会组织全市学生在商埠公园为五卅惨案中死难的同胞举行追悼大会，控诉英、日帝国主义惨杀中国同胞的罪行。远在偏僻的陕北，在党组织的领导下，成立起"陕北各界反对英、日惨杀同胞会"和"各界救国办事处"，不仅组织了学生和商民罢课罢市，抵制英货、日货，还筹建"国民救国军"作国民武力后盾，并筹集了200块银圆，支援上海工人，运动一直持续到10月底。保

第十章　领导北方革命　建立不朽功勋

定、张家口、热河、太原等许多地方都举行了大小不同的活动，声援上海工人、学生的反帝斗争。

五卅运动是一次空前大规模的反帝国主义运动，它标志着革命高潮的到来。这次斗争，由于李大钊为首的中共北京区委的正确引导和国共合作的建立，北方广大群众在这场斗争中表现出了极大的热情，工农商学和国民军结成了广泛的反帝统一战线，有力地打击了帝国主义的反动气焰，促进了人民的觉悟，工人阶级在斗争中显示出作为革命领导阶级的力量，巩固了国共合作，扩大了共产党在各阶层群众中的影响。

从关税自主运动到"首都革命"

五卅运动以后，全国人民反帝爱国斗争的浪潮更加汹涌澎湃。紧接着，党和李大钊在北方领导了声势更加浩大的关税自主运动。

关税自主运动，就是反对帝国主义控制中国的关税自主权和海关行政管理权，要求取消一切不平等条约的斗争。自从1842年中英《南京条约》签订后，即开始了中国与各国帝国主义协定关税的恶例。在后来的一系列不平等条约中，中国的关税自主权和海关行政管理权，逐步被各帝国主义控制。他们把海关作为扩大对中国侵略的桥头堡，一步一步地把魔爪伸向中国的政治、经济、文化、外交等各个领域。由帝国主义管理中国海关，制定税率，代收关税，不仅损害了中国的国家主权、民族的尊严，也严重地影响了中国民族工商业的发展。为争取国家的独立和民族工业的发展，中国人民曾多次提出增加关税税率，解决关税自主问题，屡遭拒绝。

1925年五卅运动的爆发，在中国人民反帝国主义的怒潮震撼下，帝国主义被迫改变对中国人民的统治手法，同意召开关税会议。企图用微不足道的加税办法，缓和五卅运动以来中国人民的反帝情绪，打消中国人民对关税自主的要求，并想以此收买一部分资产阶级破坏反帝反封建的统一战线，保护关税协定制度和既得利益。同时，帝国主义早已看出"中国军阀

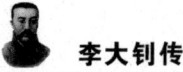

政府只要有钱便肯卖国",便"以饵中国军阀政府,使之抑制中国人民的民族运动"。因此,在帝国主义致北京段祺瑞政府外交部的照会中明确提出:作为修订关税的交换条件,段政府必须公布禁止中国的一切反帝言论、反帝团体的活动及其出版物的出版等法令。

为维护对中国人民的统治,解决连年不断的战争军费,缓和政府的财政危机,1925年8月,段祺瑞军阀政府在帝国主义的策划下,邀请九国公约有关国家于10月26日在北京举行关税特别会议,并发布了所谓的"整饬学风令",禁止学生"借故滋事"。随后又密令上海军警查封上海总工会及其他各种社会团体。

这种带有欺骗性质的关税会议,和中国人民要求自己管理自己的海关权的关税会议大相径庭,这一骗局遭到中国人民的强烈反对,中国共产党趁势领导发起了关税自主运动。中共北方区委为引导民众认识关税会议的反动本质,激发人民的反帝斗志,在区委机关刊物《政治生活》上连续发表文章,揭露帝国主义的侵略阴谋。明确告诫民众:

只不过是各国帝国主义,有一番协调之后,拿出一个骗段祺瑞政府与骗中国资产阶级的玩意儿,摆一摆样子罢了!

要想真能得到关税自主,只有民众以自己的力量,实行革命以后,自己宣布关税自主。希望段政府能替办到关税自主,与希望段政府废除不平等条约,是同样的不可能。

因此,北方区委号召:革命的民众应当猛烈起来表示自己的意见,抛弃反动政府,自己起来斗争。

在展开宣传同时,李大钊和中共北方区委在关税会议开幕前后,于1925年10月10日、25日、26日,11月10日、22日,在北京组织了多次要求关税自主、坚决抵制关税会议的示威游行。这些示威游行,都遭到了段祺瑞军警的野蛮阻挠和破坏,特别是10月26日、11月22日两次,与军警发生了激战,流了血。最后那次,"完全是一次巷战"。群众在这些斗争中,受到了锻炼,迅速提高了觉悟,进一步认清了帝国主义和段祺瑞

第十章 领导北方革命 建立不朽功勋

卖国政府的狰狞面目。

1925年10月25日,即北京关税特别会议举行的前一天,北京200多个团体3000余人在天安门前召开"关税自主运动大会"。会后,群众"由天安门出发,经过西长安街、司法部街、西交民巷、西皮市、出前门至前门大街东珠市口,往东经崇文门大街,入崇文门,由东长安街,折回天安门"。游行队伍沿途高呼"反对欺骗中国的关税会议""取消不平等条约"等口号。

1925年10月26日,段祺瑞政府不顾全国人民的反对,悍然召开关税会议。北京各学校各团体5万多人在天安门集会示威,反对关税会议,主张关税自主,当队伍行进到新华门前,遭大批武装警察的阻挡。"北大教职员学生为前导,一时呼声震天地。学生至是当奋勇前行,有如潮涌,警察以枪柄阻学生,并夺学生大旗两面,学生亦以旗杆还击。旋又有人拾瓦砖互击,两方激战半小时,计伤学生警察各十余人……警察当场捕去北大学生数人。"游行队伍沿途高呼"无条件的关税自主""打倒媚外政府"等口号,散发传单百余种,数十万张。与此同时,北方许多大中城市也纷纷集会反对关税会议,要求关税自主和废除一切不平等条约。

1925年11月10日,当关税会议通过以裁厘为条件的关税自主案的消息传出后,由全国学生总会、广州外交代表团等团体发起一个"关税自主示威运动筹备会",以北大教职员沪案后援会为主席,代表朱家骅,国民党北京执行部为事务股主任,代表于树德。筹备会决定发动大规模的示威游行,通电全国,力争无条件的关税自主。由北京发起的此次关税自主运动,很快传遍北方地区及全国各地。其间,广州国民政府北上外交代表团由林森、邹鲁率领,于10月16日到京,也参加了筹备会。林森、邹鲁等国民党右派在筹备会中对群众斗争的发展起了极大的破坏作用。11月21日,国民党中央执行委员会急电李大钊、于树德、丁惟芬、王法勤、于右任等,取消广州国民政府北上外交代表团邹鲁的代表职权及名义,将邹鲁交北京执行部查办。

 李大钊传

　　1925年11月22日，在中共北方区委领导下，北京30余个团体，发起在天安门召开关税自主国民大会。军阀政府派出大批武装警察，阻止学生结队游行。大批警察包围北大、北师大，驱赶集结的学生群众。"群众以旗杆为武器，夺路而前，旋又以瓦砾互击，飞砖走石，流弹所至，伤者甚多。""游行队伍沿途高呼口号，路旁观者如堵。行至正阳门内户部街时，警察厅门前警察如林，戒备森严，学生立门前痛哭流涕，高声讲演，一部分群众乃蜂拥直趋警厅，守门警察退入二门，群众旋毁门首布告牌示，并摘下'京师警察厅'牌匾。万人齐呼，如度凯旋。"下午3时，市民2万人齐集天安门召开大会，通过关税自主、民众自由两大议案，到会群众高呼"无条件收回关税自主权""反对欺骗的关税自主通过""打倒一切帝国主义""打倒军阀"等口号。

　　为了给日益高涨的群众斗争以正确的引导，以李大钊为首的中共北方区委通过机关报《政治生活》相继发表了《关税会议与段祺瑞政府》《关税自主与民众政权》《帝国主义与关税会议》等文章，阐明反帝反军阀之间的联系，关税自主与民众政权之间的联系，强调"只有推倒旧政权，建立人民的政权，才能实现关税自主"。明确指出：

　　民众的政权，是革命的民众，由实际的革命奋斗中由统治阶级手里夺取的。这个政权，不只是要直接管理中国的关税权，并且要管理中国一切对内对外的大权。民众的政权，是民族利益的保障。民众的政权旁落在媚外军阀的统治阶级手里，什么民众利益都谈不到。政权不在民众手里，什么自主都行不通！所以民众在关税自主运动中，更不要忽略了民众政权的斗争。也可以说关税自主运动是对外的，民众夺取政权运动是对内的，对外的是反帝国主义运动，对内的是反媚外军阀运动；打不倒国内的军阀，民众政权无从取得，打不倒帝国主义，自主利权，俱属空言。

　　同时指出：

　　只有更勇猛的发展一切的争斗，至以取政权为目的，才能建立起人民自己的政府，减缩受压迫的痛苦，不仅能达到关税的自主，亦且能宣布不

第十章 领导北方革命 建立不朽功勋

平等条约之废除。

以北京为中心的关税自主运动,揭露了帝国主义和军阀政府的反动阴谋,进一步推动了以北京为中心的反对张作霖奉系军阀和北京政府的北方革命运动的高涨,预示着新的革命风暴的来临。为了在时机成熟时进行推翻段祺瑞政权的斗争,李大钊和中共北方区委又领导群众在组织上作了准备。在五卅运动期间,北大等校的学生就在党领导下组织了"学生军","讲求军事教育,以为领导民众武装起来,以革命手段打倒帝国主义之准备"。以后,又在学生军的基础上组织了"北京革命学生敢死队",在工人中组织了"工人保卫队",农民中组织了"农民自卫队",准备进行革命的战斗。

在革命形势日益高涨的同时,直系军阀乘机发起了对奉军的战争。奉军攫取苏、皖及上海直接危及了长江流域各省军阀的统治,首当其冲的是浙江督办孙传芳。1925年10月15日,孙传芳就任浙、闽、苏、皖、赣五省联军总司令一职,下令向奉军进攻,并取得节节胜利。冯玉祥的国民军与奉系早就存在矛盾,加上苏联及中共的推动,此时也加入了反奉同盟,在北方与奉系对峙,从而使反奉倒段运动的形势进一步高涨起来。这样,奉系军阀就成为众矢之的,代表其利益、受到其支持的北京政府自然摇摇欲坠。10月21日,吴佩孚自称受14省拥戴,就任讨贼联军总司令,向奉军发难。吴佩孚的加入,进一步加强了反奉力量。

这时,共产国际、苏联为中国国内反奉倒段运动所鼓舞,认为推翻北京政府的时机已经来临,提出了推翻北京政府的计划。1925年10月21日,苏联陆海军人民委员、联共(布)中央中国委员会主席伏龙芝给斯大林的信和同年10月给伏龙芝的复信,具体说明了这次行动计划的内容。从中可以看出,共产国际、苏联计划的中心内容是打算依靠国民军、中共及其领导的群众组织,甚至包括与奉系积怨甚深的吴佩孚的力量来推翻北京政府,最后建立包括国民党、国民军、中共等力量在内的新政府。由于伏龙芝提出的计划符合苏联的远东战略的需要,俄共(布)中央政治局10月

— 299 —

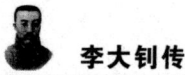

29日决定,"基本采纳伏龙芝同志的建议,作为政治批示下达给加拉罕同志"。

与此同时,苏联以在孙传芳辖区内工人运动合法化为条件,决定对反奉的孙传芳进行援助。1925年10月26日,中国委员会最后决定紧急向海参崴仓库调拨200万发德国子弹,转交给孙传芳。苏联这样做,无疑会增强孙传芳的力量,从而起到在南方牵制张作霖力量、推动北方革命形势发展的效果。

驻北京的苏联大使加拉罕收到国内指示后,与李大钊领导的中共北方区委进行了磋商与准备。1925年11月18日,李大钊根据形势,向中共北方区委提出了重大的战略任务,指出革命时机正在成熟,要为夺取政权"作最后胜利"的直接准备,要把革命群众的注意力从争取关税自主转到夺取政权上来,同时进行初步的组织准备和武装。

开展武装斗争　领导"首都革命"

1925年11月,在李大钊领导的中共北方区委的推动下,冯玉祥的国民军与原奉系重要将领郭松龄达成了反奉军事同盟。23日,郭松龄宣布倒戈,率7万人杀出山海关,从而使奉系军阀的形势更加艰难,但这给实施推翻北京政府的计划提供了更加有利的时机。为加强郭松龄的力量,郭松龄发动反奉战争后,苏联驻哈尔滨领事馆、苏联驻华大使加拉罕通过中共北方区委,与郭松龄进行过秘密接触,洽商了接济郭松龄武器弹药及款项问题。

实施推翻北京政府的时机已经到来。在郭松龄宣布倒戈后,李大钊主持中共北方区委会议确定发动"首都革命",以群众起义的方式,推翻段祺瑞的北京政府。之后中共北方区委又与冯玉祥的国民军达成了协议。国民军北京警备司令鹿钟麟答应不派军队保护段政府,而派军队保护民众,并支持推翻段政府后成立国民政府。由共产党员张兆丰任参谋长的国民军

第十章　领导北方革命　建立不朽功勋

第三军第三旅也答应进城。

1925年11月28日，这场以推翻段祺瑞政权和建立"国民政府"为目的的"首都革命"在北京爆发了。李大钊亲自领导了这一次重大的斗争。这天，北京与往日大不相同。各学校、工厂的学生敢死队和工人保卫队在上午开始出动。很快，各种号召人们起来革命的标语贴满了墙壁，数十万张传单在人群中飞舞，屋顶上竖起了革命的红旗，迎风招展，革命的空气弥漫全城。到下午2点，神武门前已是人山人海，旌旗蔽空。群众队伍都像军队一样组织起来，有总司令、副总司令。前边是学生敢死队，臂缠红布的工人保卫队，十分威武。中间是一般群众团体和市民。最后是看护队。大家手拿木棍等武器，在神武门前举行了示威大会。

会后，在李大钊等率领下，队伍浩浩荡荡地向段祺瑞政府所在地前进。李大钊走在队伍最前面，领着大家高呼：

打倒段祺瑞卖国政府！打倒奉军军阀、打倒一切帝国主义！建设国民政府！拥护广东国民革命政府！解散关税会议！

随即，群众齐集队伍包围了段祺瑞的执政府，并赶跑了警察总监，占领了警察局和邮电局。因执政府已停止办公，大队又开往段祺瑞的住宅，准备举行群众公审，驱逐这个卖国贼下台，推翻北京政府的计划即将成功。但在此关键时刻，计划中的主要依靠力量冯玉祥的国民军发生了动摇。

在"首都革命"爆发前，冯玉祥在中共北方区委推动下，同郭松龄签订了联郭反奉密约，在郭松龄宣布倒戈的同日，也向奉军的李景林部发起进攻，并取得胜利，这也给"首都革命"进一步创造了有利条件。但随后，冯玉祥政治上日益右倾，在爆发革命前夕，改变了自己的态度。他相信了国民党右派关于共产党要成立工农政府、赤化北京的挑拨，借口泄密，难以响应，背弃了与人民合作并武装进城的诺言。1925年11月27日，冯玉祥命令鹿钟麟对群众运动严加约束，并对段政府严加保护。11月28日，当革命群众围攻段祺瑞住宅时，鹿钟麟派军队层层防护。

— 301 —

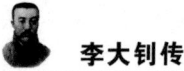 李大钊传

1925年11月29日,在李大钊的领导下,5万多群众齐集天安门继续召开国民革命示威运动大会,通过了"即日解除段祺瑞一切政权,由国民裁判","解散关税会议,宣布关税自主","组织国民政府临时委员会,召开国民会议","责成国民军,服从国民大会一切决议"等决议案,并通电全国。会后又举行了盛大的示威游行,在游行进行中,有国民党右派收买流氓数十人抢夺北京总工会旗帜,横殴工人群众,总工会的工人受伤者甚多。国民军对此拒绝提供保护,反而声称群众运动超过范围,决定严厉对待群众。冯玉祥的动摇致使"首都革命"提出的推翻段祺瑞政府的目的未能实现。

推翻北京政府的时机转瞬即逝。1925年12月下旬,张作霖在日本的支持下反败为胜,郭松龄兵败身亡。随后,1926年年初,吴佩孚暴露出封建军阀的反革命本质,与张作霖联合,发动了共同对付冯玉祥的战争。双方力量悬殊,最后冯玉祥被迫下野。张作霖的两次胜利,为重新巩固北京政府奠定了基础。特别是迫使冯玉祥下野,国民军败退一隅,致使推翻北京政府的计划完全失败。

这次革命虽然没有达到原来的目的,但它使北京在两天内陷于无政府状态,给予反动军阀以沉重的打击,显示了革命群众的力量。而且以此为起点,在全国范围内掀起了一个反段的国民运动,由北京到上海,到开封,到汉口,到广州……各省市都举行了要求推倒段祺瑞政府、组织国民政府的示威运动。

"首都革命"是大革命时期北方革命运动高涨的重要组成部分。它是一次通过城市暴动夺取政权的尝试,由于革命时机尚未成熟,民众组织尚不完备,国民党右派告密以及国民军动摇和背叛等原因,未能达到预期目的。但是,它显示了人民群众的力量,打击了军阀政府,也为中国共产党人后来领导武装斗争提供了一些经验教训。事后,李大钊总结说:

武装起义、夺取政权的组织和领导是极高超的艺术。这次起义表明,同志们的精力并没有白费,我们通过这次尝试,作了一次演习,对我们的

第十章　领导北方革命　建立不朽功勋

革命队伍作了一次大检阅,对于将来组织和领导起义也是大有裨益的。

"反日讨张"　勇往直前

　　五卅运动以后,奉系军阀代替了原来直系军阀的位置,秉承日、英等帝国主义的意旨,在沈阳、天津、青岛、上海由北到南的广大地区,到处"压迫国民革命运动,屠杀工人群众,封闭民众团体,摧残人民的自由",成为当时帝国主义屠杀中国人民主要的和最野蛮的刽子手。党根据这种情况,于1925年冬反奉战争爆发的时候,领导了全国性的反奉运动。

　　反奉战争在全国人民的支持下,开始进行得很顺利。1925年11月"首都革命"时,李大钊和国民党左派促进冯玉祥与奉系军阀将领郭松龄携手,使郭松龄倒戈反奉,正当北京民众发动"首都革命"之时,郭松龄在滦城起事,向关外进军,奉军节节败退,起义军直攻到奉系老巢沈阳城下,张作霖已经"准备逃亡"。国民军也击败奉系张宗昌、李景林的军队而占领了天津和河北全省。农民在占领天津的战役中,起了重大的作用。正如当时《政治生活》所指出的:

　　京津战争时,国民军军力之不集中与迟缓,并不是一件奇异的现象,而重要的事实乃在于日本帝国主义尚扶助李景林,及结果国民军得农民之援助而获胜。

　　其间李大钊还亲自到天津去了一次,以加强党在这个大城市的工作,并在那里的群众大会上发表了演说。

　　奉军的失败,使日本帝国主义坐卧不安,露出了穷凶极恶的面目,公然出兵我国东北,帮助张作霖消灭了郭松龄的部队。为此,中共北方区委发表《告全国民众书》,揭露日本帝国主义出兵帮助张作霖杀死郭松龄的目的是要"利用张作霖的势力占据北满的中东路,使东三省全土都入其势力范围"。然后向南"入关内,占领京津",侵入华北,支持奉张打败国民军,消灭民众的革命势力。与此同时,英帝国主义也迅速与日本勾结起

— 303 —

来，以大批军械援助吴佩孚从南面攻打国民军。帝国主义这种肆无忌惮的侵略行为，激起了中国人民的极大愤怒。

三一八惨案

在全国人民反日、英，反张、吴的怒潮中，李大钊和中共北方区委领导北京人民于1925年12月31日、1926年1月14日和31日，在天安门连续举行了3次大规模的、每次均有数万群众参加的"反日讨张"国民示威大会，支持国民军南反直系吴佩孚、北抗奉系张作霖。1926年2月27日，又在天安门举行了4万多人参加的"反英讨吴"的国民大会。瞿秋白在这次大会上发表了演说。经过这些运动，北京的广大革命群众团结起来，对帝国主义及其走狗军阀同仇敌忾。而帝国主义和段祺瑞军阀政权，也就对革命人民更加仇恨和恐惧，酝酿着一次新的、空前的大屠杀。

3月12日，日本派遣军舰公然掩护奉军舰队进攻天津大沽口，驻守炮台的国民军以旗语制止，不听，于是发空炮警告，而日舰竟立即报以实弹射击。国民军在这种情况下，不得不开炮还击。16日，日本帝国主义非但不接受国民军的抗议，反而以国民军破坏了所谓《辛丑条约》为借口，向中国政府提出抗议，并纠合英、美、法等八国公使向北京政府发出最后通牒，要求国民军撤防，限48小时内答复。与此同时，各帝国主义国家的20余艘军舰也云集大沽口，陈兵海上，以武力进行威胁。

帝国主义这种蛮横的挑衅行动，进一步激起了中国人民的无比愤怒。

第十章 领导北方革命 建立不朽功勋

当时的北京,更是舆论沸腾,群情激昂。在李大钊和中共北方区委的领导下,1926年3月14日,北京各界民众数万人召开"反日侵略直隶大会",严重抗议日军炮击大沽口,"打倒日本帝国主义"的怒吼声震撼了每个人的心。大会作出五项议案,一致要求政府出兵抗日,号召各界民众抵制日货。

3月17日,中共北方区委召开扩大会议,会议决议组织发动各界民众抗议日本帝国主义,要求政府严驳通牒。下午,李大钊亲自率领北京全市各学校、各团体的代表团赴国务院、外交部请愿,要求段政府以强硬态度"驳复最后通牒",驱逐签署最后通牒的八国公使出北京。为了换取帝国主义更多的支持,段祺瑞政府竟用刺刀来回答人民的要求,当场刺伤多人,揭开了大屠杀的序幕。

3月18日清晨,中共北方区委在李大钊的主持下召开会议,各委员分别汇报了发动群众召开国民大会的情况、当日大会的准备、会后游行的意见和17日到国务院及执政府请愿的情形。会议对天安门前召开的国民大会的有关事宜又作了安排。

3月18日上午10时,在中共北方区委和国民党北京特别市党部的领导下,北京总工会、北京学生联合会、北京反帝大联盟、广州外交代表团等60多个团体、80余所学校1万余人在天安门举行"反对八国最后通牒国民大会"。会场上挂起了17日请愿受伤代表的血衣,写着"段祺瑞铁蹄下之血"八个大字。李大钊和国民党左派徐谦等担任大会主席团成员。首先由徐谦报告会议议程,揭露帝国主义的侵略罪行和段祺瑞政府17日对请愿群众的暴行。李大钊在会上发表了慷慨激昂的演说,号召大家"用'五四'的精神,'五卅'的热血","不分界限地联合起来反抗帝国主义的联合进攻,反对军阀的卖国行为"。他的演说极大地激励了全体听众。大会议决:通电全国一致反对八国通牒,驱逐八国公使,废除一切不平等条约,撤退外国军舰;电告国民军为反对帝国主义侵略而战。

会后,由2000多人组成的请愿团,前往段祺瑞执政府请愿,要求立即驳回"最后通牒",驱逐八国公使。3月18日下午1点半钟,游行请愿队伍到达铁狮子胡同(今张自忠路),在段祺瑞执政府大门前的空场上,群众高呼"打倒帝国主义","驱逐八国公使"等口号,并派代表进入国务院交涉。这时,段政府竟然下令卫队用棍棒殴打、挥刀砍杀手无寸铁的爱国学生,甚至向他们开枪射击。在这场血腥的大屠杀中,有47人被打死,199人受伤。北京女子师范大学的女生刘和珍、杨德群和燕大的女生魏士毅等在这场运动中壮烈牺牲。这就是历史上著名的三一八惨案。鲁迅称这一天是"民国以来最黑暗的一天"。

李大钊在请愿队伍从天安门出发的时候,亲自打起一面大旗,走在队伍的最前面。流血惨剧发生后,李大钊头部和双手都负了伤,曾一度被捕,只因回答机警才得脱险。随后他镇静地指挥和掩护群众撤退。当时,有的学生敢死队员准备拿起木棒冲上去,他制止了他们,并告诉他们:"卖国政府是蛮横无理的,我们一定要保全自己的力量!"他随着最后一批群众撤出广场。

惨案发生后,段祺瑞政府为了开脱罪责,掩饰其血腥罪行,在惨案的第二天,即1926年3月19日,反动军阀政府发布逮捕李大钊等人的通缉令,胡说此次惨案,系李大钊等人"假借共产学说,啸聚群众,屡肇事端"。并说此次惨案,系李大钊等人"率领暴徒数百人,闯袭国务院,泼灌火油,抛掷炸弹,手枪木棍,冲击军警,各军警因正当防御,以致互有死伤"。要求全国"严重查究,以杜乱源,而安地方",并提出北京内外要"一体严拿,尽法惩办"。

三一八当天晚上,李大钊召开了北京党、团地委的联席会议,议决一定要把斗争坚持到底,组织对伤者的慰问,召开追悼会,进一步揭露段祺瑞政府的反动卖国本质。第二天,北京各学校都停了课。许多学校先后为死难烈士举行了追悼会。1926年3月23日,北京市总工会、学联等团体又在北大举行了追悼大会,会场高悬"先烈之血,革命之花"八个大字。会上,有的爱国青年,当场咬破手指,扯下衣襟,用鲜血写下自己的

第十章　领导北方革命　建立不朽功勋

誓言。

三一八运动虽然被帝国主义及其走狗镇压下去了,但是,正如李大钊当时所指出的:

帝国主义对中国民族的压迫,只有日益增加,故中国民族之革命运动,亦只有从之而日益强烈……到处都有中国民众被屠杀于他们所谓"秩序"之下的血迹,即到处都有中国民众反抗列强的斗争。因为对于压迫的还答,只有反抗,对于他们镇压我们的"秩序"的酬应,只有我们反抗他们秩序的骚乱,这便是革命。

第十一章　献身革命　视死如归

1927年4月28日，奉系军阀不顾社会舆论的强烈反对，秘密进行军法会审，以所谓"宣传赤化""意图扰乱公安""颠覆政府"的罪名，悍然对李大钊等20人宣判死刑。李大钊视死如归，首登刑架，神色不变，从容就义，时年38岁。对于李大钊的殉难，曾在他的领导下工作过的陈毅后来写诗缅怀称颂："先驱好肝胆，松柏耐岁寒。"

虎穴狼窝　坚持斗争

三一八惨案发生后，直系军阀吴佩孚由反奉转而同奉系勾结，造成奉直合作反国民军的形势，国民军被迫退守南口一带，随后又败退西北。奉系军阀占据北京后，把镇压共产党作为首要任务，到处张贴告示："宣传赤化，主张共产，不分首从，一律死刑。"不久就以"宣传共产赤化"的罪名杀害了《京报》主编邵飘萍和社会日报社社长林白水。在直奉军阀的残暴统治下，北方的革命形势转入低潮。

为了保存和发展革命的力量，1926年3月底，李大钊领导中共北方区委机关及国民党北京特别市党部迁入东交民巷苏联大使馆西院的旧兵营，此后再也没有公开露面，李大钊的妻子和两个女儿也一同住到苏联使馆内。不久，国共两党许多领导人和同志相继调离北京。从此，北方革命重任全落在李大钊身上。

在这种异常艰苦和险恶的环境里，李大钊毫不畏惧，始终充满了革命

第十一章　献身革命　视死如归

乐观主义精神和革命必胜的信念。李大钊的表姑曾经问他：

你们老搞这事，也不怕吗？人家那样厉害，兵权在手，今日赶，明日捉，把你们从这儿赶到那儿，你们不是自讨苦吃吗？

李大钊答道：

他们就好比是一堵墙，我们捣来捣去，总会把这堵墙给捣垮的。

接着又说：

怕什么！早晚我们是要胜利的。我们的主义，就像庄稼人的种子一样，到处都撒遍了，他们是破坏不了的。他们破坏了这儿，还有那儿长起来，没有关系。

在苏联使馆内居住的一年多时间里，李大钊领导的中共北方区委保持了与北方各地党组织的联系，及时地以"白芳渠"（北方区的谐音）等代号传递工作计划、报告和各种信件，继续领导着北方党的工作和群众的革命活动。在他的领导下，沉寂多年的兵营，一时成了北方革命运动活跃的指挥中心。

首先，利用国民革命蓬勃发展的大好形势，不断壮大党的组织，使党团组织稳定发展，革命统一战线也不断扩大。自三一八惨案至1927年2月，仅北京一地，中共党员由300多人发展到1000多人。如果加上大批南下的党员，还不止此数。共青团组织也有很大发展，除各大学外，许多中学也建立了团组织。李大钊同时兼任国民党北京特别市党部的领导人，这一时期，国民党党员也由2200余人发展到4300余人。1926年冬，李大钊还联合北京各进步团体，组织了"左派联席会议"（简称"左联"），使进步力量在共产党的周围紧密团结起来，使革命统一战线得到了进一步巩固，更加孤立了国民党右派。1927年1月，在国民党北京特别市党部的选举中，左派大获全胜，实现了中共北方区委提出的"将党权（国民党党权）交给左派"的口号。

其次，李大钊领导北方区委派遣大批革命同志深入农村开展工作，建立农民协会和武装，使直隶、内蒙古、山西等地的农民运动迅速发展起

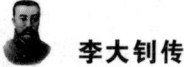

来，仅据1926年年底乐亭、玉田、清苑、蠡县、围场等18个县的统计，就有农民协会会员7295人。1927年1月上旬，李大钊委派杨春林作为中共北方区委特派员，协助冀东党组织领导农民群众开展反抗奉系军阀"旗地变民"的斗争。在几个月的时间里，使玉田、遵化、迁安、蓟县、博野、蠡县、交河等县的反抗"旗地变民"的斗争获得了不同程度的胜利，打击了封建军阀的统治，增强了农民的斗争意志。

最后，1926年7月北伐开始后，李大钊和中共北方区委派遣与输送了大批优秀干部和革命青年到南方去，积极支援北伐战争。赵世炎、罗章龙、陈乔年、陈毅、史文彬、邓培等都是这时南下的，从而为北伐输送了生力军。在李大钊领导下，北方的革命同志还在反动军阀的军队中进行了多次策反工作。如联络国民军旧部任应岐的部队；利用奉直两派军阀的矛盾，鼓动直系的一些高级军官反戈；在敌军中散发反戈反战的传单等。这些工作虽然没有成功，但起了分化瓦解敌军的作用，直接、间接地配合了北伐战争。

在这期间，李大钊继《土地与农民》之后，在对农民革命进行深入调查研究的基础上，1926年8月又写作发表了《鲁豫陕等省的红枪会》等文，探索中国革命的新道路。

1926年9月，北方局势日益恶化，中共中央写信给北方区委，要求李大钊南下武汉工作，后又再次催促。李大钊考虑到北伐军很快就要打到北京，应先做安排，北方区委人少，工作离不开他，因此他要求暂留北京。

1927年年初，隐蔽在张作霖大帅府里的中共地下党支部得悉，张作霖已下令逮捕李大钊。京师警察厅也和帝国主义相勾结，对李大钊和其他革命者跟踪侦察，图谋一网打尽，妄图消灭京城的革命力量。周围的同志和朋友出于对李大钊安全的关心，都劝他尽快离开北京。夫人赵纫兰有时也小心地劝他暂时避一下，李大钊面带愠色地说：

我不是常对你说过吗，我是不能轻易离开北京的；假如我走了，北京工作留给谁做？……你要知道现在是什么时候，这里的工作是怎样重要，

第十一章 献身革命 视死如归

哪里能离开呢？

赵纫兰无言以对，只能暗自焦虑。就这样，李大钊"一直没有离开北京，在极困难的情况下坚持党的工作"。

在李大钊被捕前夕，杨度（袁世凯复辟帝制时的筹安会六君子中的第一名，后来思想转变，同情革命，还参加了共产党，当时在北洋政府中任职）无意中从北洋政府教育总长汪大燮口中得知敌人的阴谋，急忙"回到家中时，满屋子都是客人，有国民党北京特别支部书记胡鄂公在内"。杨度留下了胡鄂公，待客人走光后，把这一惊人消息告诉了胡。"他们赶忙把这消息通知俄营中党人"。形势如此险恶，李大钊让许多同志化装转移，而自己却留下来坚持工作，坚持斗争。

李大钊这种不顾个人安危、以革命大局为重的大无畏精神，深深地教育了周围的同志。在李大钊身边工作的谭祖尧，他的未婚妻的父亲在北洋政府供职，知道张作霖要对共产党人下毒手，就让女儿转告谭祖尧，让他躲避一下，并准备为其在广州代谋一事。谭祖尧回复说：

干革命就不能怕死，我宁为玉碎，不为瓦全。我坚决跟李先生干革命，决不回头，只要李先生不离开北京，我也不离开北京。

谭祖尧与李大钊始终在北京坚持斗争，直到一同被害。

苏联使馆东边、隔着御河就是日本使馆。站岗的日本卫兵最早注意到苏联使馆不大对劲儿，常有中国人出入。苏联使馆西边毗邻一家法国医院，这家医院的工作人员听到隔壁俄国兵营的院子里半夜老有动静，有什么人深更半夜里讲话和争论，仿佛忙得顾不上休息，也不知疲倦。

敌人抓捕 临危不惧

1926年夏天，隐匿在俄国兵营里的李大钊的确很忙。此时，国民军与"讨赤"联军正在北京南口鏖战，同时，国民革命军从广东誓师北伐，一路战火不休，信息不畅。坚守北京的李大钊就成了连接南北革命斗争的关

— 311 —

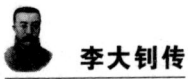 李大钊传

节点。

苏联使馆里的"动静"引起了法日使馆的注意,他们将这一发现告诉了当时张作霖的安国军总司令部外交次长吴晋。这个吴晋曾经在法国炮兵工程学校留学,任过驻法国使馆参赞,是个亲法派。他很快将"苏联使馆内可能有赤色活动"的消息汇报了上去。

之后东交民巷里就多了一些一天到晚趴活儿的"车夫",眼睛一刻不离地盯着东交民巷西口北边的苏联使馆。凡是兵营出来的人,都有特务盯梢。

当时已是冬去春来。在李大钊身边、负责使馆内外联络工作的阎振三,有一天出去送信就再也没有回来。送信、取报工作就由帮大家做饭、打杂的张全印肩负起来,可没过几天,张全印上街买菜的时候也失踪了。而大家还不知道,京师警察厅派出的 4 名暗探早已借招工之机扮成杂役混进了俄国兵营,专盯着兵营里中国人的一举一动。

1926 年 9 月的一天,京师警察厅里突然躁动起来。东交民巷有情况!

警察迅速赶到,当场拘捕 7 人,搜出了正在分发的秘密传单。恐怖随即蔓延开去,党的 6 处秘密机关暴露,100 多人被捕。反动军警一下来了精神,"京师警察厅"司法科长沈维翰亲自出马,连续审讯了 3 个昼夜,终于发现有一个叫李渤海的嫌犯是真正的共产党员,而且就在李大钊身边工作。

李渤海是李大钊的学生。1923 年,他由高君宇等人介绍加入中国共产党。李大钊避难后,俄国兵营内的共产党组织以及李大钊同外界的联系,多由他承担。李渤海被捕后叛变的情形,直到 19 世纪 70 年代末,沈维翰在接受台湾媒体采访回忆往事时,才道出多年鲜为人知的内幕。他说李渤海"经多方劝导,颇能合作,将李大钊藏匿在东交民巷苏联使馆之情报及其他共产人员名单供出"。为避免打草惊蛇,警厅悄悄释放了李渤海。不久,李渤海在李大钊牺牲之后还当过中共北京市委主要负责人。1927 年 10 月,他再一次被捕叛变。后来,李渤海改名黎天才,追随张学良左右。

第十一章 献身革命 视死如归

1955 年，身居上海的黎天才以"叛徒、反革命"罪被捕入狱，判处无期徒刑。1981 年上海市地方法院重新审理此案，改按起义投诚人员对待。此时，李渤海已死去 20 年。

1927 年 4 月 5 日夜，按照张作霖的密令，"京师警察厅"总监陈兴亚召集"京师警察厅"侦缉处长吴郁文等人秘密开会，制订抓捕李大钊的行动方案。吴郁文是这次行动的总指挥，他把抽调来的 540 名警察、宪兵和特务分成 12 个小组，按照叛徒提供的名单，分头捕人。

根据帝国主义者强加在中国人民头上的《辛丑条约》规定，中国军警不得随意进入东交民巷使馆区，更不准携带武器入内。于是军阀当局派人先找荷兰公使欧登科（当时任公使团团长），接着又与英、法等国公使交涉，最后经签订《辛丑条约》的八国公使会议讨论，默许奉军派人进入东交民巷搜捕李大钊等人。

在帝国主义的支持下，奉系军阀和"京师警察厅"的 300 多名军队、警察、宪兵、侦探，全副武装，身佩红线为记，由吴郁文领头，在 4 月 6 日上午 11 时半进入东交民巷使馆区。他们首先把住各个路口，随后就进入苏联大使馆及旧俄兵营内进行搜捕。10 名彪形大汉抱在一起，用身体作木桩，强行撞开大门。苏联使馆工作人员甘布克上前阻止无效，拔出手枪对空鸣了一枪，军警们抓住甘布克，一拥而入。

4 月 6 日正是清明节，天气非常温和，李大钊夫人赵纫兰带着小女儿炎华在院内散步，大女儿星华坐在外间的长木椅上看报，李大钊在里间屋里伏案办公。突然外边响起了尖厉的枪声和纷乱的喊声，星华惊吓得扔下报纸，扑进父亲怀中。李大钊镇定自若，安慰女儿说："没有什么，不要怕。"说着，他拉着女儿的手，走进兵营北楼二层东边的一个僻静房间，坐在一张椅子上，把女儿揽在身边。

片刻间，屋外传来杂乱的脚步声，一群如狼似虎的宪兵、侦探和警察蜂拥入内，并带来了几天前被捕的阎振三同志。一个侦探指着李大钊问阎振三："他是谁？你认识他吗？"这位经过党培养教育的老工人摇了摇头，

 李大钊传

表示不认识。

吴郁文走上前来,冷笑一声,说:"你不认识他?我可认识。他就是李大钊!"

军警们逮捕了李大钊,同时被捕的还有共产党员、国民党左派谭祖尧、路友于等人和赵纫兰母女共33人,以及苏联使馆工作人员16人。当天还从苏联使馆里拉走了7车文件。

严刑拷打 坚贞不屈

1927年4月7日,《顺天时报》报道:

问他为什么要居住苏使馆西院兵营?李答:因与俄人有友谊关系,且喜该处清静。

4月8日,《晨报》报道:

李态度从容,着灰布棉袍,青布马褂,俨然一共产党领袖之气概。

同日,《顺天时报》说:

李精神甚为焕发,态度极为镇定。自承马克思学说的崇信者,故加入共产党,对于其他一切行为,则谓概不知之,关防甚严。

此后,张作霖把李大钊的情况完全封闭起来,开始对李大钊等人进行严刑审讯,李大钊备受酷刑,甚至把竹签扎进他的指甲缝,最后索性剥去了他双手的指甲。

李大钊从被捕到就义,在狱中待了22天。在敌人的严刑拷打面前,李大钊始终大义凛然,坚贞不屈,没有向敌人泄露党的任何机密,没说一句有损于革命的话。他用血迹斑斑的双手在《狱中自述》里自豪地写道:

钊自束发受书,即矢志努力于民族解放之事业,实践其所信,厉行其所知,为功为罪,所不暇计。

《自述》反映了他坚定的革命原则和高超的斗争艺术,字里行间洋溢着他献身革命,谋求民族解放的志向。通篇《自述》是以国民党人的身份

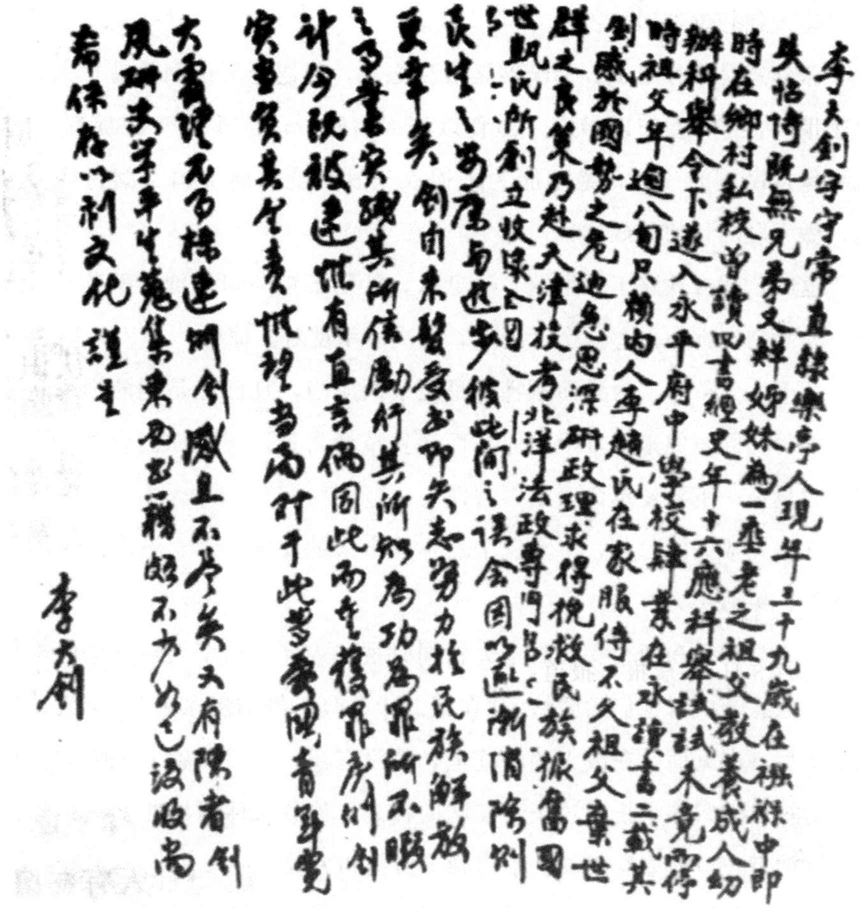
李大釗字守常直隸樂亭人現年三十九歲在襁褓中即
失怙恃既無兄弟又鮮姊妹為一垂老之祖父教養成人幼
時在鄉村私校曾讀四書經史年十六應科舉試試未竟而停
辦科舉令下遂入永平府中學校肄業在永讀書二載其
時祖父年逾八旬只賴內人李趙氏在家服侍不久祖父棄世
釗感於國勢之危迫急思深研政理求得挽救民族振奮國
李大釗

李大钊狱中所书《自述》手迹

写的，根本没有暴露自己是共产党员。他在《自述》中还巧妙地、不失原则地回答了敌人提出的关于孙中山与苏俄的关系、国民党北方执行部等有关问题。为了保护同时被捕的青年，以保存革命力量，李大钊在《自述》中还表示自己“负其全责”，要敌人“对于此等爱国青年，宽大处理，不事株连”。

严刑拷打不成，敌人转而采用软化引诱的办法。张作霖的总参议杨宇霆亲自出马，他以同乡的身份劝降李大钊：

李先生，只要你肯为张大帅、吴大帅效劳，保你官职在我之上。

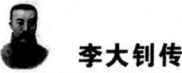 李大钊传

李大钊轻蔑地回答：

张作霖是狰狞之子，吴佩孚是狼狈之儿，我岂能为他们效劳！大丈夫生于世间，宁可粗布以御寒，糙食以当肉，安步以当车，就是断头流血，也要保持民族的气节，绝不能为了锦衣玉食，就去向卖国军阀讨残羹剩饭，做无耻的帮凶和奴才！

这时，北方铁路工人组织了劫狱队，计划不惜一切代价劫狱营救李大钊。李大钊在狱中得悉这个计划后，坚决表示反对。他说：

我个人为革命、为党而牺牲，是光荣而应当，且已经是党的损失……我不能再要同志们来作冒险事业，而耗费革命力量，现在你们应当保存我们的力量……不要使革命力量再遭损失。

在生死攸关的时刻，李大钊全然不顾个人的安危，念念不忘的依然是如何保存革命实力。

夫人赵纫兰和两个女儿与李大钊同时被捕入狱，但李大钊以党的事业为重，强忍心中对她们的爱怜，"在狱二十余日，绝不提家事"。李大钊和她们最后一次见面是在敌人的法庭上，他没有说一句话，脸上表情非常平静。这视死如归的举止，这正义在胸的神态，使敌人休想用儿女情长动摇李大钊的意志，而妻女们却从中得到了勇气和力量。

李大钊的被捕，在社会上激起了强烈的震动。各阶层爱国人士愤怒抗议军阀政府反苏反共的暴行，纷纷起来进行营救工作。国民军总司令冯玉祥闻讯后发表宣言说："李大钊等数十同志之生命，即本军三十万将士全体之生命，誓必竭力保障，不容任何人擅加危害"，否则"本军每至一地务必竭力搜捕奉方余孽，决不稍令姑宽，以为嗜杀异己者戒……"

1927年4月9日，政府校务讨论会席间提议"李大钊虽属共产党员，究系迷信学说，与故意扰乱治安者情形微有出入，应请当局略迹原情，贷其一死"。同日，北京9个国立大学的校长开会讨论营救办法。10日，推选北京大学校长余文璨、北京师大校长张贻惠为代表走访张学良，由张的秘书代见。两位校长提出五点意见，其中谈到"李大钊系属文人，请交法

第十一章 献身革命 视死如归

庭依法审讯"。4月12日,北京国立、私立25所大学的校长又开会进一步讨论营救办法,"推定法大、朝大、北大法律系教员对于东交民巷事件,根据学理发表一篇建议书,希望奉方取宽大主义,一并移交法庭办理"。

杨度曾利用其在北洋军阀政府内任职的条件,左右周旋,积极设法营救,终于促成北洋政府政治讨论会召开。"议决向安国军总司令建议,请将此案移交法庭裁判,依法办理,以其昭示中外,以彰公允……"杨度、梁士诒作为北洋政府政治讨论会代表,约司法总长罗文干同往顺承王府会见张作霖,陈述该会意见,主张将东交民巷事件中所逮捕的人"移交法庭"处理。

章士钊还找到杨宇霆,历数李大钊得名之盛,言辞恳切地奉劝杨宇霆"切不为以一时之意气,杀戮国士,而遗千载恶名"。据说,杨宇霆"闻之悚然,乃向张作霖陈说"。后来杨宇霆曾建议保李大钊性命,认为李大钊本为北方著名学者,不如判个终身监禁,让他在奉天的监狱里继续研究《资本论》。

河北乐亭同乡白眉初、李时等300多人联名上书陈情,请求军方保全李大钊的性命,并先行释放赵纫兰母子。

新闻界为营救李大钊,也广造舆论。当时京津"各报社评,皆暗为守常呼吁"。1927年4月8日,《晨报》发表题为《共党事件应交法庭》的社论,呼吁:

处置共党事件,吾侪以为根本上应取宽大精神……吾人以为处置方法,应依照普通手续,交付法庭办理。

4月15日,《世界日报》刊登了市民李公侠致张学良的一封信,列举了10条要求宽赦李大钊的理由,其中第八条写道:

且李氏私德尚醇。如冬不衣皮袄,常年不乘洋车,尽散月入,以助贫苦学生,终日伏案面究各种学问……

事件发生后,西方各国对张作霖的做法也颇有微词。苏联政府更是向北京政府提出严正抗议。苏联代表驻华大使率领馆员30余人数日后离华,

 李大钊传

扬言断交。苏联首都莫斯科发生了10万工人、职员大游行，抗议军阀擅闯大使馆，行凶抓人。列宁格勒、海参崴等城市也召开了群众大会。各国站在不同立场上纷纷敦促张作霖尽快拿出切实有力的证据，来证明李大钊等人蓄意暴动、反抗政府。最重要的证据其实就是从使馆搜得的大批文件，有中文的，大部分都是俄文的。张作霖成立了"搜查苏联阴谋文件编译会"，但凡懂点俄文的政府工作人员几乎全被调用。编译会的人日夜加班，搞了一个多星期也没有发现组织暴动的计划。苏联则发表声明称，那些文件都很普通，在任何一国的使馆里都能搜得出来。

由于社会舆论的压力和各界的营救，统治阶级对迫害李大钊等革命者有所顾忌，内部产生了分歧。奉系军阀内部的意见也不一致。有的认为"共产党在北方显有扰乱阴谋，则依照军法处分，自属适当"；有的则认为"所逮捕者悉为文人，并非军人。虽密谋赤化，虽属颠覆国体行为，唯文人与军人究不能相提并论……不可高压而迫其走险"。

面对这种形势，张作霖对杀害李大钊同志也曾一度动摇迟疑。

1927年4月23日，张作霖最终决定派参议何丰林就任审判长，组成由军方一手控制的特别法庭。4月28日上午，特别法庭在警察厅南院大客厅开庭，判处李大钊等20人绞决，立即执行。紧接着，将李大钊等同志秘密押送到西交民巷京师看守所，执行死刑。同时就义的还有：

范鸿颉，中共党员，曾任中共北京地委书记、北方区委宣传部长、《政治生活》主编。

谢伯俞，中共党员，曾任中共北方区委国民运动委员会委员、国民党北京特别市党部执行委员会委员、组织部长。

谭祖尧，中共党员，曾任中共北方区委秘书、北方区委国民运动委员会委员、国民党北京特别市党部执行部秘书、执行委员会常务委员。

莫同荣，中共党员，曾任中共北方区委国民运动委员会委员、国民党北京特别市党部执行委员会委员、农民部部长。

路友于，国民党员，曾任国民党北京特别市党部候补执行委员兼秘

第十一章 献身革命 视死如归

书、国民党候补中央执行委员。

邓文辉，国民党员，曾任国民党北京特别市党部常务委员、主席。

张挹兰，国民党员，曾任国民党北京特别市党部妇女部长、《妇女之友》主编。

姚彦，国民党员，国民党北京特别市党部执行委员会委员、商民部部长。

张伯华，中共党员，国民党北京特别市党部工作人员。

杨景山，中共党员，曾任中共北方区委秘书、国民党北京特别市党部干事。

陶永立，中共党员，曾在中共北方区委做文书工作。

方伯务，中共党员，曾在中共北京地委做党务工作。

吴平地，中共党员，北京师范大学学生。

李昆，中共党员，曾任中共北方区委机关工人支部书记。

郑培明，国民党员，曾任国民党北京政治委员会庶务。

阎振三，国民党北京特别市党部工友。

李银连，国民党员，曾任国民党北京特别市党部第九区分部常务委员。

谢承常，生平不详。

英华，曾任工会会长。

这次搜捕和屠杀事件是中国共产党建立以后，国共第一次合作期间党所受到的最为严重的损失，国共两党北方区委组织遭受了极大的破坏。

张作霖为何突然下定决心，残忍杀害了李大钊和另外19位革命志士？有种说法：是来自前方将领的一封电报影响了张作霖。

1927年4月29日的《晨报》发表了快讯"军法会审昨日开庭判决党人二十名死刑"，快讯里提到这样一个细节：

而前晚又得前方某重要将领来电，谓前敌将士因讨赤而死者不知若干，今既获赤党首要人物而不置诸法，何以激励士心？最妙者，闻南方某要人亦有电致在京某人，主张将所捕党人速行处决，以免后患。

这个拍电报来的"某将领"和"南方某要人"究竟是谁？1927年5月12日出版的《民国日报》（在汉口的国民党中央委员会机关报）以《北京各同志被害详情》为题，报道了此事，并提出"张作霖得其前方张学良等来电，主张杀害，同时蒋介石又密电张作霖，主张将所捕党人即行处决，以免后患"。根据这篇报道，"南方某要人"是指两手刚刚沾满四一二死难志士鲜血的蒋介石，而前方某将领是张学良。

张次溪则在《李大钊先生传》中说是"张宗昌忽由山东前线拍来一电，谓李大钊是北方革命领袖，赤党祸根，巨魁不除，北京终究危险"。

这个用一封电报将李大钊等人置于死地的"某将领"究竟是谁，至今也没有定论。事实上，张作霖本就是绿林出身，匪性不改，再加上反赤将领的怂恿，蒋介石发动四一二反革命政变的"榜样"力量，于是仓促做出杀害李大钊等人的决定。

李大钊牺牲的噩耗传来，中国共产党和革命人民以及各界进步人士无不为之深切哀悼。1927年5月16日，中共中央及中共湖北区委在武昌举行万人追悼大会，党中央派专人北上料理李大钊丧事及一切善后事宜。同日，北京、上海、天津、太原等城市纷纷集会悼念李大钊同志。同月，中共中央机关刊物《向导》发表魏琴（维经斯基）《悼李大钊同志》的文章，称李大钊同志"是创立中国共产党之一人，又是国民党政治会议一委员。他是最勇敢的战士，为推翻一切反动势力而奋斗。他的名字早就为全中国革命者所认识了。他及其他同志的名字将为几百万北方的群众牢记不忘。我们的英勇同志之死，愈加激起革命运动向前发展"！苏联《真理报》于1927年5月1日发表《被杀害的英雄》一文。文章指出：

在监狱里杀害战士、学者和人道主义者李大钊及其许多同志的真正罪魁，与其说是奉天傀儡，不如说是他们的主子——帝国主义分子。

5月10日，共产国际专门发出了《共产国际执行委员会关于若干中国共产党人被处决的抗议书》，抗议"世界帝国主义的走狗和中国的血腥的

第十一章 献身革命 视死如归

刽子手"残酷杀害中国共产党奠基人的暴行。

视死如归 大义凛然

李大钊壮烈牺牲以后,1927年4月29日,北平的《世界日报》以《李大钊等二十人昨被绞决》为题,报道了李大钊等人的死难消息。4月30日,《世界日报》又报道了李大钊的死难经过:

闻前日安国军方面,决定将李等按律执行死刑,命令到后,即提出验身画供。李大钊首先签字,其余各人,亦均依次画押。当以汽车送入地方看守所时,表面上虽云是移送法庭,实际李等已明白矣。比因李毫不恐怖,即以相当礼貌送入汽车,其余则均有绳绊。到看守所之后,由地方厅每二人合照一相,照完之后,即送入刑台。刑事以隔离为原则,彼此不能看见。李就刑时,则呼天字。

当时对李大钊等人牺牲情景记述较详的,还有天津的《北洋画报》。1927年5月7日,《北洋画报》在第2版下方发表了署名"王郎自京师寄"的通讯《处决李大钊等琐闻》,报道了李大钊等人被处以绞刑的经过:

未几执行吏来,首以李大钊送往绞刑台。李见此,知已不免,乃曰:"请以纸笔来,俟书一遗嘱。"执刑者曰,此时已晚,由不得汝矣。李无言,神色尚未变,既上。执刑者令其颈稍伸长,李如言应之,厥态殊从容。二十分钟始绝。

此外,汉口的国民党中央机关报《民国日报》在1927年5月12日以《北京各同志被害详情》为题,详细报道了李大钊等烈士就义的经过,其中记述:

首登绞刑台者,为李大钊先生。闻李神色未变,从容就义。

从当时这些新闻媒介报道看,李大钊是当日在20个共同赴难的烈士中,第一个登上绞刑台的;他是"毫不恐怖"地被押往刑场的,是"神色未变,从容就义"的。在临刑时,李大钊曾索要纸笔,拟"书一遗嘱";

执刑者不允，他不再说话，神色自若地上了绞刑台。在受刑时，“执刑者令其颈稍伸长”，他“如言应之，厥态殊从容”；临终前他可能曾“呼天字”，“二十分钟始绝”。在绞刑台上，李大钊视死如归，大义凛然，英勇就义，体现出一个共产党员的崇高气节。

李大钊等20位革命同志被杀害后，刽子手们将尸体装入棺中，停放在宣武门外下斜街长椿寺中，待家属、亲戚来认领。李大钊被捕当日，大儿子李葆华恰好外出郊游，躲过搜捕。周作人冒险将葆华安排在自己家里，度过了最危险的时刻。

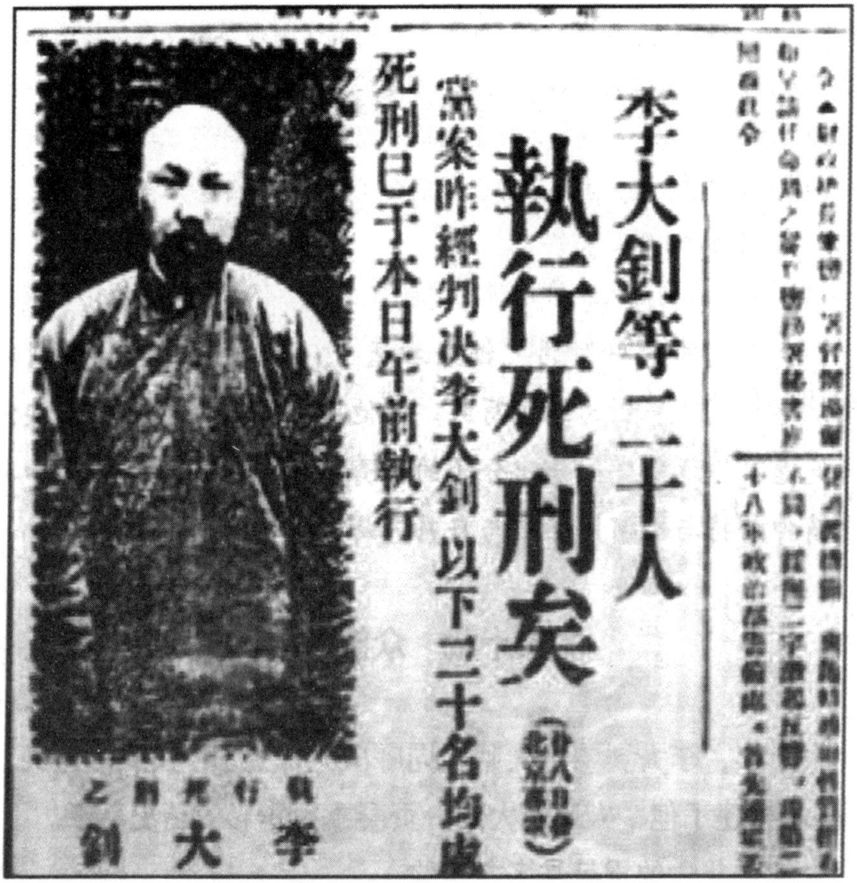
李大釗等二十人
執行死刑矣
（廿八日北京專電）
黨案昨經判决李大釗以下二十名均處
死刑已于本日午前執行

李大釗

《世界日报》报道李大钊执行死刑消息

第十一章 献身革命 视死如归

李大钊牺牲后,"李妻闻耗,悲痛号泣,气绝复苏者数次,病乃愈益加剧,以致卧床不起。小儿女绕榻环立,其孤苦伶仃之惨状,见者莫不泪下。李之乐亭原籍,家业毫无。生前唯知努力学问,不事生产,平素又极俭朴,故境状萧条"。同乡白眉初等人带着星华姐妹赶往长椿寺收尸,并为李大钊更换了一口崭新的红柏木棺材(新棺材是北大同事梁漱溟、蒋梦麟和友人章士钊等人集资置办的),把灵柩移放至妙光阁街的浙寺里。

第十二章　斯人已去　精神永存

李大钊同志书写的"铁肩担道义，妙手著文章"这副对联，是他光辉一生的真实写照。在他身上，凝结着中华民族传统美德，体现着中国知识分子的优秀品格。他的高尚风范和革命精神必将与山河同在、与日月齐辉。

北大十载　众望所归

北大十年，李大钊同广大师生同呼吸共命运，"铁肩担道义，妙手著文章"，构建了他个人和北大的一页凝重而华彩的历史篇章。

李大钊对北大的贡献是多方面的。

李大钊为北大开辟了研究和传播马克思主义的传统。马克思主义之所以被正确认识和广泛传播于中国，始于1918年在北大工作的李大钊。是他第一个在中国举起马克思主义的旗帜，写下多篇宣传俄国十月革命和马克思主义的文章；是他在五四运动之后，发起并秘密成立了北京大学马克思学说研究会；是他率先于1920年起在北大开设《唯物史观研究》《社会主义史》《社会主义与社会运动》等马克思主义理论课程，并和著名学者陈启修、陶孟和、张慰慈一起，共同承担《现代政治讲座》。他运用马克思主义观点，研究现代政治问题，主讲了《工人的国际运动》《现代普选运动》等多个专题。由于这是我国首次开设这样理论联系实际的马克思主义课程，因而具有重要的历史意义。五四运动之后的几十年间，李大钊开创的研究和宣传马克思主义的传统在北大得到很好的传承，且影响于全国。

李大钊墨迹

李大钊为北大指明了知识分子必须深入实际,与劳动民众"打成一气"的方向。五四时期,劳工的地位与作用,开始受到知识阶层的关注与重视。北大校长蔡元培在天安门纪念第一次世界大战胜利的演讲中,首先喊出了"劳工神圣"的口号,声称"此后的世界,全是劳工的世界呵!"

 李大钊传

但是，对于知识分子必须深入实际，与劳工结合，向劳工学习等问题，知识阶层则普遍缺乏认识。是李大钊率先提出"要想把现代的新文明从根底输入社会里面，非把知识阶级与劳工阶级打成一气不可"的思想，这就在实际上为知识分子与工农民众相结合指明了方向。正是在李大钊倡导的这种思想的指引下，五四时期及其以后，北大一批又一批知识青年去长辛店、唐山、开滦、内蒙古，去工厂、矿山，去广大的北方农村，深入实际，了解国情，传播科学知识和革命道理，与工农民众相结合，植根于中华大地，找到了发挥自己聪明才智的用武之地，为再造青春之中华作出了巨大贡献。

李大钊在北大培育了一批又一批正直进步有为的青年，在全国撒下了革命的种子。李大钊对青年的成长与教育十分关心，帮助许多青年树立了共产主义世界观、人生观，引导青年朝着正确方向前进。他广泛与青年交朋友，积极为青年排忧解难，帮助青年开拓就业之路和施展才能。如：他接受毛泽东到北大图书馆工作并亲自介绍他加入少年中国学会；他为帮助蔡和森出版《俄国社会革命史》一书，曾几次致函胡适予以推荐；他曾为哲学系学生刘仁静因无力交纳学费，申请缓交而具书担保；为解决新潮社无社址活动的困难，他专门在图书馆内拨出一间房屋。一代青年在他的革命思想和高尚情操的熏陶下，迅速成长，成为祖国和民族的脊梁。五四前后曾在北大学习和工作，直接或间接受过李大钊的教育和影响的著名人物有：毛泽东、邓中夏、高君宇、何孟雄、黄日葵、谭平山、谭植棠、许德珩、张申府、范鸿劫、朱克靖、李子州、杨景山、任国桢、王懋廷、王濡廷、刘天章、袁玉龚、李梅羹、谭寿林、于树德、屈武、杨杏佛、萧一山、张仲超、罗章龙、刘仁静、王有德、黄绍谷、王仲强等。

李大钊开拓了北大的学术风气，推动了北大的学术发展。李大钊不仅是革命家、战士，还是知识渊博的学者。他对社会科学的许多领域如哲学、史学、文学、经济学、政治学、法学、伦理学、图书馆学，都有所研究，并取得了卓越成就。他对学术风气的开拓和学术研究的发展十分重

第十二章　斯人已去　精神永存

视,倡导学术创新,鼓励学术上的建树。尤为难能可贵的是,他把当时还普遍认为是异端邪说的马克思主义引进北大讲坛,引进中国思想界和学术领域,写了大量有真知灼见的论著。李大钊是把历史唯物主义引进中国社会科学领域的第一人,也是中国马克思主义史学的奠基人。

北京大学是蜚声国内的高等学府,聚集了大批学术大师和思想巨匠,有深厚的学术传统,享有很高的荣誉,得到广泛的认同,因而对社会具有很强的影响力。而且北大学生中聚集了众多具有强烈使命感、责任感的有志青年,这对于视青年为"国家之魂""人生之王"的李大钊来说,更有着无限的向往。李大钊是一位"自束发受书,即矢志努力于民族解放之事业"的伟大爱国者。他进入北大,既可潜心"深研政理,求得挽救民族,振奋国群之良策";又可借北大这座神圣殿堂做掩护,从事革命活动,以实现其再造青春中华之理想。李大钊最后十年能在北京这个当时北洋政府的心窝里不停息地战斗,诚然一方面是由于他有着大无畏的革命胆略,另一方面也是由于他利用了北大所提供的保障,顶住了北洋政府的种种高压。北大曾几次坚决拒绝北洋政府的压力,发表公函或公开刊登启事,要求北洋政府停止迫害,收回成命,取消对李大钊的通缉令,以维学术研究之自由,从而强有力地保护和支持了李大钊。北大马克思学说研究会、北京早期党组织的许多会议和活动,以及五四时期建立起来的一些先进青年社团的活动,都是在北大图书馆李大钊的主任办公室进行的。李大钊以北大为基地,为后援,联系和发展南北革命势力,使自己的影响日益扩大,声誉日隆。

李大钊作为学者型的革命家,对于北京大学的人文环境、学术地位和社会影响力自是了然于胸的。关于李大钊立志进入北大以谋发展的心态,章士钊曾有一个回忆。他说:

时北京民主运动正在萌芽,守常志在得北大一席,以便发踪指示,……守常一入北大,比于临淮治军,旌旗变色,自后凡全国趋向民主之一举一动,从五四说起,几无不唯守常之马首是瞻。

可以说，没有李大钊，北大就不成其为中国最早传播马克思主义的中心和中国共产主义运动发源地的著名学府；而没有北京大学，李大钊也不成其为在20世纪20年代的历史舞台上叱咤风云的无产阶级革命家、中国共产主义运动奠基者的一代伟人。

探索新生活　谋求大幸福

1919年8月，北京大学的校园里出现了一种叫作《新生活》的刊物。这是一份32开大小，薄薄的，每份只卖两三个铜子的小型周刊。

比起已经产生很大影响的《新青年》《新潮》《国民》和新近出版的《新中国》《建设》和《少年中国》来，这本刊物不仅外形小，而且里面的文章通俗短小，有一般文化水平的平民就可以读懂。刊物的主编是北京大学庶务主任李辛白。

李辛白比李大钊大十几岁。由于工作关系，两人接触的机会比较多，因此，他约李大钊长期为刊物写稿。

李大钊还在家乡时，就将在五峰山上写的《五峰游记》寄回北京，在《新生活》第2、3期上发表，随后又在第5期上发表了讲演稿《北京市民应该要求的新生活》。从第6期起，李大钊开始和李辛白轮流写"随感录"，有时，一连几期都由他来写。在已见的50多期《新生活》中，李大钊共发表随感和短文60多篇。他的新笔名"孤松"很快又成为读者熟悉和喜爱的名字。

《新生活》刊物的名字不是无端而起。少年中国学会的创办人王光祈曾经写道："自从欧战停后，世界潮流排山倒海直向东方而来，中国青年受此深刻刺激，顿成一种不安之象，对于旧社会、旧家庭、旧信仰、旧组织以及一切旧制度，处处皆在怀疑，时时皆思改造，万口同声的要求一个'新生活'。""新生活"的口号就是在这"万口同声的要求"中传播开来的。

第十二章 斯人已去 精神永存

<文苑一>

遊碣石山雜記

李大釗

予家渤海之濱北望碣石高峯隱嶙天際望相趨僅八十里許予性樂山遇崇邱峻嶺每流連弗忍去而於童年所夕逸見之碣石尤為神往最者與一二友韓昌黎祠一憩御装昌黎遊興勃發時適潯夏雖盛炎不知起斯志相率竟至西五峯韓昌黎祠一憩是日霪雨不止山中濃霧渟渟胸逸夫所將牛石徑崎嶇不易行惟奇花異卉鋪地參天肇見窟為大外桃潭故不以為苦猶憶五峯前馬家山海樹櫸接雲際層層翠葉青透重霄雖暴雨行其下不知也初人山不識路徑牧童橋子又以雨不出吵一峯崩徘徊不知何往迺於無意中大呼「何處為五峯」而雲樹標渺間竟有聲應者曰一

在《新生活》第2、3期上發表的《五峯遊記》

不过，虽然是许多人要求新生活，大家对于什么是新生活看法却不一致。

较早提出"新生活"口号的王光祈说："新生活"就是"一面工作，一面读书，终身工作，终身读书"的生活。

胡适在《新生活》第一期上发表的，可以代为发刊词的讲演稿《新生活》中说："新生活就是有意思的生活"，"凡是自己说不出'为什么这样做'的事，都是没有意思的生活。反过来说，凡是自己能说得出'为什么这样做'的事，都可以说是有意思的生活。生活的'为什么'就是生活的意思。"

— 329 —

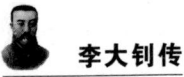

胡适的意思是说，新生活是一种人人觉醒的、有自我意识的、有思想的生活，而不是混混沌沌、糊糊涂涂的、醉生梦死的生活。

李大钊则从具体视总体两个方面来解释和探讨新生活。他在《北京市民应该要求的新生活》一文中指出："苦闷、干燥、污秽、迟滞、不方便、不经济、不卫生、没有趣味"是北京市民现在的生活，亦即旧的生活内容。那么，与这些不雅名词相反的名词所反映的生活就应当是新生活。为了创造新生活，他提出了调查并监督收税机关工作，试办消费公社，多办免费通俗图书馆，多办工人夜校、多立贫民学校、贫民工厂、孤儿院、养老院，改善交通，设人民警察，开通公共电车，设立廉价浴池、平民食堂，改造厕所，增加公立医院，加强电灯电话设备维修，免费开放公园，工业区与居民住宅区分开等20条具体措施。

在总体方面，李大钊认为："新生活"意味着政治的更新和社会的更新。也就是说："新生活"就是真正实现民主国家的自由、平等、博爱，此外再加上一个"牺牲"的生活。

他告诉人们：《新生活》周刊封面上连环式的双十架所表示的"博爱、自由、平等、牺牲"就是创造"新生活"的基础。在这四个观念中，"博爱"的"爱"字又是基础的基础。他写道：

人间的关系只是一个"爱"字。

我能爱人，人必爱我，故爱人即所以爱我。

爱自己的家，爱自己的国，爱世界的人类，都是这一个"爱"。爱力愈大，所爱愈博。爱世界人类的全体比爱一部分人更要紧。

爱的生活才是人的生活。

在他看来，人类共同生活的关系既是以爱为基础的，那么人们就应当彼此尊重对方的个性。每个人的个性不受外界的侵害、束缚、压制、剥夺，便是自由。所以，真实的自由，是建立在"爱"的基础上的。同时，博爱的生活就是无差别的生活，也就是平等的生活。人人都立在"爱"的水平线上，就实现了人人平等，因此，平等也是以爱为基础。不仅如此，

第十二章 斯人已去 精神永存

爱，又是以牺牲为代价的。爱人道，爱真理，爱自由，爱平等，爱共和，就要为人道、真理、自由、平等、共和牺牲：

爱的方法便是牺牲，牺牲的精神便是爱。

李大钊还认为，"新生活"又是靠着创造得来的，要过那新生活，就应当本着"博爱、自由、平等、牺牲"四大精神，不断地去创造。

李大钊在这里对"爱"和"牺牲"精神的强调很大程度上是因托尔斯泰主义在他心中的重新回荡。

他早年在《晨钟》上介绍托尔斯泰时，托氏对"爱"的价值的重视就给他留下过极为深刻的印象：

夫人之真相为无限发现之爱。爱者实崇高无对之理，体既通于神明，先天内容之动机，天真自然之情也。即一切道德之渊源，自它融合之，胸中之光明也。阻碍此爱发现之物及物欲之满足，皆为罪恶。博爱之牺牲者，即死于肉而生于灵者。故人当有不惮为博爱而死之觉悟也。

爱本于天性，发乎自然之情，为道德之源，心中的灵明。不知是托尔斯泰的"爱"的观念确实与儒家思想暗合，还是李大钊用儒家思想认同、解释托尔斯泰的思想。但有一点是显而易见的：对于"爱"的价值的这种理解深深打动了李大钊的心。这也是当他在研究马克思主义唯物史观，一方面为马克思的严密合理的论证而感叹，同时又对马克思"忽视"道德作用而遗憾的原因。于是，他提出要用互助的理想、伦理的观念补救马克思主义唯物史观缺失。作为这一理想具体化表现的就是"由物质和精神两方面改造而成的'少年中国'"，亦即"灵肉一致的'少年中国'"。

他在同一时期发表的《"少年中国"的"少年运动"》一文中写道：

我们少年运动的第一步，就是要作两种的文化运动：一个是精神改造的运动，一个是物质改造的运动。

精神改造的运动，就是本着人道主义的精神，宣传"互助""博爱"的道理，改造现代堕落的人心，使人人都把"人"的面目拿出来对他的同胞；把那占据的冲动，变为创造的冲动；把那残杀的生活，变为友爱的生

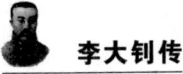

活;把那侵夺的习惯,变为同劳的习惯;把那私营的心理,变为公善的心理……

物质改造的运动,就是本着勤工主义的精神,创造一种"劳动神圣"的组织,改造现代游惰本位、掠夺主义的经济制度,把那劳工的生活,从这种制度下解放出来,使人人都须作工,作工的人都能吃饭。

在李大钊看来,这两种运动是相辅相成的,缺一不可的。精神的改造不但须与物质的改造一道进行,而且,在物质的改造开始的时期,更应当抓紧。这是因为在以往的历史,即马克思所说的"前史"中,社会习染的恶性很深,如果不把人心内部的恶清除干净,即使物质改造成功了,它还会在新社会新生活中复萌。那新的社会组织将会被它破坏。另一方面,不进行物质的改造,社会组织依旧不变,精神的改造也不会得到成功。历史也已证明,在过去的社会中,也有过许多人提倡"博爱""互助",但是由于只是作为社会表面构造的文化的、精神的力量终究比不上作为社会基础构造表现的经济的力量大。因而,那种单纯诉诸人心的改造没有,而且永远不会得到成功。

这个由物心两方面改造以求建成"灵肉一致"的"少年中国",应该说是此时李大钊对于"新生活"建设者们指出的更高一级的目标。

李大钊强调的这两种改造的结合表面来看是十分合理的、全面的,对于单纯以改造文化、国民性的启蒙意义的思想来说,显然是一个进步。这个进步是接受了俄国革命和马克思主义唯物史观之后取得的。然而,对于两种改造的不可分离的一致性的强调,又恰恰证明了李大钊还没有完全站到马克思主义立场上来。也就是说,他虽然接受了马克思主义的阶级斗争学说,接受了对社会经济组织进行根本改造的观念,但还没有确定仅仅依靠阶级斗争进行社会组织的根本改造,以实现中国更新的道路。或许,他已经看到,完成这个双重改造的过程是一个相当长的,需要一代人,甚至几代人连续奋斗的漫长路程。他把知识分子和劳动人民打成一片看作这个过程的第一步,因此,他号召有志于创造少年中国,创造新生活的青年,

第十二章 斯人已去 精神永存

离开城市,到农村去,与农民为伍,打通城市与农村之间的隔阂,把现代人的意识、人道主义思想传播到农民之中。

这样一种思想被后世的研究者称作带有民粹主义意识的思想。它的来源最早可以追溯到李大钊初次翻译的托尔斯泰的若干语录,而在他接受俄国十月革命思想后发表的《青年与农村》一文中第一次进行了明确的阐述。

在李大钊看来,俄国十月革命既和人道主义、民主主义的胜利相联系,更是19世纪60—70年代开始的俄国部分革命者到农村去,发动农民反对农奴制度和资本主义,以图在农村村社组织的基础上建立社会主义制度的民粹派的斗争的最终结果。

他认为,中国的情况同19世纪的俄国虽然有很大不同,但要实现俄国革命那样的根本改革,广大青年到农村去从事准备工作是必要的。因为中国是个农业国家,农民人口占大多数,作为劳工阶级的大部分的农民得不到解放,那就是全体人民没有得到解放。在他看来,中国的农民一方面是受着赃官、污吏、恶绅、劣董的欺压;另一方面,"他们自己中间也是按照等级互相凌虐,去结那些官绅棍役的欢心。地主总是苛待佃户与工人,佃户与工人不但不知互助,没有同情,有时也作自己同行的奸细,去结那地主欢心"。这种情况伴随着文化设施的极度落后,使农村的生活失去了其本应有的田园诗般清新雅洁的趣味,变成了黑暗的地狱。

他当时还未能够从认识中国近代社会的性质和地主阶级作为封建官僚统治者的社会基础来压迫广大贫苦农民的概念上来理解中国农村黑暗的原因,而只是简单地认为,那是由于一些青年有了一点儿知识便跑到城市去,想在官僚中求得一席地位,从而丧失了应在农村活动的责任而造成的。从民主政治普通选举的方面考虑,农村是多数选民居住之地,不开发农村,不使农民具有民主意识和能力,所谓民主选举制度就只能成为"高等流氓"(当时进步知识分子对官僚政客的蔑称)的"藏污纳垢的巢穴,发财作官的捷径"。

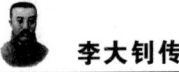 李大钊传

　　他确信，只有现代青年作现代文明的"导线"，把农村变成民主主义的沃土，民主主义"才算有了根柢，有了泉源"。

　　进一步说，"只要知识阶级加入了劳工团体，那劳工团体就有了光明；只要青年多多的还了农村，那农村的生活就有改进的希望；只要农村有了改进的效果，那社会组织就有进步了，那些掠夺农工、欺骗农民的强盗，就该销声匿迹了"。

　　他希望青年们认识到，在城市漂泊，是没有出路的，农村却有广阔的活动余地；城市里罪恶、黑暗的地方多，农村光明、幸福的地方多。一句话，"日出而作，日入而息，耕田而食，凿井而饮"才是青年最美好的生活方式，农民才是青年的同心伴侣，农村才是青年安身立命的地方。

　　在《青年与农村》一文里，李大钊还只是提出知识青年到农村去与农民为伍的问题，而没有谈到建立农村组织的问题。也就是说，还没有从社会政治组织的网络关系中考虑农村的位置，尽管他那时已经有了以农村为政治基础的思想，而且同一时期也有了在世界范围实行联治主义的思想。几个月后，少年中国学会南京分会的会员左舜生关于小组织的提倡及其引起的讨论，使李大钊这方面的思想明晰起来。

　　左舜生建议组成"由少数同志组织的一种学术、事业、生活的共同集合体"，以各自劳动所得的收入，合成集体财产，实现一种小组织的生活。他说，这种小组织与大组织"是相成的，不是相反的"，"大组织是我们的大本营，小组织是我们的教练所。经过这种小组织的训练，然后可以做大组织中的健全分子"。这个建议得到学会其他成员王光祈和北京大学学生宗之櫆（白华）等的热烈响应。

　　王光祈提出在城市郊区租一个菜园，在园中建楼房作阅览、办公、游戏、睡觉、吃饭等活动的场所。此外，要开办平民学校，免费教农家子弟读书；每日从事种菜劳动及读书、游戏等活动；定期向农民传播文化；等等。

　　宗之櫆提出在"山林高旷的地方组织一个真自由、真平等的团体"，

第十二章 斯人已去 精神永存

用"合力工作"造成经济独立和文化独立,用实业与教育发展团体的经济文化,"造成一个组织完满的新社会","用这新社会做模范来改造旧社会,使全国的社会渐渐革新,成了个安乐、愉快、平等、自由的'少年中国'"。

李大钊作为少年中国学会中在年龄、资历方面都稍长些的成员,他的思想显然对王光祈、宗之橚等发生了影响。同样,他也从他们那里汲取思想营养。因此,他在谈起自己的建设少年中国的想法时,除了重申先前提出的知识阶级与劳动者相结合,青年到农村去的主张外,还明确表达了"新村落的大联合,就是我们的'少年中国'"这一主张。

在这里,他把个人的"新生活"的范围划为小到完成自己的个性,大到谋求世界的幸福这一仍旧是传统的修、齐、治、平的框架里,以物心两面、灵肉一致的改造为原则,以青年到农村去,加入到农民中间,打破知识分子与劳动者的隔阂为下手功夫,以建立村落为基础的小组织,以期实现这些组织的大联合,进而以各个国家的联合为基础,实现大联合的"大同世界"为最终目标。他长期以来反复强调的世界改造运动,他要实现的社会上、政治上组织更新的"新生活"的创造,以及他和青年朋友们提倡的少年中国运动,都体现在他的这一总体思想轮廓中。

李大钊的这一主张在当时社会改造的思潮中是非常独特的。这种独特性不仅表现在他在一段时间里始终如一地坚持知识分子要到农村去,与农民打成一片,实行对农民的启蒙,而且表现在他想以这样一种方式为中国现代政治的建设奠定广阔坚实的基础。

胡适的实用主义解决问题的考虑至少从其举例来看,并未涉及农村问题;陈独秀在这一年稍晚些时候提出的以"人民的自治与联合"作为实行民治的基础的主张里只原则地提出"乡间的地方自治,从一村一镇着手",更多的是讲城市的"同业联合";同一期间《解放与改造》的编者张东荪等人较多地宣传基尔特社会主义,也关注的是城市;办《星期评论》《建设》的国民党人及与其接近的知识分子在谈及社会改造或劳工问题时,同

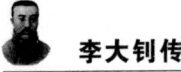

样注意的是城市。至于几乎可以说是"民众的大联合"口号首创者的26岁的毛泽东,虽然把农夫的联合放到了各种小联合的首位,但他所说的联合主要是作为反抗强权,实行社会政治改革的手段的联合。亦与李大钊的思想不同。

不仅如此,就是那些受到李大钊影响的少年中国学会成员的思想,也与李大钊的思考有不同之处。

王光祈在应该打破知识分子与劳动者之间的隔阂,应该把活动的"地盘"放到农村,与农民打成一气,应该以农民为唯一的良友这些问题的看法上同李大钊是一致的,但是他所设想的菜园子新生活是到离城市不近不远(四五里路)的地方过一种团体生活。这种团体住的是离农民近了,但其生活与农民只有接触,而无结合关系。而批评这种生活带有"高蹈隐居"意味的宗之橚提出的"逃到深山旷野的地方,另自安炉起灶,造个新社会,然后发大悲心,再去援救旧社会"的见解和王光祈的意见并没有本质上的区别。实际上,他们的想法更多地掺入了"新村主义"的内容。

"新村主义"是在1919年3月《新青年》杂志刊登了周作人介绍日本作家武者小路实笃的"新村"思想及其在日本九州一个叫作"日向"的地方发起的"新村"实验活动之后,开始引起知识分子和青年学生兴趣的。

周作人的介绍中说:新村运动"主张泛劳动,提倡协力的共同生活,一方面尽了对于人类的义务,一方面也尽各人对于个人自己的义务;赞美协力,又赞美个性;发展共同的精神,又发展自由的精神"。显然,新村主义就是一种主张劳动互助的主义。从周作人的简单介绍中得知,日向的新村就是十几个人到乡间买一小块土地,居住在一起,共同从事种菜种麦劳动。过新村生活的人并不负担对农民的教育启蒙义务,只是要通过这种生活实验,为人们提供一种理想的生活模式。

周作人后来曾明确地说,这种新村与俄国的"往民间去"的运动是很不相同的,其不同之处大抵就在这里。

王光祈、宗之橚的小组织理想很大程度上带有这种新村主义的色彩,

第十二章 斯人已去 精神永存

至少应该说,它是"到民间去"的民粹主义思想和新村思想的结合。他们虽然也考虑了定期开讲演会,向农民进行宣传及办平民学校的问题,但却更注意对团体生活自身的设计。这样,原本有的和农民打成一片的动机,反而在这新村形式的生活中被推到次要地位去了。也许正是受到这种新村主义的影响,王光祈在自己的城郊菜园的新生活设想证明无法实现后,转而提倡城市中的新生活——工读互助团。这个建议立即得到响应,在北京先后成立了4个工读互助团小组。在上海、南京等地都有类似团体的发起。

李大钊与王光祈等人的不同之处在于,他是站在社会根本改造的高度,从创造一种新的社会基础的意义上去看待知识分子到农村去这件事的。

对于他来说,青年到农村去主要的不是去寻求一种摆脱社会黑暗和压抑的,能够完满实现人的个性和互助两方面需求的新的生活方式,而是为了深入农民的生活,"开发他们,慰安他们",把知识和现代文明的光明带到农村,改造农村,建设农村,"创造一种'劳工神圣'的组织,改造现代游惰本位,掠夺主义的经济制度"。

他的设想无疑也带有一种空想性。但他的空想仅仅在于尚没有把这一设计和他事实上已经承认的阶级斗争和革命运动紧紧地联系起来。一旦将二者联系起来,那就是一条由革命者深入农村,实行土地革命,推翻地主阶级的压迫,建立一块块红色根据地,而后以农村一个个"活泼泼的新村落"为基地,打垮盘踞城市的黑暗势力,建立一个光明的新中国之路。

正如后人所知,这条路是在李大钊的影响下接受了马克思主义的毛泽东在中国革命经过了一番曲折的10年后发现的。

当然,1919年时的李大钊还没有条件继续不停地在这个方面探索,直到找到这条后来证明是行之有效的改造中国的道路。

按照他的思维习惯,他对新村主义和工读互助团的试验同样予以了热情支持。他参与了北京工读互助团的发起,并捐款10元予以资助。他还在《新生活》周刊写随感宣传"工读"生活,并以较多精力研究了美国的新村运动。工读互助团的试验很快失败,使他感到把这种试验新生活的团体作为一个共同生产的组织,并把试验场所选在地皮贵、房租高的城市,显然是不适当的。他不失时机地再次提出到农村去进行新生活实验的建议。

然而,也许是意识到了他一年多来的号召看起来很难引起广泛的社会行动,他实际上已经把改造社会的着眼点放回到城市中来。在1920年1月写的《由纵的组织向横的组织》一文中,他提出了大范围的民众"自治联合"说:

将来学生有学生的联合,教职员有教职员的联合,商界有商界的联合,工人有工人的联合,农民有农民的联合,妇女有妇女的联合,乃至各行各业都有联合,乃至超越国界种界而加入世界的大联合,合全世界而为一大横的联合……就是大同的景运。

这里不再仅把"村落"作为大联合的基础,而是把农民的联合作为社会各种联合中的一部分。这是吸收陈独秀以"人民的自治与联合"作为实行民治的基础思想的结果,也是他重新考虑城市社会改造的表现。

正是在这段时间里,他开始运用马克思主义研究社会发展进化的问题,研究城市中存在的社会问题,同时,进一步细致地研究世界工人运动史,关注城市民众为争取自由平等权利而奋起努力斗争的问题。

"平民主义" "工人政治"

作为政治学系的教授,李大钊做过有关政治理论、政治形势、政治运动等诸多内容的讲座或讲演,其中对于"平民主义"即民主思想的探讨与宣传十分引人注目。

民主,是李大钊一生中最为重视的价值观念。他在清末改良与革命的浪潮中曾为争取民主去游行、罢课;在民国初年,曾为建立民主制度而思索论辩;在袁世凯走向专制、帝制,张勋实行复辟,段祺瑞、冯国璋、徐世昌等军阀、官僚专权之时,曾为捍卫民主呐喊;在俄国革命发生和第一

第十二章　斯人已去　精神永存

次世界大战结束后，曾为民主的胜利和世界民主潮流的蓬勃发展而兴高采烈……他一生撰写的文字中思考民主原理，探索民主建设道路，宣传民主思想的内容几乎是最多的。民主，可以说是李大钊一生追求的目标。

在接受马克思主义之前，甚至在研究马克思主义之初，李大钊似乎没有感到马克思主义与民主主义有什么矛盾。他早已认识到民主思想本身也是发展的，不是一成不变的，因此自然地把社会主义理解为民主的一个进程，把俄德革命的性质和目标看成是"社会民主主义"。

对于民主与无产阶级专政的问题，列宁的观点有两个要点：一是指出民主是有阶级性的，从来没有所谓"一般民主""纯粹民主"存在。通常所说的民主是指资产阶级专政制度下的民主，是资产阶级民主，少数人的民主。无产阶级夺取政权后必须实行对资产阶级的专政，此时的民主是无产阶级范围内的民主，它比资产阶级民主范围要大得多。二是无产阶级民主与无产阶级专政相伴随，无产阶级专政本是由资本主义社会向共产主义社会过渡的历史时期的政治形式。无产阶级专政的终止意味着国家消亡时代的到来，到那时社会上已经实现了完全的民主，民主的概念也就没有意义，民主即与国家一同消亡。鉴于民主在习惯上被认为是资产阶级国家政治制度，所以列宁等人有时即用社会主义国家和无产阶级专政作为资本主义国家和资产阶级民主的对立语。而西方国家的资产阶级人物，以至如杜威、罗素一类具有进步思想的学者，也不认为苏维埃的无产阶级专政制度是民主的制度。

当中国知识分子从战后的世界潮流中感受到社会主义和民主主义的显著趋向时，他们中的多数人像李大钊一样，一度是把这两种主义当作是相通的甚至是相同的主义来看待的。但是也有人从一开始就认识到并力图辨析它们之间的区别。李大钊熟悉的无政府主义者黄凌霜在批评罗家伦关于战后世界潮流将是民主主义与社会主义并行的观点时谈道：民主主义在政治学上的含义，是指"国民或直接自治，或被治于代表"的一种政府，西方各国盛行的就是这种制度。它在经济上允许自由竞争，所以在民主主义

 **李大钊传**

国家中有资本家和劳动者的分别。社会主义以反对私有财产，主张土地和生产工具归社会公有为出发点，因此，在社会主义社会中，人人都是劳动者，没有托拉斯。民主主义是法国式政治革命所主张的主义；"民主主义国家不承认社会革命"，即不承认推翻资本主义国家政府的革命。

随着苏维埃政治制度与马克思主义的内容逐渐为中国知识分子所了解，亦随着从东（指日本）西方传来的对俄国新政权非民主的批评愈来愈多地在报刊上出现，马克思主义与反对马克思主义的论争终于提上日程。

无政府主义者并不主张民主主义，但是他们把个人的绝对自由奉为金科玉律，因此他们对科学社会主义的无产阶级专政学说大加攻击。基尔特社会主义者和一批主张改良的民主主义者则以维护民主来反对无产阶级专政学说。这样，在马克思主义者传播和捍卫科学社会主义思想的过程中便有了一个辨别民主主义与社会主义、民主与无产阶级专政关系的问题。

也许是受到共产国际批判机会主义者为"一般民主"辩护，强调阶级斗争和无产阶级专政是人民革命的正确道路的影响，中国共产主义者大都很快接受了这样一种观点：民主主义和社会主义是相对立的两种思想体系，前者是资产阶级的，后者是无产阶级的，马克思主义意味着对民主主义的否定。

其中最早提出民主主义是一面旗帜，可以为财产工商界高举来反对帝王贵族，也可以为无产劳动阶级高举来反对财产工商界的陈独秀，在提出这一看法一年后，即当他接受马克思主义理论，同时批判无政府主义、基尔特社会主义和自由民主主义者的时候，就明确提出了新的看法：民主主义"乃是资本阶级在从前拿他来打倒封建制度底武器，在现在拿他来欺骗世人把持政权底诡计……民主主义只能够代表资产阶级意，一方面不能代表封建党底意，一方面更不能代表劳动阶级底意"的意见。

作为著名的马克思主义和社会主义学说专家，同时，也是著名的熟悉民主主义理论的法政学者，李大钊有必要发表对于上述问题的意见。不过，他采取的发表意见的方式仍旧是研究学理和问题的方式，而不是陈独

第十二章 斯人已去 精神永存

秀那样的论战方式。

1921年12月,他在中国大学作了题为《由平民政治到工人政治》的讲演,并由《晨报副刊》发表了该讲演稿。随后,他将讲演稿略加整理,以《平民政治与工人政治》为题发表在半年后出版的《新青年》第9卷第6号——当时的《新青年》已经是中国共产党中央的机关刊物。又半年后,他以前两篇文章为基础,补充了若干内容写成的《平民主义》一文,由商务印书馆作为《百科小丛书》的第15种出版。

"平民主义"是五四时期流行的 Democracy 的译语之一。这一译语之所以在五四时期颇为流行,有着社会思潮发展变化的背景。

概而言之,在当时,人们普遍认为:民主的内涵发展了——不仅是某种政治制度,而且应当是一种社会生活方式、一种精神或原则;民主适用的范围扩大了——不仅用于政治,而且用于经济、教育、文化、社会等人类生活的各领域;民主的意义变化了——不应再是少数人或资产阶级一个阶级的权利,而应是社会中所有的人,特别是普通平民的权利。

这些变化在进步知识分子的思想中表现得十分明显。李大钊本人就是预告这种变化和宣传这种变化了的民主思想的有影响的人物。因此,尽管难以确知写作《平民主义》这本小册子是出于丛书编者的约稿,还是出于李大钊的主动,有一点似乎可以肯定,在当时的具有新思想的知识分子中,李大钊是最有资格承担这一题目的人选。

李大钊最初的想法在于说明民主与社会主义国家之间的关系——题目中的"平民政治"按李大钊的解释就是 Democracy;"工人政治"按李大钊的解释是表示俄国劳农政府成立后政治学者为表示一种"新理想、新制度"的名词。在李大钊看来,此"工人政治"与无产阶级专政并非是同一个概念,它既表示刚刚成立的俄国无产阶级专政形式的苏维埃政权,更是指无产阶级专政结束后的共产主义时代的"为工人属于工人,而由工人执行的事物管理"的政治。

和陈独秀不同,李大钊没有强调民主主义是资产阶级的,它与社会主

— 341 —

义及无产阶级专政是对立的。相反，他力图说明二者之间的一致性。

他的论据是双重的：一方面，民主不是某种政治的固定形式，它是一种气质、一种精神、一种生活现象、一种哲学、一种带有理性、情感、意志数重内涵的人生欲望和追求。另一方面，民主是发展的东西：在语义概念上它是发展的，内容含义上也是发展的，最初它带有的"统治"之意，久已不复存在了——这是指人们对民主概念的理解，而不是指具体的某种国家制度。就具体制度和人们对理想制度的设想而言，它在古希腊时是学者理想中的城邦制"市府国家"，在近代演变为理想中的"自由国家"，在现代又发展为理想中的"工人政治"的国家。从这双重的依据出发，他对于民主毫不含糊地做出坚决的肯定判断。他仍旧把民主看作是当时世界上最大的和不可战胜的潮流，用几年前歌颂布尔什维主义的口吻歌颂民主：

现代有一绝大的潮流遍于社会生活的种种方面：政治、社会、产业、教育、美术、文学、风俗，乃至衣服、装饰等等，没有不著他的颜色的。这是什么？就是那风靡世界的"平民主义"。

"平民主义"，崛起于欧洲，流被于美洲，近更借机关炮、轮船、新闻、电报的力量，挟着雷霆万钧的声势，震醒了数千年间沉沉睡梦于专制的深渊里的亚洲。他在现在的世界中，是时代的精神，是唯一的权威者，和中世纪罗马教在那时的欧洲一样。今人对于"平民主义"的信仰，亦犹中世欧人对于宗教的信仰。无论他是帝王，是教主，是贵族，是军阀，是地主，是资本家，只要阻障了他的进路，他必把他们一扫而空之。无论是文学，是戏曲，是诗歌，是标语，若不导以平民主义的旗帜，他们决不能被传播于现在的社会，决不能得群众的讴歌。我们天天眼所见的，都是"平民主义"战胜的旗，耳所闻的，都是"平民主义"奏凯的歌，顺他的兴起，逆他的灭亡。一切前进的精神，都自己想象着是向"平民主义"移动着的。

这样的平民主义，这样的民主，当然也就不可能和他此时向往追求的社会主义相矛盾、相对立。

第十二章 斯人已去 精神永存

在李大钊看来，民主的要求就是"无论在政治上、经济上、社会上，都要尊重人的个性"，"社会主义的精神，亦是如此"。男人压迫女人，贵族压迫平民，资本家压迫工人，"凡此社会上不平等不自由的现象，都为德谟克拉西所反对，亦为社会主义所反对"。

不仅民主主义与社会主义在精神上是一致的，民主主义与"工人政治"也不矛盾。

在李大钊看来，"工人政治"是一种新的德谟克拉西。真正的"工人政治"是要到无产阶级专政结束之后，即阶级全然消灭之时，才得以实现。到那时，社会上完全没有了压迫，除去老幼病残者外，全都是"作事的工人，各尽所能以做工，各取所需以营生"。而照他的理解，社会上完全没有阶级压迫，人人平等，那也正是民主主义所要达到的境地。在这一点上民主主义与"工人政治"完全相同。所以，他写道：

纯正的"平民主义"，就是把政治上、经济上、社会上一切特权阶级，完全打破，使人民全体，都是为社会国家作有益的工作的人，不须用政治机关以统治人身，政治机关只是为全体人民，属于全体人民，而由全体人民执行的事务管理的工具。凡具有个性的，不论他是一个团体，是一个地域，是一个民族，是一个个人，都有他的自由的领域，不受外来的侵犯与干涉，其间全没有统治与服属的关系，只有自由联合的关系。

这很显然也是他理解的"真正的""工人政治"的社会。

李大钊对平民主义与工人政治的理解在很大程度上是与恩格斯、列宁的认识相同的。

恩格斯在《社会主义从空想到科学的发展》一文中曾经谈到过国家政治将由对物的管理代替对人的统治的观点，他说："当国家终于成为整个社会的代表时，它就使自己成为多余的了……那时，国家政权对社会关系的干预将先后在各个领域中成为多余的事情而自行停止下来。那时，对人的统治将由对物的管理和对生产过程的领导所代替。"

李大钊从捷克斯洛伐克共和国的创建者和第一任总统马萨里克那里引

— 343 —

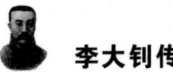

述的同一思想显然是源于恩格斯。另一方面，李大钊从精神原则的意义而不是从政治形式上理解民主，虽不能说与列宁的看法完全一致，但与之并不矛盾，因此，李大钊也接受平民政治有"中产阶级的"和"无产阶级的"之分的看法。

但是李大钊的认识又有着不同于恩格斯和列宁之处。恩格斯讲国家政治职能由对人的统治转变为对物的管理时是从马克思主义根据人类历史发展的规律预测由资本主义到共产主义的历史发展进程立论的，它是马克思主义国家消亡学说的内容。列宁的无产阶级专政与无产阶级民主相始终，无产阶级专政的结束意味着国家的消亡，同时也意味着民主的消亡的观点正是依据恩格斯国家消亡的观点提出来的。而李大钊的"平民政治"的统治意味"久已不复存在"的说法则在很大程度上是对民主精神、原则的体认和接受了恩格斯国家消亡学说二者相结合的产物。

至于无产阶级专政，李大钊既认为它是在革命阶段，为了防止反动势力的死灰复燃而必须经过的阶段，但却认为它并不是与工人政治相始终的很长的历史时期。在他看来，只要到"中产阶级平民政治的特色私有的规制完全废除至全失其复活的可能，社会主义的精神在实行社会主义制度之下普及于一般的时候"，无产阶级专政就会被事物的管理所代替，那时也就是真正的工人政治的实现。

这样，在列宁那里代替了被打碎的旧的国家机器的新的国家组织方式的无产阶级专政，在李大钊这里主要的是承担保卫社会主义制度的任务，而向着人类自由平等理想目标前进的社会主义国家当然要继承人类在为实现这一目标而进行的长期斗争中留下的遗产。因此，被列宁等俄国马克思主义者认为是资产阶级民主的一些政治法律制度及其理论原则在李大钊这里也仍旧是值得肯定的平民主义内容。

于是，李大钊在认同了"现在的平民政治，正在由中产阶级的平民政治向无产阶级的平民政治发展的途中"的看法之后，又重新论证非强力的、非强制的自由政治，实现"个性解放"与"联治"——这些他早在研

第十二章 斯人已去 精神永存

究和接受马克思主义之前,甚至早在第一次世界大战结束前就曾反复论证过的观点——在平民主义中的价值。

不仅如此,李大钊在了解列宁深恶痛绝地抨击"考茨基之流"的"纯粹民主"的论调之后,仍旧探讨着"纯正的平民主义","真正的工人政治"。

在他看来,一方面,资产阶级的平民政治和无产阶级专政都还不是真正的民主和真正的工人政治——他所理解的"纯正的平民主义",亦即"真正的工人政治",实际上是恩格斯、列宁所说的国家消亡和民主消亡后的社会境界,也就是马克思主义者所认识的共产主义境界。另一方面,这种境界并非像列宁说的那样,是民主消亡了。相反,它是现在人们认识的和未来人们可能不断有新认识、新补充的平民主义精神的发扬和理想的实现。

这种平民主义的特征,根据李大钊的分析:一是国家中不分阶级,人人平等,个人与国家间亦"绝没有冲突轧轹的现象",政治的目的不在对人的统治,而在对物的管理;二是政府的决策和社会的价值取向仍须取决于少数服从多数的原则,但少数与多数之间的关系是一种"自由认可"的关系,决无强力迫制关系;三是个性解放与"大同团结"相辅相成,从个人的自由与团体的互助,到地方的自治和国家的联治都应体现这一原则;四是排除"大"主义和侵略主义。

李大钊一方面是从人们的理智、情感、意志诸方面去认识平民主义观念的发展,一方面循着自己的理智、情感、意志来理解历史和现实社会中平民主义运动潮流及其发展趋势。他不否认古代政治思想家提出的民主理论和理想,也不否认近代以来各国以不同形式、不同程度向平民主义方向发展对于人类进步所具有的价值。而对于一切不符合平民主义的东西,他则认为是必然要失败的,甚至在革命时期必需的无产阶级专政,他也认为那只是不得已的、暂时的。

在《平民主义》的小册子中,李大钊列了"'平民主义'的开端"这

— 345 —

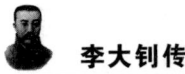

样一个标题。他在其中写了两项内容：妇女解放，工人政治。

关于前者，他说得十分清楚：社会若经适当的改造，各种阶级之间的界限都可以消除，"惟独男女两性，是个永久的界限，不能改变。所以两性间的'平民主义'比什么都要紧"；"若想真正的'平民主义'在中国能够实现，必须先作妇女解放的运动"。

关于后者，他仍旧采取了由解释名词来源入手的方式，分析无产阶级专政的必要性、共产主义的政治学者所以要以"工人政治"一词取代"平民主义"的理由，以及指出平民主义与工人政治本质上的一致性。但是，考虑到李大钊此时所处的环境和他的文章的笔法——如果这两个因素可能对他直截了当地宣传革命有所影响的话——还是可以认为李大钊实际上也把俄国革命和无产阶级专政，认作是平民主义的开端。因为在他看来，只有社会中的人都成为做事的工人时，阶级的差别、男女的差别、统治与服属的关系才全都归于消灭。

宣传妇女解放　呼吁男女平等

李大钊把妇女解放视为平民主义的开端，这一想法由来已久。

还是在他刚到北京大学后不久，《新青年》杂志已经开始讨论妇女解放问题。胡适写了一篇《美国的妇人》，准备在《新青年》杂志发表时，先交给李大钊一阅。这篇文章以妇女解放与自立为主题介绍了美国妇女的"超于良妻贤母"的人生观、与男子同等的受教育的权利、参与政治的权利及其影响、家庭观念及在家庭中的地位等情况。李大钊读后，颇生感慨。他同胡适商量将该文在自己参与主编的《言治》季刊发表，并为该文写了跋语。

胡适的启发对于李大钊研究妇女问题来说或许只是一个诱因。其实，早在民国初年，李大钊参加中国社会党时，就可能对江亢虎以妇女解放作为社会主义开端的思想产生过兴趣。只不过他本人与江接触不多；在他加

第十二章　斯人已去　精神永存

入后不久，社会党即被宣布为非法而被迫解散，他则出国留学，以后又因大部分精力被国家政治外交问题吸引；他自己的学识尚等补充，对于诸多学理尚需探求；而社会舆论界对于妇女的关注还微乎其微。这些主客观因素使他一直无从思考妇女问题。

李大钊对妇女问题的重视，或许还有一层重要的关系，那就是：他的妻子赵纫兰。

从孩童之时起，李大钊就得到了比自己大五六岁的兰姐的关心。成婚之后的最初几年，他在妻子那里感受到更多的是姐弟之情，甚至是他一直渴望而无从得到的慈母之爱。跨入青春年代的门槛时，他可能进一步注意到妻子端庄俊丽的容貌和温柔和缓的性格。后来很多跟他接触过的人回忆起他的性格时，大多说他温厚和蔼，平易近人，也有人说到他在个别场合发怒或与人争执。这表明他祖父李如珍热心的性格中难免的暴躁，也遗传给了他。而他之所以能在大多数场合下表现出良好的性格和耐心，把急躁的一面控制到几乎没有丝毫流露的程度，部分原因可能是来自学识的积累陶冶，而另一部分原因则无疑来自妻子的温柔体贴对他产生的影响。

除此之外，青年时期的李大钊还可能领略到妻子担起家庭顶梁重担时的勇气和信心，处理家内外事务时的聪明干练，决定大事——例如一次次帮助他作出远离家乡求学深造决定时的识见和果决。而在成年之后，他又可能进一步体认到妻子长期承受分离之苦、担负繁重的家务，同时又时常处于为他的安全担忧状态中的坚韧性格。

从传统文化中接受的"大丈夫"人格教育，使李大钊不屑于柔情蜜意、卿卿我我的男欢女爱人生。但在接受新思想后，他亦深深懂得"爱与结婚一致"是自然的、美好的、合于理性的生活。他因此主张凡没有爱情的婚姻应果断中止，婚后"尚有其他恋爱者"，亦当彻底离婚，与所爱者结合。

受恋爱自由、婚姻自主思想影响，五四时期青年学生中自觅配偶者、离婚再婚者屡见不鲜。李大钊既没有像陈独秀那样离婚再娶，也没有像胡

李大钊传

适那样虽顺从寡母之命,与订婚14年从未谋面的乡村女子江冬秀结了婚,却心存不快。他与妻子的感情甚笃,有人说是李夫人"甚贤惠",有人归之于李大钊"感情朴厚,忠于两性道德"。

不管怎么说,李大钊既明确提出爱情应与婚姻一致,却从来没有对自己的婚姻、自己的妻子流露半点微词。可以认为,这很大程度归因于他与妻子感情的醇厚。这种感情从一开始就远远超出了夫妻之间的性爱之情,而且又是长时期的爱和敬双重因素的交融和长时期的同甘共苦的结晶。

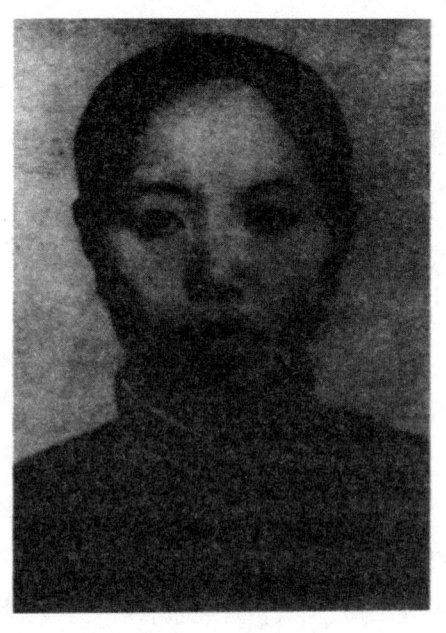
李大钊妻子赵纫兰

李大钊正是从自己妻子的身上发现了女子的"平和、优美、慈爱";也正是从自己的夫妻生活体验中认识到,一个和睦的家庭,决不能缺少具有这些良好性格的主妇。那么,一个社会也不能缺少有着这些良好性格的妇女。这是他一当注意到妇女问题后,便不遗余力地去加以探讨、呼吁的重要原因和动力。

大抵从读了胡适有关美国妇女的文章时起,李大钊开始搜集有关妇女解放问题的材料。半年之后,他写下了第一篇有关妇女问题的文字《战后之妇人问题》。这篇在知识分子和青年学生,特别是女青年学生中间发生很大影响的文章一下就抓住了他其后几年中反复宣传的主题:妇女的政治权利和经济解放问题。其后,他在《少年中国》《民国日报》等刊物上发表过文章;在北京大学政治学系和湖北女权运动同盟会等处作过有关妇女运动的讲演。妇女问题对于他来说,成为同劳工问题同等重要的改造中国

第十二章 斯人已去 精神永存

的大问题。

李大钊是在民主精神和平民主义社会的意义上来思考妇女问题的。

首先,他认为,妇女参政问题是应现代民主主义的精神而起,因为本着民主精神,妇女与男子应当是平等的,她们同男子一样有着自己应有的社会地位、生活要求、法律权利。但是,无论在中国还是外国,社会上对于妇女都有偏见。世界发达国家的妇女,已为争取参政权进行了半个多世纪的斗争,直到第一次世界大战期间,妇女们在后方生产、治安和军中救护、服务中显示自己的能力,才在一些国家里赢得参政的权利。

从社会的意义上,他认为妇女解放与民主即平民主义社会的实现密切相关,因为男人和女人各占社会的一半,如果社会中只有男子的活动,不许女子活动,把女子排除于社会生活之外,"那个社会一定是个专制、刚愎、横暴、冷酷、干燥的社会,断没有 Democracy 的精神"。

他认为,之所以如此,与男女的气质有很大关系:男人的气质中有许多专制成分,"全赖那半数妇女的平和、优美、慈爱的气质相与调剂,才能保住人类气质的自然均等"。社会上没有妇女的地位,那平和、优美、博爱的精神就没有机会表现,因此要想实现民主即平民主义的社会,就应当首先作妇女解放的运动,"使那妇女的平和、美爱的精神,在一切生活里有可以感化男子专暴的机会,积久成习,必能变化于无形,必能变专制的社会,为 Democracy 的社会"。

他认为:仅从这个意义上说,欧美国家的民主,仍然不是真正的民主,"因为他们一切的运动、立法、言论、思想都还是以男子为本位,那一半妇女的利害关系,他们都漠不关心。"

从战后新出现的妇女问题和初步的阶级分析的着眼点,李大钊很早就敏锐地意识到:妇女参政问题同妇女生存权问题并不是一个问题。从性质上说,妇女参政问题是中产阶级的妇女运动;妇女为生存权而进行的斗争是无产阶级的妇女运动。这二者有着不同的要求:"中产阶级的妇人们是想在绅士阀的社会内部有和男子同等的权利",而无产阶级的妇女"除要

求改善生活之外,别无希望"。前者是想得到管治他人的权力,后者是想把自己从贫困中解放出来,"两种阶级的利害,根本不同;两种阶级的要求,全然相异"。

尽管如此,在李大钊看来,这两种运动又都可以说是妇女解放的运动,它们之间,应当有所联合,"一方面要合妇人全体的力量,去打破那男子专断的社会制度;一方面还要合世界无产阶级妇人的力量,去打破那有产阶级(包括男女)专断的社会制度"——这才是妇女问题"彻底解决的方法"。

要做到这一点,重要的在于:中流阶级的妇女应当觉悟。因为,社会中的妇女运动往往由有产的中流阶级妇女首先发起。欧美国家的妇女运动实践已经证明,中流阶级的妇女如果没有占妇女大多数的无产阶级妇女支持或参加,她们的女权运动决不会收到圆满的结果。

对于无产阶级劳动妇女来说,由于知识的缺乏是取得劳动和生存权利的极大障碍,所以,她们获得教育机会比起得到参政权更为重要。此外,她们不仅有必要与从事妇女参政权运动的中产阶级妇女携手,还特别应当提高阶级的自觉,同男子劳工团体"打成一气"。

为了更好地宣传妇女解放运动,李大钊还从英、日文材料中对各国妇女参政运动作了一番考察。他在北京大学政治系的讲演就是以此为主题。由于留下的讲演记录不全,目前尚不能得悉李大钊讲演的全部内容。从现有材料来看,他主要介绍的是英国妇女参政运动的历史。

他在讲演的"绪论"中,将"现代妇人问题中的主要问题"概括为三点:职业问题、教育问题、法律问题。

这刚好是他在其他一些文章或讲演中谈到的无产阶妇女的生存权利问题、教育问题和中产阶级妇女的参政问题。稍后在武汉湖北女权运动同盟会讲演时,李大钊进一步把女权运动分作宗教的、母权的、女权的和无产阶级的四种类型。

他再一次强调:从中国的现实情况出发,各类女权运动应当"联络一

第十二章 斯人已去 精神永存

气,通力合作"。他指出:中国正当军阀专横时代,只有合作,"方能打倒军阀,澄清政治,恢复民权"。

他为合作的女权运动提出法律上应争取到的10项切近的权利要求,内容包括选举权平等,修正民法上对于妇女的诸种不平等规定,制定婚姻法,修改刑法中有关重婚与纳妾的不平等规定,禁止买卖妇女,行政法应规定女子亦应有做官的权利,女子应有受教育的机会,其就业机会和报酬应与男子相等,等等。

在宣传妇女解放的过程中,李大钊还注意到与妇女解放及社会健康有着直接关系的废除娼妓问题和家庭问题。

娼妓的存在是社会中一个复杂的问题。就沦为娼妓的妇女本人来说,尽管不排除有好逸恶劳,主动为娼者,她们中的绝大多数是为生活逼迫,走投无路,才不得不从事这种行当的。就社会来说,一方面道德舆论把娼妓视为最下贱者;另一方面,那些达官贵人、纨绔子弟,乃至一些文人墨客却以嫖娼为乐。这种习俗在李大钊生活的时代仍为多数人视为理所当然,以至于上海某报特辟专栏讨论废娼问题,好久竟无人响应。李大钊感叹道:这种不认妇女人格的社会心理真是令人可悲!他愤然写道:

凡是侮辱人权背反人道的制度风俗,我们都认作仇敌,要尽最大的努力去攻讨他,征伐他,非至扑灭他不止。到了今日,人类社会上还有娼妓存在,国家法律上仍然认许公娼,真是可痛可耻的事情!你想好端端的一个人,硬把他放在娼门里,让他冒种种耻辱,受种种辛苦,在青天白日之下,去营那人间最卑贱的生活,卖自己的肉体、精神、完全人格,博那些拥有金钱的人的欢心,那一种愁苦、羞愤、卑屈、冤枉,真是人所不能忍受的境遇……至于娼寮中的黑暗,和他们在那里所受的虐待,真是人间的活地狱一般了。

他进而指出:两性相爱是人生最重要的部分,应该保持它的自由、神圣、纯洁、崇高,不可强制它、侮辱它、污蔑它、屈抑它,使它在人间社会失去优美的价值。社会允许公娼存在则会使男女恋爱的价值低落,人们

不在人生中求它,反在兽欲中求它,这不但侮辱了人权,也侮辱了人生。从而他提出:"为尊重人道不可不废娼","为尊重恋爱生活不可不废娼",为维护人类健康不可不废娼,"为保障法律上的人身自由不可不废娼","为保持社会上妇女的地位不可不废娼"。他还具体提出了"禁止人身买卖"、调查并限制娼妓户口、建立感化院、实行强迫教育4项废娼办法。但他指出,根本解决娼妓问题的办法"是非把这个社会现象背后逼着一部分妇女不去卖淫不能生活的社会组织根本改造不可"。

关于家庭,李大钊专门作过一次题为《理想的家庭》的讲演。

他指出:家庭与人生关系至为密切,故不能不把建立理想家庭作为一个重要问题加以研究。他认为理想的家庭应当充满民主精神,在家庭中,男女是平等的,"共力合作"的,包括对于孩子也不应压抑。家庭应以一夫一妻的小家庭为原则,以爱情为纽带,若有第三者插入,失去了真正爱情,便应果断分开,"不可忍痛吞声、磨灭个性"。他还提倡男女结婚最重要的是以自由为原则。并指出,自由结婚并不是指简单地把结婚决定权从父母手中夺回,掌握在青年自己手中就算了事。它是指男女广泛接触、选择,寻找最理想的对象。而选择对象时又须特别注意对方是否有民主精神和组织小家庭的诚意。

李大钊的这种见解在当时无论对于尚不明白自由恋爱、自由婚姻道理的青年,还是对于误解自由恋爱的人们都很有教益。

对于妇女解放的宣传使李大钊得到了当时其他从事妇女解放运动者的敬重和爱戴。同时,他的这项工作也为中国共产党进行民主革命和人民大众翻身解放的宣传壮大了声势,并为中国共产主义妇女运动的开展奠定了基础。

斯人已去　精神永存

1933年4月中旬,蒋梦麟、胡适、沈尹默、周作人、傅斯年、刘半

第十二章　斯人已去　精神永存

农、钱玄同、马裕藻、马衡、沈兼士、何基鸿、王烈、樊际昌等北大 13 位教授，冒着巨大的风险，为李大钊发起公葬。蒋梦麟校长为李大钊在香山万安公墓购置了墓地。李大钊的生前好友刘半农先生，执笔为李大钊撰写了碑文。

1933 年 4 月 23 日清晨，李大钊的葬礼在他牺牲 6 年后才得以举行。长椿寺前殿里设了灵堂，中间挂一横幅，前后左右悬挂了许多挽联，两旁摆放了大量花圈。奏哀乐、读祭文之后，群众唱起了《国际歌》，气氛十分悲壮肃穆。

礼毕起灵，覆盖着绣有蓝色花朵棺罩的烈士灵柩，在群众的簇拥下，缓缓地被抬出长椿寺。李大钊夫人赵纫兰及其亲属们紧随灵柩一起走，后面跟随着数百名送葬的群众，有青年男女学生，有工人，也有士兵。大家胸戴白花，臂缠黑纱，一些同志抬着李大钊的画像，扛着花圈、挽联和挽词，边走边向路边行人撒传单。高举在最前面的是北京青年送的一副挽联：

　　为革命而奋斗，为革命而牺牲，死固无恨；
　　在压迫下生活，在压迫下呻吟，生者何堪！

群众喊起了口号："李大钊先烈精神不死！""共产党万岁！"又唱起了悲壮的《国际歌》。队伍庄严地向前行进。

虽然处在国民党的白色恐怖下，一路上，三五成群的人们，都手执花圈、挽联，胸前佩戴着纸花，臂上缠着黑纱，不断地从大街两旁的小胡同内涌出来。灵柩抬过宣武门后，送葬群众已增至千余人，到西单时，只见不少群众在路旁摆出了祭桌。这时，宣读祭文声、燃放鞭炮声以及呼喊口号声连成一片，震撼着半个北平城。行至西单北大街时，已是人山人海，望不到边。

队伍行至甘石桥，有人把早已准备好的绣有镰刀斧头的红旗，覆盖在李大钊的灵柩上。这时，反动军警从四面八方冲击送葬的群众，像疯狗一样，踢翻了祭桌，殴打朗诵祭文的人，用枪托子打散送葬的群众。他们打

— 353 —

伤了数百人，逮捕了几十人。

李大钊烈士陵园

李大钊的墓碑是在红瓦市路东一个石匠作坊定刻的。墓志铭是：先生李大钊，字守常，河北乐亭县人，生于清光绪十五年十月六日，死于民国十六年四月二十八日，春秋三十九岁。下面刻着子女的名字。

1983年10月29日，李大钊诞辰94周年之际，李大钊烈士陵园落成典礼在北京香山万安公墓隆重举行。党和国家领导人胡耀邦、彭真、薄一波等500多人，参加了落成典礼。

松柏青翠的李大钊烈士陵园，占地面积约2200平方米。园门的上方悬挂着"李大钊烈士陵园"匾额。进入园门内，迎面是李大钊烈士的汉白玉全身立雕像。雕像后是李大钊烈士墓和李大钊夫人赵纫兰墓。墓后有一座宽4米、高2米的青花岗石纪念碑。碑的正面镌刻着邓小平书写的题词：

共产主义运动的先驱　伟大的马克思主义者　李大钊烈士永垂不朽

碑的背面是中共中央为李大钊烈士撰写的碑文：

李大钊同志，字守常，一八八九年十月二十九日生于河北省乐亭县大黑坨村。七岁起在乡塾读书，一九〇五年入永平府中学，一九〇七年入天津北洋法政专门学校。青年时代，目睹在帝国主义侵略下的国家危亡局势和社会黑暗状况，激发了爱国热忱，立志要为苦难的中国寻求出路。辛亥

第十二章 斯人已去 精神永存

革命的果实被袁世凯窃夺后,开始发表文章,揭露军阀官僚的统治只是加深了民族的灾难和人民的痛苦。一九一三年,含愤东渡日本,就读于东京早稻田大学。在日本向中国袁世凯政府提出二十一条亡国条件后,参加留日学生总会的爱国斗争,向国内寄发《警告全国父老书》。这时,开始接触社会主义思想和马克思主义学说。一九一六年回国后,积极参与正在兴起的新文化运动。他在《青春》一文中号召青年"冲决历史之桎梏,涤荡历史之积秽,新造民族之生命,挽回民族之青春"。他积极抨击以孔子为偶像的旧礼教、旧道德,向当时抬出孔子来维护自己统治的反动势力展开猛烈的斗争。一九一七年俄国十月社会主义革命的胜利使大钊同志受到极大的鼓舞和启发。他逐步明确地站到马克思主义的立场上来,成为中国最早的马克思主义者和共产主义者。在一九一七年到一九一九年,他发表了许多热情地宣传俄国革命和马克思主义的文章,并与资产阶级改良派胡适展开了"问题与主义"的论战,在思想界引起了广泛强烈的反响。他在一九一八年担任北京大学图书馆主任,后兼任经济学教授,参加《新青年》杂志编辑部。这年年底与陈独秀等创办《每周评论》,并于次年主编《晨报副刊》。同时,他还协助北京大学学生创刊《国民》和《新潮》。随着大钊同志等领导下的反帝反封建的五四爱国运动的发展,马克思主义的影响日益扩大。一九二〇年三月,大钊同志在北京先后发起组织马克思学说研究会和共产主义小组。许多青年在他的影响下接受了马克思主义,其中有些成为中国共产党早期的著名活动家,如邓中夏同志、高君宇同志等。毛泽东同志和周恩来同志也都受到过他的影响。大钊同志为建立中国共产党努力奋斗,是我党主要创始人之一。

一九二一年中国共产党成立后,大钊同志代表党中央指导北方的工作。在党的三大、四大,都当选为中央委员。在他领导下,北方党组织派出许多同志在冀、鲁、豫、晋、陕、内蒙和东北的广大地区开展了党、团工作,先后发动了开滦大罢工、二七大罢工等著名斗争。一九二二年,他受党的委托在上海与孙中山先生谈判国共合作,并在一九二四年在广州参加国民党第一次全国代表大会的领导工作,为建立国民革命统一战线,实现第一次国共合作作出了重大贡献。一九二五年在孙中山先生北上时和逝世时,在五卅运动中,他领导北方党组织发动群众,在北洋军阀统治的北方地区,开展了轰轰烈烈的反帝反军阀斗争。他积极地进行广泛的统一战线工作,领导改组后的国民党在北京的组织。坚决反对国民党右派。他努力为南方的革命运动培养、输送了大批干部。他坚决支持当时主要在南方一些农村蓬勃兴起、同时也开始波及北方的农民运动,并著文论述开展农民运动和解决土地问题的重要性。他也注意在军队中扩大革命运动的影响,对冯玉祥将军五原誓师参加北伐起了重要作用。大钊同志作为具有高尚道德品格的学者和革命家,受到社会各阶层的广泛尊崇,名重当世,这是他能卓有成效地开展多方面革命工作的一个重要条件。

一九二六年三月十八日,北京各界人民在天安门举行反对日本等国要求大沽口撤防的大会,并到皖系军阀段祺瑞执政府门前请愿,竟遭到段政府的血腥屠杀。大钊同志在惨案发生后,继续领导共产党和国民党的北方组织坚持斗争。不久,奉系军阀张作霖的军队进入北京,白色恐怖更加严重。次年四月六日,张作霖在帝国主义支持下逮捕了大钊同志等八十余人。大钊同志备受酷刑,在监狱中,在法庭上,始终大义凛然,英勇不屈。四月二十八日,凶残卑怯的敌人不顾广大舆论的反对,将大钊同志和谭祖尧、邓文辉、谢伯俞、莫同荣、姚彦、张伯华、李银连、杨景山、范鸿劼、谢承常、路友于、英华、张挹兰、阎振三、李昆、吴平地、陶永立、郑培明、方伯务共二十位革命者(其中多数是共产党人,也有国民党人)一齐绞杀。大钊同志临刑时毫无惧色,第一个走上绞架,从容就义。时年尚不足三十八周岁。

李大钊同志的灵柩多年停放在宣武门外的一个庙宇内。一九三三年四月二十三日,他的家属和许多社会知名人士,发起为大钊同志举行葬礼,将灵柩安葬于香山万安公墓。大批学生、工人、市民群众冒着白色恐怖参加葬礼,形成一次壮烈的示威运动,许多参加者为此而被捕,甚至被

第十二章　斯人已去　精神永存

杀害。

在全国解放前，李大钊同志的一部分著作虽曾由他的亲属编集，由鲁迅先生作序，但在反动统治下一直没有能发行。直到一九五九年，人民出版社才出版了重新编辑的《李大钊选集》。一九八一年，人民文学出版社又出版了经过增订的《李大钊诗文选集》。

李大钊同志对中国人民的解放事业，对马克思主义的信仰和无产阶级的革命前途无限忠诚。他为在我国开创和发展共产主义运动的大无畏的献身精神，永远是一切革命者的光辉典范。大钊同志和其他无数先烈光荣地倒下去了，但是他们的牺牲没有使中国革命停止，相反，中国革命在牺牲者的血泊中继续前进，直至获得伟大的胜利。作为中国人民的优秀儿子和伟大的无产阶级革命家，大钊同志的业绩将永远受到中国人民的追怀和崇敬。

为纪念李大钊同志，发扬他伟大的共产主义革命精神，中共中央于一九八三年三月十八日将他和他的夫人赵纫兰同志（一八八三年——一九三三年）的灵柩移葬于新建的李大钊烈士陵园。

中国共产主义运动的先驱者，伟大的马克思主义者李大钊同志永垂不朽！